PIONEROS

PIONEROS

Inventos y descubrimientos claves de la historia

Teo Gómez

Índice

Introducción

"Sí, es realmente el nuevo mundo, una tierra virgen donde uno es perpetuamente el primer llegado, y ese es el secreto de la melancolía que se adueña allí de los europeos..."
(*Hoteles literarios*, de Nathalie de Saint Phalle, Alfaguara, 1993).

Rupert Brooke, bello como Apolo, pero con mala suerte en el amor, visita uno de los lugares más bellos del mundo y se aloja en el Château Lake Louise, en Alberta, Canadá, en 1913, pero encuentra el vacío, un mundo libre de fantasmas que, según él, desencanta a los europeos. ¿Acaso no es siempre que nos enamoramos la primera vez que nos vemos invadidos por sentimientos que no esperábamos? ¿No es amor lo que siente el explorador? ¿No es amor lo que siente el científico que acaba de descubrir el objeto de su trabajo? ¿No es amor la mirada del primer astronauta sobre la Tierra? ¿Acaso no se le saltan las lágrimas? ¿No son todos ellos pioneros? ¿No lo somos todos? Pionero, en sentido estricto, es la persona que inicia la exploración de tierras desconocidas, es el que da los primeros pasos en alguna actividad, es la especie animal o vegetal que coloniza un territorio.
Desde hace miles de años, los únicos pioneros en el mundo de la exploración lo han hecho en los polos y en las cumbres. No lo fueron los colonos que ocuparon las tierras de los indios y acabaron por quedarse con ellas. Y sin embargo, se les llama pioneros. También lo es el primer europeo en llegar a Tombuctú o la Meca, o el primer árabe en alcanzar el río Congo, y lo fue el primer

africano en alcanzar el mar Muerto, aunque de eso no hay constancia. No hay constancia de los primeros seres humanos que salieron de África o que poblaron el resto de continentes, de los primeros en encender un fuego, en hablar, en rasgar las paredes de una cueva y en tener ideas espirituales, pero sí que sabemos quiénes fueron los primeros en construir un instrumento de música, en llegar a la Luna, en diseñar un barco, en hacer un rompecabezas, en subir una montaña, en descubrir una vacuna...
He querido empezar este libro con los primeros exploradores europeos que fueron a descubrir las tierras que ya habían descubierto y poblaban otros. Buscaban riquezas, y fueron los primeros en atreverse a invadir lo desconocido, aún a sabiendas de que no estarían solos. Son los primeros europeos en explorar América, África, Asia y Australia. Detrás de ellos había una civilización poderosa que sin duda tendría en cuenta sus descubrimientos y obtendría un beneficio de las riquezas halladas.
En los exploradores de los polos encontramos también la necesidad de llegar donde nadie había llegado antes. Robert Falcon Scott se equivocó al llevar caballos. Roald Amundsen acertó con sus perros esquimales. Ambos competían por ser los primeros.
Esta es una de las facetas de los pioneros: llegar, hollar, respirar y ver lo que nadie ha visto, tocarlo con las manos, incluso fotografiarlo, medirlo y arrancar un pedazo para conservar una muestra de la hazaña, pero hay otros aspectos tanto o más interesantes en los que podemos ser los primeros sin movernos de casa.

La invención, la investigación y el descubrimiento forman parte de ellos. Picasso recorría cada día el mismo camino por las calles de París, pero cuando se encerraba en su estudio, buscaba caminos nuevos para su pintura, para su manera de ver y experimentar la realidad. Eso es lo que le hizo especial. Sylvester Roper aplicó un motor de vapor de dos cilindros a una bicicleta con las ruedas de madera forradas de hierro en 1869; tenía 46 años y se convirtió en el hazmerreír de su pueblo de New Hampshire, Massachussetts; con 73 años se apuntó a una carrera ciclista; batió todos los récords después de haber generado las burlas de los demás competidores, y se mató en la segunda vuelta, intentado superar los 50 km/h. Fue un verdadero pionero y figura en el Salón de la Fama del motociclismo, pero también fue un valiente que pasó por encima de burlas y sarcasmos y dio una lección al mundo que le rodeaba.

Todos somos pioneros de una u otra manera, pero los pioneros que nos interesan son los que han cambiado el mundo. ¿Cuántos lo han intentado y se han quedado por el camino? ¿Cuántos han desaparecido sin que nadie haya redactado una sola línea sobre sus pasos en la dirección equivocada? ¿Cuántos no acertaron a descubrir el enigma o llegaron tarde?

Ojalá hubiéramos podido introducir en este libro a todos los pioneros que se lo merecen, pero la lista es enorme, y haría falta una enciclopedia de muchos tomos. Por eso hemos sobrevolado la historia buscando hechos destacables, de los exploradores a los alpinistas y a las primeras naves y astronautas en subir al espacio. Un recuerdo a la perrita Laika que abrió el camino a muchos otros.

En el apartado de Ciencia mostramos los grandes logros que han cambiado la historia de la humanidad y nos han dado acceso a las fuentes energéticas.

En el apartado de Sociedad encontraremos las artes básicas, poesía, novela, teatro, cine, televisión, los medios de comunicación, la policía, los bomberos, el voto femenino y por último una síntesis de los miedos de la humanidad en el vampirismo. Los pioneros en este campo vienen de muy lejos, pero los vampiros han sido en el mundo moderno su materialización.

De la informática no hay más que recordar que es la revolución del siglo XX que ha culminado con la generación Einstein, que prima la felicidad por encima del trabajo. ¿Y por qué no? ¿No era ese nuestro destino?

La música, la medicina, la vida cotidiana, con sus aspiradoras y sus cafeteras, y el deporte, podrían llenar volúmenes y volúmenes de gratificantes historias, y son tantos los que no aparecen aquí: Marie Curie, Einstein, Sydney Possuelo, Kandinsky, Aristóteles... personas que nos han enseñado a mirar el mundo de una forma diferente, que nos han enseñado a amar la vida... a quienes no tenemos más remedio que rendir un humilde y sentido homenaje.

Teo Gómez

Exploración
De las ignotas selvas al espacio

Prehistoria

Los primeros exploradores

Curiosidades

Estrabón, el padre de la geografía, recorrió casi todas las tierras del ecúmene, el mundo conocido, en tiempos de la Pax romana. Su antecesor fue Herodoto, que vivió cinco siglos antes en Grecia y destacó como historiador y, por su labor viajera y descriptiva, como geógrafo también.

Nadie sabe quiénes fueron los primeros visitantes de los lugares más remotos de la Tierra. Vestían pieles, se alimentaban de la caza y la recolección y se veían obligados a desplazarse contínuamente. Eran capaces de caminar largas distancias sin detenerse. En los grupos había hombres, mujeres y niños valientes, con los ojos muy abiertos, descubriendo y escrutando a su alrededor cuanto pudiera servirles de alimento. Su población se limitaba a los recursos existentes.

Nadie sabe quién fue el primer ser humano en alcanzar ningún lugar habitable de la tierra, pues llegaran donde llegaran los exploradores, exceptuando los lugares donde la vida es imposible, como los polos, las altas cumbres o ciertas zonas pantanosas, selváticas o desérticas remotas, otras personas ocupaban ese lugar desde un tiempo anterior.

Sin embargo, hubo un momento en que, por motivos económicos, empezaron a buscarse nuevas rutas y mercados, y las sociedades emergentes realizaron los primeros viajes con fines comerciales. Los egipcios siguieron el Nilo en busca de nuevos territorios y ya en época del faraón Snefru, en 2680 a.C. se realizaron expediciones a Nubia en busca de esclavos negros.

En torno a 1500 a.C., la reina Hatshepsut envió una expedición al país de Punt, en Etiopía, en busca de incienso, y trajeron verdaderas maravillas. Los griegos empezaron a explorar el mar Negro por esa época. En el siglo VII a.C. el faraón egipcio Necao II reabrió el primer canal de Suez (abierto antes por Ramsés II) que conectaba el delta del Nilo con el mar Rojo y contrató una expedición fenicia para que bordeara la costa oriental de África. No se conoce el resultado de ese viaje, aunque es probable que no llegaran mucho más al sur de Zanzíbar.

Herodoto escribió que ese viaje acabó dando la vuelta a África, pues sitúa la posición del sol en el lugar correcto al doblar el cabo de Buena Esperanza.

El griego Herodoto es el primer historiador importante conocido, vivió en el siglo V a.C. y escribió una obra magna en nueve volúmenes que llamó *Historias*, donde constan sus viajes y otros que le fueron narrados por sus contemporáneos.

En su época, los fenicios realizaron dos grandes viajes, uno, encabezado por Himilcón, bordeó Francia y llegó hasta Cornualles, al sur de Inglaterra, desde donde los fenicios importaban estaño. El otro lo protagonizó el cartaginés Hannón, que descendió por la costa occidental de África hasta Cabo Verde o Sierra Leona. También pudieron haber llegado hasta las islas Madeira y Azores. Herodoto no menciona un supuesto viaje en la misma dirección realizado por el persa Setaspes, enviado por el rey Jerjes en busca de maravillas que no encontró.

A principios del siglo III, el griego Piteas, considerado el primer explorador científico de la historia, llegó hasta Noruega, entró probablemente en el Báltico y rodeó la isla de Bretaña.

Más de cien años después, los griegos siguieron a los fenicios hasta Zanzíbar,

En el siglo I a.C., Estrabón, el padre de la geografía, nacido a orillas del río Halys en Amasia, península de Anatolia, viajó desde Armenia hasta Cerdeña, de este a oeste, y desde el mar Negro hasta los límites de Etiopía de norte a sur, escribiendo una obra titulada *Geografía*, de 17 volúmenes.

Otro gran viajero fue Plinio el Viejo, que murió arrastrado por la curiosidad durante la erupción del Vesubio que sepultó Pompeya y Herculano, mientras su sobrino Plinio el Joven describía los hechos. Los romanos se limitaron a explorar las Islas Británicas y a expandir su territorio por regiones conocidas, pero no consta que enviaran expediciones a lo desconocido.

En el siglo IV, un grupo de polinesios arribó a la isla de Pascua. La leyenda cuenta que lo hicieron desde un lugar mítico llamado Hiva.

PREHISTORIA — En un momento indeterminado todavía, el ser humano surge de África y coloniza el mundo entero, con la excepción de las zonas más inhóspitas, como las altas cumbres y los polos; en la mayoría de desiertos se han encontrado restos de asentamientos, pues el clima ha ido cambiando.

3000 – 2500 a.C. — Primeros viajes de exploración egipcios a lo largo del río Nilo, hacia Nubia y Sudán.

1500 a.C. — Primeras expediciones exploratorias deliberadas; la más conocida es la enviada por la reina Hatshepsut de Egipto al país de Punt, en el cuerno de África.

1200 - 1000 a.C. — Fenicios y griegos empiezan a explorar y colonizar el mundo que les envuelve. Son los tiempos míticos del clasicismo narrado en la *Iliada* y la *Odisea*.

SIGLOS IX - VIII a.C. — Los fenicios exploran todo el Mediterráneo con fines comerciales y se convierten en los mejores navegantes y tal vez en la primera multinacional de la historia.

Los primeros exploradores

Curiosidades

Alí Bey es el seudónimo de un viajero y explorador catalán llamado en realidad Domingo Badía y Leblich que ofreció sus servicios a Napoleón como arabista durante la guerra de la Independencia. Fue prefecto de Córdoba y en 1818 se convirtió en espía y marchó a Damasco disfrazado de Alí Bey. Desgraciadamente, fue descubierto por los ingleses y envenenado.

Los chinos fueron un pueblo muy viajero. Durante la dinastía Han, entre los siglos II a.C. y II d.C. enviaron emisarios a todo el mundo conocido, y se cree que llegaron hasta la Siria romana. En aquella época se empezó a usar la brújula, y en el siglo IV exploraron el océano Índico. Se dice que pudieron cruzar el Pacífico y llegar hasta las costas de América.

Un árabe llamado Sa'id ibn Abi Waqqas viajó desde Etiopía a China en el siglo VII y construyó la primera mezquita en ese país. Desde ese momento, las dinastías Tang y Song, entre los siglos X y XIII, no dejan de enviar juncos a recorrer los mares hasta la costa africana, donde comercian con los árabes. El geógrafo árabe Al Idrisi, que vivió en el siglo XII, recorrió todo el Mediterráneo, se alistó con Roger de Flor, escribió un tratado de geografía y realizó uno de los primeros planisferios conocidos.

En el siglo IX, los vikingos descubren Islandia, y en el siglo X llegan hasta Groenlandia, desde donde exploran las costas de América del Norte, pero sucesivos periodos de clima frío los expulsan de tan altas latitudes.

Después de la Edad Media, periodo en que los chinos, sobre todo durante la dinastía Song realizan numerosos viajes por el mar de la China, las costas de la India e incluso el este de África hasta el mar Rojo, y los sucesivos viajes de los vikingos a Islandia, Groenlandia y América del Norte, aparece una nueva generación de viajeros enviados por los prósperos comerciantes italianos y por el papado. Uno de los pioneros fue Giovanni da Pian del Carpine, que viajó hasta Mongolia y regresó a Europa entre 1244 y 1247, un poco antes de que Marco Polo hiciera lo propio entre 1271 y 1295, abriendo la ruta de la Seda a los europeos.

En el siglo XV, los portugueses, una vez consolidada la reconquista y bajo el gobierno de Enrique el Navegante, empiezan a recorrer las costas de África, descubren de nuevo las islas Madeira y las Azores y se establecen en Senegal, desde donde inician el tráfico de esclavos en connivencia con el mundo musulmán, que controla el interior del continente africano. En 1487 doblan el Cabo de Buena Esperanza, y en 1498, Vasco de Gama llega a la India.

Mientras, en 1492, Cristóbal Colón llega a América y se abren nuevos mundos a las exploraciones. Por el este, el ruso Afanasy Nikitin se convierte en el primer europeo en describir un viaje a la India, un par de siglos después de Alejandro Magno.

A la derecha, primera cartografía de Brasil, descubierto por Pedro Álvarez Cabral al desembarcar cerca del cabo de San Agustín.

SIGLO VIII a.C. — El faraón Necao II contrata una expedición fenicia, con barcos mejores que los egipcios, dotados sólo para ríos, para que entre en el mar Rojo y bordee la costa oriental de África. Pudieron haber dado la vuelta a África, según Heródoto, pero es probable que no llegaran más allá de Zanzíbar.

SIGLO V a.C. — El viajero cartaginés Hannon atraviesa las columnas de Hércules (Gibraltar) y desciende por la costa occidental de África hasta Cabo Verde. • El fenicio Himilcón bordea Francia y llega hasta Cornualles en Inglaterra. • Herodoto recorre una gran parte del mundo conocido y escribe sus *Historias*.

SIGLO III a.C. — El griego Pietas, primer explorador científico, llega hasta Noruega y probablemente hasta el mar Báltico.

SIGLO II a.C. — Los griegos llegan hasta Zanzíbar, en la costa este de África.

SIGLO I a.C. — El griego Estrabón, nacido en el Ponto, actual Turquía, primer geógrafo de la historia, recorre gran parte del mundo conocido y escribe los 17 volúmenes de su obra *Geografía*. • Los romanos de Julio César conquistan las islas Británicas.

SIGLO IV — Un grupo de polinesios se lanza a la aventura y coloniza la isla de Pascua, deshabitada hasta ese momento. • En China se empieza a utilizar una brújula muy rudimentaria para orientarse y empiezan las exploraciones del mar de China y el océano Índico. Hay quien les atribuye haber llegado hasta las costas americanas.

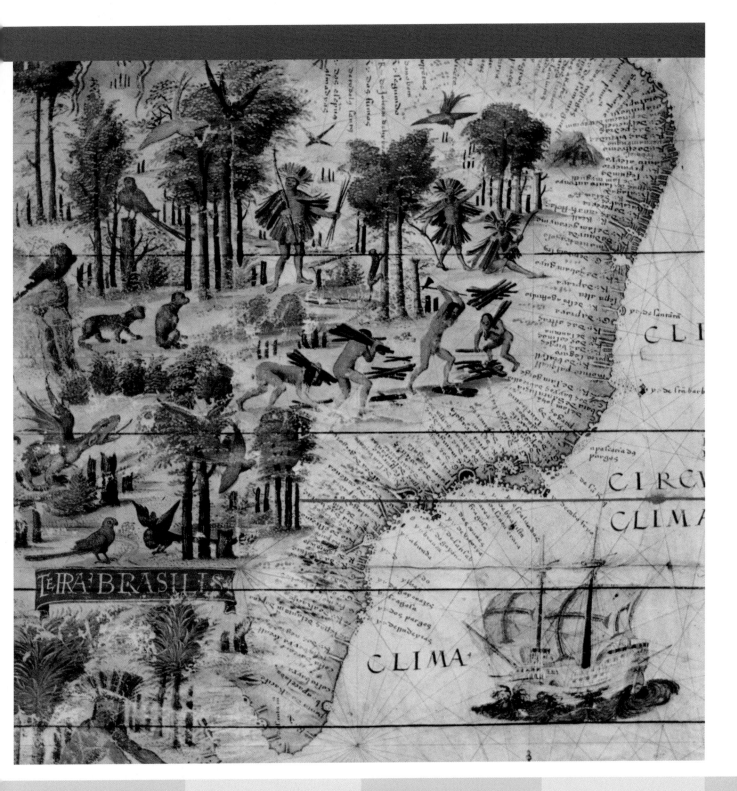

TIERRA BRASILIS

CLIMA

CIRCV

CLIMA

CLIMA

SIGLO VII — El viajero árabe Sa'id ibn Abi Waqqas llega hasta China y construye la primera mezquita. • Los árabes empiezan a explorar África, y en los próximos siglos prácticamente convertirán al islam a todo el norte de África desde los grandes lagos del Rift hasta la costa Atlántica.

SIGLOS IX Y X — Los vikingos descubren Islandia, colonizan Groenlandia y alcanzan las costas de Norteamérica, pero no establecen colonias permanentes.

SIGLOS X A XIII — Las dinastías chinas de los Tang y de los Song envían viajeros por el océano Índico hasta la costa africana. • En el siglo XII, el árabe Al Idrisi recorre todo el Mediterráneo, escribe una *Geografía* y dibuja un planisferio. • En el siglo XIII, el italiano Giovanni da Pian del Carpine viaja hasta Mongolia y regresa a Europa en 1247. • Marco Polo culmina este ciclo de pioneros abriendo la ruta de la Seda a los comerciantes venecianos con el *Libro de las maravillas del mundo*.

SIGLO XIV — Entre 1304 y 1369, el viajero árabe Ibn Batuta recorre el mundo conocido, desde España hasta China y desde Tombuctú a las estepas rusas, y narra sus viajes en un libro llamado *Rihlah* (*Viajes*). • En este siglo aparece un libro de viajes llamado *Libro de las maravillas de mundo y el viaje a Tierra Santa*, según una traducción aparecida en Valencia en 1527, y cuyo autor es un tal John o Jean Mandeville, del que apenas se sabe nada, ni siquiera si es francés o inglés.

SIGLO XV — Empieza la era de los grandes descubrimientos y conquistas con el nombre de Juan de Béthencourt, que conquista las islas Canarias para la Corona de Castilla y que culmina con el descubrimiento de América por Cristóbal Colón.

Siglo XV

En el interior de África

Curiosidades

El Nilo es el río más largo del mundo y uno de los que ha costado más tiempo explorar, pues se divide en dos, el Azul y el Blanco, y éste último surge del lago Victoria y sus orígenes se pierden en los afluentes de éste, que proceden a su vez de otros lagos que llegan hasta el remoto río Kagera, en Burundi.

En el siglo VII, el islam se extiende por el interior de África. La religión musulmana, más tolerante durante su expansión que las doctrinas locales, produce conversiones en masa, incluso en España, donde una tropa de siete mil musulmanes que ni siquiera eran de origen árabe se impone con facilidad y absorbe en su seno a una población mucho mayor. Cuando Europa empieza a expandirse y mira al sur, apenas puede entrar en África y se limita a crear asentamientos en las costas. Únicamente Portugal recorre las orillas del continente y penetra donde el clima y el territorio se lo permiten.

En el siglo XV, los portugueses se apoderan de Angola, donde convierten al rey local al cristianismo, y el siglo siguiente hacen lo mismo con Mozambique, donde apenas había algunos asentamientos árabes; su único objetivo eran el oro y los esclavos. A partir del siglo XIV, los otomanos sustituyen a los árabes en el dominio del norte de África y, en los siglos siguientes, las potencias europeas se limitan a crear asentamientos en la costa occidental, desde donde envían esclavos a América.

Los holandeses fundan Ciudad del Cabo en 1652 y los bóers ocupan todo lo que habría de ser África del Sur en los próximos siglos. Tras la caída del imperio otomano en el siglo XIX, Francia, Italia e Inglaterra se apoderan del norte de África y empiezan a internarse en el continente. Los ingleses, que controlan Egipto, el próximo Oriente y la India, empiezan a sentir curiosidad por el interior del África oriental, donde controlan la isla de Zanzíbar. Las caravanas que arriban a ese puerto hablan de regiones maravillosas, de pueblos desconocidos, de oro y de esclavos, pero también de calor y enfermedades. Son regiones propicias para los grandes exploradores, para los pioneros cuyo objetivo es descubrir, abrir nuevas rutas y darlas a conocer. Un gran río, el Nilo, se haya aún por explorar. Los griegos sólo habían llegado a Jartum, capital del Sudán, donde se unen el

Nilo Blanco y el Azul. El nacimiento del Nilo Azul fue descubierto por misioneros jesuitas en el siglo XVII, pero el Blanco, que Ptolomeo, en el siglo II, había situado en un lugar fantástico que llamó las Montañas de la Luna, seguía siendo un misterio.

Nadie había pasado de una región pantanosa e insalubre al sur de Sudán hasta que el inglés Richard Burton Francis, primer europeo en entrar en la ciudad de Harar y segundo en La Meca después del español Domingo Badía, alias Alí Bey, propone alcanzar el Nilo desde la costa y seguir su cauce hacia el sur. Burton, que había servido en el ejército de la Compañía de las Indias Orientales, al servicio del gobierno británico, convenció a la Royal Geographic Society, que financiaba las expediciones, y se hizo acompañar de otro afamado explorador africano, el teniente John Hanning Speke.

En 1858, ambos parten de Zanzíbar, donde reúnen a 130 porteadores, y siguen la ruta de los esclavos. El clima en esa zona es muy duro, las enfermedades tropicales les acosan y no tienen agua potable. Por fin, llegan al lago Tanganika, de donde sale el río hacia Sudán, pero están muy débiles. Lo recorren buscando la continuación del gran río, pero sólo encuentran pantanos y ríos pequeños. Padecen disentería y malaria, y tienen que volver. Burton tenía problemas añadidos con su mandíbula, que en un incidente antes de la partida había sido atravesada con una lanza y se le había ulcerado. Speke, el de los pasos largos, se recupera en Tabora y vuelve a intentarlo, y esta vez descubre otro gran lago al que llama Victoria, en honor a su reina. Speke considera que este lago son las fuentes del Nilo, pero no recorre sus orillas, pues sería una labor ingente. En todo caso, vuelve triunfador, Burton niega el descubrimiento y la Sociedad vuelve a mandar a Speke, más joven,

Derecha, sir Henry Morton Stanley se abre camino a través del "continente oscuro" en busca de Livingstone.

SIGLOS IX Y X — Primeras referencias de que los árabes han cruzado todo el Sahara y llegado a Gambia, donde los habitantes del antiguo reino de Takrur son los primeros de la región en convertirse al islam. En el interior se sucederán los reinos indígenas de Ghana y de Mali.

SIGLOS XV — Los portugueses llegan al oeste y al sur de África y toman el control del comercio con la región.

SIGLOS XVI — Los portugueses venden los derechos del comercio en el río Gambia a Inglaterra en 1588.

SIGLOS XVII — Los franceses fundan Saint Louis en 1658 y conquistan la isla de Gorée en 1677, ambos en Senegal, y los ingleses hacen lo propio con la isla James, en Gambia, en 1661. • Durante los próximos siglos saldrán de esta región en continua disputa entre Inglaterra, Francia, Portugal y Holanda, tres millones de esclavos. • La Compañía Holandesa de las Indias Orientales establece una colonia en el cabo de Buena Esperanza, en África del Sur, en 1652.

1795 — El explorador escocés Mungo Park sube por el río Gambia en busca de las fuentes del río Níger y llega hasta Kamalia. Vuelve a intentarlo en 1805 y muere en Busa, Nigeria.

1806 — Inglaterra toma posesión de las colonias de África del Sur tras la bancarrota de la Compañía Holandesa de las Indias Orientales. • Los diamantes estimularán la inmigración británica y las guerras con los bóers de 1880 y 1899.

En el interior de África

Curiosidades

El escocés David Livingstone fue el primer europeo en visitar las cataratas Victoria. En su honor se le dio su nombre a una ciudad de Zambia. Además de médico, era un gran explorador que recorrió la cuenca del río Zambeze, se perdió y fue encontrado por otro gran viajero, Henry Morton Stanley.

con el capitán James Grant. El 28 de julio de 1862 alcanzan el lugar en que el río abandona el lago Victoria, las cataratas Ripon (hoy una presa llamada Owen Falls), y Speke lo declara lugar de nacimiento del Nilo. A continuación, recorre el río aguas abajo hasta Jartum y por el camino encuentra a otro gran explorador, Samuel Baker, que viajaba con su esposa y una pequeña tropa.

Siguiendo las indicaciones de Speke, Baker, quien los próximos años permanecerá en la zona luchando contra la esclavitud, sigue el río y descubre el lago Alberto.

A pesar del monumento en honor de Speke en las cataratas Ripon, el río nace mucho más lejos, en las montañas Ruwenzori, aquellas que Ptolomeo llamó Montañas de la Luna. Las aguas que caen en estas cumbres, último reducto de los gorilas de montañas, llegan hasta el Mediterráneo, a más de cinco mil kilómetros de distancia.

El río Zambeze y Livinsgtone

El primer occidental en arribar a la desembocadura del río Zambeze fue el portugués Vasco de Gama, pero el nombre más famoso relacionado con este río es el del doctor Livingstone, misionero inglés que trabajaba en Sudáfrica desde 1840. En 1845 y junto a su mujer Mary Moffat, empezó a adentrarse en regiones desconocidas por los

europeos. En 1849 atravesó el desierto de Kalahari y en 1851 descubrió el río Zambeze.

Buscando una ruta que atravesara África de este a oeste, viajó hasta Luanda, en Angola, en la costa atlántica, y siguió luego el río Zambeze hacia el este, periplo en el que descubrió las cataratas Victoria en 1855. En 1856 volvió a Inglaterra, y en 1858 volvió a África como embajador en Mozambique y explorador. Siguió aguas arriba uno de los afluentes del Zambeze, el Shire, y descubrió el lago Malawi. Más tarde se empeñó en buscar el origen del Nilo río desde el sur. Tampoco resolvió el enigma, pero llegó hasta el lago Tanganika en 1869 y luego se internó en el Congo. Durante varios años estuvo desaparecido en sus exploraciones, causando gran preocupación en Europa, hasta que fue encontrado en octubre de 1871 por otro explorador, el galés nacionalizado estadounidense Henry Morton Stanley, enviado en su busca por J. G. Benner, director del *Herald*. Stanley le saludó con la famosa frase: "El doctor Livingstone, supongo", en un lugar llamado Ujiji, al oeste de Tanzania. Hoy se sabe que el Zambeze nace en Zambia, en el límite con el Congo y Angola.

A la derecha, las cataratas Victoria, descubiertas por Livingstone en 1855, en su máximo esplendor.

1806 — El espía español Alí Bey, alias de Domingo Badía, es el primer occidental en visitar La Meca y entrar en la Kaaba.

1826 — El explorador escocés Alexander Gordon Laing se convierte en el primer europeo en entrar en Tombuctú, pero el primero en volver para contarlo fue el francés René Caillié, que llegó navegando por el río Níger disfrazado de musulmán al año siguiente.

1840 — El misionero inglés David Livingstone llega a África con su esposa y en 1845 empieza a adentrarse en zonas desconocidas. En 1849 atraviesa el Kalahari, en 1851 descubre el río Zambeze y en 1855 las cataratas Victoria. En una de sus expediciones llega hasta Luanda, en Angola, ayudado por el traficante de esclavos portugués Antonio Francisco Ferreira da Silva Porto.

1850 — El alemán Adolf Overweg, enviado por los británicos a las órdenes de James Richardson, primer europeo en cruzar la pedregosa meseta de Hammada, atraviesa el Sahara desde Trípoli y se convierte en el primer europeo en rodear el lago Chad. Por el camino encuentra a otro enviado británico, el también alemán Heinrich Barth, que visitará Tombuctú y la región de Adamada en el Camerún.

1854 — El inglés Richard Francis Burton se convierte en el primer europeo en visitar la ciudad santa de Harar, capital de Somalia, después de un largo viaje que se inicia en Zanzíbar. Las regiones orientales de África estaban controladas por los árabes y las caravanas de esclavos se sucedían camino de la costa desde las regiones interiores. Un europeo que no se hubiese disfrazado de árabe habría sido asesinado.

1858 — Burton descubre el lago Tanganika buscando las fuentes del Nilo desde Zambeze. Speke, que le acompaña, carece temporalmente de visión y cuando se recupera, retorna sin Burton, que estaba enfermo, y descubre el lago Victoria.

1860 — El explorador francés Henry Duveyrer recorre el Sahara y conoce el mundo de los tuaregs, nómadas del desierto.

1862 — Speke y Grant descubren las cataratas Ripon, por donde el lago Victoria desemboca en el Nilo, que entonces se consideran las fuentes del río.

1865 — El francés Alfred Grandidier descubre Madagascar y visita la isla en compañía de Auguste Lantz.

1869 — El cirujano alemán Gustav Nachtigal recorre por primera vez las regiones saharianas de Tibesti y Borku, donde nunca había estado antes un europeo. • Livingstone llega al lago Tanganika y desaparece temporalmente.

1871 — El americano Henry Morton Stanley encuentra a Livingstone en un lugar llamado Ujiji, al oeste de Tanzania.

1873 — Los alemanes Georg August Schweinfurth y Gerhard Rohlfs recorren Libia y el centro del Sahara. Schweinfurth, explorando la cuenca inferior del río Nilo, encontrará a los pigmeos akka, que habían causado impresión muchos siglos antes a los faraones egipcios del Imperio Nuevo. Rohlfs explora el sur de Marruecos y desciende hasta el Golfo de Guinea navegando por el río Níger.

1492

Alpinismo

Curiosidades

En la actualidad, el **Mont Blanc,** la cima más alta de Europa, no tiene mayor dificultad que el mal de altura, el frío y las tempestades, pero hasta que Horace de Saussure no se interesa por ella a finales del siglo XVIII, nadie se atreve a emprender su ascenso. El científico francés patrocinó la primera ascensión, y al ver que era posible conquistar la cima, participó de la segunda.

El primer alpinista de la historia permanecerá para siempre en el olvido. Oetzi, el hombre que permaneció enterrado cinco mil años en el hielo podría ser el primer alpinista conocido, pero no hay registros de ascensos propiamente dichos hasta que Petrarca se planta en la cima del Mont Ventoux en 1336.

A pesar de sus 1.912 m, esta montaña ha sido algunas veces el final de una etapa del Tour de Francia. Por eso, aparte de alguna hazaña bíblica en el monte Nebo o de los intentos de Pedro de Aragón por conquistar el Canigó, se dice que el alpinismo propiamente dicho nace en el Mont Aiguille, un cerro testigo aislado de 2.000 metros de altitud que pertenece al macizo de Vercors, en Francia. Antoine de Ville fue el primero en ascender con una cordada de nueve hombres por sus paredes verticales de roca el 26 de junio de 1492, a petición del rey Carlos VIII, que se encontraba de camino a Italia. Sin embargo, todas las hazañas realizadas en aquellos tiempos eran hechos aislados y verdaderas bravuconadas, como la de esta aguja que en la cima contiene una planicie y que tardó 350 años en volver a ser conquistada por el pastor Jean Liotard.

Una vez superado el miedo medieval a lo desconocido, se realizan algunas ascensiones con motivos científicos. El naturalista Horace-Bénédict de Saussure, considerado el fundador del alpinismo, estaba obsesionado por la botánica y por los glaciares y quería conocer la altura del Mont Blanc, de modo que ofreció una recompensa a quien conquistara la cima.

El 8 de agosto de 1786 lo consiguen el cazador de rebecos y cristalero Jacques Balmat y el doctor Michel Paccard con su barómetro. Una vez perdida la virginidad, se organizan los guías y el propio Saussure asciende un año después con dieciocho de ellos y su propio *valet*. A partir de aquí, empiezan a caer los picos. La primera mujer alpinista, aunque un poco por casualidad, Marie Paradis, corona la cima del Mont Blanc el 14 de julio de 1808, y las demás cimas le siguen en cadena: el Jungfrau

Derecha, cima del Canigó, de 2784 m, en los Pirineos franceses.

Abajo, alpinistas ascendiendo a través de uno de los glaciares alpinos en 1890.

1336 — Petrarca, el gran poeta italiano, asciende el Mont Ventoux, de 1.912 metros de altitud, en el sur de Francia. Hoy se puede ascender en coche y ver a los parapentes sobrevolar la cumbre, pero en su día fue una cima literaria y que inspiró a numerosos pintores.

1492 — Antoine de Ville asciende por primera vez al Mont Aiguille, de 2.087 m, un cima considerada hasta entonces inaccesible.

1786 — Jacques Balmat y el doctor Michel Paccard conquistan la cima del Mont Blanc, de 4.808 metros.

1808 — Primera mujer alpinista, Marie Paradis, que asciende al Montblanc, aunque es ayudada en los últimos metros, afectada por el mal de altura.

1811 — Los hermanos Meyer conquistan el Jungfrau, de 4.158 m, en los Alpes suizos.

1838 — Primera mujer en ascender al Mont Blanc, Henriette d'Angeville, sin ayuda de ningún tipo.

1857 — Se crea el Alpine Club de Londres, el primer club de montañismo del mundo.

1858 — Los guías suizos Christian Almer, Meter Bohren y el irlandés Charles Barrington ascienden por primera vez al Eiger, de 3.970 metros, en los Alpes suizos.

1871 — La británica Lucy Walker se convierte en la primera mujer en ascender al Cervino.

1876 — Se crea el primer club de montañismo de España, el Centro Excursionista de Cataluña.

1897 — El suizo Matthias Zurbriggen asciende al Aconcagua, de 6.962 m.

1902 — La primera mujer alpinista española, Montserrat Mestre, corona el Aneto, de 3.404 m.

1910 — Un grupo de mineros asciende por primera vez el Monte McKinley, de 6.187 m, en Alaska.

1938 — Heinrich Harrer, Anderl Heckmair, Ludwig Vörg y Fritz Kasparek, en una expedición alemano-austriaca, escalan por primera vez la cara norte del Eiger, de más de 1.500 metros de altura vertical. Más de cincuenta montañeros han muerto intentando conquistar esta cima.

1947 — María Canals Frau es la primera mujer española en subir al Aconcagua. Murió en el descenso.

1955 — Primera expedición íntegramente femenina al Himalaya organizada por el Ladies Alpine Club de Escocia. Ascienden al Jugal Himal de 6.700 m.

1960 — Se celebra el ascenso de las cien mujeres al Monte Rosa, de los Alpes. En realidad lo intentaron 114 italianas, 3 suizas y 2 austriacas, entre los 15 y los 47 años.

1974 — Primeras mujeres en alcanzar un ocho mil, las japonesas Naoko Nagasaku, Miero Mori y Masako Uchida en el Manaslú, de 8.156 m.

1975 — La japonesa Junko Tabei se convierte en la primera mujer en coronar el Everest, seguida once días después por la tibetana Phantong.

Alpinismo

Curiosidades

La montaña del **Eiger** en el Siglo XIX, pintada por **Maximilien de Meuron**. Esta montaña, cuya famosa pared norte está situada sobre el pueblo suizo de Grindelwald, tiene el récord de defunciones en pos de su ascensión. Apodada el Ogro y la Araña Blanca en su parte superior, está pared de más de 1.500 metros verticales se ha cobrado la vida de centenares de alpinistas.

en 1811; el Monte Rosa, en 1855; el Grand Paradiso, en 1860; la Marmolade, en 1864.

Se construyen refugios por todos los Alpes y las ascensiones se popularizan con la creación de los clubes de alpinismo. Hay mucho por hacer y muchos primeros que conquistar. El Alpine Club de Londres se crea en 1857. El primero en España es el Centro Excursionista de Cataluña, que se funda en 1876.

En 1875 se produce un accidente que tiene un amplio eco internacional, y está a punto de prohibirse el alpinismo. Cuatro de los siete miembros de la primera cordada en ascender al Cervino mueren durante el descenso.

Pero la montaña es libre y está al alcance de cualquiera. Durante los próximos años, tiene lugar una especie de época dorada del alpinismo de aventura, sobre todo por parte de alemanes y austriacos durante el auge del nazismo, cuando numerosos muchachos se empeñan en ascender a las cumbres más emblemáticas, como el Eiger, y por las rutas más difíciles con los escasos medios de la época. La cara norte del Eiger (3.970 m) se convierte en el reto más duro para los cachorros del nazismo: cuatro muertos en 1936 en el Vivac de la Muerte de la cara norte y numerosas congelaciones en una pared de 1.650 metros verticales que parece al alcance de la mano. Hasta 1938 no se conquista la cima y lo consigue una expedición austroalemana formada por Heinrich Harrer, Anderl Heckmair, Ludwig Vörg y Fritz Kasparek. que tarda tres días en subir.

La primera invernal no la realizarán hasta 1961 con Toni Hiebeler, Walter Almberger, Anderl Mannhard y Toni Kinshofer. La primera en solitario en invierno la lleva a cabo Michel Darbellay en 1963. En 1968 aparece el rey, Reinhold Messner, primero en subir al pilar norte, y en 1974, con Peter Habeler, que le acompañará al Himalaya, bate el récord de velocidad, con sólo diez horas. Desde entonces, ese récord se ha batido varias veces, y en 2003, el italiano del Tirol Christoph Hainz sube la pared en cuatro horas y media.

En su afán por ser los primeros, los montañeros no tardarán en buscar retos más grandes; el monte McKinley, de 6.187 m, en Alaska, es ascendido por primera vez en 1910 por un grupo de mineros americanos de Fairbanks, Tomy Lloyd, Billy Taylor, Pete Anderson y Charley McGonogall.

El monte Aconcagua, de 6.962 m, fue coronado por primera vez el 14 de febrero de 1897 por el suizo Matthias Zurbriggen, uno de los grandes escaladores del siglo XIX, pero este ascenso apenas tiene escalada y la nieve no es tampoco tan abundante como en otras cimas.

Habrá que esperar a 1950 para ver la primera ascensión a una montaña de más de ocho mil metros, el Annapurna, realizada por los franceses Maurice Herzog y Louis Lachenal, apoyados por nombres tan importantes en la historia del alpinismo como Jean Couzy, Marcel Schatz, Gastón Rebuffat, Marcel Ichac, Jacques Oudot y Lionel Terray.

Alpinismo femenino, 1808

La francesa Marie Paradis, que vivía en Chamonix, fue la primera mujer en ascender a la cima del Montblanc, de 4.807 metros, el 14 de julio de 1808, dos meses después del Alzamiento del 2 de mayo en Madrid contra las tropas de Napoleón. Sin embargo, Alejandro Dumas, que cuando ella trepaba por las montañas era un niño (8 o 10 años) asegura que se la encontró un día con su guía Payot y que ambos le dijeron que tal fecha fue 1811. Hubo un tramo, hacia el final, en que, debido a la altitud, tuvieron que llevarla entre dos guías, uno de cada brazo, pero al final se consiguió. Marie se convirtió en la heroína de Chamonix y se le dedicó una calle, *le promenade* Marie Paradis. Treinta años más tarde, en 1838, Henriette d'Angeville, conocida como "la novia del Montblanc", corona la cumbre sin ayuda alguna.

Derecha, el gran alpinista francés **Maurice Herzog**, primero en ascender al Annapurna, y su mujer, en 1950.

Lucy Walker

Lucy Walker fue la primera mujer que se dedicó por entero a la montaña; realizó unas 98 expediciones y en 1912 fue nombrada presidenta del primer club de alpinismo femenino, el *Ladies Alpine Club* escocés, creado en 1907. Fue la primera en ascender al Wetterhorn (3.701 m) en 1866, al Liskamm (4.527 m) en 1868, y al Piz Bernina (4.049 m) en 1869, En 1871 se enteró de que otra mujer, la americana Meta Brevoort, quería subir al Cervino (4.478 m) y se le adelantó con el mejor (o peor) espíritu competitivo posible.

Este logro es el que le dio renombre, no el haber estado cuatro veces en el Eiger con una dieta a base de champagne y pastelillos.

1908-1911

La conquista de los polos

Curiosidades

Amundsen ha sido el explorador polar más importante de la historia. No pudo ser el primero en el Polo Norte, porque se le adelantó **Peary**, pero, para desgracia de **Scott**, dirigió sus pasos al Polo Sur y fue el primero en conquistarlo.

Antártida

Las condiciones atmosféricas son tan desagradables la mayor parte del tiempo en este continente de nieve, hielo y viento, que apenas hay vida en su interior y, sin embargo, había que llegar al corazón de esta inmensidad helada, y alguien tuvo que ser el primero.

Se dice que el primer hombre en avistar la Antártida fue el explorador español Gabriel de Castilla en 1603, según relató después uno de sus marineros, pero su conocimiento exacto no se dará hasta el siglo XIX con los cazadores de focas y ballenas que se adentran en sus aguas. El capitán Cook, que cruzó el Círculo Antártico en 1773 y 1774 nunca tuvo la certeza de que existiera un continente de catorce millones de kilómetros cuadrados al otro lado de las brumas y las tempestades de aquel brutal océano. Al parecer, fueron tres los hombres que vieron por primera vez estas tierras, el capitán de la marina imperial rusa Fabian von Belligshausen, el capitán de la marina británica Edward Bransfield y el marinero americano de Connecticut Nathaniel Palmer. El primer hombre en poner pie en tierra sobre el continente antártico de forma documentada fue el marinero inglés John Davis, en la Antártida Occidental, el 7 de febrero de 1821, pero también este hecho es objeto de controversia. Los británicos aseguran que un marinero del mismo nombre descubrió las islas Malvinas en 1592.

En 1839, una expedición estadounidense, la *United Status Exploring Expedition*, confirma la existencia de un continente antártico. En 1842, el británico James Clark Ross, descubre la isla de Ross, coronada por dos volcanes durmientes de nombres Erebus y Terror, como para echarse a temblar.

En 1907, el inglés Ernest Shackleton lidera una expedición británica que se convierte en la primera en ascender el monte Erebus, en atravesar la Barrera de Ross, en cruzar la cordillera Transantártica, en pisar la meseta polar y en alcanzar el polo sur magnético.

Cuatro años más tarde, en 1911, una expedición liderada por el noruego Roald Amundsen, veterano explorador polar, alcanza por primera vez el Polo Sur geográfico, un mes antes que la desgraciada expedición del británico Robert Falcon Scott, cuyo viaje ha vertido ríos de tinta, pues los expedicionarios murieron durante el viaje de regreso por haber errado en la planificación, al haber intentado atravesar la meseta polar con caballos en lugar de con perros esquimales, como hizo Amundsen, que tenía más experiencia.

Polo Norte

La conquista del Polo Norte no ha vertido tanta tinta como la de su homólogo del Sur, y se consiguió mucho antes, por su cercanía y porque ambos, el polo magnético y el geográfico se hallan sobre el mar, cubiertos por la banquisa marina. No están recorridos por los huracanes que se dan en la Antártida ni las temperaturas son tan bajas. De hecho, en la actualidad es posible emprender expediciones en solitario con relativa facilidad. Pero, en el siglo XIX, los medios existentes hacían que las dificultades fueran extraordinarias. El primero en intentarlo fue el oficial británico William Edward Parry, que en 1827 alcanzó la latitud 82º 45' N. En 1871, la Expedición Polaris, dirigida por Charles Francis Hall, acabó desastrosamente, pues había facciones enfrentadas y finalmente murieron dos personas sin lograr el objetivo. En 1895, el noruego Fridtjof Cansen, premio Nobel de la Paz en 1922 por su trabajo en la Liga de las Naciones, alcanzó los 86º 14' N.

En la primavera de 1908, el neoyorquino Albert Cook intenta alcanzar el Polo Norte acompañado únicamente por dos esquimales inuit. A su regreso, asegura haberlo alcanzado, pero pocos le creen, y su historia se compara a los viajes de Julio Verne.

Derecha, uno de los miembros de la expedición de Amundsen al Polo Sur posa con los perros en 1911.

1586 — Primera vez que se usa la palabra pingüino para referirse a un ave del sur, en la tercera circunnavegación del globo, capitaneada por Thomas Cavendish a bordo del *Desire*. (después de Magallanes y Francis Drake)

1700 — Primer dibujo de un iceberg en el diario del astrónomo inglés Edmond Halley, que viajó como capitán a bordo del *Paramore* durante dos años. A la vuelta de su viaje, Halley publicó *General chart of the variations of the compass*, la primera carta de declinaciones y la primera en contener isogramas, líneas que representan valores iguales en un mapa.

1773 — James Cook es el primero en cruzar el Círculo Polar Ártico en su segundo viaje a bordo del *Resolution*.

1820 — Primeros avistamientos del continente antártico.

1821 — John Davis, marinero del *Cecilia*, es el primero en poner pie en tierra en la bahía de Hughes, en la Antártida, el 7 de febrero.

1829 — William H.B. Webster es el primer científico en hacer observaciones en la Antártida, el 9 de enero en la isla Decepción, para medir el magnetismo.

1839 — *Sydney* es el nombre del primer perro conocido en pisar la Antártida, acompañando a la expedición estadounidense de Charles Wilkes. Los primeros perros utilizados para arrastrar trineos en este lugar habrán de esperar a 1900.

La conquista de los Polos

Curiosidades

En 1928, el italiano **Umberto Nobile** encabezó una desgraciada expedición en la que perecieron la mayoría de sus compañeros y fue acusado de cobardía. **Nobile fue el primero en avistar el Polo Norte** desde un aeroplano y se estrelló cuando pretendía alcanzarlo con un dirigible, provocando la primera operación de rescate polar de la historia.

Otro explorador que aseguró haber alcanzado el Polo Norte y del que se dudó fue el angloamericano Robert Edwin Peary, el 6 de abril de 1909, junto al afroamericano Matthew Henson y cuatro inuits. Su hazaña fue puesta en duda por la rapidez con que fue realizada, teniendo en cuenta la distancia y los días empleados. El escritor y montañero Tom Avery recreó el viaje de Peary en el año 2005 con los mismos trineos de madera y los mismos perros esquimales canadienses. Avery recorrió las 413 millas náuticas (765 km) en 36 días, 22 horas y 11 minutos, cuatro horas menos que Peary. Sin embargo, no pudo reproducir el viaje de retorno, pues debido al cambio climático, el hielo ártico se rompe antes cada año, y no había tiempo de volver al Cabo Columbia con los trineos antes del deshielo.

En 1926, el almirante y piloto norteamericano Richard Evelyn Bird aseguró haber sobrevolado el Polo Norte geográfico, pero su hazaña no fue reconocida porque se considera que había cometido errores con las cartas de navegación.

El primero en alcanzar el Polo Norte de manera indiscutible fue el noruego Roald Amundsen, que ya había conquistado el Polo Sur, y los otros quince tripulantes del dirigible *Norge*, que salió de Roma el 29 de marzo, llegó a Oslo el 14 de abril de 1926, pasó por Leningrado (actual San Petersburgo), cruzó el mar de Barents hasta Nueva Aselund, en el archipiélago Spitzberg y alcanzó el Polo Norte el 12 de mayo de 1926. Sobre aquella extensión desértica se izaron las banderas noruega, estadounidense e italiana. Otros miembros destacables de esta expedición fueron el piloto y diseñador del dirigible, el ingeniero aeronáutico italiano Umberto Nobile, el patrocinador norteamericano Lincoln Ellsworth y el explorador polar noruego Oscar Wisting. La vuelta se realizó por Alaska, hasta Nome.

La primera misión de rescate en el Polo

En 1928, Umberto Nobile encabezó otra expedición plenamente italiana con el objetivo de atravesar el Polo Norte con un dirigible. El aparato se estrelló el 25 de mayo a los 81º 14' N en un bloque de hielo a la deriva. Para proteger a los viajeros se había fletado un barco italiano a cargo del capitán Romagna, de triste fama por su incompetencia, ya que se mostró incapaz de encontrar las señales que había dejado Nobile, incluida la famosa tienda roja. Varias semanas después, Noruega, Suecia y Finlandia ponen en marcha la primera misión de rescate en el Polo. Un mes después, un avión Fokker de la fuerza aérea sueca encuentra a los supervivientes.

1841 — Sir James Clark Ross es el primero en entrar en la bahía de Ross con los barcos *Erebus* y *Terror*.

1874 — Primeras fotografías tomadas de los icebergs antárticos por la expedición Challenger, financiada por la Royal Society. • El primer barco de vapor alcanza la costa antártica, un ballenero alemán comandado por Eduard Dallmann.

1902 — *Eva* es el nombre del primer globo en ascender en la Antártida, perteneciente a la expedición de Robert F. Scott.

1903 — Albert B. Armitage, de la expedición de Scott, es el primer hombre en caminar por la meseta polar. Esta expedición tendrá el honor de asumir numerosos primeros en la Antártida, por ejemplo, la primera cosecha (de mostaza y berros), la primera operación quirúrgica, los primeros fósiles y las primeras películas.

1911 — Roald Amundsen se convierte en el primer hombre en alcanzar el Polo Sur. De nuevo una expedición comandada por Scott lleva al primer fotógrafo y al primer soldado profesionales e instala la primera línea telefónica entre el cabo Evans y Hut Point. Esta vez serán los segundos en llegar al Polo geográfico y los primeros en sufrir una desastrosa retirada.

1911-1914 — La expedición australiana de Douglas Mawson será la primera en usar radio y un avión que se estrelló antes de despegar y la primera en encontrar un meteorito en la Antártida.

1928-1929 — En 1928, la expedición de Hubert Wilkins sobrevuela por primera vez el continente, y en 1929, el *Floyd Bennett*, de la expedición de Richard E. Byrd, sobrevuela por primera vez el Polo Sur.

El inglés Ernest Shackleton fue un verdadero pionero de la Antártida. Ascendió al monte Erebus, quedó atrapado en los hielos del mar de Ross y consiguió emprender una tercera expedición en la que pereció de un ataque al corazón.

Se llevan a su pesar a Nobile primero, con la excusa de que debía coordinar las operaciones de rescate, pero cuando se halla a bordo del barco italiano, el capitán Romagna le impide tomar el mando e incluso le arresta, obligándole a firmar una declaración en la que queda como un cobarde por haber abandonado a sus hombres.

El Fokker que le había rescatado se estrella en el segundo viaje. Amundsen, que participaba en el rescate, se estrella con su avión y muere. Finalmente, el rompehielos soviético Krasin rescata a los supervivientes. A Nobile le impiden la búsqueda de seis hombres que aún se hallaban perdidos. En Italia le reciben como a un héroe, pero la incompetencia de la administración italiana, que había sido incapaz de organizar el rescate, se vuelve contra él. Le expone sus quejas a Mussolini y es acusado de ser el culpable de todo el desastre. Obligado a dimitir, marcha a la Unión Soviética, donde colabora en la construcción de dirigibles. En 1971, el director ruso Mikhail Kalatozov dirigirá una excelente película titulada *La tienda roja*, sobre este tema.

A la derecha, el dirigible *Norge*, dirigido por el comandante Umberto Nobile y a bordo del cual iba Roald Amundsen, con el que llegaron al Polo Norte.

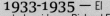

1933-1935 — El estadounidense Richard E. Byrd, decidido a batir récords en muchas facetas de la Antártida consigue ser el primero en hacer observaciones sísmicas, en introducir una vaca lechera, en emitir un programa de radio y en hacer observaciones de rayos cósmicos. Claro que en aquellos momentos se podía ser el primero en cualquier cosa que se hiciera en la Antártida.

1935 — La noruega Carolina Mikkelsen, esposa de un capitán ballenero de su país, es la primera mujer en poner pie en el continente antártico.

1947 — Primera expedición en incluir mujeres, la *Ronne Antarctic Research*.

1957 — Primer vuelo comercial a la Antártida. Ruth Kelley y Patt Heppinstall son las primeras azafatas en visitar una base americana en este continente.

1965 — El 10 de diciembre llega al Polo Sur la primera expedición argentina, comandada por el coronel Edgar Leal, después de 66 días luchando para recorrer los 3.000 km de distancia a pie.

1993 — Llega al Polo Sur la primera expedición femenina, la *American Women's Antarctic Expedition*, después de recorrer 1.100 kilómetros en 67 días con esquís. • La primera expedición formada sólo por mujeres tendrá lugar en el año 2000. Ann Daniels, Caroline Hamilton, Jan McCormac, Pom Oliver, Rosie Stancer y Zoe Hudson ya habían conquistado el Polo Norte en 1997.

1950

Ochomiles

Curiosidades

Reinhold Messner, el rey, con 65 años. El primer hombre en ascender los catorce ocho miles y al Everest sin oxígeno sigue en plena forma. Muchos han intentado seguir sus pasos. Dos alpinistas españoles han conseguido ascender todos los ochomiles: **Juanito Olarzabal**, entre 1985 y 1999, y **Alberto Iñurrategi**, entre 1991 y 2002, primer español, junto a su hermano Félix, en ascender al Everest sin oxígeno en 1992. Los mexicanos tienen a un gran escalador en la persona de **Carlos Carsorio**, cuarto hombre en ascender los catorce ochomiles y el más joven con sólo 34 años.

A la derecha, amanecer en el Annapurna, de 8091 metros, primera cima de más de ocho mil metros conquistada por el hombre.

La historia de las catorce cumbres de más de ocho mil metros que existen en el planeta, todas ellas en el Himalaya, es francamente impresionante por las vidas que ha costado coronarlas, y por una sola razón: están ahí.

Si quieres elegir una ascensión en una de las agencias de viaje que las organizan en Nepal y Pakistán por varios miles de euros, elige el Cho Oyu, tiene la tasa de defunciones más baja: un 2,5 por ciento, y sólo supera los ocho mil en doscientos metros. Si lo que quieres es echar una ojeada al infierno, inténtalo con el Annapurna, donde la tasa de defunciones supera el 40 por ciento.

Un buen deportista, millonario y con mucho tiempo libre, sin embargo, se apuntaría a la cima del mundo, el Everest, cuya tasa de defunciones ha bajado mucho debido a la técnica y gracias a los esforzados sherpas, que te ayudan a subir sin más peso que el de las bombonas de aire y que incluso pueden darte un empujoncito.

Para coronar los catorce ochomiles no basta con tener dinero y tiempo libre, hay que ser un verdadero hombre de las montañas, con un corazón y una voluntad de hierro, poder vivir con un hilo de aire y ser insensible al dolor. La mayoría de los que lo han hecho han estado a punto de morir varias veces o conocen a alguien que ha perecido en el intento, tienen parcialmente cortados los dedos de los pies, consecuencia de las congelaciones, y dicen que por encima de los ocho mil metros apenas se tiene un hálito de conciencia. Sólo el haberse convencido a sí mismos durante meses de cuál es el objetivo hace que sigan adelante. Por encima de seis mil metros apenas se puede dormir, las comidas no se digieren, el cansancio y la ansiedad son permanentes, y eso catorce veces si todas acabaran realizándose a la

primera, pero hay que haberlo intentado otras tantas en el caprichoso clima de las grandes montañas.

Y todo esto nos lleva a Reinhold Messner, el montañero más grande de todos los tiempos, el primero en coronar la cima del Everest en solitario y sin oxígeno y el primero en conquistar los catorce ochomiles (entre 1970 y 1986). Nace en el sur de Italia, en el Tirol, en 1944, se curte en los Dolomitas, donde con 13 años corona su primera cima junto a su hermano Gunther, que sólo tiene once; a los veinte es capaz de ascender mil metros en 35 minutos, y muy pronto ha coronado todas las cimas de los Alpes, inspirado en su ídolo de entonces, el austriaco Hermann Buhl, primero en subir solo a un ocho mil. En 1970 se atreve con su primer gran Himalaya, el Nanga Parbat (mortalidad del 28 por ciento) y sube con su hermano. Lo coronan, pero en el descenso muere Gunther, y Reinhold pierde parte de siete dedos de los pies y tres de las manos. Este suceso no le detendrá. Como los héroes de ficción, diez años después sube al Everest solo y sigue y sigue. Actualmente, este pequeño y melenudo alpinista de hierro que ya no asciende montañas de aquel calibre y ha sido miembro del Parlamento Europeo por la Federación de los Verdes italiana, colabora en la creación de una serie de museos sobre las montañas en Italia.

1950 — El 3 de junio, los franceses Maurice Herzog y Louis Lachenal ascienden la primera cima de más de ocho mil metros conquistada por el hombre, el Annapurna, de 8.091 m.

1953 — El 29 de mayo, el inglés Edmund Hillary y el sherpa Tenzing Norga alcanzan por primera vez la cima del Everest, de 8.844 m.

1953 — El 3 de julio, el austriaco Hermann Buhl se convierte en la primera persona en ascender el Nanga Parbat, de 8.126 m. Además, es el primero en alcanzar una cima de ocho mil metros en solitario (y será el único, pues las demás son conquistadas por primera vez por más de un montañero) y sin oxígeno. Cuatro años más tarde estará en la primera expedición en ascender al Broad Peak, y poco después, morirá al caer de una cornisa intentando ascender al Chogolisa.

1954 — El 31 de julio, los italianos Achille Compagnoni y Lino Lacedelli alcanzan por primera vez la cima del K2, de 8.611 m, en la frontera de China y Pakistán.
• El 19 de octubre, los austriacos Joseph Joechler y Herbert Tichy, y el sherpa Pasang Dawa Lama, ascienden por primera vez al Cho Oyu, de 8.201 m, en la frontera de China y Nepal.

1955 — El 25 de mayo, los ingleses George Band y Joe Brown ascienden por primera vez al Kanchenjunga, de 8.586 m, en la frontera de India y Nepal.

1956 — El 8 de julio, los austriacos Josef Larch, Fritz Moravec, Hans Willenpart coronan por primera vez el Gasherbrum II, de 8.035 m, en la frontera de China y Pakistán.

1957 — El 9 de junio, un equipo formado por los alpinistas austriacos Hermann Buhl, Kurt Diemberger, Marcus Schmuck y Fritz Wintersteller coronan por primera vez el Broad Peak, de 8.047 m.

1958 — El 5 de julio, los austriacos Andrew Kauffman y Peter Schoening ascienden por primera vez al Gasherbrum I, de 8.068, en la frontera de China y Pakistán.

1960 — El 13 de mayo, un equipo formado por los austriacos Kurt Diemberger, Peter Diener, Nawang Dorje, Nima Dorje, Ernst Forrer y Albin Schelbert corona por primera vez la cima del Dhaulagiri, de 8.167 m, en Nepal.

1964 — El 2 de mayo, un grupo de diez escaladores comandados por el chino Hsu Ding alcanza la cima del Shishapangma, de 8.027 m, en China.

1953

Everest

Curiosidades

Después de su ascenso pionero al Everest, sir **Edmund Hillary**, nacido en el año 1919, ha dedicado sus energías a ayudar al pueblo de los sherpas, que ha mejorado notablemente sus condiciones de vida gracias al himalayismo.

Desde el siglo XIX, el monte Everest es la niña mimada de los escaladores. Todo el mundo quiere hacerse un foto en la cima, y, afortunadamente, es un pico fácil de ascender, salvo por la altura y las tormentas que lo hacen viable sólo un par de meses al año. Los sherpas lo llaman Chomolungma, la diosa madre del mundo, y los tibetanos Sagarmatha, la diosa del Cielo, un verdadero reclamo turístico para las empresas de 'escale el pico más alto del mundo por sesenta mil euros'.

Cuando se decidió que era la montaña más alta del mundo y le dieron el nombre de sir George Everest, esta región del planeta pertenecía al Imperio británico. Nadie había intentado ascenderla antes, ni siquiera los sherpas, un pueblo de montañeses habituados a las grandes altitudes que veían en la mole de hielo a una especie de diosa madre lejana, anterior al budismo imperante. Pero para los ingleses era un reto, pues no había lugar de la tierra que no pudiera conquistarse, y en 1921 mandaron una expedición militar comandada por el teniente coronel Charles Kenneth Howard-Bury, que se limitó a ascender hasta el Collado Norte, a 7.000 metros, desde donde se obtiene una vista disuasoria de la cara norte de la montaña. En esa expedición iba George Leigh Mallory, que formó parte de las tres primeras expediciones en intentar el ascenso. Volvió a intentarlo en 1922 y 1924 y desapareció con su compañero de cordada Andrew Irvine a más de ocho mil metros de altura, en la cara noreste de la montaña, sin que podamos saber, a día de hoy, si hollaron la cima.

Todas las expediciones británicas que siguieron a ésta fueron un fracaso, y la montaña permanecería virgen hasta después de la Segunda Guerra Mundial. En ese momento, y a causa de la forzada ocupación del Tíbet, los chinos cierran el acceso a la montaña por su lado, pero para los nepaleses es una fuente de ingresos nada despreciable, y empiezan a organizarse expediciones de montañeros curtidos en otras cordilleras, especialmente en los Alpes. Los suizos lo intentan en 1952, y a pesar de que no consiguen alcanzar la cima, huellan el Collado Sur y abren el camino a la conquista del inglés Edmund Hillary y el sherpa Norgary el año siguiente. El Everest cae el 29 de mayo de 1953.

Desde entonces se han realizado numerosas y costosas ascensiones, pero la mejora de los equipos ha permitido que en los últimos años la mortalidad se reduzca notablemente, a pesar de que quienes acceden a la montaña son cada vez menos experimentados.

Reinhold Messner fue el primero en utilizar ropa ligera de esquí para subir a la montaña a gran velocidad, lo que le permitió coronarse como el primero en hacerlo sin oxígeno en 1978. Esta hazaña demostró que la montaña no era tan fiera como querían pintarla, y se produjo un alud de aspirantes a ser el primero de cada país en ascenderla, con subvenciones millonarias por parte de entidades oficiales y empresas patrocinadoras. En el caso de España, las comunidades autónomas también aspiraban a colocar su banderita en la cima, hacerse la foto y salir corriendo antes de ser arrastrados por el viento cósmico de ese lugar que está entre la tierra y las estrellas.

En 1980, una expedición vasca pone al primer español, Martín Zabaleta, en la cima, y veinte años después ya lo había hecho medio centenar, dos de ellos, Óscar Cadiach y Juan Oiarzabal, dos veces. En 1996 llega al techo del mundo la primera española, la catalana Araceli Segarra, con ocasión del rodaje de un documental para el Imax dirigido por el norteamericano David Breashears, que la elige por sus cualidades y por su belleza.

En los años noventa, el mundo le ha perdido el miedo a la montaña y su ascenso se convierte, en primer lugar, en una manera de

A la derecha, la impresionante mole del Everest, la madre del universo, vista desde Kalapatthar.

1852 — En esta década se mide por primera vez la altura del pico XV y se cree que podría ser la cima más alta del mundo, pero los medios técnicos no dan para más.

1865 — El pico XV recibe el nombre de Everest en honor de Sir George Everest, geógrafo y topógrafo galés, responsable de la topografía de la India entre 1830 y 1843.

1921 — Primera expedición británica sin éxito.

1922 — Segunda expedición y primera en la que se producen muertes a causa de la ascensión: siete sherpas perecen a causa de una avalancha.

1933 — Primer vuelo sobre el Everest.

1953 — Primer ascenso realizado por el neozeolandés Edmund Hillary y el sherpa Tenzing Norgary el 29 de mayo a las 11:30 horas.

1960 — Un equipo chino realiza la primera ascensión por la arista norte el 25 de mayo.

Everest

Curiosidades

El sherpa Sundare es la persona que ha ascendido más veces a la cumbre, los años 1979, 1982, 1982, 1985, y 1988. **Este récord de cinco ascensiones** se debe a la mayor resistencia que le confiere el hecho de vivir en la montaña a grandes altitudes.

promocionar empresas, y en segundo lugar, en una fuente de ingresos para determinados montañeros que no conocen otra forma de vivir y montan sus propias agencias de viajes en Katmandú. El viajero que contrate una de estas ascensiones guiadas no tiene que hacer nada, salvo, si tiene sentido común, entrenarse durante uno o dos años o elegir una de las montañas vecinas, más pequeñas y fáciles, como el Cho Oyu, cuyo precio es cuatro veces menor, así como el riesgo de mortalidad. El ascenso al Everest programado implica: ascender en vehículo hasta los 5.200 m; caminar 22 km en dos días hasta el campamento base, situado a 6.400 m, con la ayuda de yaks; seguir por el glaciar hasta el collado norte a 7.000 m de altura, donde se establece el campamento 1; subir por una larga pendiente nevada hasta el campamento

2 a 7.500 m; trepar por una serie de escalones rocosos y pedregosos, con mucho viento, hasta el campamento 3 a 7.900 m; seguir por un camino de rocas y nieve hasta el campamento 4 a 8.300 m, y desde aquí, con mucho cuidado y la ayuda de oxígeno, subir a la cima. La agencia advierte que en todo este tramo final el viento helado puede partirte el alma, aunque, en realidad, sólo te dirán que tengas cuidado. Por supuesto, los sesenta mil dólares del viaje incluyen un ejército de sherpas que te llevará todo el peso, te ayudará en los momentos difíciles, utilizará los recursos instalados de otras expediciones, como cuerdas y puentes sobre los glaciares, y transportará todos los lujos posibles, generando una cantidad ingente de basura que se acumulará alrededor de los campamentos, obligando a organizar expediciones cuyo único fin es la limpieza de la montaña. Todo esto debe hacerse con la mayor rapidez posible, para evitar males mayores, pues el organismo está fuera de su ámbito ideal y sufre fuertemente la falta de oxígeno. De todos modos, el Everest es un reto que ya no está reservado a los grandes montañeros.

Algunos datos

El francés Jean-Marc Boivin se convierte en el primer hombre en descender en parapente desde la cima.

En el año 2004, de las 1.200 personas que habían ascendido a la cima del Everest, sólo 75 eran mujeres,

después de la japonesa Junco Tabei, el 16 de mayo de 1975.

En 1985 asciende a la cima una cordada de 17 personas comandada por el noruego Arne Naess, la más numerosa de la historia de la montaña y una de las mejor organizadas.

A la derecha, Edmund Hillary y Tenzing Norgay toman el desayuno en la expedición al Everest de 1953.

1963 — James Whittaker se convierte en el primer americano en alcanzar la cima. • Los también americanos Willi Unsoeld y Tom Hornbein son los primeros en ascender por la arista oeste.

1965 — El sherpa Nawang Gombu se convierte en la primera persona en ascenderlo dos veces.

1975 — La japonesa Junko Tabei es la primera mujer en subir a la cima. • La china Phantog es la primera por la cara norte.

1978 — Peter Habeler y Reinhold Messner se convierten en los primeros en ascender la montaña sin oxígeno por la vía normal. • La polaca Wanda Rutkiewicz es la primera mujer europea en ascender al Everest.

1979 — La alemana Hannelore Schmatz se convierte en la cuarta mujer en ascender al Everest y la primera en morir en la montaña durante el descenso; tenía 39 años.

1980 — Primer ascenso invernal por los polacos Leszek Cichy y Krzysztof Wielicki, y primer ascenso en solitario y sin oxígeno del alemán Reinhold Messner entre el 18 y el 21 de agosto.

1988 — La australiana Lydia Bradey se convierte en la primera mujer en ascender sin oxígeno. • El sherpa Kagzi Sherpa establece un primer récord de velocidad en 20 horas y 24 minutos desde el campamento base y sin oxígeno.

1990 — El australiano Timothy John Macartney-Snape se convierte en el primer hombre en ascender a pie al Everest después de recorrer 1.200 km desde el Golfo de Bengala en una expedición denominada Sea to Summit.

1992 — El francés Pierre Tardivel realiza el primer descenso con esquís.

1995 — A. J. Hargreaves es la primera mujer en ascender en solitario y sin oxígeno.

1996 — Göran Kropp pedalea más de doce mil kilómetros desde su Suecia natal y asciende el Everest sin oxígeno y en solitario. • Araceli Segarra es la primera española en alcanzar la cima.

1998 — Tom Whittaker, americano de 49 años, se convierte en la primera persona en ascender con una pierna ortopédica y con la ayuda de cuatro sherpas.

2000 — Primer descenso de esquí verdadero por el esloveno Davo Karnicar. • Ese año asciende a la montaña Erik Weihenmayer, la primera persona ciega.

2001 — El americano Sherman Bull sube a la montaña con 64 años. • Stefan Gall es el primero en lanzarse en snowboard desde la cima y Marco Siffredi el primero en completar el descenso de esa forma. • El sherpa Temba Tsheri, de 16 años, es la persona más joven en ascender a la cima.

2003 — El 23 de mayo, el sherpa nepalí Pemba Dorjie realiza la ascensión más rápida de la historia, en 12 horas 45 minutos. • Por primera vez, tres hermanos, los sherpas Da Nuru, Jangbu y Lhakpa Gelu, ascienden a la cima el mismo día. • El norteamericano Gary Guller se convierte en la primera persona en subir al Everest con una sola pierna por sí mismo. • Yuichiro Miura, de 70 años, se convierte en la persona más vieja en ascender a la cima.

2004 — El 21 de mayo, el sherpa Pemba Dorjie asciende la montaña en 8 horas y 10 minutos, una hazaña increíble que muchos consideran dudosa.

1957

Carrera espacial

Curiosidades

El *Sputnik* es el primer satélite fabricado por el hombre en colocarse en órbita terrestre. Fue lanzado por la **Unión Soviética** el 4 de octubre de 1957, y daba una vuelta a la tierra cada 90 minutos.

En 1885, el físico ruso Konstantin Tsiolkovsky (1857-1935), autodidacta y predecesor de la aeronáutica, describió en un libro cómo se podía colocar un satélite en órbita por medio de los motores a reacción. Las libretas de Tsiolkovsky estaban llenas de dibujos de cohetes y de naves espaciales. Sus teorías no cayeron del todo en saco roto, pues a finales de los años cincuenta, la Unión Soviética puso en marcha el programa *Sputnik* ('satélite' o 'viejo amigo') para poner una nave en órbita de la Tierra. El proyecto se inició como una contribución al Año Internacional Geofísico, celebrado en 1957, y al principio se pensó en poner en órbita un satélite grande con muchos instrumentos para realizar una serie de pruebas en el espacio, pero al darse cuenta los rusos de que los americanos, dentro del mismo proyecto, planeaban lanzar primero uno pequeño, sin instrumentos, sólo para comprobar que semejante proeza podía hacerse, decidieron vaciar el cohete y el 4 de octubre de 1957 lanzaron el vehículo, que era mucho más grande que el de los norteamericanos. El *Sputnik 1* era una esfera de aluminio de 58 cm rellena de nitrógeno con cuatro antenas que miraban hacia atrás; pesaba 83 kilos y tenía dos transmisores de radio que enviaron información sobre la densidad de la estratosfera, la temperatura y la propagación de las ondas de radio. El pequeño satélite estuvo 92 días en el espacio, a una distancia de entre 214 y 938 kilómetros. Fue lanzado mediante un cohete del tipo R-7; una forma modificada del primer misil balístico intercontinental del mundo, el *R-7 Semyorka*, de 34 m de largo, 3 m de diámetro y 280 tm de peso, operativo desde el 9 de febrero de 1959. Un mes después, cuando aún estaba en órbita el primero, se lanzó el *Sputnik 2*, lleno de instrumentos, y lo que es más importante, en un compartimento sellado, iba la perrita *Laika* ('la que ladra'), primer ser vivo en ser colocado en el espacio. Estaba atada a un arnés, aunque podía echarse y tenía comida en forma de gelatina, pero no

A la derecha, Nikita Kruschev, en la Alemania del Este, posa con una réplica del Sputnik junto a los líderes alemanes.

El físico ruso **Konstantin Tsiolkovsky** fue el primero en calcular científicamente la manera de colocar un cohete en órbita.

1903 — Konstantin Edouardovich Tsoilkovsky (1857-1935), considerado el padre de los viajes espaciales, establece las bases de la ingeniería aeroespacial. Su libro *La exploración del espacio cósmico por medio de los motores a reacción* se anticipa a la aeronáutica moderna. Su ecuación del cohete aún se aplica al lanzamiento de los cohetes actuales.

1957 — La URSS lanza el primer satélite artificial, el *Sputnik 1*, el 4 de octubre. Un mes después, los rusos lanzan el segundo *Sputnik* con la perra *Laika* a bordo, primer ser vivo en subir al espacio.

1958 — Estados Unidos lanza su primera nave en alcanzar la órbita terrestre, el *Explorer 1*.

1959 — La URSS lanza el *Luna 2*, primera nave en impactar en el suelo lunar con medallas que decían 'URSS septiembre 1959'.

1960 — Estados Unidos lanza el primer satélite meteorológico el 1 de abril de este año.

1961 — Primer hombre en el espacio. El 12 de abril, el ruso Yuri Gagarin permanece una hora y 48 minutos en el espacio a bordo de la nave *Vostok 1*.
• El 5 de mayo, Estados Unidos lanza la nave *Mercury Redstone 3* y pone a su primer hombre en vuelo suborbital.

1962 — El 20 de febrero, Estados Unidos coloca a su primer hombre en órbita. John Glenn permanece 4 horas y 55 minutos a bordo del *Mercury Atlas 6*.
• En octubre, Walter M. Schirra Jr. se comunica por primera vez en vivo por radio desde el espacio.

1963 — Primera mujer en el espacio. El 16 de junio, Valentina Tereshkova alcanza la órbita terrestre a bordo de la *Vostok 6*.

1964 — El 24 de agosto se lanza el *Nimbus 1*, que realiza las primeras fotos nocturnas de alta resolución.

1966 — El 3 de febrero, los soviéticos colocan la primera sonda alrededor de la luna, con el nombre de *Luna 9*. • El 2 de junio, Estados Unidos envía la sonda *Surveyor 1*, que aterriza en el Mar de las Tormentas y envía más de diez mil fotografías del lugar.

1967 — Estados Unidos envía la sonda *Surveyor 5*, que efectúa los primeros análisis del suelo lunar a dos metros de profundidad y recoge muestras que serán enviadas a la Tierra. • La *Venera 4* rusa es la primera sonda en penetrar en la atmósfera de Venus.

1968 — Primer vuelo tripulado del programa Apolo. El *Apolo 8* se sitúa en órbita lunar con tres astronautas.

1969 — Primer aterrizaje lunar. Neil Amstrong, Edwin Aldrin y Michael Colins viajan a la Luna con el *Apolo 11*. Amstrong y Aldrin alunizan con el módulo *Águila* el 16 de julio. Amstrong pone el pie en la Luna el 21 de julio.

1970 — La nave *Venera* es la primera en aterrizar en Venus y permanecer un tiempo activa, 23 minutos, antes de destruirse.

Carrera espacial

Curiosidades

Pedro Duque, nacido en 1963 en Madrid, es el primer astronauta español en ascender al espacio. Entrenado en la Ciudad de las estrellas de Rusia y en Estados Unidos, su primer vuelo fue en el transbordador espacial *Discovery* entre octubre y noviembre de 1998.

había forma de que volviera a la tierra, y murió a las pocas horas.

El *Vanguard* americano nunca alcanzó la órbita terrestre por la mala calidad del cohete lanzador, pero se salieron con la suya con otro modelo, el *Explorer 1*, lanzado el 31 de enero de 1958 desde Cabo Cañaveral a bordo de un cohete *Juno*. El *Explorer* era largo como un lápiz y sólo pesaba 14 kilos, pero descubrió los cinturones de Van Allen y su misión fue un rotundo éxito.

Primer hombre en el espacio

El primer ser humano en salir de la atmósfera terrestre fue el ruso Yuri Gagarin, a bordo de la nave *Vostok 1* el 12 de abril de 1961. Sus padres trabajaban en una granja colectiva y él mismo fue obrero metalúrgico hasta los 20 años, edad en que decidió convertirse en piloto.

El proyecto se inició en 1958, dentro del programa de armamento soviético, contra la disposición de la mayoría de políticos de dedicar todos los esfuerzos de los científicos a la guerra. Pero consiguió introducirse el proyecto de lanzar una persona al espacio junto al lanzamiento de un satélite espía. En 1957 ya se comprobado que un ser vivo podía vivir en condiciones de microgravedad con la perra *Laika*, aunque murió a las pocas horas a causa del estrés y de un sobrecalentamiento de

la nave. El 19 de agosto de 1960, dos perras, *Belka* y *Strelka*, fueron puestas en órbita y felizmente devueltas a la tierra. Los rusos se enteraron en aquel momento de que los americanos estaban trabajando en la nave *Mercury* y el presidente ruso Kruschov declaró una prioridad el proyecto.

En 1961, con 27 años recién cumplidos, Gagarin fue lanzado al espacio con un entrenamiento especial a prueba de todo tipo de inconvenientes. La nave entró en una órbita inesperadamente alta, a 327 km, en lugar de los habituales 247 km de los satélites no tripulados. Si los retrocohetes que debían impulsar su regreso hubieran fallado, Gagarin habría muerto, pero hubo suerte, y el regreso fue normal, hasta que el cosmonauta se catapultó fuera de la cápsula antes de alcanzar el suelo. Las autoridades rusas silenciaron este hecho hasta 1964, para que pareciera que había aterrizado en la cápsula, pues se consideraba una cobardía haber saltado en paracaídas.

Un pequeño paso para el hombre.

Neil Armstrong fue el primer hombre en poner un pie en la Luna. Tenía una licencia de vuelo antes de aprender a conducir, con sólo 16 años. Apenas acabar la secundaria, recibió una beca de la Marina de los Estados Unidos. Fue piloto de reconocimiento en la Guerra de

1971 — El 19 de abril se coloca en órbita la primera estación espacial en torno a la Tierra, *Salyut* enviada por los rusos. Hasta el año 1982 serán lanzadas nueve estaciones de este tipo, seis de las cuales recibirán visitas de cosmonautas a bordos de naves *Soyuz*. Después de un intento fallido, la nave *Soyuz 11* consigue acoplarse a la estación orbital y sus tres tripulantes pemanecen 23 días en el espacio.

1973 — Estados Unidos pone en órbita el 5 de abril su primera estación orbital, la *Skylab 1*. En mayo suben a bordo los astronautas Conrad, Weitz y Kerwin.

1975 — Primeras fotografías del suelo marciano a cargo de la nave *Viking 1*. Primer acoplamiento de una nave norteamericana con una nave rusa.

1977 — El 23 de noviembre se lanza el *Meteosat*, primer satélite geoestacionario europeo por medio del cohete *Ariane* desde la Guayana francesa. Veinte años después se lanzará el *Meteosat 7*. Esta serie de satélites lanzados por la Agencia Europea del Espacio (ESA) proveerán a los servicios meteorológicos de los mapas y permitirán avanzar en el campo de las predicciones.

1981 — Primera misión de la lanzadera espacial, primera nave recuperable y reutilizable de la historia de la aeronáutica. Capaz de transportar de 4 a 7 astronautas y treinta toneladas de carga. Tiene un brazo articulado que le permite poner en órbita los satélites que lleva en su interior y hacer reparaciones. Su construcción fue aprobada por el presidente Nixon en 1972. El primer transbordador, la nave *Columbia*, despegó el 12 de abril.

Corea. Estudió Ingeniería Aeronáutica y trabajó durante diecisiete años como ingeniero, administrador y piloto de pruebas de más de doscientos tipos de aviones. Se convirtió en astronauta en 1962. El 5 de abril de 1967 le fue comunicado que era uno de los candidatos a la primera misión a la Luna, junto con otros 17 astronautas. En diciembre de 1968, ya sabía que pilotaría el *Apolo 11* y que daría ocho vueltas a la Luna. En marzo de 1969 se determinó que él sería la primera persona en tocar con sus pies la tierra negra del satélite. El 20 de julio de 1969, el *Apolo 11* se posa sobre la superficie lunar después de cuatro días de vuelo. A las 2:56 horas UTC del 21 de julio de 1969, Armstrong pronunció su famosa frase: "Es un pequeño paso para un hombre, un paso de gigante para la humanidad". (*"That's one small step for man, one giant leap for mankind."*) y saltó sobre el polvo a cámara lenta. Edwin Aldrin le siguió los pasos quince minutos después y dijo: "Hermoso, hermoso. Magnífica desolación".

Arriba, la perrita Laika, primer ser vivo en el espacio; Yuri Gagarin, primer hombre en salir de la órbita terrestre, y la primera huella de un ser humano en la Luna.
A la derecha, Neil Amstrong, el 20 de julio de 1969, en el momento de poner la bandera de Estados Unidos en la Luna.

1982 — El 19 de abril se lanza la *Salyut 7*, última estación orbital de esta serie. Fue visitada por seis expediciones principales y cuatro misiones visitantes de corta duración con repuestos. Vivían en ella siete cosmonautas soviéticos, y a lo largo de su vida acogió a la segunda mujer astronauta, Svetlana Savitskaya, la primera en hacer una salida al espacio exterior, y el primer astronauta francés, Jean-Loup Chrétien, enviado al espacio entre el 25 de junio y el 2 de julio de ese año.

1988 — Primera y única prueba del transbordador soviético *Buran*.

1998 — Se lanza con éxito mediante un cohete ruso *Protón* el módulo *Zarya*, primera pieza de la ISS, estación orbital internacional. Colaboran 14 países, los diez de la ESA europea, Estados Unidos, Rusia, Canadá y Japón. Los dos primeros astronautas fueron el ruso Serguei Krikalev y el americano Robert Cabana.

2001 — Primer turista espacial, Dennis Tito, a bordo de la nave rusa *Soyuz TM-3* el 29 de abril.

2003 — Desastre de la lanzadera espacial *Columbia*, que estalla durante su reentrada en la atmósfera terrestre, provocando la muerte de sus siete tripulantes.
• Primera astronauta nacida en China, Yang Liwei, a bordo de la nave *Shenzhou 5*.

2004 — Mike Melvill es la primera persona es realizar una misión enteramente privada, pilotando la *Space Ship One*. El vuelo suborbital dura 25 minutos y sube a sólo 100 km. Su fin era demostrar que una agencia no gubernamental también podía subir al espacio con naves reutilizables. La fundación Ansari X Prize ofrecía diez millones de dólares a la primera organización no gubernamental en colocar una nave tripulada en órbita.

Carrera espacial

Curiosidades

Valentina Tereshkova, primera mujer en el espacio, tuvo la suerte de haber practicado paracaidismo para librarse de caer en un lago durante el descenso de la *Vostok 6*. Su nombre en clave era Chaika (gaviota).

Primera mujer en el espacio

La primera mujer en subir al espacio fue la rusa Valentina Tereshkova. El mérito de semejante hazaña se multiplica si consideramos que lo hizo en solitario. El 16 de junio de 1963, la nave *Vostok-6* despegó desde el cosmódromo de Baikonur, con la intención de demostrar una vez más el poderío ruso en la carrera espacial con Estados Unidos. La nave dio 48 vueltas alrededor de la tierra y 70 horas y 50 minutos después de su despegue volvió a la Tierra el 19 de junio.

La inclusión de Tereshkova en el programa espacial había respondido a motivos políticos y la cosmonauta no estaba lo bastante preparada o no era la persona adecuada, pues había ocultado sus problemas de vértigo y pasó los casi tres días que duró el viaje vomitando, afortunadamente en solitario. Tuvo algunos problemas añadidos, pues al colocarse en órbita la nave, los científicos descubrieron que empezaba a alejarse de la Tierra en lugar de acercarse, y tuvieron que corregir el rumbo. Mientras aterrizaba, se eyectó fuera de la nave y descubrió que estaba sobre un lago; de haber caído con el traje al agua podría haberse ahogado, y tuvo que volar con el paracaídas hasta situarse sobre tierra firme.

Casi diez años después, en 1982, viaja al espacio la primera mujer en habitar en una estación espacial. Svetlana Savitskaya viajó a bordó de la *Soyuz T-7* y permaneció en la estación espacial *Salyut 7* siete días, 21 horas, 52 minutos y 24 segundos. La tercera cosmonauta rusa fue Elena Savitskaya, que subió en la *Soyuz TM-17*, relevó a Svetlana y permaneció en la estación 164 días.

Svetlana volvió a subir a la estación el 17 de julio de 1984 como ingeniero de vuelo; tenía 35 años y permaneció en la *Salyut 7* once días, 19 horas, 14 minutos y 36 segundos. Durante este viaje se convirtió en la primera mujer en realizar una salida al espacio exterior. El primer paseo espacial duró exactamente tres horas y 35 minutos.

La primera astronauta americana fue Sally Ride, que viajó en el transbordador espacial *Challenger* el 18 de junio de 1983. Era ingeniera de vuelo y su especialidad era el brazo robótico de la nave.

Rivalidad ruso-americana

Hasta 1971, los rusos fueron primeros en todo. En octubre de 1957 lanzan el primer satélite artificial, el *Sputnik 1*. Ese mismo año, el 2 de noviembre lanzan al primer ser viviente, la perrita *Laika*.

En mayo de 1958 lanzan el primer observatorio cósmico, el *Sputnik 3*. En 1959 envían la primera nave a la Luna, el *Lunik 2* (o *Luna 2*), que en octubre envía las primeras fotografías de la cara oculta. Y aunque la primera sonda en alcanzar la órbita de Venus fue la americana *Mariner 2* en 1962, el primer intento fue ruso y la primera nave en estrellarse contra la superficie de este planeta fue la rusa *Venera 3* en 1967.

La *Venera 4* fue la primera nave en transmitir datos desde otro planeta. La *Venera 7* fue la primera nave en aterrizar con éxito en la superficie en 1970. La *Venera 9* fue en 1975 el primer satélite artificial de Venus. La primera sonda espacial enviada a Marte también fue soviética, la *Marsnik 1*, lanzada en 1962, pero se perdieron las comunicaciones antes de que alcanzara el planeta. La primera sonda en establecer contacto con la tierra desde Marte sería la estadounidense *Mariner 4* en 1965. Y la primera nave en aterrizar en Marte fue la soviética *Marsnik 3* en 1971, seguida de las estadounidenses *Viking I* y *II* en 1976. Pero los Estados Unidos colocó al primer hombre en la Luna en 1969, y Rusia nunca ha podido competir con los transbordadores espaciales, el primero de los cuales fue lanzado en 1981.

Derecha, Valentina Tereshkova, primera mujer en el espacio, posa en la Ciudad de las Estrellas, de Moscú, al cumplir setenta años.

1961 — Después de la *Vostok 1* con Yuri Gagarin, los rusos lanzan en agosto la *Vostok-2*, con Gherman Titov a bordo. Con sólo 26 años, es el primero en dormir en el espacio.

1963 — Valentina Tereshkova se convierte en la primera mujer en ascender al espacio el 16 de junio a bordo de la nave *Vostok-6*. Tereshkova, que se había divorciado de su marido cosmonauta, tuvo una hija y se dedicó a la política, con tanto éxito que consiguió un puesto en el Presidium soviético.

1967 — Vladimir Komarov es el primer cosmonauta muerto durante el lanzamiento de la *Soyuz 1* al fallar el paracaídas.

1968 — Primer astronauta nacido en Asia (Hong Kong), William Anders, en la primera misión tripulada que orbita la Luna a bordo de la *Apolo 8*.

1978 — El checo Vladimir Remek es el primer europeo no soviético en subir al espacio a bordo de la *Soyuz 28*.

1980 — El viertnamita Pham Tuan es el primer asiático en subir al espacio a bordo de la *Soyuz 37*. Ese año, el cubano Arnaldo Tamayo sube a bordo de la *Soyuz 38*.

1982 — Segunda mujer en el espacio, Svetlana Savitskaya, quien permanecerá 7 días a bordo de la estación espacial *Salyut 7*.

1983 — Primera mujer estadounidense en el espacio, Sally Ride, que vuela en la lanzadera espacial *Challenger*. Tiene 32 años.

1984 — Segunda astronauta americana, Kathryn Sulliva, y primera en realizar un paseo espacial a bordo de la lanzadera *Challenger*.

1986 — Primera mujer en morir en un viaje espacial, la estadounidense Christa McAuliffe, al estallar el *Challenger*.

1994 — Tercera mujer rusa en el espacio, Elena Kondakova, que permanecerá 169 días a bordo de la *Soyuz TM-20*.

Ciencia

De la navegación a la porcelana

Antigüedad

Navegación

Curiosidades

Thomas Watt desarrolló la máquina de vapor mientras reparaba una máquina de Newcomen. Éstas se usaron durante casi un siglo para achicar agua de las minas. Newcomen había perfeccionado un motor de Thomas Savery para bombear el agua de las minas de Cornualles, que funcionaba desde 1698. Y Savery se había inspirado en los descubrimientos de Denis Papin, que encontró la manera de mover un émbolo con el vapor. El émbolo subía con el vapor y bajaba al enfriarse.

La historia de la navegación no tiene una fecha de inicio, pues mucho antes de que se descubriera la escritura, el ser humano había aprendido a ahuecar troncos o a unir varios de ellos para desplazarse por los ríos y las aguas tranquilas de algunos golfos y bahías. Los egipcios navegaban por el Nilo hace cinco mil años.

Los fenicios se aventuraron por el Mediterráneo a remo y a vela para comerciar. Griegos y romanos hicieron uso de la fuerza de los esclavos para mover sus grandes barcos de remos. Los vikingos son los primeros en atreverse con las tempestades oceánicas a mar abierto. Las cruzadas animan a partir del siglo XIII a construir barcos más grandes para enfrentarse al imperio turco y los remos son definitivamente sustituidos por las velas.

El descubrimiento de América estimula el diseño de los barcos. El comercio con las colonias obliga a construir barcos más rápidos y a la vez capaces de transportar grandes cantidades de mercancías. Antes y durante las primeras etapas del vapor, el clíper es el mejor barco que existe para esta función.

El barco de vapor, 1783

Una vez que James Watt inventa el motor de vapor en 1781, resulta que en los barcos es donde mejor puede aplicarse por su gran tamaño. El marqués Claude-Françoise Joufroy d'Abbans construye varios barcos de vapor entre 1783 y 1785. En 1787, el americano James Rumsey construye un barco de vapor que navega por el río Potomac.

En esa época, otro americano, John Finch, aplicó las ruedas de paletas a los barcos fluviales. En 1802, el escocés William Symington construye un remolcador de gabarras a vapor en el río Clyde. En 1807, el estadounidense Robert Fulton, una especie de iluminado, decide construir con su amigo Robert Livingstone un barco comercial, el *Clermont*, que, contra todo pronóstico, es un éxito, y remonta el río Hudson hasta Albany, en Nueva York. El *Comet* inglés ofrece el

primer servicio de pasajeros en Europa en 1812. En 1818, el *Rob Roy* cruza el Canal de la Mancha entre Dover y Calais. En 1819, el *Savannah* se convierte en el primer barco de vapor en cruzar el Atlántico desde Savannah, en Georgia, hasta Liverpool en 27 días, pero combina la vela con el vapor. En 1825, el *Enterprise* navega entre Inglaterra y la India en 113 días, pero también usa las velas y hay que añadir que de esos días, diez se emplearon en cargar el carbón.

El primer barco en cruzar el Atlántico ayudado únicamente con la fuerza del vapor fue el *Sirius*, que tardó 18 días en llegar a Nueva York desde Cork, en Irlanda en 1838 con 40 pasajeros, pero se adjudica el mérito de ser el primer barco en hacerlo construido para servir únicamente como vapor el *SS Great Western,* de 66 metros de eslora y ruedas de paletas, que llegó un día después, a los 14 días de haber salido de Bristol con 152 pasajeros. Fue construido por el ingeniero inglés Isambard Kingdom Brunel, todo un personaje de su época, creador de la célebre compañía ferroviaria Great Western Railway en 1833, que se convertirá en la British Railways en 1948, después de su nacionalización.

El barco de hierro, 1818

El primer velero construido de hierro fue el británico *Vulcan*, botado en 1818. El primer vapor fue el *Aaron Manby*, ideado por el oficial de marina francés Charles Napier para servir en el río Sena y botado en 1821. El primer barco de hierro en ser propulsado por una hélice fue el *SS Great Britain*, botado en 1843. Llevaba 730 personas a bordo y aún puede visitarse en el Museo del puerto de Bristol. La hélice la había inventado el ingeniero sueco John Ericcson, que le vendió la idea a las Armadas británica y estadounidense.

Derecha, los barcos escuela navegan a vela y a motor, como práctica para los aspirantes a oficiales de los cuerpos de Marina de todo el mundo.

1783 — El marqués Claude-Françoise Joufroy d'Abbans construye el primer barco con un motor de vapor añadido y una rueda de paletas para propulsarlo.

1787 — El americano James Rumsey construye un barco de vapor que navega por el río Potomac.

1807 — Robert Fulton construye el primer barco comercial de vapor entre Nueva York y Albany, a 240 km.

1812 — El *Comet* ofrece el primer servicio de pasajeros en Europa. Este barco con ruedas de paletas viaja entre los puertos de Glasgow y Greenock, a 24 millas.

1819 — El *Savannah* se convierte en el primer barco de vapor en cruzar el Atlántico desde la localidad de su nombre, en Georgia, hasta Liverpool en 27 días.

1825 — El *Enterprise* navega entre Inglaterra y la India combinando el vapor con las velas.

1838 — El *Sirius* se convierte, por el empeño de su capitán, en el primer barco en cruzar el Atlántico con vapor, pero el *Great Western* se adjudica el mérito.

1845 — El *Great Britain* se convierte en el primer barco de hierro y vapor en cruzar el Atlántico propulsado por una hélice.

1864 — El francés Étienne Lenoir construye la primera motora de la historia.

1896 — La empresa American Motor Co, construye el primer motor fuera borda.

1897 — Se bota el primer barco propulsado por una turbina, el inglés *Turbinia*.

1959 — Primer barco propulsado por energía nuclear, el rompehielos ruso *Lenin*.

Siglo XI

Brújula

Curiosidades

Se ha recorrido un largo camino entre **el astrolabio** persa del siglo XVIII que aparece en la imagen y los navegadores GPS de última generación, que vienen integrados en los móviles y que proporcionan la situación sobre un mapa. El país donde hay más GPS del mundo es Japón, y donde realizan un servicio más necesario es Rusia.

La primera documentación conocida sobre el magnetismo se encuentra en un texto chino del siglo IV a.C., el *Libro del señor del valle del diablo*. En el siglo I, otro texto hace mención de la atracción magnética de una aguja, pero hasta el año 1040 no se menciona una aguja colocada sobre un vaso de agua para encontrar una dirección. En 1086, un texto de Shen Kua menciona una aguja cuya punta ha sido frotada con magnetita (e imantada) y suspendida de un hilo al que se ha unido con un poco de cera. Por fin, en el año 1117, en un libro de Zhu Yu se menciona por primera vez el uso de la brújula para la navegación: "El navegante mira las estrellas por la noche y la posición de sol durante el día, y si está oscuro y nublado, se deja guiar por la brújula".

Sin embargo, los chinos siguen usando la aguja imantada sobre un vaso de agua, y si el mar está movido, no sirve para nada. Fueron los europeos quienes, en el siglo XIII, idearon la verdadera brújula, colocando la aguja sobre un eje pivotante en una caja sin agua.

Probablemente, el uso de la aguja imantada llegó a Europa a través de la ruta de la seda, pues, a finales del siglo XII, el inglés Alexander Neckam hace una descripción de sus propiedades. No hay mención del uso de la brújula en el mundo musulmán hasta el siglo XIII, en el *Libro del tesoro de los mercaderes*, de 1282.

Recientes descubrimientos, hechos por John B. Carlson, de la Universidad de Maryland) muestran que los olmecas de Mesoamérica conocían el magnetismo y que usaban la magnetita, como los chinos durante el primer milenio antes de Cristo, en prácticas de geomancia.

La palabra magnetismo viene de la región de Magnesia, de Grecia, donde en el siglo VI a.C. se descubrió un mineral formado por óxido de magnesio y una parte de óxido de hierro que le daba propiedades magnéticas. Los griegos le dieron el nombre de piedra de Magnesia y fue estudiado por Tales de Mileto.

Esta región dio nombre al magnetismo, a la magnetita, al magnesio y al manganeso.

GPS

El sistema de posicionamiento global es un regalo para la humanidad. En primer lugar, porque es gratuito, o al menos así lo decidió la administración americana cuando descubrió que sería un verdadero motor de la economía.

¿Quién se atreve a navegar sin un localizador GPS hoy día? Pronto lo llevarán todos los coches. Los venden de bolsillo, que te sitúan en un mapa de cualquier lugar del mundo. El aparatito busca la posición de seis satélites sobre tu cabeza y, según la distancia a cada uno de ellos, calcula el lugar exacto del planeta donde te encuentras.

La historia empezó en 1965, pero sólo para militares. Los departamentos de Defensa y de Transportes, éste último por necesidad de coordinación, y la agencia espacial NASA se pusieron manos a la obra. Ya tenían satélites en el espacio, lo demás era coser y cantar. Empezaron con el sistema TRANSIT, seis satélites en órbita polar baja a unos mil kilómetros de la Tierra. Cubrían toda la tierra, pero en movimiento, y sólo se podía acceder a ellos cada hora y media. Tenía un error de 250 m, asumible para barcos y submarinos. La URSS tenía su propio sistema, el TSICADA. Los americanos decidieron hacer una fuerte inversión y dejarlos atrás. El gobierno encargó a la empresa ROCKWELL de California la construcción de 24 satélites que se colocarían en órbita media para tener cobertura completa y continua. En 1978 se lanzó el primer satélite experimental *Block-I-GPS* y el sistema empezó a funcionar en 1983 aún sin haber completado todos los lanzamientos. Ese año se produjo el desastre del vuelo 007 de las líneas aéreas coreanas, que invadió el espacio aéreo de la Unión Soviética por equivocación y fue derribado con 240 pasajeros a bordo. A raíz de esto, el gobierno americano de Ronald Reagan anunció que el sistema GPS sería de libre uso por los civiles una vez completado.

SIGLO IV a.C. — Primera documentación sobre el magnetismo en un libro chino, el *Libro del señor del valle del diablo*.

1040 — Primera mención en China de una aguja imantada colocada sobre un vaso de agua para encontrar una dirección.

1117 — Primera mención en China del uso de una aguja imantada en la navegación, sólo si el mar está en calma.

SIGLO XII — La aguja imantada llega a Europa y el sabio inglés Alexander Neckam hace una descripción de sus propiedades.

SIGLO XIII — En Europa se descubre la manera de colocar la aguja imantada dentro de una caja para usarla en seco sin importar las condiciones meteorológicas. Primera mención de la brújula en el mundo musulmán. Es probable que llegara por la Ruta de la Seda.

1965 — Entra en servicio el primer sistema de navegación basado en satélites, organizado por los departamentos de Defensa y de Transporte americanos junto con la NASA.

1978 — Se lanza el primer satélite destinado a una cobertura total de la Tierra mediante GPS.

1983 — Se declara operativo el sistema GPS para uso civil tras el derribo de un avión coreano por violar el espacio aéreo soviético.

1992 — Se lanza la unidad de mando *50th Space Wing* que deberá gestionar todo el sistema GPS desde el espacio .

1994 — Se completa la colocación en órbita media de los 24 satélites destinados a la cobertura completa del GPS.

2005 — Se lanza el primer satélite de la última generación GPS. El satélite más moderno al escribir estas líneas se lanzó en noviembre de 2006.

1617

Paracaídas

Curiosidades

Hay varios lugares en el mundo a los que un aficionado puede acudir para practicar el paracaidismo sin haberlo hecho en la vida. Cuando vas a saltar, un monitor se sujeta con un arnés a tu espalda, y después de unos 30 segundos de vertiginosa caída abre el paracaídas y te encuentras flotando en el aire como un pájaro, majestuoso, impresionante; pero el reloj corre, y otros clientes esperan; entonces, **el suelo** se acerca rabiosamente mientras el monitor tira de las cuerdas para llegar a tierra en los ocho minutos previstos del vuelo.

El primer intento de lanzarse en paracaídas sin éxito lo protagonizó en el año 852 el andalusí-español Armen Firman, quien se lanzó desde una torre de Córdoba con una lona enorme para amortiguar la caída.

Tuvo suerte, y sólo se hizo heridas leves, pero su salto impresionó a Abas ibn Firnas, precursor de la aeronáutica, quien se hizo fabricar unas alas de madera recubiertas de plumas, con las que se lanzó desde una torre más alta y consiguió romperse las dos piernas. Ibn Firnas intentó volar mil años antes que los hermanos Wright. Muchos años después, Leonardo da Vinci diseñará un prototipo de paracaídas, que no se llegó a probar. El croata Fausto Verancio, inspirándose en los proyectos de Leonardo, en 1617 se tiró desde una torre en Venecia y según un documento aparecido 30 años después, tuvo éxito. No obstante, el paracaídas tuvo que ser reinventado en 1783 por el francés Louis-Sébastien Lenormand, quien saltó desde la torre del observatorio de Montepellier el 26 de diciembre con un paracaídas que tenía un bastidor rígido de madera; su propósito era poder salvar a las víctimas de un incendio. Lenormand le dio el nombre de paracaídas por primera vez (*parachute*, en francés). Otro francés, Jean-Pierre Blanchard dejo caer a un perro desde un globo para demostrar la eficacia de su invento, y en 1793, él mismo tuvo que salvarse con el paracaídas de la ruptura de su globo.

Blanchard fue el primero en usar paracaídas de seda que podían doblarse. En 1797, André-Jacques Garnerin salta desde un globo situado a más de dos mil metros sobre París para caer en el parque Monceau, escenario también de las primeras pruebas con globos (entonces, el parque se llamaba Mousseaux). En 1799, su alumna y futura esposa, Jeanne Genevieve Labrosse, se convierte en la primera mujer en saltar en paracaídas de la historia. Los paracaídas de Garnerin fueron evolucionando y de ser cerrados e inestables pasaron a tener un arco de madera exterior que soportaba la tela y al mismo tiempo dejaba pasar el aire, dándole más estabilidad. En 1885, Thomas Scott Baldwin se convierte en la primera persona de EE UU en lanzarse desde un globo en San Francisco. En 1911, Grant Morton, y en 1912, Albert Berry están considerados los primeros en lanzarse desde un aeroplano con el paracaídas plegado a la espalda. En 1913, Georgia Tiny Broadwick es la primera mujer en lanzarse desde un aeroplano, y en 1914 se convierte en la primera persona en hacer un salto en caída libre, aunque sólo de algunos segundos, pues no se creía que el ser humano pudiera resistir más tiempo, hasta que Leslie Irvin y Floyd Smith realizan una serie de saltos libres en 1918.

Ala delta (1963) y parapente (80s)

La modernización de los paracaídas tuvo que esperar a la llegada del hombre a la Luna y a que la NASA desarrollara los primeros paracaídas diseñados especialmente para reducir la velocidad de caída de las naves espaciales.

El ingeniero Francis Melvin Rogallo instaló varios ventiladores en su casa y con ayuda de su esposa Gertrude diseñó paracaídas acabados en punta a partir de la forma de las viejas cometas. Rogallo no tuvo éxito con sus alas flexibles, pero el australiano John Dickenson, que estaba buscando ideas para un nuevo planeador, recogió el testigo y diseñó el ala delta, la probó en 1963, arrastrado por una lancha, y patentó el invento.

El parapente aparece en los años ochenta, cuando un grupo de paracaidistas franceses veteranos descubren que después de un salto en paracaídas y de caer sobre una ladera, la tela se hincha de nuevo si se corre hacia abajo a buena velocidad.

Derecha, un grupo de paracaidistas acrobáticos a punto de saltar de una avioneta.

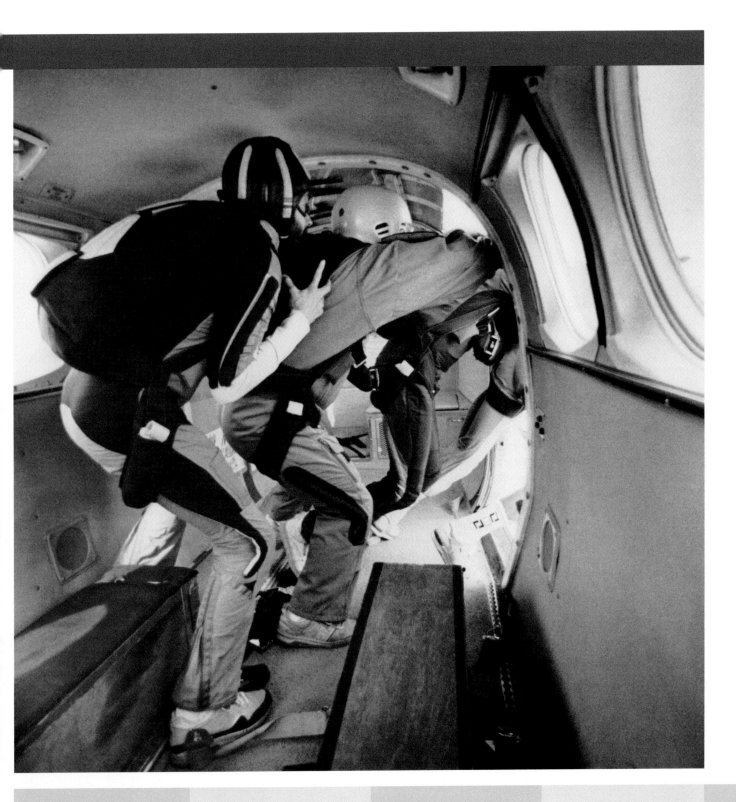

852 — El andalusí-español Armen Firman se lanza desde el observatorio de Córdoba con una lona grande,

SIGLO XVI — El turco Hezarfen Ahmet Selebi (1609-1640), inspirándose en los estudios de Leonardo, construye un aparato volador que le permite lanzarse desde la Torre Galata en Estambul.

1616 — El italiano Fausto de Veranzio se lanza en 1617 desde una torre con cierto éxito.

1783 — El francés Sebastián Lenormand inventa el nombre del paracaídas y se lanza desde la torre del observatorio de Montpellier.

1797 — André-Jacques Garnerin salta desde más de 2.000 m sobre París.

1799 — La alumna y futura esposa de Garnerin, Jeanne Genevieve Labrosse, se convierte en la primera mujer en saltar en paracaídas de la historia.

1808 — El polaco Judaki Kuparenko es el primer hombre en salvar su vida con un paracaídas al saltar sobre Varsovia mientras su globo se incendiaba.

1885 — Thomas Balwing, primero en lanzarse de un globo en Estados Unidos, inventa el arnés.

1911-1912 — Grant Morton y Albert Berry se convierten en los primeros hombres en lanzarse con un paracaídas desde un avión.

1913 — Georgia T. Broadwick es la primera mujer en lanzarse desde un aeroplano, y en 1914 se convierte en la primera persona en hacer un salto en caída libre.

1960 — El 16 de agosto, el oficial estadounidense Joseph W. Kittinger saltó desde un globo a 31.330 m de altura con un traje de astronauta. Se dejó caer en caída libre durante 4' 36'', alcanzó una velocidad de 988 km/h y abrió el paracaídas cuando se encontraba a 5.500 m de altura.

1744

Caucho

Curiosidades

Las propiedades del caucho fueron descubiertas por el naturalista francés Charles Marie de La Condamine durante su expedición científica a América del Sur entre 1735 y 1744. El caucho, no obstante, se recogía en las selvas americanas desde hacía siglos para diversos usos, como mangos de herramientas y cintas elásticas para sujetar pesos. Los balones que se usaban en el juego de la pelota de los mayas eran de caucho. Éste se extrae de los árboles el género Hevea, haciendo un corte en la corteza y colocando un recipiente para recoger el látex que se produce en la herida.

Ahumando el caucho en una hoguera se conseguía darle cierta consistencia y luego se podía extender para formar incluso telas impermeables. Los españoles no le dieron ninguna utilidad y sólo Torquemada comentó en 1615 que los indígenas lo usaban para impermeabilizar prendas de ropa, mucho antes de que, en 1823, el escocés Macintosh lo disolviera en un derivado del petróleo para fabricar sus primeros impermeables en Europa.

Le Condamine fue el primero en describir sus propiedad elásticas e impermeables en 1744 y en darlo a conocer en Europa. Desde ese momento, una serie de científicos se esforzaron en encontrar métodos de utilizarlo en la vida cotidiana, hasta que, por fin, el americano Charles Goodyear descubrió en 1839 por accidente la vulcanización, derramando azufre sobre un recipiente con caucho caliente. El caucho se vuelve estable, duro y resistente sin perder la elasticidad. En 1888, Dunlop inventa el neumático, y el uso del caucho se dispara.

La demanda hace que en las selvas americanas aparezcan los seringueiros, buscadores de caucho esclavizados que deben sangrar una serie de árboles a diario y entregarlos a quien les haya contratado, sin posibilidad de dejar el trabajo. El caucho se ahuma para darle estabilidad y se envía a Europa, donde se vulcaniza. En 1876, el

A la derecha, podemos observar el sistema de sangrado de los árboles para extraer la savia.

Árbol del caucho, *Hevea brasiliensis*, y sus frutos.

biólogo británico Henry Wickham visita Manaos, la capital del caucho, y roba setenta mil semillas del árbol del caucho, *Hevea brasilensis*. Los ingleses hacen germinar los árboles en el herbario tropical de Kew Gardens y los trasplantan a Ceilán. Las condiciones de esclavitud seguirán hasta que en 1930, un químico americano, Wallace Hume Carothers, y otro alemán, Hermann Staudinger, descubran la manera de sintetizar caucho sintético de manera rentable.

1744 — Los biólogos Charles Marie de La Condamine y Froançois Fresneau de la Gataudière efectúan los primeros estudios sobre el caucho en Perú. Caucho, en quéchua, significa "madera que llora".

1770 — El químico inglés Joseph Priestley fabrica las primeras gomas de borrar.

1839 — El químico estadounidense Charles Goodyear descubre la vulcanización mientras investigaba la manera de hacer más flexible el caucho sin que se derritiera con el calor. Por accidente, derrama azufre sobre una recipiente con látex caliente.

1843 — El químico inglés Thomas Hancock patenta el principio de la vulcanización del caucho a partir de productos realizados según el método de Goodyear. Hancock perfeccionó el método mediante la masticación, que consistía en triturar el látex en bruto antes de añadirle el azufre con calor para obtener mayor flexibilidad.

1844 — Goodyear patenta la vulcanización en Estados Unidos, pero ya lo había hecho Hancock un año antes en Gran Bretaña.

1845 — El escocés Robert William Thomson inventa el neumático, pero no tiene cámara de aire y no se adapta a vehículos pesados.

1887 — El irlandés John Boyd Dunlop inventa el neumático con cámara de aire.

1892 — Los hermanos Michelín presentan los primeros neumáticos desmontables para motocicletas y automóviles.

1909 — Se fabrica por primera vez el caucho sintético.

1769

Automóvil

Curiosidades

La fábrica donde **Karl Benz** construyó sus primeros vehículos hasta 1924, antes de asociarse con Gottlieb Daimler ha sido reconstruida recientemente en Ladenburg, Alemania. La empresa, C. Benz Söhne, conserva incluso los muebles originales de los despachos.

El primer vehículo documentado de tres ruedas propulsado a vapor lo construyó el francés Nicholas-Joseph Cugnot entre 1769 y 1771. Pesaba cuatro toneladas y media, tenía ruedas de madera y llantas de hierro, y corría a tres kilómetros y medio por hora. El motor se apoyaba en los cigüeñales de un carro para cañones. El vehículo se estrelló, pero fue el primer intento. En los próximos años se desarrollaron un buen número de vehículos a vapor, incluso varias decenas de tipos de diligencias que eran operativas a mediados del siglo XIX. En 1860, el belga Etienne Lenoir patenta en Francia el primer motor aplicado a un coche. En 1866, el alemán Gottlieb Daimler construye el primer automóvil con un motor de combustión interna, presentado en la Exposición de París de 1867, aunque el primer intento de construir este tipo de motor lo había llevado a cabo el suizo Isaac de Rivaz en 1807. El mismo Daimler conseguiría un motor más pequeño que permitió a Karl Benz diseñar un triciclo, que sería la base del primer coche de cuatro ruedas fabricado en 1893, y el primero de carreras en 1899. En 1926, Benz se alió con al empresa de Daimler para dar lugar a Daimler-Benz, antecesora de Mercedes Benz.

En 1875, el escocés Robert W. Thompson inventa la rueda inflable, mejorada en 1888 por su compatriota, John Boyd Dunlop. En 1876 se impone el motor de gasolina de cuatro tiempos. En 1892, Henry Ford monta su primer coche, en 1908 lanza el Ford T y en 1913 pone en marcha la primera cadena de montaje que abarata los costes y vuelve populares los coches.

Derecha, un Mercedes de principios del siglo XX en el Museo Nacional del Automovil de Mulhouse, Francia.

1774 — George Watt inventa una locomotora a vapor para carreteras, que puede marchar a diez kilómetros por hora.

1802 — Empieza a funcionar el primer carruaje a vapor con pasajeros en Inglaterra.

1846 — El escocés Robert William Thomson patenta el primer neumático en Francia.

1860 — El belga Etienne Lenoir patenta el primer motor a explosión.

1866 — Gottlieb Daimler construye el primer automóvil con un motor de combustión interna. Sólo tiene un pistón que funciona horizontalmente.

1868 — Se instala en Londres la primera señal de tráfico luminosa del mundo, que funciona con gas, cerca de Parlament Square.

1889 — John Boyd Dunlop crea la primera fábrica de neumáticos. • Gran Bretaña introduce el primer impuesto de circulación del mundo.

1890 — Karl Benz monta en Manhein la empresa Benz & Cia.

1891 — Henry Ford empieza a trabajar en la fábrica de Edison, donde adquirirá los conocimientos necesarios para montar su primer vehículo el año siguiente.

1893 — El ingeniero alemán Rudolf Diesel inventa el motor de combustión sin bujías y dotado de autoencendido. • Se exportan a Estados Unidos los primeros coches, de la marca Benz. • Benz es la primera empresa en fabricar vehículos de uso público, los taxis. • La policía de París introduce las primeras placas de matrícula en los coches.

1894 — Se celebra la primera carrera de coches entre Rouen y París, de 126 km.

1895 — Se publica en Inglaterra la primera revisa dedicada a los coches, *The Autocar*. • Se publica en Estados Unidos *The Horseless Age*, la "era sin caballos". • Michelín desarrolla el primer neumático. Al año siguiente también los fabricará Dunlop en Inglaterra para los coches de Frederick Manchester. • La American Motor League y el Automobile Club de París son las primeras asociaciones de automovilistas de la historia.

1896 — Primer atropello mortal de la historia en la persona de la señora Bridget Driscoll en Crystall Place, Londres, por un Roger Benz que iba a 6 km/h. • El inglés Walter Arnoll es el primer inglés en ser multado por exceso de velocidad.

1897 — Primer choque entre dos vehículos en Charing Cross Road, Londres. • El taxista George Smith es el primer conductor multado por conducir borracho.

1898 — Louis Renault construye su primer vehículo en Francia con la cabina completamente cerrada.

1899 — Se funda la fábrica FIAT en Italia.

1901 — Los primeros pozos de petróleo en Texas hacen que la fabricación de vehículos se dispare. • Henry Ford empieza a idear la primera cadena de producción que se pondrá en marcha en 1913. • El estadounidense Ransom Eli Olds, constructor del primer coche de vapor en su país (alegaba que en 1894) produce el primer vehículo fabricado en serie, el Oldsmobile Curved Dash, del que se vendieron unos 500. • Se introducen en Nueva York las placas de matrícula.

Automóvil

1903 — El francés Gustave Desiré patenta el primer cinturón de seguridad.

1904 — Se fabrica en Barcelona, España, el primer Hispano-Suiza, de cuatro cilindros y 20 caballos.

1905 — El francés Alfred Faucher inventa el retrovisor.

1911 — La calle River de Trenton, Michigan, es la primera en ser pintada con una raya blanca en medio.

1912 — Noruega es el primer país en obligar a los conductores a llevar seguro a terceros.

1914 — Se instalan las primeras luces de tráfico eléctricas del mundo en Cleveland, Ohio, Estados Unidos.

1921 — Se construye en Alemania la primera autopista del mundo, la *Avus autobahn*, en Berlín.

1923 — Primera autopista entre dos ciudades, Milán y Varese, en Italia.

1925 — Primera autopista en Estados Unidos, la Bronx River Parkway.

1927 — Primera radio para coche, la Philco Transitote, de la empresa Philadelphia Storage Battery Co.

1932 — El estadounidense Carlton Magee patenta el primer parquímetro.

1938 — Oldsmobile produce el primer coche con transmisión automática.

1958 — El primer ministro Harold Macmillan inaugura la primera autopista de Inglaterra.

1959 — Volvo fabrica el PV544, primer vehículo en contar con el cinturón de seguridad de tres anclajes.

1974 — La empresa Mercury introduce por primera vez el uso del Airbag.

1981 — El estadounidense Ron Dork de General Motors desarrolla el priemr navegador por satélite y lo instala en su Buick.

1982 — La empresa alemana Bosch lanza el primer sistema antibloqueo de las ruedas ABS.

1990 — La empresa japonesa Pioneer lanza el primer navegador comercial por satélite para coches.

Izquierda, un modelo de Ford-T preparado para competir.

Imagen grande, la primera autopista que podrá recorrerse de punta a punta con un motor de hidrógeno funcionará en la Columbia Británica de Canadá en el año 2009.

Neumático, 1846

En 1888, el veterinario escocés John Boyd Dunlop envuelve de caucho las ruedas del triciclo de su hijo, de forma que se pudieran inflar. En cuanto descubre que esto funciona, patenta la idea. Pero, desgraciadamente, el neumático ya había sido patentado en 1846 en Francia y en 1847 en Estados Unidos por otro inventor escocés, Robert William Thomson, una especie de genio que lo desarrolló con sólo 23 años y que tiene una larga lista de invenciones a sus espaldas.

Sin embargo, Dunlop no se desanima, ya que nadie fabricaba neumáticos todavía y vislumbra la posibilidad de crear una empresa que lo haga. Se asocia con el inglés James Moore, ganador de la primera carrera ciclista, que se celebró en Saint Cloud, Francia, en 1868, y la primera Paris-Rouen al año siguiente, y crea en 1889 la primera fabrica de neumáticos mediante el proceso de la vulcanización, patentado por el estadounidense Charles Goodyear en 1844.

Cinturón de seguridad, 1903

Se usan por primera vez en la carrera París-Marsella de 1896, para evitar que los pilotos salgan despedidos en las curvas.
Pero los primeros en patentarse y de los que se derivan los actuales, los inventa el francés Gustave Désiré en 1903.

El desarrollo de la aviación hace que enseguida se adopte en este campo, donde evolucionará notablemente antes de volver al automóvil.

Ford lo ofrece en 1956 a los clientes como una opción para mejorar la seguridad de sus coches, pero será Volvo quien lo fabrique en serie por primera vez para su modelo Amazon en 1959. El ingeniero de esta firma, Nils Bohlin, será el diseñador del sistema de tres puntos de anclaje. Volvo liberó la patente para que todas las marcas pudieran copiarlo. El airbag fue registrado por la casa Mercedes-Benz en octubre de 1971 y se usa por primera vez en la clase S de 1981.

Parachoques, 1905

El primer parachoques lo incorpora un coche checoeslovaco, el Präsident, construido en 1897, pero se cayó a los quince kilómetros de empezar a circular y nunca más se supo de él.

En 1905 se patenta el primer parachoques auténtico de caucho, que se monta en un automóvil Simms-Welbeck, firma propiedad de Frederick Simms, un inglés que importaba motores de la firma del alemán Daimler y montaba los vehículos en Gran Bretaña y las colonias.

El primer constructor en colocar una protección especial de poliéster fue Renault en 1971.

Retrovisor, 1906

Lo inventa el francés Alfred Faucher en 1906. Será un objeto inmóvil, con el fin de ayudar al conductor a ver a los vehículos que tiene detrás hasta 1949, en que el francés Pierre Stehle inventa el retrovisor basculante que permite evitar los faros de los demás coches.

Parquímetro

El parquímetro es un invento de Carl Magee, editor de periódicos y abogado nacido en Iowa. Fue muy conocido como periodista, pero por lo que a nosotros respecta, nos interesa su primer parquímetro, instalado en Oklahoma City el 16 de julio de 1935.

Desde el primer momento, el parquímetro tienen una ranura para la inserción de las monedas y un contador bien visible que marca el tiempo que le queda al usuario.

Biocombustibles

No podemos abandonar el tema del automóvil sin una mención a Brasil, país pionero en el uso de biocombustibles al transformar el azúcar de la caña en etanol para su uso en automoción. No está claro que sea una solución, pero de momento contamina la mitad que la gasolina.

1812

Ferrocarril

Curiosidades

El *diolkos*, un antecedente del ferrocarril, **funcionó en Grecia** en el siglo VI a.C. Al revés que los trenes modernos, no tenía raíles elevados, sino excavados en la roca (los restos se ven en la imagen). De hecho, el *diolkos* era un vagón o carromato enorme cuyas ruedas circulaban por el hueco que dejaban las losas de piedra y sobre el que se colocaban los barcos que habían de cruzar de esa manera el extrecho de Corinto.

La historia del tren empieza en las minas de carbón en Inglaterra. En 1630 se empiezan a usar vías de madera para hacer discurrir mejor las vagonetas, luego se recubren de hierro y finalmente, en Sheffield construyen una vía formada por raíles de hierro y traviesas de madera. Las vagonetas eran arrastradas por mulas o caballos.

En Alemania se usaban vías de madera para las vagonetas desde 1550, pero después de la invención de la máquina de vapor en 1769, fue en Inglaterra donde se buscaron el mayor número de aplicaciones para su pujante industrialización.

En 1804, el ingeniero de minas Richard Trevithick adapta una máquina de vapor (usada para bombear agua) a una locomotora. Era capaz de arrastrar cinco vagones cargados a una velocidad de 8 kilómetros por hora. Tenía una caldera de hierro colado, un pistón y una chimenea. En 1812, Blenkinsop diseña una locomotora de dos cilindros. Le siguen las máquinas de Blaackett y Stephenson.

En pocos años, las locomotoras alcanzan la credibilidad suficiente como para sustituir a los caballos en el transporte de mercancías. En 1825 se construye el primer ferrocarril de la historia entre las localidades de Stockton y Darlington, con tres locomotoras de George Stephenson. Sólo arrastraba mercancías y en ocasiones se usaban caballos. El mismo Stephenson, ayudado por su hijo, se encargó de dirigir las obras de la primera vía férrea para el transporte conjunto de viajeros y mercancías entre Liverpool y Manchester, inaugurada en 1830. Las locomotoras de Stephenson, llamadas *Rocket*, tenían por primera vez las barras que mueven la ruedas en posición lateral, y no vertical, como hasta entonces, y eran capaces de moverse a más de cuarenta kilómetros por hora.

La primera línea ferroviaria en España se construyó en 1848 entre Barcelona y Mataró. Fue promovida por el industrial catalán Miguel Biada Bunyol, que había vivido en Inglaterra. Un año después, se construye la línea Madrid-Aranjuez.

La primera línea que funcionó en una colonia española lo hizo en Cuba once años antes, en 1837, entre la Habana y Güines, para transportar frutas y tabaco desde Viñales hasta la capital. Salvo esta excepción, favorecida por la cercanía de Estados Unidos (donde la primera línea se inauguró en 1829) y el carácter emprendedor de los empresarios cubanos, la construcción de ferrocarril en América Latina tuvo que esperar hasta 1950, año en que México tuvo su primer tren de corto recorrido entre Veracruz y San Juan.

El primer ferrocarril transcontinental fue el Union Pacific, que cruzaba EE UU. Las líneas de ambos lados del país se unieron en Ogden, Utah, en 1869. Para subir los trenes a las Rocosas, se diseñaron las famosas locomotoras Big Boy, estrenadas en 1941.

Derecha, tren magnético en China, el Shangai Maglev Train, inaugurado el 1 de enero de 2004.

1769 — James Watt inventa la máquina de vapor.

1804 — Richard Trevithick adapta la máquina de vapor a una locomotora y la prueba el 21 de febrero en Gales. Es capaz de arrastrar cinco vagones con diez mil kilos de hierro y setenta personas a 8 km/h. La vía se rompió bajo el peso y se abandonó el invento.

1811 — John Blenkinsop diseña la primera locomotora que funciona con éxito entre Middleton y Leeds, donde había la vía férrea más antigua del mundo, fundada en 1758 para arrastrar vagones con caballos. Es la primera de dos cilindros de la historia y tenía dos ruedas dentadas que engarzaban con los dientes de la vía, pues tenía miedo de que resbalara.

1825 — El 25 de septiembre se inaugura la primera línea férrea entre una mina de carbón cerca de Darlington y el muelle de Stockton.

1826 — Se inaugura la Granite Railway, primera línea férrea en Estados Unidos, para transportar granito desde Quince, Massachussets a un muelle del río Neponset en Milton.

1829 — Se inaugura el 15 de septiembre la línea entre Liverpool y Manchester, de 49,5 km, la primera en transportar pasajeros y el primer ferrocarril moderno.

1830 — Primera línea férrea comercial en Estados Unidos entre Baltimore y Ohio. Posee el primer puente diseñado para ferrocarril del mundo.

1837 — El 19 de noviembre se inaugura el primer ferrocarril en territorio español en Cuba, entre La Habana y Bejucal.

1844 — Se elige el ancho de vía ibérico, que será más ancho que el europeo, mucho antes de tener el primer tren. Tendrá seis pies castellanos, que son 1,67 metros. El ancho europeo es de 1,435 m.

1848 — El 28 de octubre se inaugura el primer ferrocarril de la península, entre Barcelona y Mataró.

1850 — Se inaugura el primer ferrocarril de América Latina, en México, entre Veracruz y San Juan.

1855 — Se estrena un tramo de la primera línea férrea de América del Sur, entre Chile y Valparaíso, que no completará sus 187 km hasta 1863.

1863 — El 1 de enero se inaugura en Londres el primer ferrocarril subterráneo.

1879 — Werner von Siemens construye en Alemania la primera locomotora eléctrica.

1960 — Primer tren bala o Shinkansen en Japón, que desde 1964 une las ciudades de Tokio y Osaka.

1981 — Se inaugura el primer tren de alta velocidad en Francia, el TGV, entre Paris y Lyon.

1984 — Primer tren de levitación magnética o Maglev en Birmingham, Inglaterra. En 2007 funcionarán sólo dos, uno en Munich y otro en Shangai.

1994 — Se inaugura el Eurostar que enlaza París y Londres bajo el Canal de la Mancha con un tren de alta velocidad.

1850

Tractor

Curiosidades

El principal fabricante mundial de tractores, **John Deere**, empezó su negocio en 1837 fabricando arados de un acero especial autolimpiable. En 1914 fabricó su primer tractor con un motor de la empresa Waterloo. Cuatro años después, compró esta compañía y empezó a fabricar sus propios motores. En 1956 compra la alemana Lanz y poco después construyó sus primeras fábricas en México, Argentina y Australia.

Durante milenios, el ser humano ha trabajado la tierra con herramientas manuales, que requerían la fuera de una persona o de un animal. Arar la tierra, sembrar y cosechar eran esfuerzos arduos aún a pequeña escala, para la propia provisión, pero eran más duros cuando el agricultor tenía que proveer a la sociedad y cultivar en terrenos extensos, ya fueran secos o embarrados.

La primera máquina introducida en el campo fue una trilladora diseñada para separar el grano de la paja, inventada por el escocés Andrew Meikle en 1784, pero funcionaba con tracción animal. James Watts había inventado la máquina de vapor poco antes, en 1776, y los ingenieros estaban buscándole aplicaciones en todos los aspectos.

Tuvieron que inventarse las locomotoras antes de que máquinas muy parecidas pudieran circular por los campos durante el siglo XIX para realizar trabajos muy pesados, como arrastrar remolques cargados de grano. En 1800 se construyen máquinas de vapor con ruedas que pueden incluso arrastrar un arado cuando las condiciones son buenas. En 1850, la compañía Ransomes desarrolla un tractor pensado para el campo.

En Inglaterra se desarrollan diversos sistemas para que una de estas máquinas de vapor pueda arrastrar un arado acoplado directamente. En 1892, John Froelich construye el primer tractor con un motor de combustión interna, pero sólo vende dos. En Inglaterra, el primer tractor vendido es un Hornsby Ackroyd en 1897, pero el primer tractor agrícola que tiene éxito lo fabrica Dan Albone en 1902. Se llamaba Ivel Agricultural Motor, tenía tres ruedas y 8 caballos de potencia y podía arrastrar 2.500 kilos a ocho kilómetros por hora.

En 1907, John Ford, que hacía cuatro años había puesto en marcha su fábrica de automóviles en serie, pretende hacer lo mismo con un tractor, y diseña el prototipo Fordson de cuatro ruedas, aunque el primero en resultar operativo con cuatro ruedas lo

fabrica Saunderson, en Bedford, Inglaterra, en 1908. Herbert Saunderson fabricaba tractores desde 1901 y fue una de las marcas con más éxito de Gran Bretaña antes y durante la primera gran guerra, sobre todo el modelo G de 1916. En aquella época, muchos países fabricaban grandes tractores de una manera casi artesanal: Alemania, Australia, Canadá,

Cartepillar

En 1905, una fábrica inglesa llamada Hornsby inventa el primer tractor de cadena u oruga; en 1909 hace una demostración al ejército británico, pero no consigue vender la idea, de modo que marcha a Estados Unidos, donde la vende a una compañía llamada Holt Tractors, que en el futuro se convertirá en Caterpillar Tractor Company.

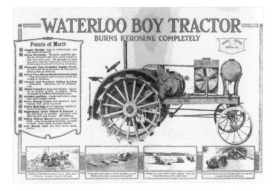

Nueva Zelanda, Rusia, Francia e Italia, y otros más pequeños, como los HSCS húngaros, los Munktells suecos o los Zaporozhets ucranianos. En 1917, Ford empieza a fabricar en serie el Fordson G en 1917, el primer tractor agrícola que se vende en todo el mundo masivamente.

1776 — James Watts inventa la máquina de vapor y todos los inventores del mundo se ponen en marcha para encontrarle aplicaciones.

1784 — El escocés Andrew Meikle inventa una trilladora que separa el grano de la paja, pero no se puede considerar un tractor.

1800 — Aparecen las primeras máquinas de vapor con ruedas capaces de arrastrar un arado.

1837 — John Deere Blacksmite inventa el arado de acero. Su intención es roturar la gran pradera americana. No muchos años después, el haber arrancado la hierba de una buena parte de la pradera provocará una de las primeras crisis ecológicas del planeta, tras una sequía y sucesivas tormentas de polvo.

1838 — Hiran Moore inventa la cosechadora moderna, arrastrada por caballos.

1850 — Ransomes construye el primer tractor diseñado especialmente para el campo.

1892 — John Froelich construye el primer tractor con un motor de combustion interna.

1897 — Primer tractor fabricado y vendido en Inglaterra, de la marca Hornsby Ackroyd.

1902 — Dan Albone fabrica el primer tractor que tiene éxito en Gran Bretaña, de la marca Ivel Agricultural Motor.

1907 — John Ford fabrica el primer tractor de cuatro ruedas con intención de fabricarlo en serie, el Fordson.

1908 — La marca inglesa Saunderson fabrica el primer tractor operativo de cuatro ruedas en comercializarse.

1914 — John Deere fabrica su primer tractor con un motor de la empresa Waterloo (ver dibujo arriba).

1917 — John Ford empieza a fabricar en serie el Fordson G, primer tractor en venderse masivamente en todo el mundo.

1929 — Primer tractor de Allis-Chalmers que lleva ruedas con neumáticos hinchables, el modelo U.

1859

Petróleo

Curiosidades

No se puede hablar de pioneros en el mundo del petróleo sin mencionar a **John Rockefeller** (1839–1937), creador de la Standard Oil Trust en 1882, el primer trust del mundo, que llegó a controlar el 90 por ciento de las refinerías de petróleo de Estados Unidos. Rockefeller nació en una granja del Medio Oeste y llegó a tener una fortuna estimada en mil millones de dólares. En 1911, fue acusado de monopolio y su compañía dividida.

El petróleo emerge de forma natural en algunos lugares del mundo, por ejemplo, en los deltas, como sucedía en Mesopotamia, donde se utilizaba para unir ladrillos de adobe y piedra, pero en la Antigüedad no se era consciente de su utilidad como fuente energética a gran escala, ya que aunque ardiera con facilidad no era transportable.

Las cantidades que se podían extraer en la superficie de la tierra fueron exiguas hasta que el coronel Edward Laurentine Drake excavó el primer pozo de petróleo el día 27 de agosto de 1859. El 'día de Drake' se descubrió la manera de obtenerlo en grandes cantidades.

Drake, enviado por la Seneca Oil Company a buscar depósitos de petróleo en Tutsville, Pensilvania, decidió que lo mejor era excavar, inspirado en una idea anterior de George Bissell, otro de los padres de la industria petrolera. Haciendo pozos, Drake consiguió extraer hasta diez barriles al día; esto nos da una idea de cómo estaban las cosas entonces. Si seguía ahondando, salía agua. Drake compró una perforadora y se fue a excavar junto a un afluente del Allegheny que luego se llamaría Oil Creek. La tierra era blanda y las

paredes del pozo se derrumbaban a los cinco metros, pero Drake no se desanimó y tuvo la idea de introducir un tubo en el agujero; a diez metros encontraron roca y la excavación se ralentizó al ritmo de un metro diario. Poco después, la Seneca Oil lo abandonó a su suerte. Drake siguió y el día 27 de agosto el petróleo empezó a brotar. Sin embargo, ni siquiera pudo patentar la idea; otros excavadores a lo largo del río, un lugar con muchas surgencias de petróleo, habían copiado ya su método de introducir tubos empalmados en el suelo, y también encontraron petróleo.

Se cree que los primeros pozos de petróleo se excavaron en China en el siglo IV usando troncos huecos de bambú empalmados a profundidades de más de doscientos metros. Se quemaba para evaporar agua en las fuentes de agua salada y para iluminar en China y Japón. En el siglo VIII, el alquitrán se usaba para pavimentar las calles en Bagdad.

Marco Polo dijo haber visto cargamentos de nafta en Baku, Azerbaijan, probablemente para iluminación, pues es un hidrocarburo derivado del petróleo muy inflamable.

En 1846, el médico canadiense Abraham Pineo Gesner, el padre de la industria del petróleo, descubre la síntesis del queroseno a partir del carbón, y más tarde, del petróleo.

En Bakú, Azerbaiyán, el ruso Semyonov excava su primer pozo de petróleo en 1848 y en 1852 el polaco Lucasiewicz desarrolla la manera de obtener queroseno del petróleo bruto, es decir, la manera de refinar el petróleo, y poco después, en 1856, se construye la primera refinería del mundo en Ploiesti, Rumanía. La industria no arrancará de verdad a gran escala hasta que el coronel Drake no descubra la manera de extraer petróleo en grandes cantidades en Oil Creek y, sobre todo, con el desarrollo del motor de combustión interna a finales del siglo XIX.

La república de Ploiesti

La ciudad rumana de Ploiesti, fundada en 1596, durante el reinado de Miguel el Bravo, se convirtió a mediados del siglo XIX en el foco más importante del mundo de extracción de petróleo, hasta el punto de que se construyó aquí la primera refinería conocida en 1856. La ciudad se enriqueció tanto que sus habitantes, liberales e ilusionados, declararon la independencia de la monarquía rumana el 8 de agosto de 1870 y nombraron un nuevo gobierno, que fue arrestado el día siguiente por las tropas rumanas. La normalidad subsiguiente se vio quebrada en 1940 por los nazis, que se apoderaron de la ciudad y la convirtieron en la principal fuente de abastecimiento de petróleo para el Tercer Reich durante la Segunda Guerra Mundial, hasta el bombardeo de los Aliados en abril de 1944 y su conquista por los rusos en agosto de ese mismo año.

Derecha, obreros de la plataforma petrolífera *Bravo* en océano Atlántico, frente a las costas noruegas.

ANTIGÜEDAD — El petróleo se usa en Babilonia como cemento para unir el adobe y las piedras de los muros.

SIGLO IV — El petróleo se obtiene en China haciendo pozos de hasta doscientos metros con tubos de caña de bambú.

SIGLO VIII — El alquitrán, que aparece de manera natural en Mesopotamia, se usa para endurecer el firme de las calles en Bagdad.

SIGLO X — Primera mención de los pozos de petróleo de Bakú, en Azerbaiyán, por el historiador y viajero árabe Ali al-Masudi. Marco Polo mencionará cargamentos de este petróleo en el siglo XIII.

SIGLO XVII — Primera mención de lagunas de petróleo en Pensilvania, Estados Unidos.

1846 — El canadiense Abraham Pineo Gesner descubre el proceso de refino del queroseno a partir de carbón. Más tarde, descubre la albertita, un hidrocarburo sólido del cual logra obtener el queroseno, mucho más estable que el aceite de ballena usado en las lámparas.

1848 — Probable excavación del primer pozo de petróleo en la península de Abseron, al nordeste de Bakú.

1852 — El polaco Ignacy Lukasiewicz descubre la forma de destilar queroseno del petróleo bruto.

1856 — Primera refinería del mundo en la ciudad rumana de Ploiesti.

1859 — Edwin Drake idea la introducción de tubos en los pozos se petróleo a medida que se profundiza para evitar que se hundan y abre el primer pozo en Opio Creek, Pensilvania. Desde ese momento, obtener petróleo es un negocio rentable.

1861

Bicicleta

Curiosidades

John Boyd Dunlop (1840-1921) desarrolló el neumático alentado por su hijo de 9 años, que estaba cansado de traquetear sobre un triciclo que tenía las ruedas de goma maciza.

La bicicleta moderna tiene diversos padres, pues consiste en una serie de inventos que se van añadiendo a la máquina hasta obtener la pieza actual. En 1790, el francés Comte De Sivrac inventa un artefacto con dos ruedas sobre un bastidor de madera que no se podía dirigir y se impulsaba con los pies en el suelo. No servía para nada, al carecer de dirección, como los dibujos que había hecho de un vehículo similar Leonardo da Vinci. Lo más fácil era irse directo de cabeza al suelo, ya que la única manera de frenar era clavar los pies en tierra.

En 1817, el alemán Karl Drais von Sauerbronn añade la dirección. Su máquina se llamará "draisiana" en su honor, aunque también hay que impulsarse con los pies sobre el suelo. En Estados Unidos añaden un asiento ajustable y un apoyo para el codo y adquiere el nombre de balancín. En 1839, el escocés Kirkpatrick MacMillan inventa los pedales: están en el cuadro y se unen a la rueda trasera con barras y palancas; ya no hace falta tocar el suelo para impulsarse.

En 1842, los franceses Pierre Michaux y su hijo Ernest añaden los pedales a la rueda delantera, más grande que la trasera. El mismo Michaux decide construir el arfefacto de hierro y hacer la rueda delantera más grande para ganar velocidad en 1861. Ha nacido el velocípedo. En 1869, el francés André Guilmet sitúa los pedales en el

centro y añade una cadena que transmite el movimiento a la rueda trasera, pero la guerra franco prusiana hace que nadie la tenga en cuenta. Ese mismo año, los ingleses añaden neumáticos de goma maciza a los cantos de acero de las ruedas y le dan el nombre de bicicleta. En 1873, el inglés James Starley

A la derecha, una deliciosa bicicleta de paseo de principios del siglo XX con un freno de varillas y sin neumáticos.

SIGLO XV — Leonardo da Vinci diseña la primera bicicleta de la historia. Tenía las ruedas iguales, un asiento y pedales. La tracción se dirigía mediante una polea a la rueda trasera, pero carecía de dirección y la rueda delantera no podía moverse, así que no era práctica y se quedó en un esquema en los papeles del genio italiano.

1790 — El francés Comte De Sivrac añade dos ruedas a un bastidor de madera que sólo puede impulsarse hacia delante con los pies en el suelo. Esta máquina se llama celerífero.

1817 — El alemán Karl Drais von Sauerbronn añade la dirección, dejando suelta la rueda delantera, y presenta su invento en París. Recibe el nombre de draisiana o draisina.

1839 — El escocés Kirkpatrick MacMillan inventa los pedales, que están unidos con palancas a los ejes de la rueda trasera.

1842 — El herrero francés Pierre Michaux añade los pedales a la rueda delantera.

1861 — Pierre Michaux y su hijo Ernest fabrican la primera bicicleta moderna con un cuadro de hierro, pedales y la rueda delantera más grande.

1868 — Se celebra la primera carrera documentada del mundo, en el parque de St Claude, en París, ganada por el inglés James Moore.

1875 — Se inventan los radios y toda la bicicleta se construye de hierro, con una rueda delantera enorme. Se conoce como araña.

1885 — El suizo Renold inventa la cadena, los pedales se ponen en el centro y la tracción se desvía a la rueda trasera. En esta época, adquieren forma los platos dentados, con el delantero más grande que el trasero.

1887 — El inglés Thomas Stevens se convierte en la primera persona en dar la vuelta al mundo en bicicleta. Sale de San Francisco el 22 de abril de 1884 y después de atravesar Eurasia (vía Alemania, Hungría, Constantinopla, Irán, Afganistán, India y China) y alcanzar Japón, vuelve a San Francisco en enero de 1887.

1890 — Las ruedas se igualan. Dunlop inventa los neumáticos, incorporando un tubo delgado dentro de la goma, y las bicis adquieren su aspecto moderno.

diseña una bicicleta con radios igual a las bicis modernas, salvo que la rueda delantera es tres veces más grande que la trasera. Durante varios años, se lucha por hacer bicis más seguras, se trasladan los pedales al centro, se añade la cadena, y por fin en 1880, se igualan las ruedas y la bicicleta adquiere la forma moderna. Sólo faltaba que Dunlop inventara el neumático.

Arriba, disfrutando de los placeres de la bicicleta de montaña.

1868-1883

Energía solar

Curiosidades

Durante generaciones se ha venido usando el carbón y el petróleo como fuentes de energía. Ante la posibilidad de su agotamiento, se ha sugerido el uso de **biomasa** de manera directa. Es decir, procesar los cultivos para obtener de ellos algún tipo de biocombustible, como el biodiesel que se añadiría al gasoil de los automóviles.

Derecha. Esta sí que es una manera elegante de aprovechar la energía solar.

La historia de la energía solar empieza desde el momento en que el astro rey empieza a enviarnos su luz y su calor. Pero, obviando la función del sol como dador de vida, y centrándonos en él como fuente de energía manipulable, debemos dividir su utilidad en dos aspectos: como fuente de calor y como fuente de energía eléctrica. En el primer caso, el sol se usa para calentarse, calentar el hogar y ayudar a secar los alimentos.

La primera vez que se usa la luz del sol no de forma pasiva, sino activa, tiene lugar en 1767, cuando el suizo Horace de Saussure descubre cómo acumular calor en un lugar cerrado mediante cajas calientes, con una cara de vidrio y la opuesta de color negro. En 1909, el ingeniero William J. Bailey descubre los calentadores de agua, colocando un serpentín en la caja negra y un depósito donde acumular el agua calentada. Aún hoy se usan estos calentadores tan sencillos en Turquía y en Grecia, donde es fácil verlos sobre las casas. En los años siguientes, varios científicos intentaron aprovechar al máximo el calor del sol para obtener vapor y mover las incipientes máquinas de vapor. El primer horno solar lo construyó el francés Augustin Mouchot en 1868. En 1870, el sueco John Ericsson hizo una máquina de vapor solar muy parecida, con un espejo concentrador, una caldera de agua y un motor de vapor. En 1885, el francés Charles

Tellier diseñó los primeros colectores solares para mover motores a baja temperatura, usando líquidos cuya temperatura de ebullición es relativamente baja, como el hidróxido amónico, que hierve a -33 °C. Tellier se convirtió con su invento en el padre de la refrigeración. Pero en 1909, la aparición del petróleo como fuente de energía barata dejó en suspenso todo estos avances.

La energía fotovoltáica es el otro aspecto de la energía solar y éste tiene más probabilidades de ser rentable. La primera célula solar la construye en 1883 el americano Charles Fritts. El material semiconductor es selenio con una fina capa de oro. Su eficiencia no supera el 2 por ciento. Las modernas células solares son patentadas por Russel Ohl en 1946, pero son los laboratorios Bell los que descubren de manera accidental que la mayor eficiencia se encuentra en el uso de las placas de silicio dopado con fósforo y con boro, haciendo que se formen huecos y haya electrones sobrantes en la red cristalina. La presencia de fotones solares hace que los electrones de desplacen de un lado al otro de la placa y se produzca la corriente eléctrica. La eficiencia de las células solares subió inmediatamente al 16 por ciento. Las placas más modernas todavía no superan el 18 por ciento de aprovechamiento de la energía solar recibida, pero la investigación continúa.

212 a.C. — Arquímedes utiliza por primera vez la energía solar para quemar la flota romana que ataca la ciudad de Siracusa utilizando espejos en los que refleja la luz del sol.

EDAD MEDIA — La energía solar se usa para calentarse y para evaporar el agua en las salinas, liberando la sal del agua del mar.

1700 — El alemán von Tschirnhausen construyó en Dresde un horno solar con un espejo cóncavo parabólico de 1.6 m de diámetro para cocer el barro utilizado en la producción de objetos de cerámica.

1767 — Horace de Saussure descubre cómo acumular calor en un lugar cerrado mediante cajas calientes.

1774 — El científico inglés Joseph Priestley descubre el oxígeno concentrando los rayos solares sobre óxido de mercurio con una lente de 0.30 m de diámetro. Lavoisier le dio el nombre de oxígeno y demostró que era un componente del aire. También construyó un horno solar con una lente de más de 1 m de diámetro en el que se podía fundir platino.

1816 — El escocés Robert Stirling inventa el primer motor térmico de aire caliente que funcionaba con la energía del sol, calentando un gas en un recipiente y enfriándolo en otro.

1839 — Edmund Becquerel descubre el efecto fotoeléctrico.

1868 — El francés Auguste Mouchot construye un horno solar que diez años después presentará en la Exposición de París y moverá un motor.

1870 — El sueco John Ericsson construye una máquina de vapor que funciona con energía solar, calentando el agua mediante un gran espejo que concentraba el calor en un tubo.

1883 — El estadounidense Charles Fritts construye las primeras células solares con selenio recubierto de oro y una eficiencia de apenas el 2 por ciento.

1885 — El francés Charles Tellier construye motores movidos con energía solar, utilizando líquidos con temperatura de fusión muy baja, como el amoníaco; en realidad, inventó el primer congelador para conservar alimentos.

1905 — Albert Einstein explica el efecto fotoeléctrico, que hace que cuando la luz alcanza ciertos metales obliga a moverse a los electrones; su descubrimiento llevó a establecer en 1930 la mecánica cuántica.

1946 — Russel Ohl, inventor del transistor que sirvió de base a los diodos, patenta la primera célula solar moderna. Los laboratorios Bell, para los que trabajaba, patentarán (Gordon Pearson, Darryl Chapin y Calvin Fuller) en los años cincuenta la célula solar de silicio con impurezas de fósforo y boro que permitirán una eficiencia de hasta el 16 por ciento. La NASA se ha dedicado desde entonces a perfeccionar el invento.

1883

Rascacielos

Curiosidades

Hay rascacielos giratorios y rascacielos de más de quinientos metros de altura, verdaderos símbolos de riqueza y poder, pero quizás **el más curioso** sea el que se está construyendo en Bruselas, Bélgica, que cambiará de color según la previsión meteorológica. En la imagen, las torres **Petronas** de Kuala Lumpur, Malasia, de 452 m, los edificios más altos del mundo entre 1998 y 2003, hasta la construcción del edificio **Taipei 101**, de 509 m de altura, en Taiwán.

Actualmente, se considera rascacielos un edificio que tenga una altura superior a 500 pies, es decir, unos 152 metros. En el siglo XIX, sin embargo, se consideró que el primer rascacielos de la historia era el Home Insurance Building de Chicago, construido en 1884 con sólo diez pisos. Su estructura era de hierro, pero no completamente, y el primero en tenerla del todo fue el edificio Tacoma de Chicago, de doce pisos, construido en 1889.

En 1890, se construye en San Luis el Wainwright Building, que muchos consideran el primer rascacielos por la línea vertical de sus pilastras, que resalta la altura del edificio, a pesar de que solo tiene diez plantas.

En 1890 también, se construye en Nueva York el New York World Building, de veinte pisos, pero hubo que esperar hasta 1908 para ver un rascacielos de más de 500 pies: el Singer Building, de Nueva York, con 47 pisos y 187 metros de altura, superando por primera vez en cuatro mil años a la Gran Pirámide de Guizé. No tardó en iniciarse una carrera para ser los primeros y más altos del planeta.

En 1913 gana la prueba el Woolworth Building, la catedral del comercio, con 241 metros de altura. En 1930, se construye el edificio Chrysler, de 319 metros, y en 1931 se acaba el Empire State Building, primero en superar los cien pisos. Contando la torre, alcanza los 448 metros y se convierte en el edificio más alto del mundo durante los próximos 59 años, hasta la construcción de

las World Trade Center, con sus 417 metros sin contar la torre de 110 metros. En 1998, las Torres Sears de Chicago alcanzan los 442 metros más 108 de torre de comunicaciones; el conjunto, con 527 metros, tiene uno menos que la torre norte del World Trade, ahora destruida. En 2003, se construye el Taipei 101, con 448 metros y 101 de torre, ganador en tres de las cuatro categorías de rascacielos: altura desde el suelo hasta el tope estructural (508 metros, que antes tenían las torres Petronas de Kuala Lumpur, con 452 metros), ídem hasta la azotea (448 m sobre los 443 de la torre Sears), ídem hasta el último piso ocupado (438 m) y velocidad del ascensor (16,83 m/s). El edificio pesa unas setecientas mil toneladas y no tardará en ser superado por el Burjj Dubai que se está construyendo en los Emiratos Árabes Unidos, cuya altura se estima en unos 643 metros y que con la torre de comunicaciones superará los ochocientos metros.

Rascacielos en Europa

La fiebre de los rascacielos no ha alcanzado Europa. El edificio más alto es el Triumph Palace de Moscú, con 264 metros, construido en 2005. Tiene 57 pisos y mil apartamentos. Por la altura de la azotea, el edificio más alto de Europa es la Commerzbank Tower de Franckort, acabada en 1997, con 56 pisos y 259 metros. En Polonia se construyó en 1974 la torre de comunicaciones más alta del mundo, la torre de radio Warsaw, con 646 metros de altura, pero se derrumbó en 1991. En Francia, el primer rascacielos fue la torre Perret en Amiens, de 104 m, construida en 1944 con 30 pisos. La torre de Montparnasse de París asumió el récord de altura en 1973 con 210 metros.

Desayuno en el rascacielos, **1932,** una demostración de resistencia ante el vértigo, cualidad que los indios americanos demostraron tener.

1883 — El estadounidense William Le Baron Jenney construye el primer rascacielos de la historia, el Home Insurance Building, de sólo diez pisos de altura. Es posible que en Edimburgo hubiera edificios más altos en la Edad Media, condicionados por la estrechez del espacio habitable dentro de las murallas.

1887 — Primer edificio en tener toda la estructura de acero, el Tacoma Building de Chicago. El primero en tener una estructura de hierro de la historia es el Ditherington Flax Mill de Shrewsbury, Inglaterra, construido en 1797.

1890 — Se construye el New York World Building, de veinte pisos, considerado por muchos el primer rascacielos de Nueva York.

1931 — Se inaugura el Empire State Building en Nueva York, el edificio más alto del mundo durante los próximos cuarenta años.

1972 — Se construyen las Torres Gemelas del World Trade Center de Nueva York, los edificios más altos del mundo, destruidos el 11 de septiembre de 2001.

1974 — Se inaugura la Torre Sears de Chicago, la más alta del mundo en ese momento.

1996 — Las torres Petronas de Kuala Lumpur, en Malasia, ocupan el primer lugar de la lista.

2004 — Récord mundial con el edificio Taipei 101, en Taiwan, que mide 508 metros.

1885

Motocicleta y scooter

Curiosidades

Estatua de cera de **Gottlieb Daimler** junto a la primera motocicleta, la Reytwagen, desarrollada por él mismo con la colaboración de Wilhelm Maybach, en el Museo Daimler, en Cannstatt, Stuttgart, Alemania.

La primera motocicleta debía ser una mezcla de bicicleta y automóvil, pero aplicar un motor a un vehículo tan estrecho no era fácil. En 1867, el estadounidense Sylvester Howard Roper aplica un motor de vapor a un vehículo de dos ruedas. El motor estaba situado detrás y debajo del sillín, funcionaba con carbón y tenía dos cilindros. La chimenea salía por detrás de la espalda del conductor. Aunque se le considera el inventor de la motocicleta en EE UU, el invento no tenía mucho futuro, como ninguno de los proyectos que Roper realizó con motores a vapor una vez que se invente el motor de combustión interna.

En 1871 y 1879, el francés Louis-Guillaume Perreaux y el italiano Murginotti, inventan sendos velocípedos con motores a vapor, el último de cuatro tiempos. Obviamente, no tienen éxito. En 1876, el alemán Nikolaus August Otto inventa un motor de combustión interna de cuatro tiempos lo bastante pequeño para que Wilhelm Maybach y Gottlieb Daimler lo apliquen a un vehículo de dos ruedas en 1885. Se considera la primera motocicleta de la historia, aunque tenía las ruedas de

madera y sólo corría a 18 km/h. Hay que decir que la moto resultante era más aparatosa que aquella primera de Roper, que funcionaba a vapor, pero ésta sí que tenía futuro. La primera carrera de motocicletas se celebra en Sheen House, Richmond, Inglaterra, en 1897.

La motocicleta de dos tiempos es una invención del francés Français Cormery en 1900. Un año después, el también francés Léon Cordonier patenta el motor Ixion que usa por primera vez los principios del motor rotativo y se aplica a la motocicleta *Tour* de la empresa belga Gillet d'Herstal en 1919. Mientras, el inglés Alfred A. Scout patenta en 1904 el primer motor de dos cilindros y dos tiempos, pero no se verá hecho realidad hasta los años treinta, gracias a la firma alemana DKW.

Los campeonatos de Europa para motos de 50 cc empiezan a celebrarse en 1952. Las primeras carreras de velocidad se disputan en la isla de Man. El primer campeonato mundial o GP se celebró en 1949; el primer ganador de 500 cc fue el inglés Leslie Graham con una AJS.

Scooter, 1902

El scooter, una moto con el cuadro abierto en que el conductor se sienta como en una silla y no a horcajadas y con una protección delantera, aparece en Francia con el nombre de *autofauteuil*, que viene a significar 'armario motorizado', en 1902. Su inventor es Georges Gauthier y se producirá hasta 1919.

En Estados Unidos se fabrica en 1915 el *Auto-Ped*, pero no tiene asiento y el conductor debe conducirlo de pie en un pequeño apoyo. La revolución llegará con la invención de la Vespa italiana en 1945, diseñada por el ingeniero Corradino d'Ascanio para la firma Enrico Piaggio. Con su amplio reposapiés y sus pequeñas ruedas, no tarda en volverse popular desde que empieza a fabricarse en serie en 1946.

Derecha, la motocicleta Harley-Davidson utilizada por Harrison Ford en el personaje *Indiana Jones*.

1867 — El estadounidense Howard Roper aplica un motor de vapor a un vehículo de dos ruedas.

1871 — El francés Louis-Guillaume Perreaux se alía con el italiano Murginotti y siguen intentando colocar un motor de vapor en una bicicleta.

1884 — El inglés Edward Butler, hijo de un granjero de Devonshire, construye un triciclo motorizado con un motor de combustión interna que funciona con gasolina. Se pasará doce años intentando mejorarlo. En 1888, su esposa, Miss Butler, se convertirá en la primera mujer en conducir una motocicleta.

1885 — Los alemanes Wilhelm Maybach y Gottlieb Daimler aplican el motor de combustión interna, más pequeño, inventado por su compatriota Nikolaus August Otto en 1876, a una bicicleta y fabrican la primera motocicleta de la historia que merece este nombre, con ruedas de madera.

1897 — Se celebra la primera carrera de motocicletas en Sheen House, Richmond, Inglaterra.

1899 — El inglés George Morgan es la primera persona en morir en un accidente de moto.

1900 — El francés Français Cormery inventa el motor de dos tiempos para motocicletas.

1901 — Los americanos George Hendee y Oskar Hedstrom fundan la primera marca de motocicletas de Estados Unidos, Indian, dos años antes que la Harley Davidson.

1888

Energía eólica

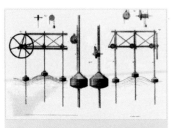

Curiosidades

La obtención de energía a partir de fuentes renovables se inicia **en España en 1885**, cuando **José Barrufet y Veciana** patenta una máquina, el marmotor Barrufet (arriba), para obtener energía de las olas, y trata de construirla sin éxito en las playas de Barcelona. En 1903, el coronel **Isidoro Cabanyes** proyecta una chimenea en la que el aire se calienta por el sol, asciende y mueve una turbina que produce electricidad.

El pionero de la energía eólica fue el estadounidense Charles Francis Brush (1849-1929). Tuvo la suerte de crecer en el campo, trabajó en diversas granjas, estudió ingeniería de minas en la Universidad de Michigan, inventó una lámpara de arco alimentada por una dinamo inventada por él mismo, fundó la Brush Electric Company y suministró los generadores para la primera planta hidroeléctrica de los Estados Unidos, en el salto de San Antonio en Minneapolis.

Brush dedicó su vida al estudio de las energías y a cómo obtener beneficio de ellas. Su empresa eléctrica se fusionó con la Edison General Electric, para dar lugar a la General Electric Company. Pero a nosotros nos interesa porque Brush construyó cerca de su casa en Cleveland la primera turbina eólica automática para generar electricidad en 1888.

La turbina, gigantesca, tenía un rotor de 17 metros y 144 palas de madera de cedro. Su mansión se alimentaba de la energía producida por este monstruo que funcionó 20 años.

Sin embargo, las turbinas del tipo americano tienen demasiadas palas y su eficiencia es muy baja. Para mejorarla, hubo que esperar al danés Poul la Cour (1846-1908).

La Cour era meteorólogo y su pasión era el viento. Construyó su propio túnel de viento y usaba la electricidad producida por sus turbinas para obtener hidrógeno de la electrólisis y alimentar las lámparas de su escuela, donde enseñaba cómo producir electricidad del viento. Los daneses fueron pioneros en este campo. En la década de 1890, La Cour construyó varios generadores de gran tamaño en su escuela de Askov Folk. En 1904 fundó la Sociedad de Electricistas del Viento y publicó una revista. Gracias a sus esfuerzos, en 1918 había unas 120 empresas en Dinamarca que se proveían de electricidad, un 3 por ciento del consumo total del país. Una cierta tendencia a la baja quedó compensada por las penurias de la Segunda Guerra Mundial. En los años cuarenta, la compañía F. L. Smidth empezó a

construir aerogeneradores de dos y de tres palas, siendo los de tres más eficientes. En los años 50, el ingeniero Johannes Juul, alumno de La Cour, inventó un sistema para obtener corriente alterna de los aerogeneradores. Su diseño más conocido es el tripala Gedser de 200 Kw, construido entre 1956-1957, muy por encima ya de los 12 Kw que obtenía Brush en Cleveland. Incluso la NASA utilizó este modelo para el nuevo programa estadounidense de energía eólica. La crisis del petróleo de 1973 obligó a construir grandes aerogeneradores. En los años 80 se instalaron miles de ventiladores gigantes en California, pero el que más energía obtiene del viento en relación a su consumo sigue siendo Dinamarca, con unos 5.500 aerogeneradores que producen unos 3.000 Mw. En la actualidad se fabrican turbinas tan grandes que son capaces de producir ellas solas hasta 2,5 Mw de energía, con rotores de hasta 80 metros de diámetro.

A la derecha, una turbina gigantesca, cerca de Halle, en Alemania, país que ha apostado con fuerza por las energías alternativas.

1888 — El estadounidense Charles Francis Brush construye junto a su mansión de Cleveland el primer aerogenerador de la historia, con un rotor en forma de rosa de los vientos de 17 metros de diámetro, capaz de producir 12 Kw.

1890 — El danés Poul la Cour construye los primeros aerogeneradores eficientes de cuatro y cinco palas en su escuela de Askov.

1904 — La Cour funda la Sociedad de Electricistas del Viento, publica una revista y consigue que en Dinamarca numerosas empresas instalen generadores para proveerse de electricidad en un país rico en viento.

1918 — Dinamarca ya obtiene el 3 por ciento de su energía del viento.

1940 — La compañía danesa de ingeniería F. L. Smidth fabrica aerogeneradores de dos y tres palas.

1950 — El ingeniero danés Johannes Juul, uno de los primeros alumnos de La Cour, descubre la manera de producir corriente alterna con los aerogeneradores.

1991 — Dinamarca construye el primer parque eólico marino en el Báltico, formado por 11 aerogeneradores.

1903

Aviación

Curiosidades

El primer fallecido oficial de la aviación, el teniente **Thomas E. Selfridge** pereció a causa de un accidente aéreo al estrellarse el 17 de septiembre en un vuelo de prueba con Orville Wright, que había conseguido volar más de seis minutos con un pasajero.

Volar siempre ha sido un sueño para el hombre, desde los tiempos en que se imaginaba a los dioses convertidos en pájaros. En otros tiempos, los pocos que se atrevieron a lanzarse desde lo alto se estrellaban, y muchos de los que imaginaron ingenios voladores no se atrevieron a construirlos, como pasó con el alquimista Roger Bacon o con Leonardo da Vinci. Los primeros intentos de volar con éxito se realizan en globo en el siglo XVIII. Los franceses son pioneros, e incluso se atreven a lanzarse en paracaídas desde alturas inconcebibles. En 1785, un francés y un americano cruzan el Canal de la Mancha en globo, y no tardarán en realizarse los primeros intentos de volar en avión.

En 1849, el británico George Cayley construye un planeador de tres alas que vuela con un niño de diez años a bordo, y se convierte en el primer aparato en volar más pesado que el aire. En 1890, el francés Clément Ader realiza el primer vuelo de la historia en un aparato más pesado que el aire, impulsado por vapor.

Estamos en el momento clave de la historia de la aviación: finales del siglo XIX y principios del XX. En 1891, Lawrence Hardgrave construye un modelo impulsado por paletas movidas por un motor de aire comprimido que vuela 95 metros. Otto Lilienthal, que había inventado el planeador con alas curvadas en 1877, realiza su primer vuelo con éxito; el estadounidense Samuel Pierpont Langley construye un aeroplano impulsado por un motor de vapor capaz de ascender durante algo más de un minuto, hasta que se le paraba el motor y descendía planeando, y por fin, en 1903, Orville Wright realiza el primer vuelo de la historia en un aeroplano propulsado y bajo control humano, durante 12 larguísimos segundos. Trabajando junto a su hermano Wilbur, desarrolla los primeros aviones propulsados por un pequeño motor. Los Wright eran fabricantes de bicicletas y empezaron diseñando planeadores, con los que realizaron cientos

de pruebas; incluso diseñaron su propio túnel de viento. Les faltaba una fuerza impulsora y consiguieron que Charlie Taylor, el diseñador de su taller de bicicletas, les fabricara un motor de gasolina de doce caballos que pesaba poco más de ochenta kilos, el peso de una persona.

Después de varias pruebas y de estrellarse varias veces en la arena con su planeador motorizado, consiguieron recorrer unos 37 metros el día 17 de diciembre de 1903 con el

Derecha, aeroplano de los hermanos Wright, en Fort Myer, Virginia, 1909.

Primera línea comercial

Se inaugura la primera línea aérea comercial del mundo que tiene un horario, entre San Petersburgo y Tampa. Sólo durará cuatro meses. Ambas localidades están en Florida, a 22' en un hidroavión Benoist. El piloto se llamaba Tony Jannus, y el primero en comprar un billete, que pago 400 dólares por ese privilegio, fue el alcalde de San Petersburgo, Abram C. Pheil.

Flyer. Tres años más tarde, en 1906, el brasileño afincado en Francia Alberto Santos Dumos vuela 220 metros en 22 segundos.

En 1909, los hermanos Wright venden al ejército el primer avión militar de la historia, que funcionará durante dos años. El francés Louis Blériot cruza el canal de la Mancha a bordo de un aeroplano. Pero los globos aún tienen algo que decir; ahora más grandes y alargados, se llaman dirigibles. En 1909, el conde alemán Ferdinand von Zeppelin crea la primera compañía aérea del mundo. En 1910 se construye el primer hidroavión, un avión despega desde una plataforma situada sobre un avión, el crucero *USS Birmingham*, se cruzan los Alpes y se construye el primer avión totalmente metálico, entre otros avances.

---

852 — El hispano musulmán Abás Ibn Firnas se lanza desde una torre de Córdoba con lo que se considera el primer paracaídas de la historia.

875 — El mismo Firnas se hizo unas alas de madera recubiertas de seda y se lanzó desde una torre en Córdoba. Permaneció en el aire unos minutos y al caer se rompió las piernas, pero fue el primer intento conocido científico de realizar un vuelo.

1010 — El inglés Eilmer de Malesbury, monje benedictino, matemático y astrólogo, se lanza con un planeador de madera y plumas desde una torre y vuela 200 metros, pero al caer se rompe las piernas.

1250 — El inglés Roger Bacon hace una descripción del ornitóptero en su libro *Secretos del arte y de la naturaleza*. El ornitóptero es un artilugio parecido a un planeador, cuyas alas se mueven como las de un pájaro.

1500 — Leonardo da Vinci realiza los primeros diseños de un autogiro que habría de elevarse haciendo girar las aspas impulsado por los brazos. También diseña un ornitóptero como el de Roger Bacon y un planeador.

1709 — El jesuita brasileño Bartolomeo de Gusmao, también conocido como «el padre volador», describe, y probablemente construye, el primer globo de la historia, y se lo enseña y hace una demostración, con el ingenio de papel, en el patio de la Casa de Indias, en Lisboa, al rey Juan V de Portugal.

1783 — El francés Jean François Pilâtre de Rozier es el primer hombre en ascender, en un globo de aire caliente, diseñado por Joseph y Etienne Montgolfier. • En diciembre, los franceses Jacques Alexandre-César Charles y Marie-Noël Robert realizan el primer vuelo en un globo aerostático de hidrógeno, hasta una altura de 550 metros.

1785 — El francés Jean Pierre Blanchard y el estadounidense John Jeffries cruzan por primera vez el canal de la Mancha en globo. • Los franceses François Pilâtre y Jules Roman se convierten en los primeros hombres en morir en un accidente aeronáutico al estrellarse su globo, dos años después de aquel primer ascenso de Pilâtre.

1794 — El Servicio de Artillería Francesa crea la primera fuerza aérea del mundo en la forma de una compañía de globos bajo el mando del capitán Coutelle, que entrará en combate ese mismo año en Fleurus, Bélgica. Hasta 1908 no se creará una fuerza aérea dotada de aeroplanos.

1797 — El francés André-Jacques Garnerin realiza el primer descenso en paracaídas desde una aeronave al lanzarse desde un globo a 680 m de altura sobre el parque Monçeau, en París.

1836 — El Gran Globo de Nassau vuela desde Londres hasta Weilburg en Alemania, a 800 km, en 18 horas.

1849 — El británico George Cayley construye un planeador de tres alas que vuela con un niño de diez años a bordo y se convierte en el primer aparato en volar más pesado que el aire.

1939

Avión a reacción

Curiosidades

El avión alemán *Heinkel He 178* fue el primero en volar con un **motor a reacción** en 1939. El Ejército alemán nunca apreció el invento de Heinkel y quedó en el olvido hasta después de la guerra. El rumano Coanda había diseñado un avión a reacción en 1910, pero se estrelló durante la primera prueba por la potencia del motor. El reactor del francés Ledouc, diseñado en 1938, no pudo volar hasta 1949.

El primer vuelo de un reactor que volviera sano y salvo tuvo lugar el 27 de agosto de 1939. Se trataba de un *Heinkel He 178*, desarrollado por Hans von Ohain y Erns Heinkel y pilotado por Erich Warsitz. Los nazis no tuvieron tiempo de producir este avión a gran escala, y cuando las primeras unidades fabricadas en serie cruzaron el cielo, ya habían perdido la guerra. El primer intento de volar sin hélices, sin embargo, utilizando un motor que usaba un pistón en lugar de una turbina, tuvo lugar en 1910. El rumano Henri Marie Coanda creó un biplano con propulsión a chorro y se estrelló durante su primer y único vuelo de prueba.

La primera turbina de gas verdadera fue desarrollada en 1930 por el inglés Frank Whittle, pero éste no se llevó a la práctica en un vuelo hasta 1941. Los franceses, de la mano de René Leduc, crearon su propio modelo, un estatorreactor, en 1938, pero los alemanes se les adelantaron en llevarlo a la práctica. Los italianos construyeron su primer avión propulsado por turbohélice en 1940, de la mano del ingeniero Secundo Campini, y los americanos tuvieron su primer avión a reacción en 1942, el *Bell XP-59*, que utilizaba un turborreactor I-16 de General Electric.

El primer aparato desarrollado en serie en volar propulsado por un reactor fueron las bombas volantes V-1, desarrolladas por los alemanes a partir de la invención del pulsorreactor patentado por Paul Schmidt en 1931. Estas bombas, que consumían todo su combustible antes de estrellarse, empezaron a volar en 1942.

En 1947, los americanos llevan a la estratosfera el *X-1* y lo lanzan desde un avión más grande; sería el primer reactor en romper la barrera del sonido. Poco después consigue lo mismo el *Douglas Skyrocket*, pero despegando por sus propios medios. En 1952 despega el primer reactor comercial, el británico *Comet*, pero se retira dos años después debido a los accidentes. En 1954, el reactor *Boeing 707* se adapta a los vuelos comerciales, y los primeros

Hans Von Ohain (1911-1998), diseñador del primer reactor capaz de volar, el *Heinkel He 178*, el 27 de agosto de 1939.

1852 — El francés Henri Giffard realiza un vuelo controlado a bordo de su dirigible impulsado por un motor a vapor. Gifford había inventado el inyector y el dirigible propulsado por vapor. El 24 de septiembre voló una distancia de 27 km.

1853 — George Cayley construye el primer planeador capaz de llevar el peso de una persona. Cayley está considerado el padre de la aeronáutica por sus experimentos con cometas y planeadores capaces de llevar a un ser humano.

1858 — El francés Gaspard Félix Tournachon hace la primera fotografía aérea desde un globo sobre el valle de Biérre, cerca de París, Francia.

1861 — Primer mensaje telegráfico enviado desde el aire. Lo envió Thaddeus Lowe desde el globo Enterprise. Eso hizo que el ejército nordista lo contratara para formar un cuerpo de globos, el Union Army Ballon Corps, destinado a espiar a los sudistas durante la Guerra de Secesión americana.

1866 — Durante la guerra de la Triple Alianza entre Argentina, Uruguay y Brasil contra Paraguay, el bando aliado utilizará globos por primera vez en América Latina en un conflicto.

1870 — Durante la guerra Franco-prusiana, ambos bandos recurren a los globos para espiar a sus enemigos. Léon Gambetta, que encabezó la revuelta de los parisinos que dio lugar a la Tercera República, después de que el rey francés Napoleón III fuera capturado por los prusianos en Sedán, se ve obligado a huir en globo de París.

1890 — El francés Clément Ader realiza el primer vuelo de la historia en un aparato más pesado que el aire impulsado por vapor.

1891 — El británico nacido en Australia Lawrence Hardgrave construye un modelo impulsado por paletas movidas por un motor de aire comprimido que vuela 95 metros.

1896 — El estadounidense Samuel Pierpont Langley construye un aeroplano impulsado por un motor de vapor capaz de ascender durante algo más de un minuto, hasta que se le paraba el motor y descendía planeando.

1903 — Orville Wright realiza el primer vuelo de la historia en un aeroplano propulsado y bajo control humano. Voló durante 12 segundos. Orville desarrolló el primer túnel de viento conocido en 1901 y descubrió en 1902 el uso de la cola móvil vertical para los aviones. Junto a su hermano Wilbur desarrollaron los primeros aviones propulsados por un pequeño motor.

1906 — El húngaro residente en París Trajan Vuia y el danés Jacob Christian Ellehamer repite el vuelo de los Wrights, pero no son más que saltos hasta el primer vuelo reconocido en Europa, realizado por el brasileño Alberto Santos Dumos en Francia, que voló 220 metros en 22 segundos.

1907 — El francés Paul Cornu construye el primer helicóptero capaz de elevarse del suelo con el piloto. El francés Henri Farman se convierte en el primer europeo en volar más de un minuto con un aeroplano.

Avión a reacción

Curiosidades

Los aviones invisibles al radar, también llamados furtivos, tienen su pionero en el **Lockheed F-117 Nighthawk**. La pintura que lo recubre absorbe las ondas del radar, pero es tan inestable debido a su diseño que debe ser manejado la mayor parte del tiempo mediante el ordenador de a bordo. En la imagen, túnel de viento.

vuelos con pasajeros se producen en 1958. Hasta 1976 no se realizará el primer vuelo comercial a velocidad supersónica por el Concorde.

Igor Sikorsky

Todos hemos oído alguna vez hablar de los helicópteros Sikorsky, pero ¿quién fue este hombre genial que consiguió cuanto se propuso en la vida? Igor nació en Kiev en 1889, y se apasionó por la aviación leyendo las novelas de Julio Verne y admirando los dibujos de Leonardo da Vinci.

Estudió ingeniería y se concentró en la construcción de un helicóptero, pero después de numerosos fracasos, se dedicó a los aeroplanos. En 1913, con sólo 24 años, construye el primer cuatrimotor del mundo, el *Grandem*, de 31 metros de envergadura. Los franceses lo llamaban el pato de San Petersburgo, porque debido a su tamaño, pensaban que nunca volaría, pero en mayo de 1913 se elevó con ocho pasajeros a bordo. En octubre de ese año construyó el *Ilya Mourometz*, aún más grande, de 37 metros y cinco toneladas y media de peso, con cuatro motores de cien caballos. Lleva a 16 personas, necesita 300 metros para despegar y asciende a 1.500 metros, donde vuelva a cien kilómetros por hora. Este aeroplano es el primero en muchas cosas, pues lleva calefacción, dirigiendo los

gases de escape por tuberías en el interior de la cabina, y tiene un cuarto de baño, algo increíble para la época. Con el fin de probar que su avión es capaz de realizar vuelos de largo recorrido, en junio de 1914, Igor viaja entre San Petersburgo y Kiev con no pocos problemas cuando le atrapa una tormenta, pero consigue volver sano y salvo después de un vuelo de 26 horas. En este viaje será servida la primera comida completa de la historia en un vuelo.

Animado, construirá nuevas versiones de su avión, con motores cada vez más potentes, que le permitirán alcanzar los 4.000 metros. Durante la Primera Guerra, sus aviones servirán como bombarderos. En 1918, con sólo 30 años, viajará a Estados Unidos para escapar a la Revolución de Octubre en Rusia. Veintiún años después, construirá el prototipo del primer helicóptero moderno en ser fabricado en serie.

La aviación en Latinoamérica

El francés Jorge Chávez, de padres peruanos, conocido en Francia como Géo Chavez, fue el primero en cruzar los Alpes a bordo de un aeroplano. El día 23 de septiembre de 1910 atraviesa del Col du Simplon, pero un fuerte viento le rompe las alas y se estrella. Morirá cuatro días después. Alberto Braniff Picard fue el primer aviador de América Latina.

1909 — Los hermanos Wright venden al ejército el primer avión militar de la historia, que funcionaría durante dos años. I El piloto francés Louis Blériot se convierte en el primero en cruzar el canal de la Mancha a bordo de un aeroplano; la industria de Blériot construirá unos diez mil aviones durante la guerra mundial para los aliados. • El conde alemán Ferdinand von Zeppelin crea la primera compañía aérea el mundo, Delag.

1910 — El francés Henri Fabre construye el primer hidroavión de la historia. • El británico sir Charles Rolls, cofundador de Rolls-Royce y pionero de la aviación, se convierte en el primer hombre en hacer una doble travesía del canal de la Mancha sin detenerse • El americano Eugene Ely es el primero en despegar desde una plataforma construida sobre un barco, el crucero *USS Birmingham*. • Junkers inicia la construcción del primer avión totalmente metálico de la historia.

1911 — El 23 de septiembre se realiza en Estados Unidos el primer vuelo de transporte de correo. • El piloto estadounidense Calbraith P. Rodgers se convierte en el primero en cruzar Estados Unidos a bordo de un avión; contando los descansos, estuvo 84 días, aunque en vuelo sólo permaneció 3 días y diez horas. • Primera línea aérea comercial con la compañía de dirigibles DELAG. • El zepelín alemán LZ10 Scwaben ofrece por primera vez catering a sus pasajeros.

1912 — El alemán Heinrich Kubis se convierte en el primer auxiliar de vuelo a bordo de una aeronave, sirviendo en un zepelín. Kubis sirvió en el *Graf Zeppelin*, fue nombrado jefe de camareros en 1929 y estuvo a bordo del *Hindenburg* cuando éste se estrelló en Lakehurst, Nueva Jersey, en 1936, durante unas maniobras de amarre.

El primer vuelo trasatlántico

■ En 1927, el estadounidense Charles A. Lindbergh (arriba), en un vuelo que va de Nueva York a París, se convierte en el primer hombre en cruzar el Atlántico en solitario a bordo del *Espíritu de San Luís*. Tardará 33,5 horas y su hazaña lo convierte en uno de los hombres más famosos del mundo. Años después, el actor James Stewart protagonizará una hermosa película (*Spirit of St Louis*, 1957) en su honor.

Primer vuelo alrededor del mundo

■ En 1986, el avión experimental *Voyager* realiza el primer vuelo alrededor del mundo sin repostar y sin escalas. Diseñado por el americano Burt Rutan, tiene dos motores, uno delantero para las maniobras del despegue y el aterrizaje, y uno trasero, para el vuelo en ruta. Pesaba menos de mil kilos y cargaba 4.500 kilos de combustible. Tardó 9 días y tres minutos en dar la vuelta al mundo, unos 40.000 km, con dos pilotos, Dick Rutan, hermano de Nurt, y Jeanne Yaeger.

1914 — Primera línea aérea comercial del mundo entre San Petersburgo y Tampa que tiene un horario.

1919 — Primer vuelo trasatlántico sin escalas, entre el 14 y el 15 de junio, en poco más de 16 horas, pilotado por los británicos John William Alcock y Arthur Whitten Brown. Viajó entre Saint Johns's, en Terranova, Canadá, y Clifden, en Irlanda.

1920 — Primera línea aérea de pasajeros entre Cayo Hueso, en Florida, y La Habana, en Cuba.

1921 — Primer servicio transcontinental de correo aéreo entre Nueva York y San Francisco.

1923 — El español Juan de la Cierva realiza el primer vuelo experimental con su autogiro, pero el aparato tiene ciertas dificultades para maniobrar y en el futuro será sustituido por el helicóptero.

1926 — Primer vuelo trasatlántico español con un hidroavión *Dornier Wall* entre Palos de la Frontera, en Cádiz, y Buenos Aires, Argentina, pilotado por Ramón Franco y su tripulación.

1927 — El estadounidense Charles A. Lindbergh, en un vuelo que va de Nueva York a París, se convierte en el primer hombre en cruzar el Atlántico en solitario. Tardará 33,5 horas y su hazaña lo convierte en uno de los hombres más famosos del mundo.

1976 — Primer vuelo supersónico con pasajeros del *Concorde*.

1986 — El *Voyager* realiza el primer vuelo alrededor del mundo sin repostar y sin escalas. Tardó 9 días y tres minutos en dar la vuelta al mundo, unos 40.000 km.

1999 — El suizo Bertrand Piccard y el británico Brian Jones efectúan por primera vez una vuelta al mundo en globo, el *Breitling Orbiter 3*, entre el 1 y el 21 de marzo.

1879

Luz eléctrica

Curiosidades

La primera central eléctrica se construye en 1893 en las cataratas del Niágara. Su inventor fue el serbio-croata Nikola Tesla (1856-1943), quien descubrió la teoría de la corriente alterna trabajando en una de las empresas de Edison en París. Tesla y Edison se convirtieron en enemigos, puesto que Edison prefería la corriente continua a pesar de los problemas que ocasionaba. Tesla montó su propia empresa y suministró luz eléctrica a la ciudad de Búfalo en 1895 a partir de la central del Niágara.

En 1800, el italiano Alessandro Volta anuncia la invención de la primera batería eléctrica con dos electrodos, uno de cobre y otro de zinc sumergidos en ácido sulfúrico. En 1802, el británico Humphry Davy construye una de esas baterías y pone incandescente un hilo de platino que naturalmente se funde enseguida, pero ha dado el primer paso para la invención de la luz eléctrica. En 1807, Davy es el primero en conseguir un arco eléctrico, entre dos electrodos de carbón conectados a una batería. Como era químico, decidió usar la corriente eléctrica que tan bien sabía provocar para separar sales en el proceso conocido como electrólisis. Sin embargo, otros investigadores, ilusionados por la iluminación producida en la ignición del platino,

buscaron la manera de que no se apagara en pocos segundos. En 1835, el escocés James Bowman Lindsay fabrica el primer bulbo de luz experimental. Seguía sin funcionar y más de una docena de científicos lo intentaron hasta que en enero de 1879, el inglés Joseph Swan hace la primera demostración de un bulbo incandescente que no se apaga en Sunderland, Inglaterra.

Ese mismo año, en octubre, Thomas Edison, que llevaba meses trabajando en el mismo invento, consigue el mismo resultado con el modelo nº 9. Edison tenía más recursos, y al año siguiente puso a la venta las primeras bombillas. El truco estaba en encontrar el filamento adecuado, y hacer el vacío dentro del bulbo de vidrio. Por supuesto, ambos se denunciaron por copiarse el invento. Por fin, en 1883, unieron sus fuerzas para dar lugar a la empresa Edison & Swan United Electric Co. Posteriores avances dieron lugar al tubo de vapor de mercurio en Inglaterra en 1901, al tubo de neón en 1910 en Francia y al tublo fluorescente en los años 30.

1802 — El británico Humphry Davy hace la primera demostración de iluminación poniendo incandescente un hilo de platino sometido al paso de una corriente eléctrica.

1807 — Davis hace una nueva desmostración; esta vez del arco eléctrico entre dos electrodos de carbono.

1835 — El escocés James Bowman Lindsay fabrica el primer bulbo de luz experimental.

1841 — Primera demostración de luz eléctrica en la Plaza de la Concordia de París con el sistema de arco eléctrico.

1854 — El inventor alemán Heinrich Goebel desarrolla el primer bulbo de luz moderno, en una ampolla con un filamento de bambú carbonizado en la que se ha hecho el vacío. Pero no patenta el invento y los americanos se apuntan el tanto. Goebel denunció a Edison, pero el juez le dio la razón al americano.

1860 — El británico Joseph Swan patenta el primer bulbo incandescente, es decir, la primera bombilla experimental.

1879 — En enero, Joseph Swan muestra al mundo la primera bombilla de hilo incandescente. En octubre, Edison hace lo mismo.

1901 — La empresa inglesa Cooper Hewitt Cop. produce la primera lámpara de vapor de mercurio.

1910 — El francés George Claude fabrica el primer tubo de neón.

1933 — El americano George Elmer fabrica el primer tubo fluorescente de la historia.

1910

Luz de neón

Curiosidades

El museo de la Coca Cola de Atlanta tiene un letrero luminoso a la entrada en el que hay 580 tubos de neón y 1.407 bombillas. Tiene 80 metros de anchura y pesa más de doce mil kilos.

El gas neón fue descubierto en 1898. Se trata de un gas inerte que se encuentra en la atmósfera en pequeñísimas cantidades. Era una época de descubrimientos, y el francés Georges Claude había creado una empresa, la Societé de l'Air Liquide, para patentar sus posibles aplicaciones; de modo que hacía pruebas con los gases nuevos.

Descubrió que al pasar una corriente eléctrica por un tubo lleno de gas neón, éste emitía una luz roja. Claude patentó el tubo relleno de gases nobles, pues los colores variaban según el gas introducido; por ejemplo, con el argón, el color es azul pálido, y con el helio es amarillo o blanco. A continuación, desarrolló el invento, ideó la manera de obtener argón de la atmósfera

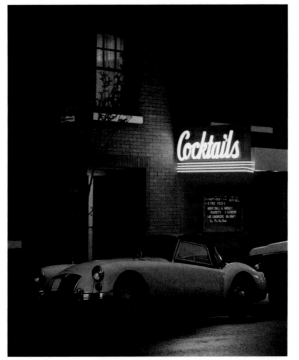

Las luces de neón, forman parte del imaginario del cine negro americano, proclive a las calles oscuras con la única iluminación de las luces del bar.

mediante licuefacción y creó los elementos que habían de componer las lámparas.

Los primeros tubos de vidrio se usaron en una exposición de automóviles celebrada en París en diciembre de 1910. Las brillantes luces llamaron tanto la atención que enseguida se decidió su utilidad para los anuncios de locales. La primera en colocar su nombre en luces de neón fue una barbería de Montmartre. En 1925, el neón llegó a Estados Unidos de la mano de Earle Anthony, un vendedor de automóviles Packard de Los Angeles, que se llevó dos lámparas a su vuelta de Francia. Los tubos de neón tienen una vida de veinte años y se ven en condiciones atmosféricas difíciles, pero no iluminan demasiado. En 1935 se introdujo una variante con una mezcla de argón y kriptón y se descubrieron los tubos fluorescentes, que enseguida se adoptaron en todas las oficinas.

1898 — William Ramsay y Morris Travers descubren el gas de neón por la destilación fraccionada del aire líquido.

1910 — El francés Georges Claude utiliza por primera vez el neón como fuente de luz. Claude era conocido como el príncipe de las lámparas de neón.

1925 — Earle Anthony se lleva dos lámparas de neón a Estados Unidos y las instala en su taller de venta de automóviles.

1926 — El alemán Edmund Germer patenta la lámpara fluorescente.

1962 — El ingeniero estadounidense de General Electric Nick Holonyak inventa el primer diodo LED que emite luz en el espectro visible.

1991 — Phillips inventa el primer fluorescente de inducción magnética que dura hasta 60.000 horas.

1994 — Primer lámpara de sulfuro, inventada por el ingeniero Michael Ury y el físico Charles Wood.

1954

Energía nuclear

Curiosidades

El país que tiene más **centrales nucleares** es Estados Unidos, con 104 y una potencia de 99 Gw, seguido de **Francia**, con 59 reactores y una potencia de 63 Gw, y **Japón**, con 57 centrales y 48 Gw. Francia obtiene de la energía nuclear el 78 por ciento de la energía que consume, seguida de Lituania, con el 70 por ciento. En el mundo hay unos cuatrocientos navíos con propulsión nuclear y 435 centrales nucleares repartidas en 31 países, entre ellos Rumanía, Pakistán y Armenia.

La primera planta nuclear que entra en funcionamiento se encuentra en Obninsk, una pequeña ciudad a cien kilómetros de Moscú, en la Unión Soviética. Genera una potencia de 5 megavatios, suficientes para abastecer a dos mil hogares. No hacía muchos años que se había empezado a experimentar con la energía nuclear; en 1938, Otto Hahn, Lise Meitner y Fritz Strassman descubren que se puede inducir la fisión nuclear al bombardear un átomo de uranio con neutrones.

Este proceso, además de dividir el núcleo del átomo, libera una gran cantidad de energía. Otto Hahn y su colaboradora, Lise Meitner se ven obligados a huir de Alemania ese mismo año y continúan la investigación en el extranjero. Durante la Segunda Guerra Mundial, los países avanzados continúan buscando la forma de obtener y controlar esta forma de energía abundante y barata, aunque muy peligrosa.

La primera reacción en cadena la obtuvo un equipo dirigido por el físico italiano Enrico Fermi en la Universidad de Chicago en 1942. De aquí surgió el plutonio necesario (elemento en que se convierte el uranio después de la fisión) para construir la bomba nuclear que se arrojaría sobre Nagasaki, en Japón, al final de la guerra.

La primera vez que se generó energía eléctrica fue el 20 de diciembre de 1951 en la estación experimental EBR-1 cercana a Arco, Idaho, Estados Unidos. El uso de la energía nuclear se consideró peligroso desde el principio, y el presidente Truman, en 1952, abogó por el desarrollo de la energía solar.

Pero la carrera ya había empezado, y los rusos pusieron en marcha el primer reactor nuclear en una pequeña ciudad de cien mil habitantes repleta de centros de investigación, Obninsk, donde también se puso a punto en 1957 el primer submarino nuclear soviético, el *K-3 Leninsky Komsomol*, aunque no fue el primero, pues los norteamericanos, obsesionados por el uso militar de la potencia nuclear, habían botado el año anterior, el 30 de septiembre de 1954, bajo el mando del comandante Eugene P. Wilkinson, el *USS Nautilus SSN-571*, que se había empezado a construir en 1951. Fue puesto en el mar en Connecticut y realizó un primer viaje de más de dos mil kilómetros sumergido hasta Puerto Rico en unas noventa horas.

La primera central nuclear comercial, Calder Hall, fue inaugurada en Sellafield, Inglaterra, en 1956, capaz de producir 50 Mw. En 1957, tres años después de aplicarse en los submarinos, se pone en marcha en Estados Unidos el primer reactor nuclear para uso civil, el reactor de Shippingport, en Pennsylvania. La crisis del petróleo de 1973 hará que muchos países se planteen su desarrollo a gran escala.

A la izquierda, la energía nuclear permite que los submarinos puedan permanecer durante varias semanas bajo el agua.

Derecha, las discutidas centrales nucleares están obligadas a cumplir numerosas normas de seguridad.

1938 — Otto Hahn, Lise Meitner y Fritz Strassman descubren en Alemania la fisión nuclear del uranio.

1942 — Primera reacción nuclear en cadena en un laboratorio de Chicago dirigido por Enrico Fermi.

1945 — El bombardero *Enola Gay* lanza la primera bomba atómica de fisión nuclear sobre la ciudad japonesa de Hiroshima. Poco después, los Estados Unidos lanzan la segunda sobre Nagasaki.

1949 — La Unión Soviética realiza su primera prueba nuclear en Kazajstán.

1952 — Estados Unidos hace explotar su primera bomba de fusión nuclear en el atolón de Bikini, en el Océano Pacífico. Los británicos realizan su primera prueba en las islas australianas de Monte Bello.

1956 — Gran Bretaña pone en marcha su primera central nuclear comercial, en Sellafield, con una potencia de 50 Mw. Francia pone en marcha su primera central nuclear experimental, en Marcoule, en el departamento de Chusclan, en el Gard, con una potencia de 7 Mw.

1959 — Francia pone en marcha dos nuevos reactores nucleares en Chusclan, de 40 Mw cada una.

1960 — Francia realiza su primer ensayo nuclear en el desierto del Sahara.

1968 — España construye su primera central nuclear de las nueve que posee actualmente, se llama José Cabrera y se encuentra en el término municipal de Almonacid de Zorita, en Guadalajara, junto al río Tajo, con una potencia de 160 Mw.

1810

Conservas

El ser humano aprendió a conservar los alimentos mediante la salazón y el ahumado en algún momento de la prehistoria. Esto le permitió permanecer largos periodos de tiempo en un mismo lugar e iniciarse en la agricultura. Miles de años después se descubrió el arte de hacer conservas.

La razón: el avituallamiento de las fuerzas armadas francesas. El ejército ofreció en 1795 doce mil francos a quien desarrollara un sistema para conservar los alimentos, y el primero en conseguirlo, de la manera más sencilla posible, fue Nicolás Appert. Su método de esterilización aún lo siguen practicando los buenos hortelanos. Appert metía el producto a conservar en un frasco de cristal, lo cerraba herméticamente con un tapón de corcho y lo introducía dentro de otro recipiente con agua hirviendo. Después de un largo tiempo, que dependía del alimento a conservar, se retiraba. La Marina lo puso a prueba en 1804 y comprobó que el método funcionaba.

En 1810 fue aprobado por un grupo de expertos, Appert recibió el premio y fue declarado benefactor de la humanidad, pero al no ser posible patentar un método semejante, la llamada apertización, acabaría muriendo en la pobreza.

Ese mismo año de 1810, el francés emigrado a Inglaterra Peter Durand, que llevaba años trabajando con la apertización, cambió los frascos de vidrio por latas de hojalata en las que se introducía el alimento por un agujero y que luego se sellaban con un tapón de estaño. Durand vendió la patente a los ingleses Bryan Donkin y John Hall por mil libras, y éstos empezaron a enlatar alimentos en 1812. Sus primeros clientes fueron el ejército y la familia real británica, encabezada por el rey Jorge III.

En 1852, el sobrino de Appert, Raymond-Chevallier, inventó el autoclave, que herméticamente cerrado es como una olla a presión. En 1875 se enlatan por primera vez las judías cocidas; un año después se funda la empresa Heinz, que enlataría las primeras judías con salsa de tomate en 1895.

Andy Warhol, revolucionó el mundo de las latas de conserva con su diseño para la marca de sopas Campbells.

1795 — El ejército francés ofrece doce mil francos a quien encuentre una manera de conservar los alimentos y que puedan ser transportables.

1804 — La Marina francesa comprueba que el método ideado por Nicolás Appert de conservación mediante el calor funciona.

1810 — El método de Appert es aprobado, y ese mismo año, el francés nacionalizado inglés Peter Durand cambia los frascos de vidrio por las latas de conserva.

1812 — Durand vende la patente de las latas de conserva a los ingleses Bryan Donkin y John Hall, quienes ponen en marcha la primera fábrica de conservas.

1830 — Las primeras latas de conserva aparecen en las tiendas inglesas.

1852 — Un sobrino de Appert, el físico Raymond-Chevallier inventa el autoclave, que permite calentar a presión y acelera y mejora la esterilización de los alimentos.

1855 — El inglés Robert Yeates inventa el abrelatas. Hasta ese momento, las latas se abrían con un cincel y un martillo.

1860 — La empresa Reckhow & Larne, de Nueva York, crea la primera etiqueta en color para que las latas sean más agradables, a la vista de las desnudas que se vendían al ejército. En la etiqueta había unos tomates verdes y rojo sobre un fondo azul.

Celuloide, 1860

En términos generales, podríamos denominar plástico a toda sustancia elástica que posee ciertas propiedades, entre las que podría englobarse el caucho, pero en un sentido más estricto, denominamos plásticos a ciertos polímeros derivados del petróleo. Entre ellos, el primero en descubrirse fue el celuloide. La causa, un concurso convocado en Estados Unidos para encontrar un sustituto del marfil, que se estaba agotando, para las bolas de billar. Uno de los participantes fue el inventor neoyorkino John Wesley Hyatt, quien empezó a experimentar con nitrato de celulosa y consiguió que esta fecha fuera recordada como la de la invención del celuloide, aunque no consiguió estabilizarlo hasta unos años después con la adición de alcanfor. Presentó la patente en 1870 y se encontró con las demandas de Alexander Parkes, quien había inventado un material parecido, la parkesina, e incluso consiguió que un juez le declarara inventor del proceso, pero el nombre de celuloide se lo llevó Hyatt. Éste era un material flexible, transparente, resistente a la humedad y muy inflamable. No tardó en empezar a investigarse para su uso en fotografía, y en 1885, Eastman Kodak desarrolló la primera película fotográfica flexible que sustituye al daguerrotipo de vidrio que se estaba usando hasta entonces. En 1889 se produce la primera película de celuloide transparente, que se siguió usando hasta que en los años veinte se sustituyó por el acetato de celulosa, menos inflamable. Eastman Kodak tuvo que vérselas con la invención del reverendo Hannibal Goodwin, quien en 1887 había patentado la película flexible de celuloide después de haberla hecho servir en el kinetoscopio de Edison. Eastman, que había asistido a las primeras demostraciones de Goodwin, fue demandado por la empresa que se quedó la patente de aquel, Ansco, y tuvo que pagar una elevada indemnización.

Porcelana
1709

La porcelana china es la más antigua y reputada del mundo. Marco Polo creyó en el siglo XIII que la porcelana china estaba hecha de la concha de un molusco; los franceses creían que era un 'molusco gasterópodo con una concha univalva, de superficie pulida y brillante'. Los primeros útiles empiezan a fabricarse durante la dinastía Han, a finales del siglo III a.C. y alcanzan su máxima expresión en los periodos Sui y Tang y a partir del año 1000, durante la dinastía Song. El emperador Yingzong (1032-1067) le dio a las piezas el nombre de "jinde" y la capital de la porcelana pasó a llamarse Jingdezhen. Situada sobre el yacimiento de caolín más puro del mundo, producía la piedra china que se moldeaba y se cocía durante varios días antes de embarcarse camino de Europa, donde no se descubrió el misterio de la porcelana hasta el siglo XVIII. El nombre de porcelana, del francés *porcelaine*, viene del latín *porcella*, 'cerdo joven', por su parecido con el lomo del animal. En 1709, el alquimista alemán Federico Böttger obtuvo caolín de las minas de Kolditz, lo mezcló con alabastro y feldespato y consiguió una porcelana bastante dura, cociendo la mezcla a unos 1.400 ºC unas 12 horas. En 1710 fundó una fábrica en Sajonia y la rodeó de secreto, pero sus empleados se lo llevaron por toda Europa. De Nápoles pasó a España con Carlos III, y en Francia, la fábrica de Sèvres dejó de fabricar la porcelana blanda y se centró en la porcelana dura. Por la porcelana se creó en Lugo el primer alto horno de España.

Sociedad

De la poesía al voto femenino

4000-3000 a.C.

Escritura

Curiosidades

Los escribas de la antigüedad, como este egipcio de la imagen, no sólo eran las únicas personas que sabían escribir y que viajaban por los pueblos escribiendo al dictado las cartas de la gente, eran también personas con estudios que conocían todos los procedimientos legales, los impresos que había que rellenar y cómo dirigirse a las altas instancias. Los copistas medievales son otro rango, y en los viajes de descubrimiento solía haber un escribiente que llevaba los diarios.

Hieroglifos Huashan de origen desconocido en Chongzuo (China).
Derecha arriba, tapa con inscripciones mágicas en arameo encontrada en Susa, s. VIII-IX.

La invención de la escritura está relacionada, por un lado, con el comercio, y por el otro con la organización de la sociedad, es decir, con el nacimiento de la civilización. Las primeras sociedades se organizan en torno a las clases sacerdotales, y serán los sacerdotes quienes se vean obligados a llevar el registro de lo almacenado, lo comprado y lo vendido, que hasta ese momento se hacía de memoria.

La mayoría de expertos consideran que los inicios de la escritura se sitúan en Mesopotamia, en las tabletas arcaicas encontradas en las ciudades sumerias que se encuentran en las riberas de los ríos Tigris y Éufrates. Las más antiguas pertenecen a la ciudad de Uruk, pionera en vida urbana, escritura y administración pública, con unos 40.000 habitantes. Son difíciles de datar, aunque se considera que pertenecen a un periodo comprendido entre 3400 y 3200 a.C. Muchas circunstancias se unen en una ciudad como Uruk, probablemente la primera de la historia, desde sus orígenes en torno a 6500 a.C., entre ellos el desarrollo de la agricultura, el regadío, la invención de la rueda y el uso de animales domésticos. En el V milenio a.C. aparecen los sellos cilíndricos, que se hacen rodar encima de tabletas blandas de arcilla en las que marcan el dibujo que llevan impreso; luego se hornean y se empaquetan con la mercancía, indicando quién es el dueño. Al mismo tiempo, empiezan a escribirse con un punzón signos cuneiformes en el barro, para dar cuenta del producto y de la cantidad. De estos se hacen dos copias, una para el templo y otra para el mercader. De ese modo, los sacerdotes, que controlan la producción, llevan un registro de quién compra, quién vende y quién cede sus excedentes al templo. Al final, el idioma sumerio consiste en unas seiscientas palabras diferentes, cada una con un signo; de éstas, la mitad de emplea sólo como ideogramas o logogramas, es decir, que representan una idea, y la otra mitad se emplean a la vez como ideogramas y como sílabas por su sonoridad para componer otras

palabras. Se entiende la complejidad. Los acadios primero y los hititas después, que viven más al norte, aprovechan el sistema silábico del sumerio y lo añaden a su propia escritura cuneiforme. Estas dos lenguas son pioneras, cada una a su manera. El hitita nos ha proporcionado las escrituras más antiguas encontradas de una lengua indoeuropea, en torno a 1600 a.C. De ella descienden el griego y el sánscrito. Por otro lado, la lengua acadia es la primera lengua semítica conocida, heredada por los asirio-babilonios, los hebreos, los fenicios, los arameos, los árabes y los etíopes. De las lenguas semitas surge el primer alfabeto conocido en 1300 a.C., concretamente, en la ciudad de Ugarit, entre Siria y Palestina (Canaán), en la que se han encontrado numerosas tablillas escritas en unas ocho lenguas diferentes, una de las cuales es de origen semítico y posee un alfabeto de treinta letras. Es probable que el alfabeto naciera en Egipto de la mano de trabajadores de origen semítico, a partir de los jeroglíficos, en torno a 1800 a.C. y que viajara de vuelta a Canaán hacia 1400 a.C., donde pasó a formar parte de la lengua silábica de Biblos y de ahí al alfabeto ugarítico en torno a 1300 a.C. De aquí derivan dos alfabetos, el fenicio y el arameo; de éste último y de su variante no semítica podrían derivar todos los alfabetos de la India, la madre de los cuales sería el davanagárico, del cual derivan el sánscrito, el tamil, el birmano, etc., y del alfabeto fenicio obtendrán la inspiración los griegos, que añaden las vocales, de éstos aprenden los romanos, y del latín, el resto de lenguas europeas. Del griego deriva también el alfabeto cirílico, creado por un grupo de religiosos de Constantinopla encabezados por san Cirilo en el siglo IX. Al mismo tiempo, en China desarrollan su propio sistema de escritura ideográfico durante la dinastía Shang; algunos expertos opinan que los primeros indicios de escritura en China podrían haberse dado en 6000 a.C., pero las primeras evidencias seguras son de 1600 a.C.

Números, 3000 a.C.

Los primeros números reconocidos como tales pertenecen a unas tabletas de arcilla descubiertas en los yacimientos de Susa y Uruk, de hace cinco mil años. Con toda seguridad, el hombre empezó a contar mucho antes, apilando piedras o haciendo marcas en la pared, hace al menos 30.000 años, pero las primeras anotaciones tuvieron que esperar a la invención de la escritura. Al principio, los números sólo servían para contar y se iban añadiendo signos hasta el diez, en que se hace un signo diferente. Es posible que la invención del cero la hicieran los chinos, pero su uso consta por primera vez en la India, donde lo aprendieron los árabes. Este sistema de numeración, conocido como arábigo, se extendió por todo el islam, de donde el italiano Fibonacci, que estudió en Argelia a principios del siglo XIII, lo introdujo en Europa.

30.000 a.C. — Las pinturas rupestres más antiguas conocidas tienen esta antigüedad. Es la primera forma de expresarse del ser humano, en las paredes de las cuevas.

5000-4000 a.C. — Aparecen los primeros sellos cilíndricos, que son una manera de identificar las mercancías grabando diversos signos sobre tabletas de arcilla blandas por rodamiento.

3400-3200 a.C. — Las tablillas más antiguas encontradas con inscripciones cuneiformes en la ciudad de Uruk. Poco después, aparecen en otras ciudades de Sumeria. Primeros jeroglíficos egipcios.

3000 a.C. — Primeros números considerados como tales, en yacimientos de Susa y Uruk. • Los elamitas que viven en la zona de Irán y cuya capital es Susa desarrollan bajo influencia sumeria su propios sistema de escritura protelamita.

1900 a.C. — Primeros manuscritos en el valle del Indo.

1800 a.C. — Probable origen de un alfabeto protosemítico en Egipto de la mano de los trabajadores venidos de Oriente Medio, que se inspiraron en los jeroglíficos para construir un lenguaje más sencillo.

1700 a.C. — Empieza a desarrollarse la escritura china durante la dinastía Shang, procedente de un sistema anterior nacido probablemente en 6000 a.C.

1600 a.C. — Algunos de los escritos encontrados en Bogazköy, capital del reino hitita, pertenecen a esta época. Se trata de los archivos reales, en los que se mezclan diferentes lenguas, aunque predomina el acadio, que integra el sistema silábico sumerio.

1400 a.C. — El protoalfabeto inventado en Egipto por los obreros vuelve con ellos a Canaán y se mezcla en Biblos con su propio lenguaje silábico.

1300 a.C. — Aparición del primer alfabeto completo en Ugarit. Sólo falta que los fenicios lo perfeccionen y que los griegos le pongan las vocales.

2000 a.C.

Poesía

Curiosidades

El Poema del Mío Cid es el primer poema extenso de la literatura castellana y, de hecho, el único poema épico medieval español. Según Menéndez Pidal se escribió en 1140 y para otros en 1207. El autor es desconocido.

La poesía es una narración en verso que no tiene una extensión limitada y que se usa para contar historias desde tiempos muy remotos. Aunque algunos jeroglíficos egipcios de 2500 a.C. se consideran poesías, la obra literaria más antigua y la primera conocida es el *Poema de Gilgamesh*, una serie de leyendas sumerias, escritas en torno a 2150-2000 a.C. y recopiladas por el acadio Sin-liqe-unninni, que aparece en el texto como exorcista, en torno a 1300-1000 a.C. Esta versión, en acadio, es la que fue a parar a la biblioteca de Nínive en el siglo VII a.C. En esta epopeya se narran las aventuras de Gilgamesh, cuarto rey sumerio de Uruk, que gobernó en torno a 2750 a.C. y de Enkidu, guerrero creado por los dioses para acabar con él, pero que en el transcurso del combate se hace su amigo.

El último gran rey asirio Asurbanipal quiso conservar en su biblioteca de Nínive una copia de todas las obras escritas con anterioridad a él y creó una gran biblioteca en el siglo VII a.C., de la que se han recuperado 25.000 tablillas. La ciudad fue destruida en 612 a.C. y redescubierta en 1845 por el británico Austen Henry Layard cerca de Mosul, en Irak. Las tabletas de arcilla fueron llevadas a Londres y hasta 1984 no se tradujo el poema, que empieza en la versión acadia: «Aquel que vio hasta los confines de la tierra...». Esta obra consta de doce partes o tablillas, en una de las cuales se narra el diluvio universal, mucho antes de que los judíos, que vivieron en Mesopotamia, lo incorporaran a la Biblia.

El poema más largo de la historia

El *Mahabarata* es el relato épico más extenso de la antigüedad, ya que, con más de doscientos mil versos, es ocho veces más extenso que la *Iliada* y la *Odisea* juntas y cuatro veces más largo que la Biblia. Narra la guerra entre dos familias que descienden del rey Barata, los Pandavas y los Koravas, que se enfrentan entre los años 3200 y 3013 a.C. por la sucesión del trono. Aún más largos son los tibetanos *Cuentos del rey Gesar*, que empezó a escribir un monje budista en el siglo XI y que se concluyeron en 1860. Esta historia de demonios que campan a sus anchas por la tierra hasta que son derrotados por Gesar, tiene más de un millón de versos, unos veinte millones de palabras, y ocupa 120 tomos.

El primer poeta castellano

El primer poeta en lengua castellana se considera Gonzalo de Berceo, un clérigo formado en los monasterios de San Millán de la Cogolla y Santo Domingo de Silos en el siglo XIII que incorporó numerosos vocablos latinos y escribió las primeras poesías cultas, entre las que destaca *Milagros de Nuestra Señora*, recopilación de poemas sobre la Virgen María.

Al lado, relieve del palacio de Susa, en Mesopotamia.

A la derecha, alegoría de la *Divina Comedia* de Dante, de Domenico de Michelino, 1465.

VI COELVM CECINIT MEDIVMQVE IMVMQVE TRIBVNAL · LVSTRAVITQVE ANIMO CVNCTA POETA SVO · DOCTVS ADEST DANTES SVA QVEM

2000 a.C. — Primer poema de la historia, la Epopeya de *Gilgamesh*. • Algunos estudiosos consideran que ciertos jeroglíficos egicios de 2500 a.C. podrían ser poemas.

1500-1000 a.C. — Se cree que en esta fecha se escribió el *Rig Veda*, el más antiguo de los Vedas. Algunos expertos lo sitúan en 4000 a.C., con lo que sería el poema más antiguo de la historia, con sus 1.028 himnos escritos en sánscrito védico .

SIGLOS VIII-VII a.C. — Homero, el poeta jonio ciego, escribe los poemas épicos la *Iliada* y la *Odisea*. • Hesíodo escribe *Los trabajos y los días*. • Safo, la poetisa lésbica, escribe sus poemas de amor sin ornamentos. • Calino de Éfeso y Arquíloco de Paros crean la elegía para cantar a los difuntos.

SIGLO V a.C. — Anacreonte de Samos acusa a Safo de amar físicamente a sus alumnas. • Píndaro destaca en una época llena de certámenes y concursos de poesía.

SIGLO IV a.C. — Versión definitiva del *Mahabarata*, el relato épico más extenso escrito antes de Cristo, segundo de la historia después de los *Cuentos del rey Gesar*. • Versión final del *Ramayana*, la gesta de Rama, atribuida al poeta Valmiki Prachetasa, sobre hechos ocurridos entre 2500 y 2000 a.C.

SIGLO I a.C. — Virgilio, el poeta romano, escribe la *Eneida*, siguiendo los pasos de Homero.

SIGLO I — Es el siglo de los poetas romanos, Lucrecio, Cátulo, Horacio, Ovidio...

SIGLO XI — Primeras manifestaciones poéticas en la península Ibérica escritas en dialecto hispanoárabe coloquial, las jarchas.

SIGLO XIII — Aparecen las cantigas de amigo, pertenecientes a la lírica galaico-portuguesa, y los cantares de gesta y los villancicos.

530 a.C.

Teatro

Curiosidades

Las primeras representaciones teatrales conocidas, en Grecia y Roma (en la imagen, un mosaico romano), utilizaban máscaras para resaltar el carácter de los personajes, la risa, el llanto o la tristeza. El teatro no japonés se caracteriza por el uso de las máscaras.

El teatro tiene sus orígenes en Grecia. Pero antes de llegar a representarse una obra dramática en un escenario rodeado de espectadores tuvo que sufrir una evolución desde la calle, donde se representaban piezas cortas, se cantaba y se imitaba, se inventaba y se loaba en público. Se cree que fueron los ditirambos en honor de Dionisos, el dios griego del vino y la fertilidad, los precedentes de la tragedia, como afirmó el mismo Aristóteles en su *Poética*.

Aquellas canciones, las historias y danzas se transformaron en obras de teatro. La leyenda cuenta que la tragedia nace en Atenas, en torno a 530 a.C. y que su creador fue Tespis, nacido en Icaria y ganador de un concurso celebrado durante las fiestas dionisíacas atenienses. En su obra, introduce un personaje que habla con el coro, abriendo un nuevo mundo a los creadores. Se le atribuye la invención de la máscara, aunque no todos reconocen su importancia, pues algunos investigadores colocan a una docena de autores delante suyo, y no se sabe nada más de sus obras. Una vez revelada la tragedia, Atenas crea una competición y desafía a los autores. La competición empieza en torno a 511 a.C., y su primer ganador es un discípulo de Tespis llamado Frínico, al que se le atribuyen varias innovaciones, entre ellas dividir el coro, introducir protagonistas femeninas y la salida y entrada de actores, pero de sus diez obras apenas queda nada, aunque sí dos títulos importantes: *La caída de Mileto* y *Las fenicias*.

Después de la guerra con los persas, que destruyen la ciudad, ésta se reconstruye y el teatro de la Acrópolis adquiere el carácter que aún se puede ver en la actualidad. Se reanuda la competición en 486 a.C. Esquilo, centrado en el sufrimiento humano, añade un segundo actor, Sófocles, el autor de *Antígona* y *Edipo Rey*, un tercero; llegan Eurípides, autor de *Electra* y *Medea* y Aristófenes, autor de *Las nubes* y *Las ranas*, pero no más actores, salvo para papeles pequeños.

La primera obra de teatro en España

La primera obra de teatro escrita en castellano es el *Auto de los Reyes Magos*, de 1150. Consta de 147 versos irregulares y su objetivo era enseñar a las gentes incultas de la época. El teatro español empezó siendo de temas religiosos y a representarse en las iglesias, antes de pasar a las plazas.

Derecha, El teatro de Epidauro en Grecia, del siglo IV, célebre en todo el mundo por su acústica perfecta. En el asiento más alejado puede escucharse el sonido de un papel desde el escenario.

Teatro antes de Grecia

Sobre los orígenes del teatro como representación de acontecimientos del pasado y de la mitología propia, hay que decir que en Egipto era normal representar durante las numerosas festividades en honor de los dioses dramas sobre la vida de los mismos, sobre todo de Osiris, el dios halcón, que fue asesinado por su hermano Set, cortado en pedazos y arrojado al río Nilo, de donde fue recuperado por su madre Isis y devuelto a la vida con la ayuda de Thot, el dios mago. Las sacerdotisas bailaban y cantaban representando esta historia en diversos lugares del país unos mil quinientos años antes de que en Grecia descubrieran el teatro.

Lo mismo sucedía en China, donde se escenificaba la vida cotidiana y se representaban las guerras y las actividades de los dioses desde el año 2000 a.C.

En África, la representación de las escenas de caza y de la historia de los poblados es algo natural en todo el continente negro, y sus gentes tienen un don natural para el teatro.

EGIPTO Y CHINA — Durante las fiestas en honor de Osiris se celebran bailes y cantos y las danzarinas representan la vida del dios del mundo subterráneo. En Egipto llegaron a celebrarse en torno a 1500 a.C. unas seiscientas festividades anuales, pues cada ciudad rendía homenaje a sus divinidades y a sus reyes con bailes, danzas y ágapes uno o varios días al año. • En China, por tradición, se celebran numerosas festividades y la representación de los mitos está a la orden del día al menos 2.000 años a.C. • En África, el teatro es algo natural a sus habitantes, que representan los mitos y las escenas de caza en sus festividades.

SIGLO VII a.C. — En Grecia se ponen de moda los ditirambos, que se cantan en los festivales dedicados a Dioniso sobre todo, en los que un grupo de personas o coro se reúne en torno a una hoguera y canta o recita poemas muchas veces contando una historia. Los escritores de ditirambos más conocidos son Simónides, Píndaro y Baquílides. De este último se han encontrado fragmentos de odas dedicadas a atletas y aurigas de los juegos olímpicos. De Píndaro se han conservado unas 45 odas, pero estos autores se hallan más cerca de ser pioneros de la poesía que del teatro.

530 a.C. — Se siguen celebrando las fiestas dionisíacas en Grecia y Tespis. Uno de los autores introduce por primera vez un diálogo entre el coro y un personaje. En ese momento nace el teatro.

511 a.C. — Una vez descubierto el teatro, Atenas convoca un concurso, ganado por Frínico, que divide el coro e introduce personajes femeninos.

486 a.C. — Se reanudan las competiciones teatrales después de las guerras con Persia y Esquilo introduce un segundo actor.

SIGLO IV a.C. — En el *Mahabarata*, libro sagrado de la India que se concluye este siglo, se hace mención del teatro en épocas anteriores.

52 a.C. — Pompeyo erige en Roma el primer teatro construido en piedra. Los griegos los hacían excavando las laderas de roca, pero los romanos los hicieron elevados, y empezaron siendo de madera.

1150 — Primera obra de teatro en España, el *Auto de los Reyes Magos*.

1585 — Se construye el que algunos consideran el primer teatro moderno, el Olímpico de Vicenza, diseñado por Andrea Palladio, con un escenario que ofrece vistas tridimensionales.

1599 — Se construye el teatro The Globe en Londres, donde fueron estrenadas las obras más importantes de Shakespeare. Sin embargo no fue el primero, pues hubo una serie de cuatro teatros anteriores en Londres, The Theatre (1576), Curtain (1577), Rose (1587) y Swan (1596).

1618 — El teatro Farnese de Parma introduce el telón y la platea.

1778 — Se construye el teatro de la Scala de Milan.

1876 — Richard Wagner dirige la construcción del teatro más grande hasta el momento, el Festpielhaus, en Bayreuth, Alemania.

SIGLO XI

Novela

Curiosidades

En la Antigüedad, poca gente sabía leer y escribir, y la gente utilizaba a los escribas, que viajaban de pueblo en pueblo, para escribir cartas o documentos oficiales. En la imagen, San Pablo escribiendo, de un manuscrito del siglo IX del monasterio suizo de Saint Gallen. Se trata de una de las primeras apariciones de san Pablo en el arte europeo.

Derecha, librería de El Toboso, en La Mancha, con varias de las numerosas traducciones hechas de *El Quijote*.

La novela es uno de los géneros que más tarda en aparecer, pues se trata de una narración en prosa que debe estar escrita en un papel, y hasta la aparición de la imprenta, las historias se contaban de viva voz.

Si se escribían, solían hacerse en forma de verso, como la epopeya de *Gilgamesh*, la *Ilíada* de Homero, la *Eneida* de Virgilio, el *Mahabarata* o el *Ramayana* de la India. En el siglo I, en Roma, se escriben las primeras historias en prosa, como el *Satiricón* de Petronio, relato satírico que combina la prosa con el verso, o *El asno de oro*, escrita en el siglo II por Lucio de Apuleyo, antecedente de la novela picaresca que contiene varias narraciones unidas por un nexo, el de un muchacho que por culpa de su afición a la magia se ve transformado en asno.

En esa época tenemos a varias novelas candidatas a ser la primera de la historia: los opúsculos satíricos de Luciano de Samosata, *Dafnis y Cloe*, de Longo de Lesbos, un sencillo romance que narra los amores de dos pastores; *Las aventuras de Quéreas y Calírroe*, de Caritón de Afrodisias, *Las aventuras de Leucipa y Clitofonte*, de Aquiles Tacio de Alejandría, y *Las etiópicas o Teágenes y Cariclea*, de Heliodoro. Estas últimas pre-novelas pertenecen al género del romance erótico.

Y luego se produce el vacío, hasta que, en el siglo XI, en Japón, Murasaki Shikibu, novelista y poetisa japonesa y dama de la corte imperial durante el periodo Heian, escribe *Genji Monogatari*, que se puede traducir como *La historia de Genji*, la primera novela romántica de la historia, que se debate por el primer puesto con las anteriores, y una de las obras cumbres de la literatura japonesa. Genji es el segundo hijo de un viejo emperador y en uno de sus viajes conoce a una muchacha que le fascina... lo demás es la narración de su vida, su recuperación del poder imperial y la vida de sus dos hijos.

En Europa hemos de esperar al siglo XIV para encontrar los *Cuentos de Canterbury*, de Chaucer, y el *Decamerón* de Boccacio, recopilaciones de relatos eróticos, como

Derecha, *Decamerón*, de John William Waterhouse, de 1916

Las mil y una noches, que podía haber sido escrito en el siglo IX; en el siglo XV tenemos *El príncipe* de Maquiavelo, novela de carácter político, y en el siglo XVI, *Don Quijote de la Mancha*, de Miguel de Cervantes, considerada por muchos como la primera novela (caballeresca) moderna y una de las obras maestras de la literatura mundial.

Siglo I — Aparecen las primeras narraciones en prosa en la antigua Roma, por ejemplo, el *Satiricón* de Petronio.

Siglos II-IV — Lucio de Apuleyo publica *El asno de oro*, serie de relatos sobre un muchacho amante de la magia que se convierte en asno y las situaciones con que se encuentra. • Otros romances de este periodo son *Dafnis y Cloe*, *Las aventuras de Quéreas y Calírroe*, de Caritón de Afrodisias, *Las aventuras de Leucipa y Clitofonte*, de Aquiles Tacio de Alejandría, y *Las etiópicas o Teágenes y Cariclea*, de Heliodoro.

Siglo IX — Recopilación de cuentos con el título de *Las mil y una noches* de origen persa y de varios autores, a los que se añadió *Scheherezade* probablemente en el siglo XIV y que no se tradujo al francés hasta el siglo XVIII.

Siglo XI — Murasaki Shikibu, novelista y poetisa japonesa y dama de la corte imperial durante el periodo Heian, escribe *Genji Monogatari*, que se puede traducir como *La historia de Genji*, la primera novela romántica de la historia.

Siglo XIV — *Cuentos de Canterbury*, de Chaucer y el *Decamerón* de Boccacio, recopilaciones de relatos eróticos.

Siglo XV — Aparece *El príncipe*, de Maquiavelo, que más que una novela es un tratado de política.

Siglo XVI — Primera novela moderna, *Don Quijote de la Mancha*, de Miguel de Cervantes Saavedra.

1447

Prensa de Gütenberg

Curiosidades

El alpinista londinense **Rod Baber**, de 36 años, hace la primera llamada por teléfono móvil con cobertura desde la cima del Everest, gracias a la antena repetidora instalada por China en el campo.

Derecha, Benjamin Franklin, impresor, de John Ward Dunsmore (1856-1945).

El alemán Johannes Gutenberg nace en Maguncia, en una familia de orfebres. Siendo un muchacho, la familia se traslada a Estrasburgo, donde Johannes aprende a tallar la madera y se le ocurre la idea de hacer letras con piezas de madera para componer palabras. En 1447 ya tiene a punto su idea e imprime un salterio con letras mayúsculas y, al año siguiente, un calendario. Dos años después, se asocia con el banquero judío Johannes Fust y monta su primer taller impresor, donde desarrolla los primeros tipos móviles con una aleación de plomo, estaño y antimonio. Peter Schoeffer le ayuda con las tintas y el papel, pues tiene que ser posible imprimir por las dos caras. Según algunos autores, el primer libro impreso con caracteres móviles fue el *Misal de Constanza*, de 1449, del que se conservan tres ejemplares, pero, en general, se considera que la llamada *Biblia de Gutemberg*, imprimida entre 1452 y 1455, es la primera obra tipográfica de la historia. También llamada *Biblia de las 42 líneas*, tiene dos columnas de 42 líneas en cada una en sus más de mil páginas. Algunas fuentes atribuyen la invención de la imprenta al holandés Laurens Janszoon Coster en la década de 1420. Cuenta la leyenda que en esa época, Johannes Fust trabajaba con él como aprendiz, le robó la idea y se la llevó a Gutenberg a Alemania, pero esta idea ha sido desmentida por la mayoría de historiadores. El primer libro impreso en español fue el *Sinodial de Aguilafuente* (actas del sínodo celebrado en este pueblo de Segovia) de Juan Párix, primer impresor de España, en 1472. Otros dicen que fue el *Comprehensorium* de Johannes Grammaticus, impreso en 1475. Los Reyes Católicos promocionaron la edición de algunos libros, entre ellos la primera *Gramática castellana*, de Elio Antonio de Nebrija, impresa en Salamanca en 1492. En 1710, Jacob Christof Le Blon descubre la tricomía, impresión a partir de tres colores básicos: rojo, azul y amarillo, y ese mismo año, el holandés Van der Mey descubre la estereotipia, impresión basada en planchas de plomo que acelera las impresiones. La litografía es descubierta en 1796 por el austriaco Alois Senefelder, que usa placas de piedra caliza para imprimir en plano. Si hemos de ser justos, la imprenta con tipos de madera se usó por primera vez en China en el año 593 por los monjes budistas, que imprimían seda y telas a colores. Antes del año 900, ya se imprimían libros de oraciones, y en 1040, el alquimista chino Pi Cheng usa por primera vez los tipos móviles de arcilla cocida, que se unían con un marco metálico para formar frases antes de imprimirlas. No se usaban letras, pues en chino cada carácter es una palabra entera.

Tinta, 2500 a.C.

Los primeros en usar tinta fueron los chinos, hace probablemente cinco mil años, para ennegrecer superficies de piedra con una mezcla de hollín, gelatina animal y aceite. En otros lugares se elaboran otros tipos de tinta con un colorante vegetal o un pigmento mineral y alguna sustancia que sirva de aglutinante. Cuando Gutenberg inventa la imprenta, en Europa hay dos tipos de tinta: la que usaban griegos y romanos, hecha de hollín, cola y agua, y otra hecha de sulfato de hierro, hiel, goma y agua; ninguna servía para la imprenta, así que tuvo que inventarse otra hecha a base de aceite de turpentina y aceite de nueces.

593 — Monjes budistas chinos usan por primera vez una imprenta de tipos móviles hechos de maderas para imprimir telas de colores.

1040 — El alquimista chino Pi Cheng usa por primera vez los tipos móviles de arcilla cocida, que se unían con un marco metálico para formar frases antes de imprimirlas.

1447 — Johannes Gutenberg imprime un salterio con letras mayúsculas en lo que se considera la primera impresión conseguida mediante una imprenta con letras fabricadas a mano.

1449 — Gutenberg imprime el *Misal de Constanza*, considerado por algunos como el primer libro impreso con tipos móviles.

1452-1455 — Primera obra tipográfica de la historia, la Biblia de Gutenberg, Biblia de las 42 líneas o Biblia de Mazarino.

1475 — Primer libro impreso en español, el *Comprehensorium* de Johannes Grammaticus.

1492 — Primera *Gramática castellana*, de Antonio de Lebrija, patrocinada por los Reyes Católicos.

1710 — En 1710, Jacob Christof Le Blon descubre la tricomía, impresión a partir de tres colores básicos: rojo, azul y amarillo. • Van der Mey descubre la estereotipia, impresión basada en planchas de plomo que acelera notablemente las impresiones

1796 — El austriaco Alois Senefelder descubre la litografía usando placas de caliza para imprimir en plano.

1605

Periodismo

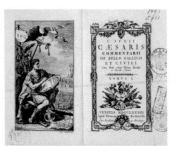

Curiosidades

Julio César ordenó, en el año 59 a.C., la publicación de unos panfletos, las *Acta Diurna*, en las que se informará de los acontecimientos sociales, campañas militares y cualquier otro tipo de noticias destacables a la clase noble de Roma, repartido en los baños y otros centros públicos.

El primer periódico nace en Estrasburgo, de la mano de Johann Carolus, un muchacho alemán que se ganaba la vida repartiendo entre los vecinos ricos de la ciudad un boletín con noticias llamado *Relation aller Fürnemmen und gedenckwürdigen Historien* (*Relación de todas las noticias distinguidas y conmemorables*). Johann empezó escribiendo el diario a mano y en 1605, cuando ya tenía una red de clientes bien formada, decidió comprarse una imprenta y darle la categoría de periódico. En 1616 aparece el periodico belga *Nieuwe Tijdingen*, que se publicaba en forma de panfletos desde 1605. La ciudad alemana de Frankfurt tiene uno de los primeros periódicos del mundo, el *Frankfurter Postzeitung*, desde 1615.

El primer periódico que se publica en gran formato es el *Courante uyt italien, Duytsland &c.* en Amsterdam en 1618, y dos años después lo hace el primer periódico en lengua inglesa, que a causa de la censura de Carlos I, tuvo que publicarse en Amsterdam por el mismo editor, Joris Veseler. Los primeros periódicos de gran formado constaban de una sola hoja de papel que se doblaba en cuatro, se publicaban una vez a la semana, estaban escritos a dos columnas justificadas, en tinta negra y con un tipo de letra romana. Para algunos especialistas, el *Courante* es el primer periódico del mundo, por ser el primero en

marcarse unas normas tipográficas y de estilo.

En 1622, Nicholas Brown publica en Inglaterra el *Weekly News*. El primer diario francés, la *Gazette*, se publica en 1631. El primer periódico verdadero en publicarse en Inglaterra fue el *London Gazette* de 1666, que empezó como *Oxford Gazette* el 7 de noviembre de 1665. Los diarios ingleses son los primeros en usar titulares de gran tamaño y en enmarcar historias ilustradas. En 1661 se publica la *Gaceta de Madrid*, primer diario en español, que se convertirá en el *Boletín Oficial del Estado*. El primer diario americano, el *Publick Ocurrences*, se publica en 1690 en Boston.

Panfletos

En Inglaterra se estuvieron publicando durante un tiempo una especie de panfletos de pequeño formato, que sólo salían cuando había que dar una mala noticia de gran importancia o cuando alguien quería criticar al gobierno, pero la censura actuaba con mucha contundencia contra ellos, de ahí que el primer diario se publicara en Amsterdam. En el siglo XV, se publicaban este tipo de panfletos en Alemania, con noticias sensacionalistas, como las atrocidades de Vlad el Empalador de Transilvania.

Derecha, primera edición del *Diario de Barcelona*, de 1792, uno de los más antiguos de Europa.

Al lado, primeras portadas de diversas publicaciones pioneras en Europa.

La gaceta española, 1661

Aunque no sea prensa propiamente dicha, los primeros papeles impresos en los que se notificaba un suceso de interés para los vecinos empezó a publicarse en los siglos XVI y XVII por escritores que contrataban los ayuntamientos o los nobles que querían comunicar o dejar constancia de algún acontecimiento. Ese mismo siglo surgen las gacetas o mercurios que algunos utilizan para hablar de sus méritos, como don Juan José de Austria, quien contrató a Francisco Fabro para que imprimiera la primera gaceta española en 1661. A la muerte del valido de Carlos II, la gaceta dejó de publicarse, pero poco después volvió como *Gaceta Ordinaria de Madrid*, y con un competidor, *Nuevas Ordinarias*, de Sebastián Armendáriz. A la muerte de Fabro, su publicación pasa a llamarse *Gaceta de Madrid*, y más tarde *Boletín Oficial del Estado*, el BOE.

En 1675 se publica en los Países Bajos la *Gaceta de Amsterdam* en español, que es el periódico judío más antiguo que se conoce. Pocos sabían leer entonces, salvo los nobles y los eclesiásticos, pero se daban publicaciones oficiales y privadas entre las clases pudientes, hasta que Carlos IV prohibió toda la prensa a raíz de la ejecución de la familia real francesa durante la Revolución. Tras un periodo en que sólo se publican almanaques, aparece el primer periódico español, el *Diario de los Literatos de España* en 1737, de carácter cultural, que duró hasta 1742. En 1784 aparece el *El Mercurio de España*, que desde 1738 era una traducción del *Mercure* francés, y por fin, en 1758, el primer periódico diario, el *Diario Noticioso, Curioso, Erudito, Comercial y Político* editado por Manuel Ruíz de Urive y Compañía.

Núm. 1

DIARIO DE BARCELONA.

Del Lunes 1 de Octubre de 1792.

SAN REMIGIO, OBISPO Y CONFESOR.

Está la Indulgencia de las Quarenta Horas en la Iglesia de los Angeles, de Religiosas de Santo Domingo.

FERIA.

Mañana 2 hay Feria en Alforge Diumenge y Brafim.

Afecciones Astronómicas de hoy.

El 15 de la Luna. menguante. Sale á las 6 hor. con 47 min. y 10 seg. del anochecer: se pone á las 7 hor. con 59 min. y 18 seg. de mañana 15 y esta en los 13 grad. 1 min. y 7 seg. de Aries. Sale el Sol á las 6 hor. con 10 min. : se oculta á las 5 hor. con 50 min. : y está en los 8 grad. 57 min. y 30 seg. de Libra. Debe señalar el relox al mediodia las 11 hor. con 49 min. y 11 seg. La Equacion mengua 18 seg. en 24 horas : y el Equinoccio dista del Sol 11 hor. con 27 min. y 5 seg. Hoy celebra la Luna aspecto de conjuncion con el Planeta Saturno á las 11 horas con 33 min.

AFICCIONES METEOROLOGICAS DE ANTES DE AYER.

Epoca del dia.	Termometro.		Barometro.		Vientos y Atmósfer.
A las 6 de la mañ.	15 grad.	9	18 pulg.	01	S. S. O. Nubes.
A las 2 de la tard.	17	9	17	10 8	S. Nub. des. cub. llu.
A las 11 de la noc.	17		27	9	S. fuert. entrecub. llu.
Calor medio.....	16	9	17	10 6	Elevacion media.

EL EDITOR DEL DIARIO A LA CIUDAD DE BARCELONA.

Cuna siempre gloriosa
De Heroes y Sábios, donde se han criado
Letras, virtud, honor acrisolado,
Artes, valor, nobleza victoriosa;

Dí.

59 a.C. — Julio César ordena la publicación en Roma de las *Acta Diurna*, para informar de los acontecimientos oficiales del imperio a los ciudadanos destacables.

1605 — El alemán Johann Carolus publica un boletín de noticias que se llama *Relation aller Fürnemmen und gedenckwürdigen Historien*.

1615 — Se publica en la ciudad alemana de Frankfurt el *Frankfurter Postzeitung*.

1616 — Se publica el periodico belga *Nieuwe Tijdingen*, que se publicaba en forma de panfletos desde 1605.

1618 — Primer periódico de gran formato, el *Courante uyt italien, Duytsland &c.* en Amsterdam.

1622 — Nicholas Brown publica en Inglaterra el *Weekly News*.

1631 — Primer diario francés, la *Gazette*.

1661 — Se publica en España la *Gaceta de Madrid*, más tarde Boletín Oficial del Estado.

1666 — Se publica en Inglaterra el primer diario verdadero, el *London Gazette*.

1690 — Primer periódico americano, el *Publick Ocurrences*, editado en Boston.

1784 — Primer periódico español no oficial, *El Mercurio de Madrid*.

1758 — Primer periódico de publicación diaria en España, *Diario Noticioso, Curioso, Erudito, Comercial y Político*.

1995 — La prensa digital aparece en España con la publicación en Internet de los periódicos *Avui*, *El Periódico*, *La Vanguardia*, *Sport* y *El Mundo*.

1825

Fotografía

Curiosidades

El primer fotógrafo de guerra fue el británico **Roger Fenton** (1819-1869). Se hizo tan famoso que lo nombraron fotógrafo de la corte y pudo fundar la Royal Photographic Society de Gran Bretaña. En 1855, consiguió que le enviaran a la guerra de Crimea con la condición de que no mostrara el sufrimiento de los soldados, y volvió con una serie de fotografías que mostraban soldados descansado.

El primer hombre que consiguió retener una imagen bajo la acción de la luz fue el francés Nicéphore Niépce en 1812, pero las imágenes no eran estables, y la primera fotografía auténtica y la más vieja conservada tendrá que esperar hasta 1825, en que Niépce hace un retrato de un grabado que muestra un potro. Al año siguiente retratará su casa en Saint-Loup de Varennes y muchos historiadores creerán durante un tiempo que ésta es la foto más antigua existente. Niépce se acocia en 1929 con Jacques Mandé Daguerre, inventor del Diorama, para seguir desarrollando su invento, pero muere arruinado en 1833.

Las primeras fotos de Niépce se lograron untando una placa de peltre con betún de Judea, un derivado del petróleo que endurecía de manera diferente según la luz recibida. Había que exponer las placas ocho horas al día, tratarlas con ácido en una cámara oscura y reseguir el dibujo. Daguerre probó extendiendo una capa de nitrato de plata sobre una placa de cobre, que luego se exponía a la luz y se sumergía en cloruro de sodio. Consiguió la primera impresión estable en 1938 y sus fotos se llamaron daguerrotipos.

Poco después, tres inventores mejoraron el proceso casi simultáneamente, William Fox Talbot, inventor del calotipo, Hercules Florence y Hippolyte Bayard, pero las fotos se hacían sobre un soporte de vidrio y eran difíciles de transportar, además de romperse fácilmente; aunque, por ejemplo, Shackleton se las llevó durante sus viajes de exploración al Polo Sur y obtuvo un buen dinero por ellas, y tampoco era raro verlas en el Salvaje Oeste.

Por fin, en 1884, Eastman Kodak puso a punto el film de celuloide y se produjo un cambio radical con su cámara de cien fotos comercializada en 1888.

En 1891, Edison perfora los bordes del celuloide para que funcione en su kinetoscopio y comercializa por primera vez la película de 35 mm. En 1925, una vez acabada la guerra, Oskar Barnack pone en circulación la Leica, primera cámara fotográfica de 35 mm en comercializarse de forma masiva. La primera foto permanente en color, de un lazo de colores, fue tomada en 1861 por el físico escocés James Clerk Maxwell, descubridor de las ondas electromagnéticas. Pero hasta 1907 no estuvo a punto un sistema capaz de retener todos los colores, y hasta 1935, Kodachrome y luego Agfacolor no comercializan película en color.

En 1969, los estadounidenses Willard Boyle y George Smith desarrollan el CCD capaz de registrar la imagen mediante una serie de células fotoeléctricas o píxeles y guardarlas en una tarjeta de memoria.

La revolución digital

En 1975, Steve J. Sasson desarrolla la primera cámara digital de la historia para la empresa Kodak. La cámara tiene 0,01 megapíxeles y tarda 23 segundos en tomar la fotografía. Bryce Bayer desarrolla el mosaico de Bayer para realizar fotos en color con el formato raw. En 1976, Canon fabrica la primera cámara de 35 mm con microprocesador. Ese año, Fairchild comercializa la primera cámara digital de 100 x 100 píxeles. En 1977, Konica fabrica la primera cámara autofocus de la historia.

Hace apenas 20 años que se consiguió alcanzar el millón de píxeles en cámaras digitales, eso son un millón de pequeñas células fotoeléctricas para capturar una sola imagen. En el año 2007, se comercializan cámaras relativamente asequibles de más de 20 Megapixels, y la empresa suiza Seitz, que fabrica las cámaras a mano, vende una cámara con 160 millones de píxeles para profesionales.

Derecha, la fotografía digital está haciendo desaparecer cámaras clásicas como ésta, que en ocasiones, sobre todo las de procedencia rusa, tienen un encanto añadido por el tratamiento del color.

La Polaroid en 1947

La máquina de hacer fotos instantáneas fue inventada en 1947 por el estadounidense Edwin H. Land. La cámara, presentada en la Sociedad Óptica de Estados Unidos, revelaba y positivaba las fotografías en sesenta segundos. La empresa Polaroid había sido fundada por Land en 1937 para vender su primera invención importante, un filtro polarizador.

1490 — Leonardo da Vinci describe por primera vez los principios de la cámara oscura en el *Atlantic Codex*. En el exterior de la caja oscura se encuentra el universo, dentro, el material fotosensible; si hacemos un agujero, todo el universo entrará y quedará plasmado en una foto.

1825 — El francés Nicéphore Niépce realiza la primera fotografía de la historia de un hombre llevando un potro. El 21 de marzo de 2002 la fotografía fue vendida en Sotheby de París por algo más de cuatrocientos mil euros.

1839 — Primera camara de Daguerre fabricada en París por Giroux. Costaba unos 45 euros. Los daguerrotipos se hacían sobre una placa cubierta de plata tratada con vapor de yodo para volverla sensible. Luego se revelaban con vapor de mercurio y se fijaban con solución salina.

1880 — Kodak patenta por primera vez una cámara de fotografía. George Eastman acuña una frase que se hizo muy célebre para su venta: "Tú aprietas el botón, nosotros hacemos el resto".

1893 — Primer flash de la historia diseñado por el francés Chauffour para una cámara submarina. Una pequeña cantidad de magnesio debía arder dentro de un bulbo de vidrio con oxígeno.

1924 — Oskar Barnack desarrolla la primera cámara de 35 mm Leica, presentada en Leipzig, Alemania.

1926 — Kodak presenta la primera cámara de bolsillo, la Kodak 1A Pocket Camera, de la que hacen distintos modelos.

1948 — Edwin Land comercializa la primera cámara Polaroid capaz de realizar una fotografía instantánea.

1957 — Russel A. Kirsch escanea la primera fotografía de la historia en un ordenador, una imagen de su hijo.

1964 — Primera foto de la luna realizada por un satélite.

1969 — Los estadounidenses Willard Boyle y George Smith desarrollan el CCD capaz de registrar la imagen mediante una serie de células fotoeléctricas o píxeles y guardarlas en una tarjeta de memoria.

1971 — Polaroid comercializa la primera cámara completamente automática que toma la foto, la revela y la expulsa sola, la SX70-Land.

1975 — Kodak pone a punto el primer prototipo de cámara digital, desarrollada por el ingeniero Steve Sasson.

1976 — Primera cámara con microprocesador, la Canon AE-1, primera cámara SLR con objetivo de 110 mm, la Minolta Zoom SLR y primera cámara digital con una resolución de 10.000 píxeles, la Fairchild MV-101.

1987 — Kodak fabrica la primera cámara digital con un millón de píxeles, la Videk Megaplus.

1988 — Primera cámara digital con una tarjeta de memoria extraible, la Fuji DS-1P.

1832

Telégrafo

Curiosidades

Samuel Morse, inventor del código Morse, fue acusado de causar infinidad de males debidos a la transmisión de sus mensajes, y tuvo que luchar para defender su patente contra la pléyade de inventores que querían apropiarse de la idea.

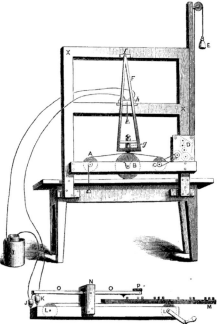

La telegrafía esta unida al descubrimiento de la electricidad. En cuanto se descubrió que ésta podía recorrer largas distancias a través de un hilo, se buscó la manera de usarla para transmitir mensajes. Las señales de humo y los tambores africanos podrían considerarse antecedentes del telégrafo, y similares al telégrafo óptico inventado por el francés Claude Chappe en 1791, que consistía en una serie de torres con indicadores en forma de barras o números que podían observarse desde la siguiente torre con un telescopio; de esta forma se podía transmitir la información a lo largo de muchos kilómetros.

Era un sistema parecido al de las señales de humo; no obstante, el método Chappe funcionó en Francia, donde fue eficazmente usado por Napoleón, hasta 1846, y en Suiza hasta 1880. Entretanto, se había ido desarrollando el telégrafo eléctrico. Thomas von Soemmering, descubridor de la mácula en la retina del ojo y de la organización de los nervios craneales e inventor en sus ratos libres, construyó uno electroquímico en 1809 que se quedó en mera curiosidad.

En 1820, el físico danés Hans Christian Oersted descubre la relación entre electricidad y magnetismo y lo demuestra ante sus alumnos: la aguja imantada se mueve cuando la electricidad pasa a través de un hilo que está a su lado, es decir, que la corriente eléctrica produce un campo eléctrico y a la vez magnético a su alrededor, algo que James Clerk Maxwell aún tendrá que demostrar con sus ecuaciones unos cuantos años más tarde.

En 1830 sucedió un hecho que alentaría la invención del telégrafo: se puso en marcha la primera línea férrea entre Liverpool y Manchester, así que se necesitaba que las señales llegaran antes que el tren para regular el tráfico.

En 1832, el barón Pavel Schilling aplicó los experimentos de Oersted y los avances de Soemmerring en Munich para construir un telégrafo; éste consistía en una aguja imantada que se movía sobre un dial según la intensidad de la corriente que pasaba por su lado, y marcaba un número diferente cada vez. La primera línea la construyó en su apartamento de San Petersburgo. Pavel no tardará en probar el sistema binario de comunicaciones en su telégrafo, pero no tendrá tanto éxito como Samuel Morse y Alfred Vail, que trabajaban en Estados Unidos en un telégrafo eléctrico y presentaron en 1835 el código Morse, un sistema en el cual cada letra o número se representaba mediante rayas y puntos. La raya dura tres veces más que el punto al apoyar el puntero.

En 1833, el gran matemático Carl Friedrich Gauss y su amigo Wilhelm Weber unieron sus despachos con un telégrafo electromagnético para comunicarse. En 1843, el escocés Alexander Bain ideó la manera de transmitir imágenes mediante el telégrafo eléctrico, y en 1855 hizo lo mismo el italiano Giovanni Caselli con su pantelégrafo.

Pero quien les ganó a todos por la mano fue Samuel Morse, quien desarrolló y patentó su propio telégrafo y consiguió el apoyo del Congreso de Estados Unidos para instalar una línea entre Baltimore y Washington con la intención de enviar un mensaje que llegara antes que el primer tren de Estados Unidos, el *Baltimore and Ohio Railroad*. Lo consiguió y el 24 de mayo de 1844 envió aquel famoso mensaje: *What hath God wrought*, que quiere decir más o menos "Lo que Dios ha escrito". Los mensajes telegráficos, con el código Morse, se llamaron desde entonces telegramas, y se estuvieron usando hasta hace pocos años.

Izquierda. Uno de los grabados que aparecen en el libro *Modern Telegraphy* (1867) de Samuel Morse.
Derecha. Buster Keaton en una escena de la película *Siete ocasiones* (*Seven chances*), de 1925.

1791 — El francés Claude Chappe idea un sistema de comunicaciones que consiste en torres con indicadores en forma de barras que van cambiando según interese. Es un sistema óptico o visual similar a las señales de humo.

1809 — El alemán Thomas von Soemmering construye un telégrafo electroquímico.

1820 — El danés Hans Christian Oersted demuestra la relación entre la electricidad y el magnetismo, es decir, que el paso de una corriente mueve una aguja imantada.

1832 — El barón Pavel Schilling construye el primer telégrafo en su domicilio con un cable por el que pasa la corriente y una aguja imantada que marca en un dial una posición diferente según la intensidad de la corriente.

1833 — El estadounidense Samuel Morse presenta en público su telégrafo y empieza a desarrollar el código Morse que facilita las comunicaciones.
• El gran matemático Carl Friedrich Gauss y su amigo Wilhelm Weber unen sus despachos con un telégrafo electromagnético para comunicarse

1844 — Después de construir la primera línea telegráfica del mundo, Morse envía su primer mensaje entre Washington con Baltimore. Morse viajó a Europa para patentar su invento, y después de muchos debates consiguió adjudicarse el invento y hacer fortuna en Estados Unidos.

1876

Teléfono

Curiosidades

Nokia nace en Finlandia en 1865, cuando el país era todavía parte del Imperio Ruso. En realidad, su fundador, **Fredrik Idestam**, crea una fábrica de pulpa de papel, y en su entorno crece una localidad con el mismo nombre de **Nokia**. Con el tiempo, se instala a su lado una fábrica de caucho que también se llamará Nokia. Ésta compra una fabrica de cables en 1922, que en 1960 entra en el mercado de la electrónica. En 1984 fabrican el primer teléfono móvil, el Mobira Talkman, que pesa cerca de 5 kilos. Hasta 1997 no aparecerá un modelo que pese menos de 150 gramos.

La primera demostración pública del funcionamiento de un teléfono la llevó a cabo el profesor de escuela alemán Johann Philip Reis en 1860. Reis puso en práctica la teoría del francés Charles Boursel, quien, seis años antes, había sugerido que se podía activar una corriente eléctrica mediante las vibraciones producidas por el sonido en un diafragma (como un interruptor que enciende y apaga un circuito) y transmitirse mediante un cable a otro diafragma, el cual reproduciría las vibraciones y por tanto el sonido.

El aparato de Reis podía reproducir sonidos en clave de música, pero no funcionaba con la voz humana. Unos cuantos años después, en 1876, el escocés Alexander Graham Bell patenta en Estados Unidos un sistema similar, pero con una corriente continua, la única capaz de transmitir con claridad la voz humana. El emisor y el receptor eran iguales: un disco flexible con un imán de herradura rodeado de una bobina. Cuando el disco vibraba, el campo magnético del imán fluctuaba e inducía una corriente eléctrica en la bobina. Esta corriente se transmitía a otro aparato igual, donde hacía vibrar el diafragma de metal y reproducía la voz. Si gritabas lo suficiente, en el otro extremo se oía una débil voz intentando emerger del aparato.

El alemán Emile Berlines, inventor del gramófono en 1887, aportó el amplificador mediante gránulos de carbono situados entre dos electrodos, e hizo que el teléfono diera un salto adelante. Con el tiempo, los imanes de hacen planos, los diafragmas de vuelven de aluminio, se separan emisor y receptor y se aumenta la potencia del campo magnético, pero los principios siguen siendo los mismos durante muchos años. La primera central telefónica del mundo se puso en marcha en 1878 en New Haven, Estados Unidos, con 21 abonados. Almon B. Strowger inventó en 1892 el conmutador automático, para evitar que la telefonista, esposa de su rival en el negocio de las pompas fúnebres, se equivocara al pasarle las llamadas de sus clientes.

Teléfono móvil, 1973

La Segunda Guerra Mundial, con sus radioteléfonos portátiles a cuestas, puso en el candelero los teléfonos móviles, una necesidad urgente que movilizó a todos los fabricantes de teléfonos. Los prototipos de los radioteléfonos empezaron a usarse en 1900, en pruebas para desarrollar la radio, pero tardaron 50 años en conseguir un radioteléfono que se pudiera llevar en un auto.

En 1926 ya funcionaba en los trenes de lujo europeos, y se instaló en los aviones. Los tanques alemanes llevaban radioteléfonos durante la Segunda Guerra Mundial. Lo único que se necesitaba era tener emisores receptores cerca. En los años 50 se instalan los primeros radioteléfonos móviles en automóviles. La compañía sueca Ericsson lanza un sistema de móvil automático, el MTA, en 1956, que funciona hasta 1967 con un total de 125 clientes. En Finlandia lanzan el sistema ARP en 1971 con una cobertura del cien por cien de todo el país en 1978 y once mil usuarios. Aún eran teléfonos demasiado grandes y caros. El momento en que se inventa el teléfono móvil pequeño, que puede llevarse en la mano, es difícil de definir. El 3 de abril de 1973, Martin Cooper, de Motorola, empresa especializada en fabricar radios para autos de la policía, taxis y ambulancias, hace una llamada desde la calle al jefe de investigación de los laboratorios Bell, sus rivales, con un prototipo de móvil de la serie Motorola DynaTAC. Es el primer móvil verdadero, que puede llevarse en la mano. En 1983 se comercializa el primer modelo, el Dyna TAC 8000X, gracias a la red analógica AMPS, puesta en marcha por los laboratorios Bell de AT&T ese mismo año. En 1990 se introduce la segunda generación de sistemas para móviles, GSM y aparecen los primeros teléfonos digitales en Estados Unidos.

Derecha. Alexander Graham Bell envía, en 1876, el primer mensaje telefónico de la historia.

1667 — Robert Hook descubre que los sonidos pueden transmitirse a través de un hilo muy tenso, siempre que se puedan transportar a su través las vibraciones.

1821 — El danés Hans Christian Oersted descubre en 1819 que una aguja imantada se desvía al colocarla cerca de una corriente eléctrica, es decir, que todo campo eléctrico está asociado a un campo magnético.

1844 — Se emite el primer telegrama público con un aparato Morse.

1860 — El alemán Johann Philip Reis hace la primera demostración pública de que se pueden transmitir sonidos a través de un cable mediante un diafragma (una lamina fina de tela o metal) que al vibrar activa una corriente eléctrica.

1876 — Alexander Graham Bell patenta el primer teléfono capaz de transmitir la voz humana usando una corriente continua y un diafragma de metal que tiembla con el sonido y es capaz de interferir en un campo magnético y crear una pequeñísima y suficiente corriente eléctrica que se reproducirá al otro extremo del hilo. El 10 de marzo hace su primera llamada: "Mr Watson, venga, le necesito".

1878 — Se pone en marcha la primera centralita telefónica del mundo, en New Haven, Connecticut.

1973 — En abril, Martin Cooper, empleado de Motorola, hace la primera llamada con un protótipo de móvil Motorola DynaTac, que se puede llevar en la mano, mientras camina por una calle de Nueva York.

1896

La radio

Curiosidades

La noche del 30 de octubre de 1938, el cineasta **Orson Wells** retransmitió por la cadena de radio WABC una adaptación de *La guerra de los mundos*, de H. G. Wells, con tanto acierto que provocó el pánico en muchos de sus oyentes, que creyeron que los marcianos nos invadían.

En 1896, el italiano Guglielmo Marconi consigue la primera patente sobre la radio y se adjudica la invención. Pero su patente, "Mejoras en la transmisión de impulsos y señales eléctricas y un aparato para ello", no fue reconocida por muchos países, como Francia y Rusia, porque el físico ruso Alexander Stepanovitch Popov, inventor de la antena, había construido un aparato similar en 1894 con el que transmitió señales entre un barco y tierra firme a cinco kilómetros de distancia. Los americanos consideran que fue el dentista estadounidense Mahlon Loomis el primero en construir un aparato receptor en 1866, 30 años antes que Marconi, entre dos montañas separadas unos 20 km, consiguiendo que las señales emitidas por un aparato se repitieran en el otro, al mover la aguja de un galvanómetro.

Tan sólo un año antes, en 1865, James Clerk Maxwell había descrito la existencia de ondas de radio en su *Teoría dinámica del campo electromagnético*. Esta teoría fue rechazada hasta que el alemán Heinrich Hertz lo demostró en 1888 con un aparato de laboratorio. En su honor, recibieron el nombre de ondas hertzianas. Marconi tenía entonces veinte años y estaba al quite. En 1896 patenta la radio, y en 1897, ante la desidia del gobierno italiano, patenta la telegrafía sin hilos en Inglaterra, monta una empresa, la Compañía Marconi y se apresta a competir con un sinnúmero de inventores y empresas, navieras, gobiernos y ejércitos interesados en el tema. Entretanto, en 1890, el francés Edouard Branly construye el primer receptor reconocido de ondas hertzianas. El camino está abierto. En la Nochebuena de 1906, Reginald A. Fessenden hace un regalo a las navieras. Por primera vez en la historia, gracias a un aparato mejorado por él, los radiotelegrafistas de los barcos pueden escuchar algo más que el alfabeto Morse: una voz humana. Reginald había sido el primero en transmitir la voz humana en 1900 y el primero en transmitir, en diciembre de 1906,

la primera emisión de voz y música. En 1914, el americano Edwin Armstrong inventa el circuito regenerativo que aumentará la calidad de las emisiones. En 1933, él mismo patenta la modulación de frecuencia o frecuencia modulada y crea las primeras emisoras a principios de los años 40.

Aparato de radio de 1959, cuando empezó el uso generalizado de la Frecuencia Modulada (FM)

La radio en España

La radio no se regula en España hasta 1924, en que se aprueba el Reglamento para el establecimiento de estaciones radiofónicas particulares. Sin embargo, llevaban varios años funcionando una serie de emisoras privadas sin ninguna reglamentación. Matías Balsera fue el creador de la primera emisora radiotelegráfica de aficionados, que comunicaba entre sí los barcos de Transmediterránea y en una fecha tan temprana como 1912 emitió varios conciertos de la Banda Municipal de Madrid desde el Retiro y varias operas desde el Teatro Real. En 1916, un ingeniero del Ejército establece una conexión directa entre Madrid y El Pardo. En 1917, Antonio Castilla crea la primera fábrica de receptores, con la marca Ibérica, aunque todavía no existía ninguna emisora de radio española y sólo se podían oír las extranjeras, muy pocas y de poca calidad. En 1923, el propio Castilla crea la emisora de radio Ibérica, la primera en funcionar con regularidad. En 1924, una vez aprobada la ley, la primera emisora en obtener la regularización fue, cómo no, Radio España. Ese mismo año empieza a emitir Radio Barcelona.

1865 — James Clerk Maxwell describe por primera vez las ondas de radio que se propagan por el espacio.

1866 — El estadounidense Mahlon Loomis experimenta por primera vez con ondas de radio en las montañas Azules de Virginia.

1872 — Loomis patenta la propuesta de un telégrafo sin hilos mediante electricidad atmosférica.

1887 — Heinrich Hertz demuestra la teoría de Maxwell sobre la existencia de ondas electromagnéticas.

1890 — El francés Edouard Branly construye el primer radioconductor, llamado *coherer*, capaz de detectar señales de radio.

1895 — Alexander Stepánovitch Popov y Guillermo Marconi inventan la radio por separado.

1896 — Popov realiza la primera transmisión de radio enviando las palabras Heinrich Hertz en morse. Ese año, Marconi marcha a Inglaterra y patenta la telegrafía sin hilos.

1898 — El físico inglés Oliver Joseph Lodge patenta el primer sintonizador que ajusta la misma longitud de onda en el emisor y el receptor. Hay quien dice que fue la primera persona en transmitir una señal de radio en 1894.

1900 — El canadiense Reginal Aubrey Fessenden realiza la primera transmisión de radio con voz humana.

1906 — Fessendel realiza la primera transmisión trasatlántica de voz humana en enero y la primera emisión de voz y música el 6 de diciembre.

1913 — Edwin Howard Armstrong inventa el circuito regenerativo que aumenta la calidad de las emisiones.

1920 — La emisora 8MK Detroit realiza la primera emisión de noticias del mundo. • El primer diario hablado de la historia se emite el 20 de agosto.

1921 — Se realiza la primera predicción del tiempo en la emisora de radio de la Universidad de Wisconsin con voz humana. Hasta ese momento, las predicciones se transmitían mediante alfabeto morse.

1935 — Edwing Armstrong describe por vez primera la Modulación de Frecuencia (FM). Al no utilizarse inicialmente su invención, se suicidó.

1940 — En esta década empieza a funcionar la primera emisora de Frecuencia Modulada en emitir regularmente, WSM-FM, de Nashville, Tennessee.

1947 — Los estadounidenses William Shockley, John Bardeen y Walter Brattain inventan el primer transistor de onda media que se lleva en la mano.

1955 — La empresa Regency Electronics comercializa el TR-1, primer radiotransistor que se puede llevar en la mano.

1991 — La empresa inglesa Trevor Baylis patenta el primer radio reloj de la historia.

1896

El cómic

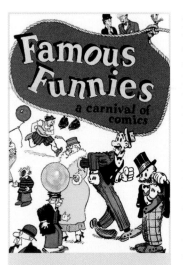

Curiosidades

Famous funnies: a carnival of comics es el primer cómic en **formato de libro** publicado en Estados Unidos. En la imagen, portada de la edición en color de 1933. Tenía 68 páginas y se vendía a diez centavos.

Alumbrado por la luz cimbreante de una hoguera, un viejo cazador pintaba en el fondo de una cueva una secuencia de caza. Lo hacía con un tizón acabado de extraer del fuego, hace tal vez 14.000 años. Fue el primero de una larga historia, pero las pinturas egipcias, las vasijas griegas, los frescos romanos, las pinturas eclesiásticas y los manuscritos medievales que relataban las vidas de Jesús y de los santos no se consideran historietas, y hay que esperar a la sátira social y política para encontrar los antecedentes reconocibles del cómic.

Al principio no son más que meras caricaturas o dibujos para ilustrar una historia o pequeñas narraciones sin solución de continuidad, hasta que en 1809, Thomas Rowlandson publica *Los viajes del doctor Syntax*, tal vez la primera aventura seriada de la historia en tener resonancia, y en esa época hacen su aparición los bocadillos parlantes.

La primera novela gráfica se publica en Suiza. Inspirado en Rowlandson y animado por Goethe, el suizo Rudolph Töpfer publica en 1837 *Las aventuras de Obadiah Oldbuck*, un libro de cuarenta páginas con varios dibujos en cada página y los textos al pie de los mismos. Le sigue el poeta y artista alemán Wilhelm Bush, que en 1859 publica las primeras caricaturas en un periódico, el *Fliegende Blätter*, y una famosa historieta

titulada *Max y Moritz*. En 1867 aparece *Ally Sloper*, el primer personaje de historieta inglés, creado por Charles Ross,

Sin embargo, según los cánones, el primer cómic moderno publicado en el mundo, fue *The Yellow Kid* (*El chico amarillo*), el 16 de febrero de 1896 en el diario *The World* de Nueva York. La razón es que fue entonces cuando se empezó a usar la expresión 'cómic' para definir la historieta en sí, aunque de manera popular. La palabra deriva de *comic strip*, literalmente 'tira cómica', también llamada técnicamente *funnies*, derivada de la palabra *funny*, divertido o cómico.

No era la primera vez que se incluían caricaturas en los diarios americanos, pues en 1754, Benjamin Franklin ya había publicado en uno de ellos una serpiente con la cabeza cortada acompañada de las palabras: ÚNETE O MUERE, con la sana intención de amenazar a las colonias. Desde luego, no era una tira cómica.

El 12 de diciembre de 1897, el alemán afincado en Estados Unidos, Rudolph Dirks, publica en *The New York Yournal* la que se considera primera historieta publicada en forma de tira cómica, *The Katzenjammer kids* (*Pim, Pam, Pum*, en castellano), sobre dos pillastres y su madre, mamá Kazenjammer.

Poco después, en 1889, se publicaba la primera historieta de Francia, *La familia*

1837 — El suizo Rudolph Töpffer publica la primera la tira cómica de la historia: "Las aventuras de Obadiah Oldbuck".

1842 — "Las aventuras de Obadiah Oldbuck" se convierten en el primer *comic book*, "libro de historietas", publicado en Estados Unidos.

1865 — El 4 de abril, el poeta y artista alemán Wilhelm Bush publica la historieta "Max und Moritz".

1867 — Charles Roos y Marie Duval crean el primer personaje de cómic inglés: Ally Sloper.

1889 — El francés Georges Colombre publica la primera historieta francesa: "La famille Fenouillard". Armand Colin lo publicará como álbum en 1893.

1896 — El 16 de febrero se publica en el *Hearst New York American* (The World), de Estados Unidos, "The Yellow Kid", considerado la primera tira cómica (comic strip), de la historia porque utilizaba los bocadillos parlantes en boca de los personajes, creada por Richard Felton Outcault. Nace oficialmente el cómic americano.

1897 — El 12 de diciembre El *New York Journal* publica "The Katzenjammers kids", del autor de origen alemán Rudolph Dirks, considerada por muchos autores la primera tira de cómic verdadero, aunque en general se valora como la segunda.

1900 — La palabra 'comic' empieza a usarse en Estados Unidos para definir a todas las tiras cómicas, que antes se conocían como *funniest*.

Supermán, uno de los cómics más relevantes de historia, vio la luz en 1938.

Fenouillard, de Georges Colomb, y un año más tarde, los ingleses sacan a la luz la primera revista de cómic de su país con ese nombre, *Comic cuts*, el 14 de mayo de 1890.

En aquel momento, muchos periódicos norteamericanos estaban publicando historietas de media o una página incluso, pero pocas tienen solución de continuidad o duran unos pocos días a los sumo. Se considera que *Mutt and Jeff*, de Bud Fisher, cuya publicación se inicia el 15 de noviembre de 1907, es la primera tira cómica de la historia del cómic publicada a diario con un éxito relevante, que le permitió continuidad hasta 1982. La tira empezó llamándose sólo *A. Mutt*, y se publicaba en las páginas deportivas, pero el alto y espigado Mutt encuentra al rechoncho Jeff el 27 de marzo de 1908 y se produce el flechazo. Inmediatamente, ambos pasan a formar parte de la plantilla del *San Francisco Examiner*, uno de los periódicos de Randolph Hearsth.

En 1910 aparece la revista *The funnies*, de publicación mensual, que está formada únicamente por tiras cómicas y que dará lugar en 1933 al primer libro de cómic, *Funnies on Parade*, y enseguida a *Funnies on Parade: a Carnival of Comics*, y desde 1934, la revista se producirá quincenalmente con historietas como *Dick Tracy* y *Popeye*, que había aparecido por primera vez en 1929.

1907 — El 15 de noviembre se publica la primera tira cómica diaria, "Mutt and Jeff", de Bud Fisher, la primera tira cómica de éxito y con una cierta continuidad.

1908 — El *Corriere dei Piccoli* publica en diciembre las primeras tiras cómicas de Italia, destinadas a los niños.

1910 — George Herriman crea el primer animal que va a protagonizar un cómic, *Krazy Kat*, el gato loco.

1915 — Aparece en España *Dominguín*, la primera revista de historietas.

1917 — Empieza a publicarse *TBO*, la revista de historietas que hace popular el cómic en España y da nombre a los tebeos.

1921 — Aparece en España la revista de cómics *Pulgarcito*, la única capaz de competir con el *TBO*.

1926 — El británico Alan Alexander Milne publica por primera vez las historias de "Winnie the Pooh", las aventuras de un oso y un niño.

1929 — Este año aparecen "Tarzán de los monos", en una tira diaria, y "Buck Rogers".

1929 — George Rémi, alias Hergé, publica la primera aventura de Tintín, *Tintín en el país de los soviets*, en el suplemento del diario belga *Le vingtième siècle*.

1930 — Mickey Mouse hace su aparición en un corto sonoro en el cine.

1931 — Se publica por primera vez el semanario *Pocholo*, que intenta reproducir la estética realista de los cómics americanos.

1933 — *Funnies on parade*, el primer cómic con formato moderno.

1934 — Primera tira cómica diaria en un diario francés: "Las aventuras del profesor Nimbus".

El cómic

Curiosidades

Mortadelo y Filemón aparecen por primera vez en el cómic *Pulgarcito* de la mano de su creador **Francisco Ibáñez** en 1958. Las historias largas vendrán en 1969, cuando ambos detectives ingresan en la TIA. En 2003 se filmó la película, dirigida por Javier Fesser.

Europa sigue su propio camino: en 1908 se editan en Italia las primeras tiras cómicas en el *Corriere dei piccoli*, y en Francia aparecen las aventuras de *Pieds Nickelés*, los estafadores Croquignol, Filochard y Ribouldingue, en el diario *Le Journal*. En España, como se explica más abajo, la historieta se inicia en Cataluña en 1904, con el *Patufet*, pero no se publica la primera y verdadera revista de cómic hasta 1917, con el *TBO*. Lo demás es historia, aunque siempre hay un primero: el primer *Winnie the Pooh* aparece en 1926, el primer *Tintín* (en el país de los soviets) en 1929, el mismo año que *Tarzán de los monos*, en 1930 nace *Mickey Mouse*, y en 1933 se publica el primer cómic en formato moderno, *Funnies on Parade*, y enseguida *Century of Comics*, el primero en contener 100 páginas de historietas. En 1938 aparece *Supermán*, pero los superhéroes pertenecen a otra historia.

The Krazy kat

En 1910, el dibujante George Herriman, nacido en 1880 en Nueva Orleans, es contratado por el *New York Evening Journal*, donde se inicia con una tira cómica, *The Dingbat Family*, la historia de un oficinista, su mujer, sus hijos y su gata. Esta gata será el primer animal incorporado a un cómic en tener éxito. El 26 de julio de ese año, el gato aparece en solitario en una viñeta junto con un ratón al pie de la tira de los Zingbats: Ignatz le tira una pelota a Kat, primero de los instrumentos con los que agredirá al gato a lo largo de su historia. En 1912, la familia se va de vacaciones y dejan solos al gato y al ratón, y en 1913 se publica por separado *Krazy Kat and Ignatz* en forma de tira vertical por primera vez. Su éxito sigue aumentando y el gato sigue ocupando primeros puestos: el 23 de abril de 1916 se convierte en el primer *funny* animal en tener su propia tira dominical en color, en la sección semanal de *Art & Scene*. Ese mismo año, el magnate Randolph Hearst produce el primer corto animado de *Krazy Kat* y no tardará mucho en contratar al dibujante de un modo vitalicio y darle libertad creativa.

El cómic en España

La aparición del cómic en España no tiene fecha clara, no obstante, se considera precursora a la revista madrileña *En caricatura*, de 1865, que introduce en este país la sátira política, aunque hay publicaciones, como *La gaceta de los niños*, de los hermanos Argüelles, dedicada a los menores, que existe desde 1798, y que incorporará dibujos a sus historias para niños. El dibujante catalán Apel·les Mestres (1854-1936), formado en Europa, será precursor en España de un género que proliferará en numerosas publicaciones a lo largo del siglo XIX, como las revistas *Granizada* y *Madrid*

1934 — Nace "Flash Gordon".

1935 — Aparece en España *La revista de Mickey*, que contrata a los mejores dibujantes del país.

1938 — El 21 de abril el editor belga Jean Dupuis publica por primera vez *Le journal de Spirou*.

1938 — La revista *Action Comics* publica por primera vez el 1 de junio las aventuras de Supermán.

1940 — Se publica en Chicago "Brenda Starr", el primer cómic escrito por una mujer. Aparece en España *Roberto Alcázar y Pedrín*, la primera revista de historietas franquista.

1941 — Se publica en España *Mis chicas*, la primera revista de calidad para adolescentes.

1944 — Se inicia la saga de los 'continuará' en España con *El Guerrero del Antifaz*.

1945 — Aparece por primera vez en blanco y negro Pif, uno de los personajes más entrañables de la historieta francesa, creado por el refugiado español José Cabrero Arnal. Pif estaba acompañado de Tata, Tonton y Doudou. En enero de 1952 se revelará por primera vez en color, en 1959 tendrá su propia revista *Pif Gadget*, y en 1971, ésta alcanzará por primera vez el millón de ejemplares vendidos de un cómic europeo.

1947 — Se publica por primera vez uno de los mejores cómics españoles: *El Coyote*.

1948 — Aparece por primera vez la revista de historietas *Hazañas Bélicas*, donde, curiosamente, los alemanes se presentan como los buenos durante la Segunda Guerra Mundial.

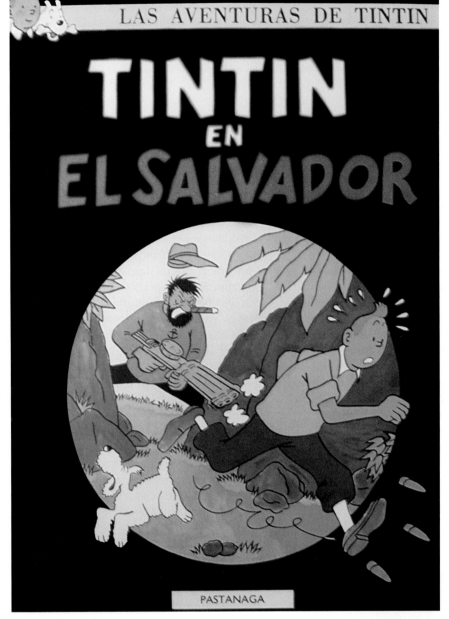

W. VANDERSTEEN

LAS AVENTURAS DE TINTIN

TINTIN EN EL SALVADOR

PASTANAGA

Portada de una edición *pastiche* de Tintín publicada en Holanda y traducida al español en 1984 (64 páginas en blanco y negro). En él se hacía una crítica del papel de las empresas multinacionales en Centroamérica.

cómico, ambas de 1880, aunque ninguna de ellas es considerada un cómic, como tampoco lo es *Patufet*, que aparece en 1904, pues las historietas, en catalán, no cubren la mitad de su contenido. La primera colección de tiras cómicas que se publica en forma de revista aparece en 1915 con el nombre de *Dominguín*. Ese mismo año aparece *Charlot*, pero son publicaciones de pocos números, y el verdadero impulsor de cómic, que aún no se llamaba así, es el *TBO*, publicado por primera vez el 17 de marzo de 1917 en Barcelona por el asturiano Arturo Suárez, aunque su verdadero impulsor fue el catalán Joaquín Buigas Garriga, que pasó a dirigirlo nueve números después. *TBO*, que dio nombre a todos los tebeos, no tuvo un competidor serio hasta la aparición de *Pulgarcito* en 1921. A continuación aparecieron *Pocholo* (1931), *La revista de Mickey* (1935), *Chicos* (1938) y *Roberto Alcázar y Pedrín* (1940), el primero de los grandes héroes del franquismo, *Mis chicas* (1941), la primera revista de calidad para adolescentes, *El guerrero del antifaz* (1944), *Hazañas Bélicas* (1944), *Jaimito* (1945), *Azucena* (1946), *El Coyote* (1947), *Florita* (1949), *Diego Valor* (1954), *El Capitán Trueno* (1956), *El Jabato* (1958) y muchas otras.

1947 — Lucky Luke ve la luz por primera vez en la revista francesa *Spirou*.

1949 — El hombre que dispara más rápido que su sombra, Lucky Luke, publica su primer álbum, *La mina de oro de Dick Digger*.

1950 — Charlie Brown, Peppermint Patty, Shermy, y un mes después, en octubre, Snoopy, *The Peanuts*, la pandilla de 'los cacahuetes' ven la luz en EE UU.

1956 — Se publica *El Capitán Trueno*, escrito por Víctor Mora y dibujado por Ambrós.

1958 — Curiosamente, este mismo año cobran vida héroes muy opuestos: *El Jabato*, de la mano de Víctor Mora, y Mortadelo y Filemón, de Francisco Ibáñez.

1959 — Aparece en Francia la revista *Pilote*, la mejor de ese país, creada por Goscinny, Charlier y Uderzo, y da sus primeros pasos Astérix el Galo.

1960 — Se publica en Francia la primera revista para adultos, *Hara-Kiri*.

1962 — Spiderman se cuela en el número 15 de la revista *Amazing Fantasy*, de Marvel.

1967 — El italiano Hugo Pratt nos regala por primera vez las historietas de "Corto Maltese".

1986 — Alan Moore y David Gibsons publican *Watchmen*, el primer cómic en figurar como obra literaria en un libro titulado *1001 libros que hay que leer antes de morir* (Grijalbo, 2006).

1988 — Alejandro Jodorowsky como guionista y Moebius como dibujante empieza la publicación de la serie *El Incal*, que durará hasta 1988 y representa una nueva etapa en el cómic de ciencia ficción.

1900

Manga

Curiosidades

Dibujo de **Utagawa Toyonuki** (1769-1825), uno de los grandes maestros del ukiyo-e, sobre todo por sus personajes del teatro kabuki japonés.

Hay quien sitúa los precedentes del manga en el siglo XII, con los dibujos satíricos del Chojugiga, o más tarde, con las series de Hokusai, que introdujo el término manga en una de sus historias y que ha permanecido como definición del cómic japonés. Sus dibujos pertenecen a los llamados ukiyo-e, tablillas con dibujos impresos que fueron muy populares durante el periodo Edo (1603-1867), ya que se fabricaban de forma masiva y cualquiera podía tener una.

A finales del siglo XIX, el dibujo japonés recibe las influencias del cómic americano y europeo, de la mano de Charles Wirgman y el francés George Bigot, en cuanto a la forma de narrar las historias, y aparecen los pioneros del manga moderno, entre ellos Rakuten Kitazawa (1876-1955), autor de *El viaje a Tokio de Tagosaku y Mokube*, considerado por muchos el primer manga moderno. Después de la segunda guerra mundial surgen en Japón redes de bibliotecas que publican cómics baratos, y también los llamados libros rojos, que tienen unas doscientas páginas de papel barato y dan plena libertad a sus dibujantes.

En uno de estos libros de tapas rojas apareció en 1947 una historia que marcará el inicio de una nueva época para el manga, la *Nueva Isla del Tesoro*, del dibujante de 20 años Osamu Tekuza. Su éxito fue tan grande que Tezuka se convirtió en un referente y fue llamado a trabajar para la primera revista exclusivamente de manga, la nueva *Manga Shonen*, donde publicó *Astroboy*. Pero la televisión asestó un duro golpe a las ventas de estos cómics y los autores empezaron a dibujar mangas para adultos llamados 'gekiga' para la red de bibliotecas.

De nuevo, el éxito hizo que las editoriales se volcaran en este género, las revistas pasaron de ser mensuales a semanales y por fin en 1988, llegó la apoteosis con *Akira*, la película basada en el cómic de Katsuhiro Otomo, un salto adelante desde la version de Astroboy para niños realizado por la NBC americana. En los años ochenta, Akira Toriyama crea el cómic *Dragon Ball*, publicado en la revista *Shonen Jump*, que llegó a hacer tiradas semanales de seis millones de ejemplares.

El Anime, 1917

El anime es el cómic japonés animado para el cine o la televisión. El primer filme de animación del cine japonés se estrenó en 1917 con el título de *Mukuzo Imokawa y el guardián de la entrada*, realizada por el dibujante Oten Shimokawa.

La primera película de animación de Occidente, *Humorous phases of funny face*, del productor James Stuart Blackton, se había estrenado en 1906, y la francesa *Fantasmagorie*, del dibujante Emile Cohl, en 1908. La expansión del manga en los años cuarenta y cincuenta dio lugar a la que se considera primera película de anime japonés, *La leyenda de la serpiente blanca (Hakujaden)*, en 1958, dirigida por Taiji Yabushita. Cuenta la historia del amor que siente un muchacho hacia una joven que se encarna en una serpiente.

Astroboy, uno de los héroes más populares del manga.

SIGLO XII — Los precedentes del manga se sitúan en esta época, en los dibujos de un sacerdote llamado Kakuyu (1053-1140), más conocido como Toba Sojo.

1814 — Katsushika Hokusai utiliza la palabra manga por primera vez en una de sus historias.

1900 — A principios del siglo XX, Rakuten Kitazawa publica *Tagosaku to Mokub no Tky-Kenbutsu*, el *Viaje de Tagosaku y de Mokube a Tokio*, que muchos consideran la primera historia de manga. Kitazawa se había inspirado, al parecer, en el cómic americano *El chico amarillo* (*The Yellow Kid*), publicado en 1896 en un periódico y que muchos consideran el primer cómic de la historia.

1917 — Primer filme de animación el cine japonés, *Mukuzo Imokawa y el guardián de la entrada*, realizada por el dibujante Oten Shimokawa.

1947 — Osamu Tezuka, pionero del manga moderno, publica la *Nueva Isla del Tesoro*, que representa un antes y un después en el mundo del cómic japonés.

1988 — Se estrena la película *Akira*, película animada de Katsuhiro Otomo que marca el inicio de la influencia del manga en Occidente.

1903

Cine

Curiosidades

Se dice que en la película *Cantando bajo la lluvia*, uno de los primeros rodajes del cine sonoro, donde **Debbie Reynols** (en la foto con su hermano Bill) es contratada para ponerle voz a una actriz del cine mudo que no da la talla, sucede lo contrario, es decir, que fue Jean Hagen, la actriz de la voz chillona, la que tuvo que doblar a la Reynolds en las escenas en que había que dar el do de pecho.

Algunos especialistas consideran que la primera película de la historia con un argumento de ficción es *El gran robo del tren* (*The Great Train Robbery*), también traducida como *Asalto y robo de un tren*, rodada en 1903 por Edwin S. Porter. La película, que dura poco más de diez minutos, es del oeste, cuenta la historia de cuatro forajidos que roban un tren, desvalijan a los pasajeros, huyen, son atrapados cuando se están repartiendo el botín y mueren tras un tiroteo.

La historia del cine, sin embargo, empieza mucho antes, y como otros inventos, es una suma de aportaciones en la que muchos se apuntan los primeros logros. En 1834, por ejemplo, el inglés William George Horner inventa el zootropo, un tambor con una serie de ranuras circulares mirando a través de las cuales los dibujos pintados en su interior adquieren movimiento.

Y la lucha continúa. En 1877, el francés Emyle Reynaud inventa el praxinoscopio, un tambor con espejos que da la ilusión de movimiento cuando se mira dentro. En 1879, el británico Edward Muybridge inventa el zoopraxiscopio, que proyectaba imágenes dibujadas en discos de cristal giratorios para dar una impresión muy veraz de movimiento. Thomas Edison, que acababa de inventar el fonógrafo y tenía un taller reconocido de invenciones, quedó muy impresionado por este invento y asignó la tarea de mejorarlo a su colaborador Laurie Dickson, quien en 1891 desarrolló el kinetoscopio, una caja con una cinta que serpenteaba alrededor de una serie de cilindros rotativos y que daba la impresión de movimiento si se miraba dentro.

En 1894, Edison intentó aunar el kinetoscopio con un fonógrafo, pero no tuvo el éxito esperado y el proyecto se abandonó, aunque se realizó el primer intento comercial de exhibir un filme, titulado *Dickson experimental sound film*. Por fin, y desde el punto de vista europeo, se produce el momento más importante de la historia del cine, cuando, el 28 de diciembre de 1895, en

París, los hermanos Lumière presentan el cinematógrafo a la prensa, proyectando diez documentales cortos de unos dos minutos cada uno. En ellos se ven, entre otras cosas, la llegada de un tren y la salida de unos obreros de una fábrica. El resto es historia.

Ocho años después, y en EE UU, Edwin Stanton Porter, de quien ya hemos hablado, proyeccionista y mecánico que trabaja en los talleres de Edison y está influenciado por el francés Mélies y la escuela británica de Brighton, rueda *The Great Train Robbery*, la ya mencionada primera película del oeste, y *Life of american fireman*, la primera película de bomberos, dos películas cortas de gran interés que actualmente pueden verse en *You Tube* libres de derechos.

El primer largometraje de la historia del cine es la película australiana *The story of the Kelly Gang*, una historia de gángsteres dirigida por Charles Tait en 1906, con una duración de 70 minutos, nueve años antes que *El nacimiento de una nación*, de Griffith. La primera productora de cine es la francesa Charles Pathé, que rueda películas desde *Rêve et réalité*, corto de un minuto hecho en 1901.

El primer largometraje europeo es la película francesa *Enfant prodigue*, de Michel Carré, de 1907. Y aunque Edison ya intentó añadir el sonido a su kinetoscopio, hemos de esperar a 1927 para los primeros filmes sonoros, *El cantor de Jazz*, y *Luces de Nueva York*, de 1928.

La llegada del color, 1928

Antes de la llegada del color verdadero al cine hay toda una historia y unas cuantas películas que pueden llegar a despistarnos. En 1896, por ejemplo, se coloreaban a mano los fotogramas uno a uno con cuatro colores únicamente. El proceso era laborioso e ingente teniendo en cuenta el número y el

Derecha. Charles Chaplin (1869-1977), uno de los grandes cómicos de la primera época del cine.

1824 — El doctor inglés John Ayrton Paris demuestra que si se pasan varias imágenes a gran velocidad ante los ojos, éste las combina y se tiene la ilusión del movimiento.

1831 — Desde hace algunos años se vienen inventando aparatos que muestran fotografías en movimiento. Uno de los más recordados es el fenaquitoscopio, disco giratorio con imágenes pintadas, inventado simultáneamente por el belga Joseph Plateau y el austriaco Simon von Stampfer.

1834 — El inglés William George Horner inventa el zootropo, un tambor con una serie de ranuras circulares mirando a través de las cuales los dibujos pintados en su interior adquieren movimiento.

1877 — El francés Emyle Reynaud inventa el praxinoscopio, un tambor con espejos que da la ilusión de movimiento cuando se mira dentro.

1879 — El británico Edward Muybridge inventa el zoopraxiscopio, que proyectaba imágenes dibujadas en discos de cristal giratorios.

1889 — Eastman Kodak inventa la película flexible con base de celuloide.

Cine

Curiosidades

La última gran película rodada en blanco y negro fue *Sed de mal* (*Touch of evil*), dirigida por Orson Wells en 1958 y protagonizada por el propio Orson Wells, Charlton Heston, Joseph Cotten y Marlene Dietrich, entre otros. La primera escena de esta película está considerada una de las mejores de la historia del cine.

tamaño de los fotogramas. Pathé inventó en 1905 un sistema que permitía realizar cuantas copias se quisiera, pues recortaba en cada fotograma las partes que tenían un color determinado. Así obtenía cuatro plantillas, cada una de un color, que servían para hacer reproducciones.

Para abreviar: las escenas nocturnas se pintaban completamente de azul y si había un incendio se pintaba todo de color rojo. En 1906, el kinemacolor utilizaba filtros de colores delante de los fotogramas cuando se proyectaba la película. En 1912, el chronochrome filmaba con tres filtros diferentes, rojo, azul y verde y proyectaba de la misma forma. En 1931, el dufaycolor añadió los filtros a la propia película. Cuando por fin se aprendió a obtener el color de la realidad, en lugar de añadirlo, se empezó a filmar con negativos que registraban sólo uno de los colores, así que había que hacer tres: uno que veía los rojos, otros los azules y otro los verdes. Aún así, el revelado era costoso y el resultado muy pobre. Durante varios años se sucedieron los inventos: Kodachrome, en 1915; Polychromide, en 1918; Multicolor, en 1928; Cinecolor, en 1932, hasta que se inventa el Technicolor en 1928 y los tres colores se obtienen por fin en la misma copia, en este caso el cyan, el magenta y el amarillo. Walt Disney es el pionero en este sistema con la

película *Sinfonías tontas*, de 1932, aunque el primer largometraje fue *La feria de las vanidades* (*Beeky Sharp*), de Rouben Mamouilan, rodada en 1935. Después de varias películas con poco éxito, llegó por fin la revelación del color con *Lo que el viento se llevó*, en 1939, pero las demás películas seguían sin triunfar, incluso *El mago de Oz*, de ese mismo año, perdió dinero, y el color dejó de usarse durante la guerra para volver con fuerza en los años cincuenta.

La primera película española, de Eduardo Jimeno Correas, se rodó en 1896 con un aparato comprado en la fábrica Lumière, de Lyon, por 2.500 francos, y llevaba el título de *Salida de la misa de doce de la Iglesia del Pilar de Zaragoza*; dura un minuto. La primera con argumento, *Riña en un café*, fue filmada por el prolífico director catalán Fructuoso Gelabert, que llevaba un tiempo con documentales cortos, pero también dura un minuto. No se sabe con seguridad cual fue el primer largometraje rodado en España, pero sí se sabe que la primera película sonora fue *El misterio de la puerta del Sol*, rodada en 1928 por Francisco Elías Riquelme. Dura una hora y 14 minutos, y costó 18.000 pesetas.

Derecha. *La naranja mecánica* (1971), de Stanley Kubrick (con traje oscuro), fue la primera en utilizar sonido Dolby.

1891 — Laurie Dickson, trabajando para Edison, inventa el kinetoscopio (quinestoscopio o cinetoscopio, una caja con una cinta que serpenteaba alrededor de una serie de cilindros rotativos.

1894 — Edison exhibe la primera película en público mediante el kinetógrafo, un aparato que aúna el kinetoscopio y el fonógrafo, pero aún se tiene que mirar por un visor.

1895 — Los hermanos Lumière presentan en París el cinematógrafo que daría nombre al cine, proyectando una serie de cortos que suman veinte minutos de película. Por primera vez varias personas juntas pueden ver una proyección. • El alemán Max Skladanowsky desarrolla un proyector al que llama bioscopo y se proclama el inventor de las fotografías animadas. Lo presenta dos meses antes que el cinematógrafo, pero es inferior al aparato de los Lumière.

1896 — Edison presenta en Estados Unidos el vitascopio, un proyector inventado por Francis Jenkins y Thomas Armat similar al cinematógrafo francés. • En Francia, Georges Méliès inventa una serie de efectos especiales, como la sobreimpresión y el fundido. • Se presenta la primera película enteramente española: *Salida de la misa de doce de la Iglesia del Pilar de Zaragoza*, dirigida por Eduardo Jimeno Correas.

1903 — Alfred Collins, de la escuela inglesa de Brighton, inventa el travelling, desplazando la cámara para aumentar el interés de la escena. Edwin S. Porter realiza la primera película de ficción, *Asalto y robo de un tren*, de 12 minutos de duración.

1905 — Se inaugura en Estados Unidos la primera sala destinada exclusivamente a proyectar películas en Pittsburg, Pensilvania.

1906 — El francés Eugène Lauste, padre del sonido, coloca por primera vez sonido sobre una película. En Australia, se rueda el primer largometraje, *The store of the Kelly Gang*. La francesa Alice Guy, primera mujer directora de cine, rueda *La vie de Christ* con trescientos figurantes y una duración de 20 minutos, y *La fée printemps*.

1907 — Primer largometraje rodado en Europa, *Enfant prodigue*, de Michel Carré, y primera ópera llevada integra al cine, *Fausto*, de Arthur Gilbert.

1927 — A pesar de los diversos intentos anteriores, se considera que la primera película hablada de la historia del cine es *El cantor de jazz* (*The jazz singer*), de Alan Crosland. • La primera hablada al cien por cien será *Luces de Nueva York*, estrenada el año siguiente.

1929 — Abel Gance estrena *Napoleón* con formato cinerama en París. Es la primera película con sonido estéreo.

1930 — Última película muda, *The poor millionaire*, de George Melford.

1935 — Primeras películas verdaderas en color, *La feria de las vanidades*, de Robert Mamoulian y *Lo que el viento se llevó*, de Victor Fleming.

1970 — Primera película Imax en la Expo 70 de Osaka, *Tiger Child*.

1971 — Primera película con sonido Dolby, *La naranja mecánica*, de Stanley Kubrick.

2005 — Primera película española rodada en formato Imax, *El misterio del Nilo*, dirigida por Jordi Llompart.

1923

Televisión

Curiosidades

Desde que la radio empieza a funcionar, una serie de científicos intentan, por todos los medios, encontrar la manera de transmitir imágenes a través del aire. En 1907, el ruso Boris Rosing consigue transmitir una serie de imágenes estáticas de formas geométricas.

En 1923, el escocés John Logie Baird construye un aparato descrito más de treinta años antes por el alemán Paul Niphow, una especie de disco óptico que funcionaba mecánicamente, grabando la imagen a través de unos agujeros hechos en espiral mientras giraba. Baird hace una demostración pública de su invento en 1926, pero el sistema, muy limitado, se abandonará en 1937.

Por otro lado, el alemán Ferdinand Braun inventa el osciloscopio o tubo de rayos catódicos en 1897, aunque no se plantea para su uso en televisión hasta 1908. En 1924, el físico estadounidense de origen ruso Vladimir Kosma Zworykin, ayudante emigrado de Rosing, patenta el primer tubo de rayos catódicos capaz de transmitir imágenes en condiciones controladas de luz, que en 1931, una vez perfeccionado, será llamado iconoscopio. En esa época, Baird, con su disco mecánico, graba a la primera persona en aparecer en televisión: William Taynton, que cobra media corona y puede verse y oírse no con demasiada definición en la habitación de al lado, retrocediendo deslumbrado por los focos. Entretanto, en EE UU, el físico ingeniero de radio Philo Taylor Farnsworth inventa el tubo disector de imágenes y realiza la primera emisión de televisión electrónica experimental por cable entre Nueva York y Washington con la ayuda de Bell Telephone en 1927.

En 1928, Baird, con su disco mecánico, será el primero en emitir a través del Atlántico, el primero en hacerlo en color y el primero en grabar un vídeo. En julio, la empresa americana Daven Corporation fabrica los primeros receptores que se ponen a la venta; en septiembre, la estación WGY de Nueva York emite el primer programa de ficción, *La reina mensajera*; en noviembre, Baird emite el primer documental propio en Gran Bretaña, y en diciembre, emite el primer programa de ficción en ese país. En 1929, nace la BBC.

Poco a poco, el tubo de rayos catódicos de Zworkyn se impone al tubo disector de Farnsworth. En 1931, Baird emite el primer

La televisión en España

Muy retrasada respecto al extranjero, Televisión Española se funda en 1952 y empieza a emitir con regularidad en 1956. En 1960 se realizan las primeras conexiones con Eurovisión. Hasta los años 70 no se emite en color y en 1988 se permiten otras emisoras. En Moscú, primera ciudad europea, se ve desde 1948. En México, la televisión se ve desde 1946 en la capital.

programa grabado al aire libre. En Japón, la Universidad de Basseda transmite un partido de béisbol, el primer acontecimiento deportivo de la historia por televisión, aunque en circuito cerrado y experimental. En 1934, el ruso Isaac Shoenberg inventa la primera cámara electrónica de televisión, el emitrón. En 1936, la BBC empieza a emitir la mitad de sus programas con la cámara de Shoenberg y el sistema electrónico, y en febrero de 1937 abandona definitivamente el sistema mecánico de Baird. En 1939 se inaugura en EE UU la NBC, primera televisión de alta definición o electrónica en emitir con regularidad. En 1941 se emite el primer anuncio de la historia, de relojes Bulova. En 1947 se emite la primera telenovela en Estados Unidos, *Una mujer para recordar*. En 1949 se emite el primer programa del tiempo en la BBC y en 1951, la CBS, que venía experimentando desde 1940, empieza a emitir regularmente en color.

Arriba, la primera emisión televisiva que fue vista en todo el mundo a través de Eurovisión, el 25 de junio de 1967.

1884 — El alemán Paul Nipkow patenta un sistema mecánico de disco óptico para grabar y emitir imágenes.

1897 — El alemán Ferdinand Braun inventa el tubo de rayos catódicos.

1907 — El ruso Boris Rossing realiza la primera transmisión de imágenes a través del aire.

1926 — Baird realiza la primera demostración pública de una emisión de televisión.

1927 — El estadounidense Philo T. Farnsworth inventa el tubo disector de imágenes y hace la primera demostración de televisión electrónica entre Washington y Nueva York. Baird transmite una señal de televisión entre Londres y Glasgow.

1928 — Baird, con su sistema de discos ópticos, es el primero en transmitir a través del Atlántico, el primero en hacerlo en color, en grabar un vídeo y en emitir un documental y una obra de teatro ese año.

1929 — Nace la BBC, la primera televisión del mundo en emitir regularmente, aunque ya emitía programas desde 1927. El ruso Vladimir Zworykin inventa el tubo de rayos catódicos para televisión.

1930 — Hacen sus primera pruebas la NBC y la CBS americanas.

1931 — Se emiten los primeros programas grabados al aire libre. Vladimir Zworykin patenta el osciloscopio. En Francia, René Bathélemy transmite la primera imagen de treinta líneas entre Montrouge y Malakoff; en diciembre, se funda la CGS.

1934 — El ruso Isaac Shoenberg inventa la primera cámara que se puede trasladar, el emitrón.

1935 — Empiezan en Alemania las primeras emisiones regulares de alta definición con televisión electrónica, la Reichs Rundfunkgessellschaft. En Francia se emite con una definición de 180 líneas desde la torre Eiffel.

1936 — La BBC emite por primera vez con una programación e incluye el primer deportivo, *Sporting Magazine*. En Estados Unidos no se hará hasta 1939 con motivo de la Exposición Universal de Nueva York.

1937 — El francés Marcel Boulestin es el primer chef en hacer un programa de cocina en la BBC, llamado *Cook's Night Out*. En Francia se emite todas las tardes durante media hora un programa de televisión.

1941 — Se emite el primer anuncio de televisión, de relojes Bulova, aunque hay quien considera que el primero fue el de Permanent Waves de Eugène Schiller, una maquina de hacer permanentes, en 1930, salvo que entonces se trataba de mostrar una feria.

1945 — Se crean las normas CCIR para reglamentar las emisiones de televisión en todo el mundo.

1951 — La cadena NBC empieza a emitir regularmente en color.

1953 — Se crea Eurovisión, que une a todas las televisiones europeas mediante un sistema de microondas.

1953

Bomberos

Curiosidades

En 2004 se encontraron en el valle del Rin los restos de una bomba de agua usada por los romanos, con una antigüedad de 1650 años. Se considera **el testimonio más antiguo** de la historia de los bomberos.

Derecha, un camión de bomberos sale del cuartel Tooting Fire Station de Londres en 1908.

El primer servicio de bomberos organizado se dio en la antigua Roma. En el año 22 a.C., Cesar Augusto organizó el primer equipo de bomberos, formado por esclavos que se llamaban vigiles ('*vigili del fuoco*' o 'vigilantes del fuego'). En realidad, el primer servicio de bomberos lo organizó Craso cuando aún formaba parte del triunvirato con César y Pompeyo, unos años antes.

Craso enviaba a sus hombres a apagar el fuego, pero la condición era que el propietario de la vivienda se la cediese a un precio muy escaso; de esta manera, apagaba el fuego y se quedaba con el edificio. No se puede descartar que incluso provocase algunos incendios. Cuando César se hizo amo y señor único del Imperio, regularizó los bomberos, pero con la caída de Roma, se extinguieron. Durante la Edad Media, como anteriormente y en muchos lugares después, la gente tenía que organizarse con sus vecinos y familiares para formar cadenas humanas.

En 1518, el alemán Anthony Blatner construye el primer carro de bomberos en Augsburgo. Con una bomba y tirado por caballos, tenía que acercarse peligrosamente al fuego, hasta que en 1672, el holandés Jan van der Heijden inventa la primera manguera flexible. Antes de estas fechas, lo único destacable es un edicto del rey Luis de Francia ordenando en 1254 que los vecinos creen sus propios cuerpos de vigilancia contra incendios. Pero ni los grandes incendios de Londres, sobre todo el de 1666, animaron a la creación de cuerpos de bomberos hasta la reaparición de las bombas de agua que ya usaban los romanos.

El londinense Richard Newsham patenta en 1721 la primera bomba contra incendios accionada por dos hombres, uno a cada lado, subiendo y bajando una palanca. Podía elevar doce litros por segundo de agua a 40

metros de altura. En 1591, se crea la primera compañía de seguros contra incendios en Hamburgo. En España se tiene constancia de la existencia de bomberos desde el siglo XV, cuando en Valladolid se ordena a unos treinta moriscos que se ocupen de apagar los fuegos existentes. En 1515, Juana la Loca crea el primer Cuerpo de Bomberos, pero hasta el gran incendio de Valladolid de 1561 no se organiza una vigilancia permanente. En 1604, el propio ayuntamiento distribuye

El primer pirómano era griego

El primer incendio importante de la historia fue probablemente el que arrasó el templo de Artemisa en Éfeso, destruido el 21 de julio de 356 a.C. El fuego fue provocado por Herostrato, que quería la fama a toda costa, tal explica Valerio Máximo. Los efesianos dijeron que su nombre nunca sería recordado, pero Estrabón cometió la indiscreción de anotarlo. La misma noche del incendio nació Alejandro Magno en Macedonia. El templo de Artemisa, la Diana de los romanos, en Lidia, Asia Menor, fue construido por el rey Creso y era una de las siete maravillas de la antigüedad.

SIGLO I a.C. — Aunque hay indicios de que en el antiguo Egipto ya existía la lucha organizada contra los incendios, las primeras brigadas verdaderas de bomberos aparecen en Roma, cuando Marco Licinio Craso, que había acabado con la revuelta de Espartaco y formaría parte del primer triunvirato con Pompeyo y César, creó brigadas de bomberos con esclavos que no sólo apagaban los incendios, sino que los provocaban para que su amo comprara el edifico a un precio muy por debajo de su valor.

1518 — Hubo que esperar muchos siglos a que un alemán, Anthony Blatner, construyera el primer carro de bomberos en Augsburgo. La Edad Media había sido un caos y cada vecino tenía que organizarse por su cuenta o esperar a que el señor feudal tomara las riendas.

1672 — El holandés Jan van der Heijden inventa la primera manguera flexible de cuero con una longitud de hasta 15 m y conexiones de latón.

1716 — Primera compañía de bomberos en Francia a cargo de François du Mouriez du Périer.

1721-1725 — El londinense Richard Newsham inventa la primera bomba contra incendios accionada por dos hombres, uno a cada lado del artilugio, subiendo y bajando una gran palanca que impulsa el agua hasta 40 metros de altura.

1736 — Primera compañía de bomberos voluntarios en Estados Unidos, la Union Fire Company creada en Filadelia por Benjamín Franklin.

1810 — Napoleón crea el primer cuerpo de bomberos profesional en Francia. En 1811 los organiza como un cuerpo militar.

1821 — Se crea en Granada el primer Cuerpo de Zapadores-Bomberos de España. Granada fue la primera ciudad en tener este cuerpo, seguida de Madrid y Zaragoza. • En Granada había algo parecido a un cuartel de bomberos desde el incendio del Convento del Carmen en 1723.

1824 — Primera compañía de bomberos dentro del Reino Unido en Escocia. • Londres no tendrá un servicio de bomberos profesional hasta 1832.

1829 — Primer camión con un motor de vapor para la lucha contra incendios, aunque no serán utilizados a cierta escala hasta 1860, y a gran escala a partir de 1907, con el motor de combustión interna.

herramientas entre los moriscos que ejercen de bomberos, como hachas, mazos y azadones, y así hasta la llegada de las bombas en el siglo XVIII. En Francia se crea en 1716 la primera Compañía de bomberos, a cargo de François du Mouriez du Périer, que porta doce bombas. En 1733, el gobierno francés decide que los bomberos no cobrarán a las víctimas de los incendios, y en 1750, se incorporan los uniformes. En Estados Unidos, se crea en 1736 en Filadelfia la primera compañía de bomberos voluntarios, que no se convertirán en profesionales hasta 1850. Se cree, por otra parte, que fue Napoleón Bonaparte, en 1810, el creador del primer cuerpo de bomberos profesionales, los Sapeurs-Pompiers del cuerpo de ingenieros del Ejército francés.

Antigüedad

Policía

Curiosidades

El escritor **George Simenon** (1903-1989) dio vida en 1931 al comisario Maigret, de la policía judicial francesa, protagonista de 78 novelas hasta el año 1972. Cuando Simenon empezó a escribir novelas policíacas en 1929, la propia policía francesa le llamó para enseñarle cómo funcionaba de verdad el cuerpo y darle un mayor realismo a sus historias.

Derecha, en el mundo desarrollado crece el papel de la policía como fuerza de protección ciudadana. En la foto, comisaría en Times Square, Manhattan, Nueva York (EE UU).

La policía moderna pudo tener dos posibles orígenes. Se dice que fueron Luix XIV y su primer ministro Colbert quienes dieron lugar al primer cuerpo de policía moderno, con la creación en 1667 de la figura del *lieutenent général*, encargado de la seguridad de la ciudad. Es más probable, sin embargo, que la primera policía moderna fuera la Santa Hermandad, creada en España en 1476 con la finalidad de mantener la paz en los caminos y perseguir a los delincuentes por todo el reino, aunque su autoridad no alcanzaba al interior de las ciudades, donde había otros fueros y otras leyes, de ahí que pudiera considerarse un precedente de la Guardia Civil. Fueron los Reyes Católicos quienes, en las Cortes de Madrigal, dieron lugar a la creación de este cuerpo cuya finalidad incluía asegurar el poder real. La Santa Hermandad llegó a estar formada por unos dos mil hombres armados que se distinguían por llevar las mangas verdes, de ahí la expresión "a buenas horas, mangas verdes", para decir que alguien llega cuando ya todo ha pasado.

La palabra policia procede del griego *polietia*, de *polis*, y hace mención a todo lo relacionado con la vida en la ciudad. En el antiguo Egipto existían ya muchas clases de policías (o cuerpos de seguridad), destinados algunos por ejemplo, a luchar contra la profanación de tumbas, y había una serie de castigos establecidos según el delito. En China, durante la dinastía Shang existe un cuerpo de policía bien organizado que informa a los jueces. En Grecia, se crea la figura del custodio de la ley, y su mantenimiento se encarga a un grupo de trescientos esclavos escitas, que vigilan, detienen y conducen a los prisioneros. En Roma, bajo el gobierno de César Augusto, el orden lo mantienen siete escuadras de una especie de guardia pretoriana de mil hombres cada una. Durante la Edad Media, el orden depende de cada señor feudal, pero éste nombra a una especie de alguacil a su servicio que se encarga de mantener el orden de una forma dictatorial.

Sólo Clotario II, en Francia, emite un edicto en 615 con el fin de que se organicen las fuerzas vivas del país para luchar contra la delincuencia. Los cuerpos de seguridad personales al servicio de los diferentes nobles, se solapan en las grandes ciudades, donde no son raras las confrontaciones. En París, la ciudad más grande y peligrosa de Europa en el siglo XVII, el rey Sol decide unificar el cuerpo de policía bajo un mando único, con la finalidad de asegurar la paz. El primer responsable de este cuerpo fue Gabriel Nicolas de Reyne, que nombró a 44 comisarios, asistidos desde 1709 por inspectores de policía. En 1804, Joseph Fouché, ministro de la policía de Napoleón Bonaparte, crea la Prefectura de París y reorganiza las fuerzas policiales de todas las ciudades francesas de más de cinco mil habitantes, pero era poco más que un servicio secreto al servicio del Estado. En 1829, se vuelve a reorganizar y la policía de París se convierte en la primera policia uniformada de la historia. Se les llama *sergents de ville*, cuya traducción es "agente de policía". Ese mismo año se crea Scotland Yard, la policía de Londres.

La primera policía inglesa fue la policía del Támesis (*Marine Police Force*), creada en 1798 para controlar el tráfico fluvial por el río que atravesaba la ciudad, aunque desde 1663 existe una vigilancia nocturna de las calles londinenses y desde 1790 las brigadas independientes poseen un estatuto propio.

En América del Norte, la primera policía es la Toronto Police de Canadá, en 1834, seguida por las policías de Montreal y Quebec, creadas en 1838, y la primera de Estados Unidos, la de Boston, creada en 1838, seguida de New York en 1844 y Filadelfia en 1854.

En España, se crea la Policía General del Reino por decreto del rey Fernando VII en 1824, con una superintendencia, y en el caso de Madrid, con varias comisarías. Después de varias aboliciones y reapariciones, en 1877 la policía de toda España pasa a depender del Ministerio de Gobernación.

En América Latina

En América Latina, un régimen parecido al de la policía existe desde el siglo XVI. En 1500 existe la figura de los calpullec, encargados de la seguridad de los barrios y de los mercados, y en cuanto se establecen los españoles, se crea la figura del alguacil en ciudad de México, que desde 1531 tienen permiso para detener a los delincuentes. En 1722, en México se crea un cuerpo policial denominado La Acordada. En 1789 se crea la Policía de Seguridad y Ornato, que además se encarga de mantener el buen aspecto de la ciudad. Desde entonces, se han producido notables cambios. La historia de la policía bonaerense se inicia en 1580 y adquiere su forma moderna en 1880. En 2007, no dejan de efectuarse depuraciones en la policía federal mexicana por corrupción relacionada con el narcotráfico que sigue el camino de este país en dirección a Estados Unidos.

1254 — En París se crea la figura del *chevalier du guet*, un cuerpo de 25 policías montados encargados de vigilar la ciudad por la noche.

1337 — En Francia se crea un cuerpo de gendarmes (militar) al servicio del constable de Francia, que en aquel momento era Raúl de Bienne, bajo el gobierno de Felipe VI de Francia. Desde 1536 sus funciones son muy parecidas a las de la Santa Hermandad española, pues se encargarán de la seguridad en los caminos. En 1626, este cuerpo adopa el nombre de *marechaussée*, y sus agentes serán los prebostes del mariscal (*marechaux*), que se organizan en brigadas a partir de 1720 y serán el antecedente de la *gendarmerie* francesa.

1476 — Se crea en España la Santa Hermandad, cuya finalidad es mantener la paz en los caminos, pero no tiene autoridad en el interior de las ciudades. • Los árabes habían creado en el siglo VIII en España las hermandades, cuya misión era mantener el orden y perseguir a los delincuentes, y en las cuales se inspiraron los castellanos para constituir la Santa Hermandad.

1667 — El primer ministro de Luis XIV, Colbert, crea la figura del *lieutenant général* en París y da forma a la primera policía ciudadana.

1669 — El sistema policial de París se implanta en todas las ciudades francesas de más de 5.000 habitantes.

1709 — Aparece la figura del inspector de policía en París para respaldar a los 44 comisarios.

1799 — En Inglaterra aparece la Marine Police, primera policía británica, para vigilar el río.

1804 — Joseph Fouché, nuevo ministro de policía, se hace cargo de la Prefectura de París, creada por Napoleón Bonaparte en 1800, y reorganiza la policía francesa convirtiéndola en el servicio secreto.

1814 — Fernando VII dispone en España que las tropas del ejército se hagan cargo del bandolerismo y la delincuencia en todo el país.

1824 — Se crea en España la Policía General del Reino por decreto del rey Fernando VII.

1829 — Nueva reorganización de la policía parisina, que se convierte en la primera policía uniformada de la historia, con tricornio. Ese mismo año, nace Scotland Yard, primer cuerpo de policía de Londres.

1834 — Primera policía de Norteamérica, la Toronto Police, de Canadá.

1844 — El Duque de Ahumada, por encargo del mariscal de campo Rafael María Narváez, crea el Cuerpo de la Guardia Civil española.

1860 — Primera mención de los mozos de escuadra en Cataluña, aunque desaparecerán y aparecerán varias veces hasta su establecimiento en 1950.

1870 — Alphonse Bertillon funda en París el primera laboratorio de policía científica de identificación criminal e inventa la antropometría judicial, según la cual cada individuo tiene catorce medidas en el cuerpo que en conjunto no se pueden repetir en otra persona, aunque en realidad bastaría con las huellas digitales.

1883 — Abre en París la primera escuela de policía del mundo.

1835

Voto femenino

Curiosidades

En 1908 se forma en Londres la **Liga Nacional de Mujeres Anti-Sufragio**, presidida por la novelista Mary Ward. Tuvo que llegar la Primera Guerra Mundial para que las mujeres consiguieran un lugar en la sociedad.

La primera mujer en votar en unas elecciones parlamentarias fue la inglesa Lily Maxwell en Manchester, Inglaterra, en 1867, pero se debió a un error, ya que su nombre fue inscrito por equivocación en las listas electorales; naturalmente, no tardó en corregirse el fallo y el voto femenino fue prohibido. En Nueva Jersey, Estados Unidos, escribieron en 1776 que tenían derecho a votar "todas las personas", en lugar de todos los hombres, y este error concedió a las mujeres la primera oportunidad de votar de la historia, pero se lo prohibieron en 1807.

En 1835 se aprueba el sufragio femenino en las islas Pitcairn, donde vivían los decendientes de los amotinados de la *Bounty*, que se quedaron en las islas en 1790 y se unieron con las indígenas. En 1850, las islas fueron abandonadas.

En 1853, Colombia adopta un regimen federal que permite tener su propia constitución a cada provincia, y en la de Vélez (actual Santander) se aprueba el voto femenino; nunca llegaron a votar y este derecho fue abolido en 1857. Por fin, en 1869, se aprueba de manera consciente el voto femenino en el estado de Wyoming, Estados Unidos, pero se prohibe el voto de los negros. Al año siguiente, aprobó el voto femenino Utah. La Comuna de París permitió el voto en 1871, pero lo restringió con su caída hasta su

aprobación por De Gaulle en 1944.

El primer país en permitir el voto en las elecciones generales fue Nueva Zelanda en 1893, seguida de Australia del Sur, que lo asegura en 1902, siempre con la excepción de los aborígenes. El primer país europeo en garantizar el voto femenino fue Finlandia en 1906, donde se eligen las primeras 19 mujeres parlamentarias. Le siguen Noruega, en 1913, Dinamarca, en 1915, Canadá, en 1917 (las viudas votan desde 1883), y Rusia, en 1918, tras la Revolución.

El auge del feminismo en Estados Unidos

En 1890 se constituye en Estados Unidos la Asociación Americana para el Sufragio de la Mujer, en la que destacaron las activistas Susan B. Anthony, Lucy Stone y Elisabeth Cady Stanton. Gracias a ellas y tras sendas consultas populares se consigue el voto femenino en Wyoming, en 1869. En Montana, se elige en 1917 a la primera congresista americana, Jeanette Rankin. Por fin, en 1920, se aprueba la enmienda XIX a la constitución que permite el voto femenino.

La gran figura del sufragismo italiano fue Anna Maria Mozzoni. En Inglaterra dirigió el movimiento a favor de los votos de la mujer Emmeline Goulden Pankhurst. En Francia destacó Olimpia de Gouges.

1776 — Se aprueba el voto femenino en Nueva Jersey, Estados Unidos, por un error en la redacción, donde consta personas en lugar de hombres.

1835 — Se aprueba el voto femenino en las islas Pitcairn de la Polinesia, dependientes de Gran Bretaña desde 1838. Fue una especie de espejismo.

1848 — Elizabeth Candy Stanton y Lucrecia Coffin Moth organizan la primera Convención para los Derechos de la Mujer en Estados Unidos. Junto con Lucy Stone crearán en 1966 la Asociación Americana por la Igualdad de Derechos.

1853 — Se aprueba el voto femenino en el estado de Vélez, en Colombia, aunque nunca llegaron a ejercerlo.

1867 — La inglesa Lily Maxwell se conviete en la primera mujer en votar en unas elecciones parlamentarias, debido a un error en las listas electorales.

1869 — Elizabeth Stanton y Susan Brownell Anthony constituyen en Estados Unidos la Asociación Nacional para el Voto de la Mujer. • Se aprueba el voto femenino en el estado de Wyoming, Estados Unidos.

1880 — La isla de Man es uno de los primeros lugares en que pueden votar las mujeres, pero mientras pudieren hacerlo, sólo lo hicieron las viudas y las que tenían alguna propiedad inmobiliaria.

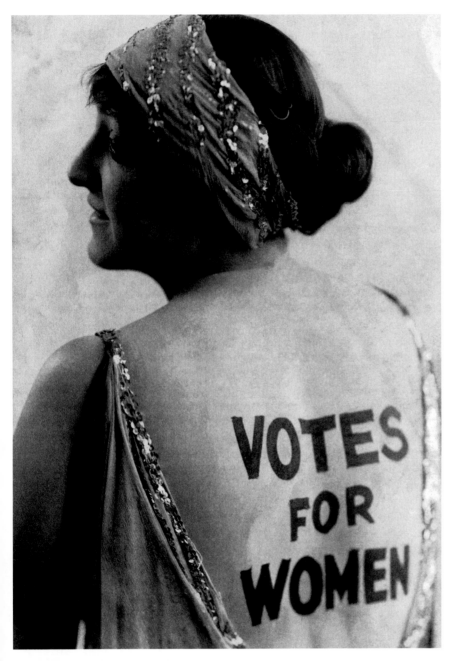

El voto en España

La primera manifestación para pedir el voto femenino en España se celebró en mayo de 1921, organizada por la Cruzada de Mujeres Españolas, dirigida por la periodista Carmen de Burgos. La igualdad de la mujer vino dada por la República, que se instauró en abril de 1931. En la nueva Constitución redactada, que se apoya en las de México, Weimar y Rusia, consta: "No podrán ser fundamento de privilegio jurídico: la naturaleza, la filiación, el sexo, la clase social, la riqueza, las ideas políticas ni las creencias religiosas". Ese mismo año son elegidas las dos primeras diputadas, Clara Campoamor, del Partido Radical, y Victoria Kent, de la Izquierda Republicana. No tardó en unise a ellas Margarita Nelken. Mientras, se presentaban ponencias escandalosas por parte de algunosa partidos, por ejemplo, que sólo votaran las solteras y las viudas, o que la mujer era deficiente en voluntad e inteligencia hasta los 45 años. Por fin, se aprobó el voto femenino, que se aplicó en las elecciones de 1933.

En la imagen, Dorothy Newell, con mucho sentido del humor, promociona el voto femenino en la primera década del siglo XX en Nueva York.

1893 — Nueva Zelanda se constituye en el primer país en permitir el voto femenino.

1906 — Finlandia es el primer país europeo en aprobar el voto femenino y en elegir a las primeras parlamentarias en las elecciones del año siguiente.

1917 — Después de la Revolución, la mujer en Rusia adquiere los mismos derechos que el hombre. Aleksandra Kollontai será la primera mujer parlamentaria, responsable de la organización de mujeres del partido bolchevique y del Secretariado Femenino Internacional y primera mujer embajadora de la historia, en Noruega en agosto de 1924, en México en el año 26, otra vez en Noruega en 1930, de donde consiguió que expulsaran a Trotsky, y en Suecia hasta 1945.

1918 — La irlandesa Constance Gore-Booth, condesa de Markiewicz, política, revolucionaria y sufragista, se convierte en la primera mujer diputada en la Cámara de los Comunes británica, aunque no llegó a ocupar su asiento. Más tarde fue Minister of Labour de Irlanda.

1931 — Primeras elecciones a la República española y primeras diputadas: Clara Campoamor, Victoria Kent y Margarita Nelken.

1933 — Primeras elecciones en España en las que las mujeres pueden votar. En 1939 pierden este derecho, que recuperarán en las primeras elecciones democráticas de 1977.

1919 — Nancy Astor, vizcondesa de Astor, se convierte en la primera mujer en tener un asiento en la Cámara de los Comunes del Reino Unido.

1118

Multinacionales

Curiosidades

Pocas personas eran conscientes en la Edad Media del poder de los templarios, salvo las clases nobles, los únicos que tenían dinero. Actualmente, las empresas multinacionales controlan más de dos tercios del comercios mundial y muchas de ellas como **Pepsi** o **Coca Cola**, son conocidas en los rincones más remotos del mundo por su capacidad para acceder a ellos.

Una multinacional es una empresa que se establece en varios países, y no debe confundirse con una corporación, que tiene un sentido más amplio y puede pertenecer a un solo país, como sucedía en la antigüedad con las asociaciones entre empresas particulares y estado, por ejemplo, en la antigua Roma, o en el imperio Maurya, que se formó en la India tras la desintegración del imperio de Alejandro Magno en el Extremo Oriente.

Aunque es un tema discutible, la primera empresa no gubernamental que abarca varios países es la Orden del Temple, que se fundó durante las Cruzadas con la intención de proteger a los viajeros que iban a Tierra Santa. El Temple tenía un carácter religioso y militar, pero en el siglo XII controlaba todas las rutas desde Europa hasta Tierra Santa. Cincuenta años después de su fundación en 1118, se extendían por Francia, Inglaterra, Alemania, España y Portugal, amenazando las riquezas del Vaticano. En 1220 ya son la empresa más grande del mundo, con treinta mil miembros, flota propia, unas nueve mil encomiendas o pequeños feudos, más de cincuenta castillos y el primer banco moderno de la historia, al que debían dinero todos los gobiernos. En 1291 son expulsados de Israel, pero compran la isla de Chipre y se instalan en ella.

Los franceses debían tanto dinero a los templarios, en parte por el rescate de su rey Luis IX, que el nieto de éste, Felipe IV, convenció al papa Clemente V de que se debía acabar con ellos, y se inicia el primer proceso contra una multinacional, que acaba con su maestre en la hoguera.

Otros historiadores consideran que la primera multinacional del mundo fue la Compañía Británica de las Indias Orientales, que obtuvo toda clase de privilegios reales en 1600, incluido el monopolio del comercio en Asia Oriental. Le sigue en orden la Compañía Holandesa de las Indias Orientales, que obtuvo ese mismo monopolio en las colonias holandesas de Asia en 1602 y que muchos consideran la primera corporación multinacional.

Corporaciones, 1347

Una corporación es una persona jurídica, es decir, una entidad que actúa como una persona a la hora de tomar decisiones.

Su concepto es pues, muy amplio, pues pueden ser un grupo de amigos, un ayuntamiento, una universidad o un grupo de empresas. Como ya hemos dicho, las primeras corporaciones aparecen en la antigüedad bajo la tutela de los gobiernos, pero no son personas jurídicas ante la ley. La primera corporación moderna es la unión de mineros Stora Koppaerberg, cuyos estatutos fueron aprobados en 1347 por el rey Magnus IV de Suecia, aunque consta que la unión funcionaba desde 1288. Stora Enso es hoy día una corporación sueco-finlandesa fabricante de papel.

Todas las Compañías de Indias que surgen en Europa en los próximos siglos son además de multinacionales, grandes corporaciones. La primera gran corporación americana es la poderosa Standard Oil, fundada en 1870 por John Rockefeller, su hermano William Rockefeller, Henry Flagler, el químico Samuel Andrews, y el socio en la sombra Stephen V. Harkness. Rockefeller utilizó tácticas poco convencionales para apoderarse de todas las empresas pequeñas que podían hacerle la competencia. Tenía tantos enemigos que el gobierno se vio obligado a legislar contra los monopolios y, en 1911, la Corte Suprema de Estados Unidos dividió la Standard en 34 compañías.

En el año 2000, el 12 por ciento del producto interior bruto mundial estaba en manos de las grandes corporaciones. Las mayores de carácter privado pertenecen a los ramos de alimentación, energía, transportes, construcción y productos farmacéuticos. Tampoco es despreciable la industria del armamento.

A la derecha, estatua del Atlas, en el Rockefeller Center de Nueva York. John Rockefeller fue el fundador y propietario de la compañía petrolera *Standard Oil*.

Coca Cola, fundada en una farmacia en 1885, es una de las cien multinacionales más grandes del mundo.

1118 — Los templarios hacen su aparición en la historia europea. Su objetivo es proteger a los viajeros que tienen como destino Jerusalén. Las multinacionales de aquel tiempo son las ciudades comerciales, que se organizan como pequeños estados por todo el Mediterráneo. Venecia, Génova, Pisa, Nápoles, Barcelona, controlan el comercio del Mediterráneo. Los templarios pasan de vigilar los caminos a poseer tierras, castillos, pueblos, negocios, hasta su final a principios del siglo XIV, precisamente con el auge de las ciudades-estado mencionadas.

1600 — La reina Isabel I de Inglaterra otorga la Carta Real, documento que otorga legitimidad, a la Compañía Británica de las Indias Orientales para el comercio con la India. La Compañía era una simple unión de inversores con fines comerciales, pero en poco tiempo acabaron gobernando de hecho toda la India, con sus propios ejércitos, hasta su disolución en 1858.

1602 — La Compañía Holandesa de las Indias Orientales o simplemente Compañía de las Indias, recibe del gobierno de los Países Bajos el monopolio del comercio en Asia, excepto en la India y las colonias británicas, con las que se enfrentaron en varias ocasiones. Hay quien la considera la primera corporación multinacional de la historia. Tenían el cuartel general en la isla de Java. Se disolvieron en 1798.

1616 — Se funda la Compañía Danesa de las Indias Orientales por un privilegio concedido por el rey Christian IV de Dinamarca y Noruega. Su fin era comerciar con los asentamientos daneses en la India. Importaban sobre todo té, que vendían en Gran Bretaña.

1659 — Los franceses crean, en la desembocadura del río Senegal, en África, la Compañía del Senegal, fundan San Louis y se apoderan de la isla de Gorée, puerto de la esclavitud que parte para América, pero esta empresa forma parte del gobierno y no se puede considerar corporación, pues de ese modo, el imperio español habría tenido en su día, en el siglo XVI, la multinacional más grande y extensa del mundo.

1870 — John Rockefeller funda la Standard Oil, primera corporación moderna y una de las más grandes del mundo.

Antigüedad

Pioneros del vampirismo

Curiosidades

Vlad Tepes o **Vlad el Empalador, Drácula** o el Hijo del Diablo, fue príncipe de Valaquia, Rumanía, entre 1456 y 1462. Su vida estuvo marcada por las intrigas; se alió con los turcos y luego se enfrentó a ellos, causando grandes bajas y empalando a sus enemigos, hasta que fue apresado por los hombres del sultán y su cabeza exhibida públicamente en Estambul. En realidad, no era un vampiro.

A la derecha, escena del *Nosferatu* de Murnau, de 1922.

Precedentes en la Antigüedad

Hay dos clases de vampiros, los sanguinarios y los psíquicos. Los primeros se alimentan abiertamente de sangre humana. Son los vampiros modernos, de la literatura y el cine. Los psíquicos son los que predominaban en la antigüedad. El vampiro te roba el alma, sientes que pierdes la vida, que toda tu esencia es absorbida desde algún lugar lejano y cercano a la vez, como si te quedaras sin sangre, y los demás ven cómo te mueres sin poder hacer nada por evitarlo.

Estos vampiros prefieren a los niños pequeños, incapaces de resistirse a sus poderes, y aparecen muy pronto en la historia de la humanidad. La primera referencia de lo que podría ser un vampiro se da en la antigua Mesopotamia de hace cinco mil años, donde medraba Lilitu, demonio nocturno que secuestraba y devoraba bebés y que fue convertido por los judíos que vivieron en Babilonia en Lilit, la primera esposa de Adán, hermosa y terrible a la vez, mencionada una sola vez en la Biblia junto a los gatos salvajes, y desaparecida en el exterminio mitológico de la Baja Edad Media.

Los judíos todavía colocan un collar a los niños recién nacidos para protegerlos de los invisibles *lilim* que medran en la oscuridad, de los que nacieron un centenar cuando aquella Lilit de Adán yació con el demonio Samael. Son los *lilu* de los acadios y los súcubos cristianos que secuestran a los niños para satisfacer sus deseos.

En Grecia hay una figura mitológica, Lamia, que devoraba a los niños porque antes había devorado, presa de una maldición, a sus propios hijos.

En la antigua Roma encontramos a los los *strix* o *striga*, que además de ser un conocido género de búhos eran pájaros mitológicos de mal augurio que se alimentan de carne y sangre humana. Y es posible que su origen sea mucho más antiguo, pues se mencionan por primera vez en la *Ornithogonia* del griego Boios, donde se explica la transformación de

monstruos mitológicos en pájaros. Otro personaje mitológico romano eran los lemures o *larvae*, espectros de los muertos capaces de robarle la vida a quienes les hubieran maltratado o por no haber realizado el rito funerario en condiciones.

Las primeras historias de vampiros

Tienen lugar en China. Ciertos manuscritos escritos por un tal Chi Wu Lhi en el siglo III a.C. sugieren que antes de enterrar a los muertos hay que dejarlos expuestos al sol durante un día, para evitar que un *chiang-shi* (pronúnciese "kiangsi") se apodere de su cuerpo. Estos personajes pertenecientes a la mitología china tienen el cuerpo recubierto de cabellos blancos y las uñas muy largas. Si se apoderan de un cadáver, éste resucita cuando hay luna llena y no hay más remedio que descuartizarlo. Los *chiang-shi* son los vampiros chinos que aparecen con frecuencia en las películas orientales. Según las creencias chinas, cada persona tiene dos almas, una superior y racional y otra inferior e irracional. El alma superior puede abandonar el cuerpo durante el sueño, pero el alma inferior o *p'ai* se aferra a él y permanece durante un tiempo con el cuerpo físico después de la muerte. Si se produce una muerte violenta, el alma superior abandona el cuerpo, pero si el *p'ai* es lo bastante fuerte, puede animarlo y dar lugar a un chiang-shi. Son seres nocturnos, que odian al agua y a los que se combate con ajo y sal. Son violentos, violan a las mujeres y pueden volar y convertirse en lobos.

Vampiros precolombinos

La leyenda de los murciélagos gigantes que se alimentan de sangre en América del Sur no es cierta. Pero sólo en cuanto al tamaño, pues se trata de unos pequeños quirópteros hematófagos de 7 a 10 cm que atacan a bestias y humanos y pueden chuparles hasta 30 centímetros cúbicos de sangre en una noche. Su nombre es 'vampiro de azara' o murciélago

5000 a.C. — La diosa Lilitu secuestra niños para beberse su sangre inmortal en Mesopotamia.

2000 a.C. — Los judíos convierten a Lilitu en la sanguinaria Lilit, la primera esposa de Adán, que sólo se menciona una vez en la Biblia para dejar paso a Eva. De sus relaciones con Satán nacen los súcubos que secuestran a los niños.

SIGLO III a.C. — Las primeras historias de vampiros se dan en China, donde el alma inferior de los difuntos, incapaz de abandonar su cuerpo, se apodera del mismo y lo hace resucitar cuando hay luna llena. Son los *chiang-shi*, y no son malignos, pero producen terror y hay que descuartizarlos.

SIGLO XV — No es propiamente uno de ellos, pero el sanguinario Gilles de Rais marca la pauta de lo que será el vampiro europeo: sus actos son visibles a lo ojos de todos, su alma es tan negra como el más profundo de los pozos del infierno. • Mientras el esquizofrénico conde francés asesina niños en su castillo de Tuffauges, el sanguinario príncipe Vlad el Empalador se gana en Rumanía la fama que lo convertirá en Drácula, asesinando a cuantos se oponen a su gobierno. Vlad fue un tirano, pero su fama de vampiro está injustificada, pues él empalaba a sus víctimas, no se bebía su sangre.

SIGLO XVII — Este siglo empieza con las hazañas de la princesa Erzsébet Báthory, que se baña en la sangre de sus víctimas adolescentes en su castillo de Transilvania. Por otro lado, la aparición de ciertas enfermedades como el ántrax, hacen que la fiebre del vampirismo se extienda por toda Europa.

SIGLO XVIII — Una epidemia, probablemente de ántrax, siembra el pánico en Prusia y la gente achaca los síntomas: úlceras y debilitamiento rápido del cuerpo, con vómitos de sangre, al vampirismo. En este siglo se publican diversos libros sobre el tema que ayudan a mantener la confusión. A finales, se ponen las primeras piedras de lo que será la literatura vampírica, por ejemplo, con *La novia de Corinto*, de Goethe, y muy pronto, con *El manuscrito encontrado en Zaragoza* del polaco Jan Potocki, pubicado en 1805.

1810 — John Stagg escribe el primer poema sobre vampirismo titulado «El vampiro», donde hay una descripción perfecta de los síntomas.

1816 — John William Polidori escribe el primer relato vampírico de la literatura contemporánea, titulado *El vampiro en la Villa Diodati*, durante su estancia del 16 al 19 de junio, en aquel año sin verano, junto a Lord Byron y los Shelley. Mary Shelley escribirá *Frankenstein* durante esa estancia. El relato de Polidori se publicará en 1819.

1836 — Tehophile Gautier publica *La muerta enamorada*, relato vampírico influenciado por la obra de Hoffmann, que a su vez se inspira en Matthew Lewis, autor de *El monje*. Estamos en pleno auge de la novela gótica sobre fantasmas y aparecidos, que tendrá una gran influencia en Lovecraft.

1837 — Aleksei K. Tolstoi escribe un relato titulado *La familia de Vourdalak* en el que hay una descripción detallada de los vampiros de pueblo eslavos.

1857 — Charles Baudelaire publica *Flores del mal*, que incluye el poema "La metamorfosis del vampiro".

Pioneros del vampirismo

Curiosidades

En 1956 muere **Bela Lugosi**, a medio rodar una película de terror con Ed Wood, Plan 9 from Outer Space, considerada la peor película de la historia. Lugosi se especializó en interpretar a Drácula en el teatro y finalmente en cine en 1931. Su inmersión en el papel fue tan grande que pidió ser incinerado vestido de vampiro.

mordedor (*Desmodus rotundus*). Sin embargo, hubo una especie gigante, de la que se han encontrado restos en una cueva de Venezuela, el *Desmodus draculae*, que dio lugar probablemente a la leyenda de Camazotz, el dios murciélago de la mitología maya, guardián de la muerte y señor del crepúsculo. En la mitología azteca, los vampiros, del género femenino, nacían al morir una madre y su hijo durante el parto. Se les llamaba civatateos y sus víctimas eran niños, que morían de una enfermedad pocos días después de ser atacados. Las leyendas de vampiros se extienden más tarde por toda América Latina con diferentes nombres, como el Negro Cimarrón de México o el Piuchén de Chile. Las ofrendas de sangre a los dioses tenían otro sentido.

Los inicios del vampirismo en Europa

Las primeras referencias sobre los no muertos que se alimentan de la sangre de los vivos se encuentran en el siglo XIV. El primer asesino que se puede tildar de vampiro sería el francés Gilles de Rais, que luchó junto a Juana de Arco en el siglo XV, llegó a mariscal de Francia y se dedicó a la alquimia. Reunió en su castillo a una serie de personajes relacionados con la magia negra y en su búsqueda de la eterna juventud asesinó a cientos de niños. Su

historia es tan macabra que apenas puede mencionarse sin contener la respiración. Era un adorador de Juana Arco, que perdió la cabeza cuando ella fue quemada y dio rienda suelta a sus instintos en su castillo de Tiffauges.

Otro personaje endiablado de ese siglo fue el conde rumano Vlad el Empalador, hijo de Vlad Dracul (en rumano «demonio»), de donde le viene el nombre de Drácula. Fue un hombre de acción que se enfrentó con su ejército a los turcos en numerosas ocasiones, pero que gobernaba con mano de hierro y llegó a empalar a todos los habitantes de una población por oponerse a él. Por último, tenemos a la condesa húngara Erzsébet Báthory, que a principios del siglo XVII asesinó a numerosas muchachas en su castillo porque creía que con su sangre podía conservar la juventud.

La fiebre del vampirismo se extiende por toda Europa, y contribuye a ello que tras la invención de la imprenta se publiquen libros con títulos tan siniestros como *De miraculis mortuorum* (1670), de Frederick Garmann. En 1710, en Prusia se achacan muchas de las muertes causadas por la peste al vampirismo, y se exhuman los cadáveres un tiempo después de enterrados para comprobar que se están deteriorando. En 1725 se celebra el primer juicio contra un vampiro en Kisilova,

---

1872 — Joseph Sheridan le Fanu publica el cuento corto "Carmilla" en una colección de relatos, que después se convirtió en la novela *Carmilla: Historia de un vampiro*. Es una de las primeras historias de vampiros europeas, y la que tuvo más influencia sobre Bram Stoker.

1897 — Bram Stoker publica *Drácula*, la historia del más famoso de los vampiros, que inspiraría toda la producción posterior sobre este tema.

1922 — Friedrich Wilhelm Murnau rueda la primera película basada en el mito de Drácula, *Nosferatu, el vampiro*, una versión de la novela de Stoker que cambió el nombre al no poderse hacer con los derechos del libro. • Werner Herzog hará una nueva versión de la película en 1978 con Klaus Kinsky como protagonista. • En el año 2000, Elias Merhige rodará *La sombra del vampiro*, con John Malkovich en el papel de Murnau y Willem Dafoe en el del protagonista, un vampiro real.

1923 — Se estrena la primera versión teatral de Drácula en el Grand Theatre de Derby, en Inglaterra, de la mano de Hamilton Deane, que hará de Van Helsing, el sempiterno enemigo del conde.

1927 — Horacio Quiroga, uno de los cuentistas más grandes de la literatura hispanoamericana, publica *El vampiro*. • En febrero, Hamilton Deane dirige la primera versión teatral de Drácula en Londres, con Raymond Huntley como protagonista. • En octubre se estrena la primera versión americana de la obra Drácula en el teatro Fulton de Nueva York, con el húngaro Bela Lugosi en el papel principal, que aún no dominaba el inglés, pero que hizo el papel durante 261 funciones.

Christopher Lee, a la izquierda, interpreta por primera vez Drácula en 1958. A su lado, escena de la versión de *Drácula* de Francis Ford Coppola.

Roman Polansky rueda *El baile de los vampiros* en 1967, una de las mejores películas satíricas sobre el tema.

Francis Ford Coppola rueda la última gran versión de la serie, *Drácula de Bram Stoker*, protagonizada por Gary Oldman en 1992.

Prusia, el campesino Peter Plogojowicz, del que se dijo que, aun estando muerto y enterrado, se levantaba por las noches para visitar a sus parientes. El juez decidió acabar con él por medio de una estaca en el corazón, del que manó abundante sangre fresca.

En 1728 se publica *De Masticatione Mortuorum in Tumulis Liber*, de Michael Ranft. En 1732 se usa por primera vez la palabra "vampiro" en lengua francesa, en un juicio al soldado serbio Arnold Paole, la lengua de los nobles, y esta expresión se implanta definitivamente en Europa. En algunas cronologías se menciona la palabra *upir* referida a un príncipe ruso del siglo XI como el antecedente del término.

En 1732 aparece otro libro sobre el tema, la *Dissertatio de Cadaveribus Sanguisugis*, de John Christian Stock, y en 1749, la *Disertación sobre los revinientes en cuerpo, los excomulgados, los upiros o vampiros, brucolacos, etc.*, escrito por el abad de Senones, Augustin Calmet, que era famoso por su *Historia del Antiguo y Nuevo Testamento*, y, por lo tanto, una persona muy creíble. Los casos de vampirismo eran tantos que se achacaron a una enfermedad que descubrió Christian Reiter en 1849, el ántrax.

Derecha, imagen de *Nosferatu* (1978), de Werner Herzog, nueva versión de la primera película sobre el mito, rodada en 1922 por Murnau.

1931 — Tod Browning rueda la película *Drácula*, con Bela Lugosi, que se encasillará en el cine de terror. • En el mismo decorado se rueda otra versión para el mercado hispano protagonizada por Carlos Villarías.

1935 — Robert Bloch publica la primera historia de ciencia ficción vampiro incluido, *El vampiro estelar*, en respuesta a una narración que le había dedicado su amigo Lovecraft titulada *El morador de las tinieblas*.

1936 — Drácula vuelve al cine en *La hija de Drácula* protagonizada por Gloria Holden.

1958 — La productora Hammer rueda la primera película sobre Drácula con los actores Christopher Lee y Peter Cushing, dirigida por Terence Fisher, con Lee en el papel del conde maldito y Cushing ejerciendo de su impertérrito enemigo Van Helsing. Sería el principio de una larga serie.

1970 — Jesús Franco dirige la primera película española sobre el tema, titulada *El conde Drácula*, protagonizada igualmente por Christopher Lee.

1971 — Paul Naschy, el Drácula español, protagoniza su primera película sobre el tema, *La noche de Walpurgis*, en la que también interpreta al hombre lobo.

1975 — Stephen King escribe *Salem's Lot*, traducida como *La hora del vampiro* y como *El misterio de Salem's Lot*, un relato vampírico que dos años después será llevado a la televisión por Tobe Hooper. King escribirá en el prólogo de la segunda edición que la obra *El Señor de los anillos* es una versión de Tolkien del mito, con Saurón en el papel de Drácula, Gandalf en el papel de Von Helsing y Frodo es el abogado que se presenta en el castillo y es hecho prisionero por Drácula.

Informática

Del ábaco a la Wikipedia

1953

Informática

El ábaco más antiguo estaba formado por un tablero sobre el que se espolvoreaba arena. El llamado tablero de recuento constaba de dos surcos sobre los que se desplazaban unas piezas de forma parecida a la regla de cálculo. Lo que nosotros llamado ábaco estaba hecho a base de varillas (o ranuras) en las que se ensartaban los *claviculi* o cuentas en la antigua Roma.

Los primeros ábacos, que muchas cronologías sitúan en 2500 a.C., consistían en una serie de piedras que se colocaban en hileras paralelas en el suelo y se movían de derecha a izquierda (los egipcios), o de izquierda a derecha (los griegos), para contar, sumar, restar y multiplicar.

Instrumentos parecidos al ábaco aparecen en Babilonia y China en los años 1000 y 500 a.C., pero aún son nada más que tablas de contar. Más parecido era el tablero de Salamis, encontrado en 1846 en la isla del mismo nombre y que se cree que fue usado por los babilonios en torno al 300 a.C.

Leonardo de Pisa Fibonacci, inventor de la secuencia de Fibonacci, es el primero en usar la expresión *abacus* en su obra *Liber Abaci*, de 1202, y durante mucho tiempo, ábaco y aritmética fueron equivalentes. El nombre, en griego, significa «tabla», y probablemente procede del semita *aqab*, polvo o arena. Sin embargo, el ábaco, tal como lo conocemos nosotros, formado por una serie de cuentas que se deslizan sobre cuerdas o alambres, se populariza en China en torno a 1300, durante la dinastía Yuan. Entre 1610 y 1617 John Napier, estudioso del Apocalipsis e inventor de los logaritmos, desarrolla un sistema para calcular mediante varillas colocadas sobre un tablero, también llamadas huesos de Napier, precursoras de la regla de cálculo, que se inventa entre 1620-1630. Probablemente fue el matemático inglés William Oughtred, amigo de Napier, quien hacia 1621 desarrolló este instrumento, tanto en su versión rectilínea como circular. En 1624, el matemático alemán Wilhelm Schickard construye la primera calculadora mecánica a partir de los huesos de Napier, veinte años antes que Pascal. Se usa para cálculos astronómicos. En 1645, el matemático y físico francés Blaise Pascal construye la segunda calculadora mecánica de la historia, la Pascalina. Estuvo tres años construyendo la máquina, que sólo podía sumar y restar, para ayudar a su padre, que trabajaba en Hacienda. En 1670, Wilhelm Leibnitz inventa el sistema binario y descubre muchos de los aspectos matemáticos que se utilizarán en la computación moderna, se anticipa a Touring y diseña una máquina de calcular, la Stepped Reckoner, que realiza la cuatro operaciones básicas. En 1800, el matemático francés Joseph Jacquard desarrolla un sistema de tarjetas perforadas para controlar el dibujo formado en un telar.

Estamos en plena revolución de la industria textil y según los agujeros de la tarjeta, la máquina actúa de una manera u otra. Presentó su proyecto en Lyon en 1805. En 1822, Charles Babbage presenta su proyecto de la máquina diferencial para evaluar polinomios en la Royal Astronomical Society. Babbage fue la primera persona en concebir un ordenador, pero nunca acabó de construir la máquina. En 1835, Babbage presenta una máquina analítica basada en el funcionamiento del telar de tarjetas perforadas de Jacquard, pero aunque trabajó en el proyecto entre 1833 y 1842, nunca consiguió acabarlo, como le pasó con la máquina diferencial. En 1855, el sueco Georg Scheutz construye con éxito una máquina diferencial, basada en el diseño de Babbage, que el Gobierno británico compra para su Oficina General del Registro en 1859, aunque finalmente, la falta de fondos frustró el proyecto.

En 1859, el matemático y filósofo inglés George Boole publica su obra *Ecuaciones Diferenciales* y sienta las bases de la denominada álgebra booleana, una de las

Derecha. En la imagen se observa a un técnico manipulando uno de los cientos de diales que posee la computadora ENIAC.

300 — Invención del ábaco; según otros se trata de una simple tabla de contar, la primera de las cuales sería el tablero de Salamis, encontrado en 1846 en la isla del mismo nombre y que se supone usado por los babilonios en el año 300 a.C.

1202 — Leonardo de Pisa Fibonacci usa por primera vez la expresión abacus en su obra *Liber Abaci*, de 1202, El nombre, en griego, significa tabla, y probablemente procede del semita *aqab*, polvo o arena.

1300 — El ábaco moderno, formado por una serie de cuentas que se deslizan sobre cuerdas o alambres, se populariza en China durante la dinastía Yuan.

1610-1617 — John Napier, estudioso del Apocalipsis e inventor de los logaritmos, desarrolla un sistema para calcular mediante varillas colocadas sobre un tablero, también llamadas huesos de Napier, precursoras de la regla de cálculo.

1620-1630 — William Oughtred, amigo de Napier, desarrolla la regla de cálculo, tanto en su versión rectilínea como circular.

1624 — Wilhelm Schickard construye la primera calculadora mecánica a partir de los huesos de Napier, veinte años antes que Pascal. Se usa para cálculos astronómicos.

1645 — El francés Blaise Pascal construye la segunda calculadora mecánica de la historia, la Pascalina. Sólo podía sumar y restar.

Informática

Curiosidades

UNIVAC I, creada en 1951, es la primera computadora fabricada con la intención de ser vendida al público. La memoria estaba formada por tanques de mercurio líquido y podía albergar mil palabras de doce caracteres alfanuméricos cada una. El UNIVAC II ya poseía una memoria magnética capaz de albergar hasta diez mil palabras.

bases de la Ciencia Computacional. En 1885, Herman Hollerith construye la máquina censadora o tabuladora, que por medio de tarjetas perforadas reducía el tiempo al realizar el censo. Es considerado el primer informático.

En 1893, Leonardo Torres Quevedo presenta su *Memoria sobre las máquinas algebráicas* y al año siguiente presenta la primera máquina construida por él. Este ingeniero y matemático español construyó el primer transbordador aéreo que cruza las cataratas del Niágara, el Spanish Aerocar. En 1911, empieza a funcionar la empresa CTR, que, en 1924, cambia su nombre por International Business Machines (IBM). En esta época, la empresa fabricaba todo tipo de sistemas de control, incluídos sistemas de gestión de tarjetas perforadas. Empezará a investigar sobre sistemas informáticos en la Segunda Guerra Mundial. En 1926, se instala el primer cable telefónico trasatlántico submarino de la historia, entre la isla irlandesa de Valentia y Trinity Bay, en Canadá, con una distancia de 3.200 kilómetros. En 1930, el ingeniero Vannevar Bush diseña en el MIT una máquina analógica capaz de resolver ecuaciones diferenciales: el analizador diferencial. Era una máquina inmensa que funcionaba con motores eléctricos e integradores de ruleta. En 1937 se inicia la teoría de la computabilidad

con la descripción de la máquina de Turing, un modelo computacional que permite afirmar si una sentencia es aplicable o no y que sienta las bases del código binario.

El ingeniero americano Claude Shannon, conocido como el padre de la informática, enlaza el álgebra booleana y el sistema binario mediante relés y conmutadores por primera vez en la historia. Durante la Segunda Guerra Mundial, el alemán Konrad Zuse construye su serie de computadoras: la Z1, que funciona mediante un sistema mecánico, y que será seguida por la Z2, con relés telefónicos, y de la Z3 en 1941, con tubos de vacío, y cuyo éxito radica en que funcionaba mediante el sistema binario para leer tarjetas perforadas, y la Z4, todas las cuales fueron destruidas durante los bombardeos. Zuse formó una empresa después de la guerra, la Zuse KG que construyó una serie de ordenadores que llegarán hasta el Z64 en 1958. En 1940, George Stibitz conecta un teletipo a un ordenador a través de la línea telefónica, pero la palabra módem aún no ha hecho su aparición. En 1942, el ingeniero estadounidense John Atanasoff desarrolla el ABC, máquina electrónica digital para la resolución de sistemas lineales. Funcionaba con tubos de vacío y carecía de unidad central de computación (CPU), pero se basaba en cuatro principios que había escrito en una servilleta de papel: uso de la electrónica,

1670 — Leibnitz inventa el sistema binario, se anticipa a Touring y diseña una máquina de calcular, la Stepped Reckoner, que hace la cuatro operaciones básicas.

1800 — Joseph Jacquard desarrolla un sistema de tarjetas perforadas para un telar.

1822 — Charles Babbage presenta su proyecto de la máquina diferencial para evaluar polinomios en la Royal Astronomical Society.

1835 — Babbage presenta una máquina analítica basada en el funcionamiento del telar de tarjetas perforadas de Jacquard.

1855 — Georg Scheutz construye con éxito una máquina diferencial, basada en el diseño de Babbage.

1859 — George Boole publica su obra *Ecuaciones Diferenciales* y sienta las bases de la denominada álgebra booleana, una de las bases de la Ciencia Computacional.

1885 — Herman Hollerith construye la máquina censadora o tabuladora, que por medio de tarjetas perforadas reducía el tiempo al realizar el censo.

1911 — Empieza a funcionar la empresa IBM con el nombre de CTR (Computig Tabulating Recording Corporation), resultado de la fusión de tres empresas de computación.

1924 — CTR cambia su nombre por International Business Machines (IBM). En esta época, la empresa fabricaba todo tipo de sistemas de control, incluídos sistemas de gestión de tarjetas perforadas.

1930 — Vannevar Bush diseña en el MIT una máquina analógica capaz de resolver ecuaciones diferenciales: el analizador diferencial. Era una máquina inmensa que funcionaba con motores eléctricos e integradores de ruleta.

empleo de números binarios, una memoria basada en condensadores y cálculo directo de operaciones lógicas. En 1943, un equipo dirigido por Alan Turing construye el Colossus, diseñado por Tommy Flowers para leer los mensajes cifrados de los alemanes durante la Segunda Guerra Mundial, red conocida como Enigma. El Colossus fue operativo desde 1944. Ese año empieza la construcción de la ENIAC, creada por John.W. Mauchly y John Eckert para el Ejército de los Estados Unidos. Funcionaba en base al sistema decimal, mientras la Z3, construida por los alemanes tres años antes, ya funcionaba según el sistema binario. En 1944, Howard Aiken e IBM terminan la construcción de la computadora Harvard Mark I, de dos metros y medio de altura y 17 de largo, capaz de realizar multiplicaciones en seis segundos y divisiones en doce. En 1946, nace una de las primeras computadoras no diseñadas con un propósito militar: la UNIVAC. Nace también el ordenador militar ENIAC, el más grande del mundo, capaz de hacer 300 operaciones matemáticas por segundo. La cibernética, vocablo designado por el matemático

Derecha, Viejos ordenadores e impresoras. Los plotters digitales sustituye ya maquinaria clásica de artes gráficas, por ejemplo, para imprimir cada día decenas de toneladas de papel adhesivo.

1937 — Inicio de la teoría de la computabilidad con la descripción de la máquina de Turing. El ingeniero americano Claude Shannon, conocido como el padre de la informática, enlaza el algebra booleana y el sistema binario mediante relés y conmutadores por primera vez en la historia.

1938 — Durante la Segunda Guerra Mundial, el alemán Konrad Zuse empieza su serie de computadoras Z, que llegan hasta el Z64 en 1958.

1941 — Primera computadora funcional del mundo programable, la Z3 del investigador alemán Konrad Zuse. Funcionaba mediante el sistema binario para leer tarjetas perforadas.

1943 — Un equipo dirigido por Alan Turing construye el *Colossus,* diseñado por Tommy Flowers para leer los mensajes cifrados de los alemanes durante la Segunda Guerra Mundial, red conocida como Enigma. Fue operativo hasta 1944.

1943 — Empieza la construcción de la ENIAC, creada por John W. Mauchly y John Eckert para el Ejército de los Estados Unidos. Funcionaba en base al sistema decimal, mientras la Z3, construida por los alemanes tres años antes, ya funcionaba según el sistema binario.

1944 — Howard Aiken e IBM terminan la construcción de la computadora Harvard Mark I, capaz de realizar multiplicaciones en seis segundos.

1946 — Nace una de las primeras computadoras no diseñadas con un propósito militar: la UNIVAC. Nace también el ordenador militar ENIAC, capaz de hacer 300 operaciones matemáticas por segundo.

1947 — Nace la cibernética, vocablo designado por el matemático estadounidense Norbert Wiener en su libro *Cibernética o el control y comunicación en animales y máquinas.* Los laboratorios Bell inventan el primer transistor.

Informática

Curiosidades

Alan Mathison Turing (1912-1954) fue uno de los pioneros de la computación. Durante la Guerra Mundial trabajó descifrando los códigos secretos nazis, construyó uno de los primeros ordenadores programables y entró en el debate hasta ahora no resuelto de la inteligencia artificial.

estadounidense Norbert Wiener en su libro *Cibernética o el control y comunicación en animales y máquinas* nace en 1947. Ese año, los laboratorios Bell inventan un semiconductor de tamaño reducido capaz de realizar funciones de bloqueo o amplificación de señal; se trata del primer transistor conocido. En 1948, nace el proyecto de la Manchester Mark I en donde Alan Turing participó activamente. Llamada 'the baby' fue construida en Manchester, Inglaterra, y se considera la primera computadora que funcionaba con memoria RAM. Estaba basada en tubos de vacío y podía almacenar 3.750 palabras. En 1949, John Mauchly y John Presper Eckert construyen una "pequeña" computadora: la BINAC, primera en utilizar cintas magnéticas como memoria secundaria. En 1950, Alan Turing publica su artículo "Computing Machinery and Inteligence", en el que aborda la inteligencia artificial por primera vez. En 1952 empieza la fabricación industrial y comercialización de ordenadores. IBM crea el IBM 701, primer gran ordenador basado en válvulas de vacío, que no serán sustituidas hasta 1959. En 1957, IBM crea el lenguaje FORTRAM de programación de ordenadores y el primer sistema de almacenamiento de datos en disco, RAMAT, predecesor de los discos duros actuales. En 1964, IBM empieza a comercializar el System

360, la primera arquitectura de ordenadores que permitía intercambiar programas y periféricos con otros equipos. En 1968, Robert Noyce y Gordon Moore fundan Intel Corporation. En 1969, Kenneth Thompson y Dennis Ritchie crean el sistema operativo Unix, en los laboratorios AT&T. Ese año, IBM se enfrenta a un juicio en el que es acusada de monopolio en el campo de los ordenadores empresariales. En 1971, IBM crea el disco flexible de 8 pulgadas. En 1972 aparecen los disquetes de 5.25 pulgadas. En el mes de mayo, se pone a la venta la primera videoconsola de la historia, diseñada por Ralph Baer; llegó a tener 28 juegos, no tenía sonidos y los jugadores tenían que memorizar las puntuaciones. Atari comercializa el primer videojuego de la historia, el Pong, que simula el tenis de mesa. Ese mismo año, Seymour Cray construye el primer superordenador de la historia, el CRAY 1, que funciona sincronizando varios ordenadores en paralelo. En 1975 se comercializa el Altair 8800, considerado el primer ordenador personal de la gama de los PCs, basado en un microprocesador Intel 8080. Ese año, Bill Gates y Paul Allen fundan Microsoft. En 1976, Steve Jobs y Steve Wozniac fundan la Apple Computer, Inc. Sale a la venta la segunda videoconsola de la historia, la Fairchild Channel F. En 1977 se presenta la Apple II, el

1948 — Nace el proyecto de la Manchester Mark I, primera computadora que funcionaba con memoria RAM. Ésta estaba basada en tubos de vacío y podía almacenar 3.750 palabras.

1949 — John Mauchly y John Presper Eckert construyen una computadora pequeña, la BINAC, para trasladar en un avión. Fue la primera en utilizar cintas magnéticas como memoria secundaria.

1952 — John von Neumann pone en marcha el EDVAC. • Shannon desarrolla un ratón eléctrico capaz de salir de un laberinto. • Primera red neuronal. • Se concibe el primer viodejuego de la historia, Oxo, ideado por un estudiante de la Universidad de Cambridge en 1952 para ilustrar su tesis doctoral; nunca se comercializó. • IBM crea el IBM 701, primer gran ordenador basado en válvulas de vacío, que no serán sustituidas hasta 1959.

1957 — IBM crea el lenguaje FORTRAM de programación de ordenadores y el primer sistema de almacenamiento de datos en disco, RAMAT, predecesor de los discos duros actuales.

1960 — Nace el primer lenguaje de programación de inteligencia artificial, el LISP, término derivado de *List Processing*, inventado por John McCarthy cuando estaba en el MIT.

1964 — IBM empieza a comercializar el System 360, la primera arquitectura de ordenadores que permitía intercambiar programas y periféricos con otros equipos.

1968 — Robert Noyce y Gordon Moore fundan Intel.

1969 — Kenneth Thompson y Dennis Ritchie crean el sistema operativo Unix, en los laboratorios AT&T. • IBM se enfrenta a un juicio por monopolio.

segundo ordenador personal de la historia. La videoconsola Atari 2600, de la primera generación de 8 bits, es la primera que funciona con cartuchos de juegos en tener éxito. En 1979, la empresa Hayes Microcomputer desarrolla el primer modelo de módem capaz de marcar números telefónicos a 300 bites por segundo. El primer módem moderno, el smartmodem, se empezará a comercializar en 1981. Ese año se comercializa el primer IBM PC, el ordenador personal de más éxito de la historia; se llamaba 5150, tenía un procesador Intel 8088 de 4,77 MHz y un precio de 5.000 dólares. Microsoft presenta el sistema operativo MS-DOS (Microsoft Disk Operating System). Sony crea disquetes de 3.5 pulgadas.

En 1982, aparece el primer clónico del IBM PC. Ese año, Feynmann propone la mecánica cuántica como herramienta de computación.

En 1983, aparece el primer ordenador personal con interfaz gráfico, el Lisa, de Apple. En 1984, Sony y Philips crean CD-Rom para los ordenadores.

Derecha. Alex Bernstein (con gafas), uno de los creadores del primer programa de ajedrez completo para IBM en 1957, contempla un movimiento realizado por la computadora.

1971 — IBM crea el disco flexible de 8 pulgadas.

1972 — Aparecen los disquetes de 5.25 pulgadas. • Se pone a la venta la primera videoconsola de la historia, diseñada por Ralph Baer. • Atari comercializa el primer videojuego de la historia, el Pong, que simula el tenis de mesa. • Seymour Cray construye el primer superordenador de la historia, el CRAY 1, que funciona sincronizando varios ordenadores en paralelo.

1975 — Se comercializa el Altair 8800, considerado el primer ordenador personal de la gama de los PCs, basado en un microprocesador Intel 8080. Bill Gates y Paul Allen fundan Microsoft.

1976 — Steve Jobs y Steve Wozniac fundan la Apple Computer, Inc.

1977 — Se presenta la Apple II, el segundo ordenador personal de la historia.

1979 — Hayes Microcomputer Products desarrolla el primer modelo de módem, con una velocidad de 300 bits/seg.

1981 — Se comercializa el primer IBM PC, el ordenador personal de más éxito de la historia; se llamaba 5150, tenía un procesador Intel 8088 de 4,77 MHz y un precio de 5.000 dólares. • Microsoft presenta el sistema operativo MS-DOS (Microsoft Disk Operating System). • Sony crea disquetes de 3.5 pulgadas.

1982 — Aparece el primer clónico del IBM PC. • Se comercializa Vectrex, la primera videoconsola en tener su propio monitor.

1982 — Feynmann propone la mecánica cuántica como herramienta de computación.

1983 — Primer ordenador personal con interfaz gráfico, el Lisa de Apple.

1984 — Sony y Philips crean CD-Rom para los ordenadores.

1969

Internet

Curiosidades

En 2007 se ha publicado el primer mapa de conexiones Internet en todo el mundo. Basta con echar un vistazo para observar grandes diferencias entre el **vacío africano**, donde sólo están conectados el uno por ciento de los habitantes, y la enorme densidad de Estados Unidos y Europa, donde se supera el 50 por ciento.

Internet es la red de redes de las comunicaciones; de su funcionamiento dependen prácticamente todas las operaciones financieras del mundo; todos los científicos se comunican e intercambian información mediante este sistema y se puede comprar y vender casi cualquier cosa por Internet, además de poder acceder a casi todos los conocimientos de la humanidad. La idea surgió de un proyecto del gobierno de los Estados Unidos destinado a ganar la guerra fría con los rusos, que acababan de lanzar los primeros satélites Sputnik y llevaban la delantera en cuanto a información.

El Departamento de Defensa creó en 1958 la Agencia de Proyectos Avanzados de Investigación (ARPA) con el fin de desarrollar y coordinar todos los nuevos proyectos de defensa del país. Entre estos, se encontraba el de crear una red de comunicaciones secreta y segura que no pudiera destruirse mediante un ataque nuclear. Paul Baran empezó a trabajar en esta idea en 1959. Joseph Licklider, que trabajaba para una empresa privada, fue quien tuvo primero la idea de enlazar los nuevos ordenadores que se estaban desarrollando a toda velocidad, y lo propuso al ARPA en 1962. En el ARPA llevaba la voz cantante Bob Taylor, que contrató a Lawrence G. Roberts, del MIT, para que formara un equipo y creara la red en 1966. Uno de sus miembros, Wesley A. Clark, tuvo la idea de construir pequeños ordenadores que se encargaran de las comunicaciones únicamente, sin conectar directamente las máquinas grandes, así que en 1968 se convocó un concurso al que se presentaron doce proyectos y finalmente la empresa de Licklider construyó los pequeños procesadores del interfaz de mensajes, que debían almacenar y reenviar los datos a otros ordenadores.

El proyecto fue aprobado y se creo la red ARPANET, que empezó a funcionar el 21 de noviembre de 1969 entre las universidades de UCLA y Stanford. En 1970 ya se podía cruzar todo el país, y en 1971 se habían conectado 23

ordenadores de diferentes centros de investigación y universidades. En 1972, Ray Tomlinson inventa el correo electrónico, facilitando la transferencia de archivos notablemente, y en 1973 se crea el protocolo de control de transmisión de datos TCP, así como el sistema LAN de redes locales. Defensa crea el DARPA a partir de ARPA para investigar por su cuenta.

En 1975 ya hay más de cien universidades enlazadas y la NASA crea su propia red según el protocolo TCP. En 1978 se construyen los

Abajo, ninguna cultura puede permitirse el lujo de no tener en cuenta las nuevas tecnologías; en la imagen, monjes budistas en una biblioteca.

1958 — El Departamento de Defensa del gobierno de Estados Unidos pone en marcha la red ARPA, Agencia de Proyecto de Investigación Avanzada, con el fin de vencer en la Guerra Fría. Sus investigaciones darán lugar diez años más tarde a la red ARPANET.

1963 — El Comité estadounidense de Estándares desarrolla el primer código estándar para comunicar ordenadores, llamado ASCII.

1966 — Primeros pasos con el fin de crear una red de ordenadores en Estados Unidos mediante cables telefónicos. • Lawrence Roberts es encargado de crear la nueva red ARPANET.

1968 — Se pone en marcha la red ARPANET. Doce proveedores presentan propuestas para la creación de una red informática. El contrato se adjudica a la empresa BBN. En nueve meses la empresa tiene a punto el hardware y el software, con cuatro ordenadores centrales y otros nueve procesadores de interfaz de mensajes, también llamados IMP, con la misión de canalizar los mensajes a cierta distancia.

1969 — El 21 de noviembre se establece el primer enlace de dos ordenadores entre UCLA (Universidad de Los Angeles) y Stanford. • El primer mensaje se envía desde la Universidad de UCLA el 7 de abril y en septiembre se instala el primer nodo de ARPANET en esta universidad. • A finales de año se han unido las universidades de Santa Bárbara y Utah y el Instituto de Investigaciones de Stanford.

1972 — Ray Tomlinson inventa el correo electrónico, añadiendo un sencillo programa a la transferencia de archivos.

1973 — ARPA pasa a llamarse DARPA, por Defensa. A finales de año, Vincent Cerf crea el protocolo de control de transmisión TCP. • Se crea también el sistema Ethernet para enlazar con un cable redes locales, LAN.

1975 — Las universidades enlazadas superan el centenar y la NASA crea su propia red utilizando el protocolo TCP.

1977 — Se envían mensajes desde la bahía de San Francisco a Londres. • Hay en fucionamiento un centenar de servidores.

1978 — Aparecen los primeros ordenadores portátiles capaces de comunicarse vía módem a través de la red telefónica.

1979 — Empiezan a funcionar los primeros grupos de noticias. Tom Trucott y Jim Ellis, estudiantes de la Universidad de Duke, Carolina del Norte, ponen en marcha la red de noticias y discusión USENET, basada en las redes UUCP, copiador de archivos desarrollado por los laboratorios Bell en 1976.

1982 — El Departamento de Defensa establece el protocolo conjunto TCP/IP como el protocolo estándar para la transmisión de datos.

1983 — ARPANET establece el protocolo conjunto TCP/IP como el protocolo estándar para la transmisión de datos. • El Departamento de Defensa divide la red en dos, una para uso civil, el ARPANET de siempre y otra militar clasificada que se llama MILNET.

primeros ordenadores portátiles capaces de unirse a la línea telefónica y conectarse a la red. Internet se vuelve una red abierta de dominio público y su uso se dispara. DARPA desarrolla el protocolo TCP/IP que sitúa a cada ordenador en la red con un número y facilita la transmisión de datos en 1983, y dos años después, se aplica a los ordenadores portátiles.

En los próximos seis años se pasa de cinco mil servidores a trescientos mil. Los ordenadores todavía funcionan en blanco y negro. Entonces, en 1989, el CERN, la Organización Europea para la Investigación Nuclear, desarrolla y libera el World Wide Web, la web, que permite la transmisión de imágenes y color con la mayor facilidad. Tres años después, la web empieza a funcionar en Internet, y aparecen los navegadores Netscape y Explorer. El resto es historia.

1971

Correo electrónico

Curiosidades

La expresión **spam** para referirse al correo electrónico viene de un *sketch* de los comediantes británicos **Monthy Python**, que se burlaban de una comida enlatada con este nombre, repitiéndolo hasta la saciedad en una canción.

Derecha, Ray Tomlinson, inventor del correo, muestra la arroba en su piso de Massachusetts.

El correo electrónico lo inventa el ingeniero Ray Tomlinson. Trabajaba para la empresa BBN (Bolt Beranek & Newman), una de las quince contratadas por el gobierno de Estados Unidos para construir la red ARPANET.

Tomlinson tuvo la idea de crear un sistema para enviar y recibir mensajes a través de la red y que los desarrolladores de la misma pudieran dejarse mensajes en sus ordenadores a la vez que se transferían archivos. Eligió la arroba, que en inglés se lee como *at* (en) para determinar el destinatario, y se envió un mensaje él mismo como prueba con una serie de letras desordenadas. Actualmente, hay dos sistemas de correo electrónico, uno es el sistema de cuentas pop, que requiere de un software especial para pasar los mensajes de la red al ordenador, y el otro es el correo webmail, que hacen servir los navegadores.

Se dice que, aunque Tomlinson no recuerda lo que escribió, el texto de aquel mensaje era QWERTYUIOP. En el segundo mensaje explicaba cómo debían enviarse los mensajes a través de la red local y el uso de la arroba. Ese mismo año, Larry Roberts creó el primer programa de gestión de correo electrónico que hacía listas de mensajes y los archivaba según la fecha o el asunto. Barry Wessler, Marty Yonke y John Vittal añadieron las mejoras que dieron lugar al correo actual.

Primer smiley, la primera sonrisa en un mensaje

El smiley y sus muchas variantes son una parte importante del mundo de los ordenadores. Los nuevos programas de correo facilitan numerosos iconos para representar todo tipo de emociones, los emoticones, pero la primera señal de que detrás de las palabras había algo más apareció en un mensaje enviado por el profesor Scott Elliot Fahlman, especialista en redes semánticas y neuronales de la Universidad Carnegie Mellon. Fahlman propuso que para diferenciar los mensajes serios de las bromas se utilizaran símbolos. El primer mensaje se perdió en el olvido hasta que un grupo de profesores se puso a buscarlo. En 2002, Jeff Baird lo encontró. Se había escrito el 18 de septiembre de 1982. El texto decía:

I propose that the following character sequence for joke markers (Propongo que los bromistas usen el carácter siguiente) :

:-)

Read it sideways. Actually. It si probably more economical to mark things that are NOT jokes, given current trends. For this, use (Léase de lado. En la actualidad, es más económico marcar las cosas que no sean una broma, teniendo en cuenta la tendencia. Para hacerlo, usa) :

:-(

1794 — El francés Claude Chappe inventa el telégrafo óptico que une 29 ciudades francesas y permite enviar mensajes en pocos minutos.

1840 — El 1 de mayo se emite el primer el sello de correos en el Reino Unido, con la efigie de la reina de Inglaterra. Se transmite el primer mensaje de telegrafía en España.

1844 — Samuel F. Morse envía el primer telegrama de la historia el 24 de mayo con una frase de la Biblia: "What that God wrought" (Lo que Dios ha escrito), dicho por Moisés al enseñar los doce mandamientos a su pueblo.

1850 — Primer sello de correos en España, con la efigie de la reina Isabel II.

1870 — El gobierno inglés se hace cargo de las compañías de telégrafos para bajar los precios, que eran excesivamente caros.

1876 — Graham Bell inventa el teléfono.

1961 — El MIT de Boston pone a punto un sistema, el CTSS, que permite almacenar ficheros en un disco desde un ordenador, de forma que cualquiera, conectándose a ese disco, puede ver si tiene ficheros o mensajes.

1963 — El 23 de agosto, John Kennedy y Balewa, primer ministro de Nigeria, inauguran la era de las comunicaciones vía satélite, y poco después de la crisis de los misiles se inaugura el teléfono rojo que une la Casa Blanca y el Kremlin, para que los presidentes de Estados Unidos y la Unión Soviética puedan comunicarse de forma inmediata en caso de necesidad.

Sello postal −1840

Se dice que, en 1835, el profesor inglés
Rowland Hill, que viajaba por Escocia,
estaba descansando en una posada
cuando vio que el cartero de la zona
entregaba una carta a la posadera y ésta
se la devolvía alegando que no podía
pagar su importe. Hill se aprestó a pagar
la media corona y el cartero dejó la carta
sobre la mesa. Poco después, la posadera
le explicó a Hill que en realidad no era
un problema de dinero, sino un truco

para no pagar nada, ya que cada uno de
los miembros de la familia que enviaba
la carta escribía el mensaje en el sobre, y
que dentro no había nada. Hill, que se
debió de sentir timado, escribió un
panfleto proponiendo el franqueo antes
de enviar las cartas para evitar el truco.
La Cámara de los Comunes se lo tomó en
serio y decretó que los sellos entrarían
en circulación el 6 de mayo de 1840. El
primer sello postal del mundo fue el
Penny Black de la Reina Victoria,

emitido el 1 de mayo de 1840 con la
efigie de la reina y el fondo negro. Su
valor era de un penique y se llegaron a
tirar 68 millones de ejemplares, de los
que sobreviven más de un millón. El 8
de mayo se puso en circulación el sello
de dos peniques, de color azul.
La primera emisión de sellos españoles
tiene lugar el 1 de enero de 1850 bajo el
gobierno de Isabel II y con la efigie de la
reina en el sello.

1965 — Por primera vez, se
unen dos ordenadores en red.
Lawrence G. Roberts, del MIT,
comparte información con su
colega Thomas Marrill, en
California.

1971 — Ray Tomlinson
inventa el correo electrónico
mientras está trabajando para
ARPANET. Con poco esfuerzo, la
transferencia de archivos entre
ordenadores se convierte en la
transmisión de mensajes.

1973 — Vinton Cerf presenta
el protocolo TCP/IP en un proyecto
del ARPA y se realiza la primera
conexión internacional entre
Londres y Noruega.

1975 — Se crea la primera
lista de distribución de correo.

1976 — Primera campaña
electoral americana en que se
hace uso del correo electrónico a
cargo de Jimmy Carter y Walter
Mondale, al precio de 4 dólares el
mensaje.

1979 — Kevin MacEnzie inventa los emoticones. • Tom Truscott
y James Ellis inventan la red USE-
NET, el Arpanet de los pobres.

1982 — ARPANET adopta el
protocolo TCP/IP.

1988 — Aparece el primer
virus de tipo gusano que se
transmite mediante el correo
electrónico. • Steve Dorner crea
un sistema de correo más
parecido a los actuales, Eudora.

1990 — Desaparece la red
ARPANET.

1992 — El CERN europeo
pone a punto la tecnología
Worl-Wide-Web, la Web.

1975

Microsoft

Curiosidades

Un superordenador es una computadora de una capacidad muy superior a la media. Se usan para proyectos científicos e investigación y suelen alquilarse a empresas y universidades. La primera computadora electrónica digital de este calibre se llamaba **Atanasoff-Berry** Computer, fue concebida en 1937 en el Iowa State College y era capaz de realizar 29 ecuaciones lineales simultáneas.

Microsoft es el acrónimo de Microcomputer Software, empresa estadounidense fundada por Bill Gates y Paul Allen en 1975. Como indica su propio nombre, no fabrica ordenadores, sino software, es decir, los programas que hacen que un ordenador funcione. Bill y Allen son dos auténticos pioneros en el mundo de los ordenadores, como veremos enseguida.

William Henry Gates III nació en 1955 en Seattle y estudió en una escuela privada de élite, Lakeside, donde se familiarizó con la informática en 1968. En esa época se acababa de fundar Intel, que fabricaba hardware (el soporte físico), y los únicos ordenadores personales eran los monstruosos IBM 360, de los cuales había uno en el colegio. Bill era tan bueno que al cabo de una semana ya sabía más que su profesor. Pero en esa escuela estaba también Paul Allen, dos años mayor y otro entusiasta de los ordenadores. Aquellos dos muchachos se dieron cuenta inmediatamente de que podían conseguir cosas increíbles utilizando el sistema operativo Unix, desarrollado en 1970, con el lenguaje de programación Fortran de 1962.

En 1975, ambos abandonaron sus respectivas universidades y crearon la empresa Microsoft para vender un lenguaje de programación, el Basic, que se basaba en el Fortran. Bill, que era el negociante, le vendió el lenguaje a Altair a cambio de un 50 por ciento de las ventas. Cinco años después, Bill le vendía el lenguaje de programación MS DOS a IBM y éstos le pagaban un montón de dinero para competir con Apple, que estaba

diseñando sistemas operativos muy eficaces a toda velocidad. En realidad, Bill le había comprado el DOS, diseñado por Tim Patterson, a la Seattle Computer Products por mucho menos dinero, pero IBM no lo sabía.

Con el dinero ganado con las ventas del MS DOS (un canon por cada copia que se vendiera con un IBM, contrato ganado con la supuesta e influyente ayuda de su madre), Microsoft desarrolló el DOS en directa competencia con Apple. Por ejemplo, después de la aparición del Apple Macintosh, con una interfaz gráfica de usuario muy superior a las de IBM, éstos se aliaron con Microsoft para desarrollar el sistema OS/2. Pero Microsoft estaba desarrollando ya su propio sistema, que se llamaría Windows.

El primer Windows apareció en 1985, con una interfaz gráfica de usuario añadida al sistema operativo MS DOS que se vendía con los IBM. Era muy parecida a la que llevaban los Apple. Y éstos tenían los derechos, aparentemente, de ventanas e iconos, es decir, por ejemplo, de la papelera de reciclaje. Cuando los tribunales dieron vía libre a Microsoft, éstos lanzaron el Windows 2 en 1987, acompañado del Word y el Excel para competir con el Apple Works y el nuevo Claris de esta compañía.

En 1990, IBM presenta el nuevo procesador 80386 y la versión 3 de Windows, con los cuales compite por primera vez con Apple. En aquel momento, IBM y Microsoft estaban trabajando de manera conjunta en el desarrollo de un nuevo sistema operativo basado en el MS DOS, el OS/2, pero Microsoft actúa por su cuenta al poner a la venta un Windows con su propia interface expandida, y la relación entre ambos se rompe, de forma que cada uno sigue trabajando con lo que habían aprendido juntos en sus propios sistemas operativos.

A la derecha, Bill Gates y Paul Allen, fundadores de Microsoft, en 1983.

1956 — Aparece el primer sistema operativo de la historia, el GM-NAA I/O, creado en 1956 por Bob Patrick de General Motors y Owen Mock de North American Aviation para un ordenador IBM 704. Permite la ejecución de programas realizados en lenguaje ensamblador, por ejemplo, el binario.

1962 — General Electric desarrolla el sistema GCOS, General Comprehensive Operating System. Se pueden usar los lenguajes COBOL y Fortran.

1966 — IBM desarrolla el sistema operativo DOS/360 para la serie de computadores System/360.

1970 — Se habla por primera vez del sistema operativo UNIX, derivado de otros proyectos, un programa portable, multifunción y multitarea.

1975 — Año de fundación de Microsoft en Alburquerque, Nuevo México, desde donde se trasladarán cuatro años más tarde a Seattle. Lanzamiento del lenguaje de programación Basic.

1980 — Aparece el sistema operativo QDOS, creado por Tim Paterson, de la empresa Seattle Computer Products, basado en el CP/M de Gary Kildall para un ordenador basado en el procesador Intel 8086. Este es el programa que compró Bill Gates por 50.000 dólares y le vendió a IBM como MS DOS a cambio del 50 por ciento de los beneficios obtenidos con cada ordenador.

1982 — La empresa de ordenadores Commodore lanza su propio sistema operativo, el Commodore DOS.

Microsoft

Curiosidades

Linux es un sistema operativo libre basado en Unix e ideado por el finlandés Linus Torvalds, dentro de un programa de creación de software libre llamado GNU y que fue puesto en circulación en 1991. Sus características, muy similares a las de los sistemas Mac y Windows, permiten acceder al núcleo del programa y modificarlo, aunque sólo puedan hacerlo expertos, naturalmente.

IBM lanza entonces una versión más barata de su sistema operativo y Microsoft contraataca con el Windows 3.1, que es más caro, pero funciona con cualquier ordenador con unos requisitos mínimos. Por supuesto, es mucho más barato que Apple, que va por delante en velocidad y diseño, pero obliga a comprar el ordenador junto con el sistema operativo.

IBM continúa desarrollando el sistema OS/2 y en 1991 aparece el OS/2 1.30, primera versión desarrollada completamente por la compañía. En 1992 aparece la versión 2.0, aunque la estabilidad necesaria no se conseguirá hasta 1994 con la versión 2.11. La guerra con Microsoft está desatada, pero IBM tiene las de perder al verse limitada a sus propios ordenadores en un mundo en el que surgen marcas y clones por todas partes a precios muy económicos.

En 1994, tras la versión 2.11, IBM pone en circulación la versión 3.0 del OS/2 con el nombre de Warp, la primera en poseer capacidades multitarea y muy similar a la actualización 3.11 de Windows, que por primera vez es gratuita.

La versión 4.0 coincide con el lanzamiento del Windows 95, y en 2001 aparece una nueva línea llamada eComStation, basada en el OS/2, que continúa siendo el sistema operativo de sus propios ordenadores.

Mientras, Microsoft lanza la línea NT basada en el OS/2 que había estado desarrollando junto con IBM. Esta línea seguirá su propia evolución, que con la versión 5.0 se llama Windows 2000, y mientras, la propia Microsoft desarrolla otra línea basada en el original MS DOS pero sin necesidad de cargar antes este programa, que empieza con el Windows 95, el primero con tecnología Plug & Play, sigue con el Windows 1998, con nuevos controladores y por primera vez el navegador incorporado y culmina con el Windows Milenium en el año 2000, año en que convergen ambas tecnologías para dar lugar al Windows XP.

El Windows XP aparece en 2001 y no deja de actualizarse automáticamente gracias al desarrollo de Internet. En 2007 Microsoft lanza el Windows Vista, que mejora la interfaz y que está íntimamente ligado a Internet, del cual depende actualmente el desarrollo de cualquier sistema informático.

Derecha, Bill Gates muestra un disco flexible y todos los libros cuya información está contenida en ese simple pedazo de plástico.

1983 — Apple se adelanta a Microsofty e IBM con el Lisa, ordenador y sistema operativo.

1984 — Apple lanza el primer sistema operativo Macintosh OS para esta línea de ordenadores.

1985 — Aparece el sistema operativo Windows, pero esta primera versión apenas tiene éxito. Al mismo tiempo, aparecen otros tan populares como el Amiga OS y el Atari TOS para las respectivas empresas de ordenadores.

1987 — Sale el Windows 2.0, con poco éxito, y ese mismo año, el primer OS/2.

1990 — Lanzamiento del Windows 3.0 que, unido a la velocidad de un procesador 80386 se abre un importante hueco en el mercado, en perjuicio de otros sistemas también nuevos, como el Amiga OS 2.0.

1991 — Aparece en el mercado Linux, primer sistema operativo de software libre, gratuito y con el código fuente al alcance de todos. Funciona en más de veinte tipos de ordenadores, incluyendo PC y Macintosh. Se desarrolló a partir de 1983 en base al sistema UNIX y según el proyecto GNU, de Richard Stallman, cuyo fin era conseguir un software libre, pero es demasiado complicado para el usuario medio y la gente sigue comprando Windows y Apple.

1992 — Salen los sistemas Amiga OS 3.0 y Solaris 2.0, éste último desarrollado a partir de UNIX como software libre, descendiente del SunOS de 1983. Por fin, el Windows 3.1 tiene éxito.

1993 — Microsoft presenta la línea de Windows NT. • Marc Andreessen y Eric Bina desarrollan el Mosaic, primer navegador para visualizar páginas web que funciona en un entorno UNIX, y que usarán enseguida Windows y Apple.

1994 — Marc Andreesen, uno de los creadores de Mosaic, desarrolla el primer Netscape Navigator para ver páginas web.

1995 — Sale el Windows 95.

1996 — El Windows NT alcanza su techo con la versión 4.0.

1997 — Apple lanza el primer sistema operativo de la serie Mac OS, la 7.6

1998 — Lanzamiento del Windows 98 y del Solaris 7. Netscape Navigator se convierte en Netscape Communicator. Se libera el código fuente y aparece la fundación Mozilla, para crear software sin ánimo de lucro.

1999 — Mac OS 8 y Windows 98 segunda edición.

2000 — Mac OS 9, Windows 2000 y Milenium. Aparece el navegador Netscape 6.0, basado en el Mozilla.

2001 — Amiga OS 4.0, Mac OS X 10.0 Cheeta, Mac OS X 10.1 Puma y Windows XP.

2002 — Apple lanza el Mac OS X 10.2 Jaguar.

2003 — Salen a la venta el Windows XP de 64 bits y el Mac OS X 10.3 Panther. • Rusia se convierte en el primer país en conocer el código de Windows. La idea es facilitar la seguridad del Estado y vigilar a los ciudadanos.

2004 — El 9 de noviembre se distribuye el navegador gratuito Firefox, que en 2007 llegará a los cien millones de descargas.

2005 — Mac OS X 10.4 Tiger, y Windows XP Professional.

2007 — Lanzamiento de Windows Vista y Mac OS X 10.5 Leopard, el primero con Time Machine, una opción similar a Go Back de Norton Systems, que permite restaurar el ordenador a un tiempo anterior.

1976

Apple

Curiosidades

El primer logotipo de Apple muestra a Newton debajo de un manzano; desde luego no era lo que se esperaba de ellos, y Steve Jobs no tardó en convencer a Regis McKeena, uno de los agentes publicitarios más conocidos del Silicon Valley, de que creara el logotipo de la manzana del arco iris, con mordisco incluido, símbolo desde entonces de la marca.

Derecha. Steve Jobs fue despedido en 1985 por desavenencias con sus compañeros, pero fundó la empresa Next y fue absorbido de nuevo por Apple.

Hablar de los primeros en Apple es hablar de Steve Wozniak y Steve Job. Steve Wozniak, el mago de Woz, como le gustaba ser llamado, nació en 1950, y a los 13 años, antes de estudiar computación en Berkeley, ya había creado su propia máquina de sumar y restar. Cuando acabó los estudios construyó, junto a su vecino Bill Fernández, su primer ordenador, pero no funcionó. Bill le presentó entonces a Steve Jobs, un muchacho cinco años más joven que él, que trabajaba en la compañía de computación GT Interactive, posteriormente conocida como Atari, un fabricante de videojuegos. Estamos en 1971, Jobs era ambicioso, y Wozniak tenía una idea genial: quería crear un nuevo ordenador. Wozniak trabajaba por aquel entonces en Hewlett Packard y le costo cinco años desarrollar su propio ordenador personal, pero su empresa rechazó la idea, y los componentes eran demasiado caros para comercializarlo por su cuenta.

Sin embargo, Jobs le convenció de que trabajaran juntos, vendieron algunas de sus posesiones para obtener fondos y construyeron la máquina, primero en el dormitorio de Jobs y después en el garaje. Por aquellos tiempos se acababa de comercializar el primer ordenador verdadero, el Altair 8800, cuyo lenguaje de programación, el Basic, fue creado por Bill Gates y Paul Allen, los fundadores de Microsoft. El Altair no tenía pantalla ni capacidad de almacenamiento, y era casi imposible de usar por el gran público.

El 1 de enero de 1976, Jobs y Wozniak fundaron la empresa Apple Computer para comercializar el primer ordenador de la compañía, el Apple I, que costaba 666, 66 dólares y poseía un microprocesador MOS 6502. Vendieron sus primeros cien ordenadores a un distribuidor local. No fueron apoyados por ninguna de las grandes compañías. Poco a poco, le fueron añadiendo funciones: un controlador de gráficos de alta resolución que permitía ver dibujos además de letras, un avanzado lenguaje de programación que se llamaba Calvin, un juego que se llamaba *Breakout* y que indujo la incorporación de sonido, un disquete flexible para almacenar datos, un software que por fin incluía la primera hoja de cálculo para llevar negocios y, por primera vez, una pantalla incorporada. Todo esto hizo famoso al Apple II en 1977, y en 1980 sus creadores ya eran millonarios.

Ese año se lanzó el Apple III, pero tuvo muchos problemas y tuvieron que retirarlo en 1984 ante el avance de los IBM PC. Entretanto, la empresa había desarrollado el Apple Lisa, el primer ordenador con GUI, interfaz gráfica de usuario, y el primer ratón después de Xerox Star. Lisa era el primer sistema informático en incorporar a los ordenadores una pantalla con mapas de bits, una interfaz basada en ventanas, ratón, iconos, carpetas, una red Ethernet, servidores de archivos e impresoras y e-mail.

Macintosh

Steve Jacob había sido apartado de estos últimos procesos e incorporado a uno mucho más rentable: el desarrollo del Macintosh, un proyecto iniciado en 1977 por uno de los empleado de Apple, Jef Raskin, cuyo primer ordenador, el Macintosh 128, aparece en enero de 1984 a un precio de 2.495 dólares, dispuesto a cubrir los errores anteriores. Carece de disco duro, pero posee un disco flexible de 400 kb capaz de contener el sistema operativo y se puede comprar otro disco flexible para almacenar la información de la misma capacidad. La pantalla monocromo tiene 9 pulgadas y una resolución

Derecha. Los creadores del invento, Steve Jobs y Steve Wozniak, al lado del gerente Sculley, presentan en 1984 el revolucionario ordenador Apple II.

1976 — Steve Jobs y Steve Wozniak fundan la empresa Apple en el garaje de la casa del primero, en el 2066 de Crist Drive, Los Altos, California. Ese mismo año ponen a la venta su primer ordenador, el Apple I. Tenía la carcasa de madera, un procesador de 1 MHz y una memoria RAM de 32 K.

1977 — Nace el Apple II, el primero en tener carcasa de plástico (la anterior era de madera), con la posibilidad de hacer gráficos en color, una RAM expandible y 8 slots de expansión.

1983 — Se comercializa el Apple Lisa, el primer ordenador personal de la firma con GUI (interfaz gráfica de usuario), y con ratón. Tiene el nombre de la primera hija de Steve Jacobs.

1984 — Nace el Mac 128k, el primer ordenador personal Apple Macintosh y el primero de la serie de compactos que incluyen el procesador y los discos en la misma caja que la pantalla.

1987 — Se pone a la venta el Mac II, el primer ordenador Mac en color.

1989 — Aparece el Mac Portable, el primer portátil Mac, que pesaba 6,5 kg. El primero en el mundo de los computadores fue el Commodore SX-64, de 1984, que pesaba 10,5 kg.

1991 — Se comercializa el PowerBook 100, el primer portátil tipo laptop verdadero. Era tan pequeño, con sus poco más de dos kilos de peso y su pantalla de 9 pulgadas monocromo, que se considera un sub-notebook en la jerga de los ordenadores portátiles.

Apple

Curiosidades

Steve Jobs, a mucha distancia de su presentación del iPhoto en 2007, durante la campaña del Apple II en 1977. Jobs es un gran negociante, que durante los años en que estuvo fuera de Apple, compró la empresa de animación Pixar a George Lucas y se la vendió en parte a Disney con un suculento margen de beneficio.

de 512 x 324 píxeles. En1987 aparece el Macintosh SE con una memoria RAM de 512 Kb y un software que incluye MacPaint y Mac Write. En 1987, aparece el Macintosh II, el primer ordenador Mac con memoria expandible y slots de expansión. En 1989, sale a la venta el primer Mac portátil. En 1990, para evitar la competencia de Windows, Apple saca al mercado un ordenador más barato sin expansión de memoria, el Macintosh Classic, seguido por el Macintosh LC, con gráficos en color, y el Macintosh IIsi, con un solo slot de expansión. En 1991 aparece el primer portátil verdadero (*laptop*) con la denominación PowerBook, el PowerBook 100, seguido de los modelos 140 y 170.

En 1992, todos los ordenadores domésticos Mac se reúnen bajo el nombre de Performa, empezando por el Macintosh Classic II, renombrado como Performa 200. Toda la serie incluye monitor, módem externo y el sistema operativo ClarisWork, cuya primera versión había aparecido en 1991 integrando procesador de textos, base de datos, hoja de cálculo y programa de comunicaciones básicamente. Esta serie pasa por los populares Performa 5200, el clásico todo en uno, del cual se derivan una variedad de Mac con televisión; el Power Mac 6100, primero con un procesador Power PC; el Performa 6400, también conocido como Power Macintosh

6400; el Power Mac G3 de torre; el más popular iMac G3 de todo en la pantalla con diversos colores; el Power Mac G4 de torre, el más rápido de su tiempo en 1999; el eMac de todo en la pantalla; el iMac G4 con la pantalla sobre una bola; el Power Mac G5 de torre, el iMac G5 con todos los elementos integrados en la pantalla, el Mac Mini, y por último el Mac Pro con un procesador Dual-Core Intel en 2006.

En cuanto a portátiles, siguen su propia evolución, el primer PowerBook 100 es seguido por el Power Duo 210, el Power Book 5300, el Power Book G3 asociado al iBook G3, el PowerBook G4 asociado al iBook G5, el MacBook, el MacBook Pro de 2006 con procesador Corel 2 Duo de Intel y el MacBook de pequeño tamaño que ha tenido un gran éxito por su ligereza y su precio económico.

En los últimos tiempos, Apple ha desarrollado otros productos asociados a los ordenadores que le han dado muchos más beneficios, por ejemplo, la serie iPod de música y fotos, y el proyectado iPhone que se comercializa en EE UU en 2007 y en España a principios de 2008.

Derecha. Stephen Wozniak con un Apple IIe, una variante del Apple II. Wozniak es la cara oculta de Apple, mientras que Jobs es el relaciones públicas.

1993 — Sale a la venta el Apple Newton, la primera PDA del mundo. El sistema se llamó entonces Message Pad, pero un empleado de la compañía, John Sculley, promocionando este mismo ordenador el 7 de enero de 1992, lo había llamado *personal digital assistant*, PDA. Este nombre lo usaría la empresa Palm para referirse a su primer Pilot en 1996. Newton no tuvo mucho éxito, ni su continuador, el eMate 300, de 1997, un portátil derivado de aquel que se desarrolló para las escuelas.

1994 — Aparece el PowerMac 6100, el primer Mac con un procesador PowerPc.

1996 — Apple lanza el Network Server 500, primer intento de crear un servidor de alto rendimiento.

1998 — El iMac G3 es el primer ordenador en prescindir de disquetera e incluir puertos USB, y el único en poderse adquirir en diversos colores, salvo el iBook G3. Este mismo año sale el primer PowerBook G3.

1999 — Apple lanza el iBook G3, el iMac para llevar, derivado del PowerBook G3. Ese mismo años salen los Power Mac G3 y G4, los ordenadores más rápidos de su tiempo.

2001 — Apple lanza el iPod para música digital y obtiene ventas millonarias. • Aparece el primer sistema operativo de la serie OS X introducido por Steve Jobs. La versión 10.0 Cheetah está basada, como las demás, en el sistema operativo NEXTSTEP, en el que venía trabajando el equipo de Jacobs, basado en UNIX y en el gestor de ventanas AQUA. El sistema es aún demasiado lento y ese mismo año sale una actualización, la versión 10.1 Puma, de poca duración.

2002 — Habrían de pasar más de dos años para que apareciera el iMac G4, la versión familiar del Power Book G4, uno de los primeros en incluir grabadora de DVD, pantalla de LCD y el procesador incluido en la base en forma de semiesfera. Con él viene la nueva versión del sistema operativo Mac OS X 10.2 Jaguar, que hace el sistema mucho más seguro y a la vez versátil.

2003 — Power Mac G5, Power Book G4 e iBook G4, con el sistema operativo Mac OS X 10.3 Panther adaptado a los G5.

2004 — Mac Mini y iMac G5, que integra el procesador en la pantalla. La estrella es el iPod Photo, el primero en color.

2005 — Nacen el iPod nano y el iPod Vídeo, y el sistema operativo Mac OS X 10.4 Tiger, que incluye por primera vez el Dashboard, una aplicación para el escritorio que lo une a numerosas aplicaciones de Internet. Una versión más avanzada de este programa funciona con los nuevos equipos Mac Intel.

2006 — Apple tira la toalla y para abaratar costos implanta el procesador Intel en el nuevo Mac Pro, una actualización del G5. Lo mismo hace con los portátiles MacBook y MacBook Pro y con el iMac Pro, que llevan un procesador Corel 2 Duo de Intel.

2007 — Se produce el lanzamiento mundial del iPhone mediante el cual Apple entra en el mundo de la telefonía, y se anuncia el sistema operativo OS X 10.5 Leopard.

1994

MP3

Curiosidades

Napster fue creado por **Shawn Fanning** (alias Napster) y su amigo **Sean Parker**. Fanning buscaba la manera de encontrar música en internet sin tener que acudir a los buscadores o al IRC y encontró la fórmula en ese sistema de intercambio de ficheros entre usuarios. Parker le propuso a Fanning montar Napster como un negocio, y el tío de Fanning, John, puso el dinero. Instalaron un gran servidor en San Mateo, California, que servía de puente entre usuarios, y el sistema se hizo enormemente popular entre los estudiantes de los Colleges, que se montaban sus propios CDs con música gratuita.

MP3 es un formato de compresión de audio de alta calidad que permite intercambiar canciones que ocupan doce o quince veces menos espacio que en su formato original.

La primera patente de MP3 fue registrada por el alemán Karlheinz Brandenburg, director de tecnologías de medio electrónicos del instituto Fraunhofer IIS de la red de centros de investigación alemanes Fraunhofer-Gesellschaft. En 1995, Brandenburg usa por primera vez esta extensión para los archivos guardados en su ordenador y empieza a ganar dinero con la patente.

MP3 es la abreviatura de MPEG-1 Layer III, subconjunto de audio del MPEG, Moving Picture Experts Group, desarrollado por la agencia ISO y estandarizado en 1992. MP3 es, técnicamente, descendiente del formato MPEG-1, compresión de vídeo para ancho de banda reducido. MPEG-2 es compresión de vídeo para banda ancha. Al comprimir las canciones en este formato, denominado *lossy* (perdido), la parte de la información que el oído humano no puede escuchar, entre 20 hercios y 20 kilohercios, se reduce notablemente el peso del archivo; al menos, diez veces.

El instituto Fraunhofer de Alemania empieza a investigar la compresión de música en 1987, financiado por el proyecto EUREKA. En 1989, Fraunhofer consigue la primera patente de MP3, y en 1992, el algoritmo inventado por el profesor Dieter Seitzer de la Universidad de Erlangen para comprimir música se integra en el MPEG-1. En 1994, se integra en el MPEG-2. Ese año se publica la primera versión beta del MP3 y en 1996, Fraunhofer consigue la patente de MP3 en Estados Unidos.

Al principio, nadie tenía el software necesario para poder escuchar estos archivos, y Fraunhofer quería cobrar por su cesión, pero en 1998, un grupo de crackers llamado Radium publica un códec que permite escuchar los MP3 y da la vuelta al mundo por Internet. En febrero de 1999, el sello

Derecha, Suzanne Vega y el creador de MP3, Karlheinz Brandenburg, a su derecha.

discográfico Sub Pop empieza a distribuir música en MP3. En mayo de 1999, Shawn Fanning, estudiante de la Universidad de Boston, crea un servicio gratuito de

intercambio de archivos MP3 llamado Napster que permite a todos los usuarios intercambiarse los archivos desde sus ordenadores; esta tecnología, llamada P2P, es la misma que usaba el Emule, que permite compartir a miles o millones de personas los archivos en una gigantesca red imposible de eliminar.

Inmediatamente, empiezan a fabricarse reproductores portátiles de MP3, como el iPod. Las discográficas denuncian entonces a Napster y éste es eliminado de la red cuando tenía 30 millones de usuarios.

Derecha, Shawn Fanning, nacido en 1980, desarrollador de Napster.

1980 — El estudiante de doctorado Karlheinz Brandenburg, de la universidad alemana de Nuremberg, empieza a trabajar sobre un sistema de compresión de música a principios de los ochenta.

1987 — El instituto Fraunhofer de Alemania empieza a investigar la compresión de música, financiado por el proyecto EUREKA de la Unión Europea como EU-147. Karlheinz Brandenburg entra a formar parte del proyecto.

1988 — El grupo MPEG, Moving Picture Experts Group, desarrolla el primer estándar MPEGH-1 para el almacenaje de audio y vídeo.

1991 — Hans-Georg Mussman, director del proyecto MPEG, crea un grupo de trabajo formado por Leon Van de Kerkhof, de Philips, Holanda, Yves-François Dehery de la TDF-CCETT, Francia, y Karlheinz Brandenburg, del instituto Rundfunktechnik, Alemania, para crear el formato MP3 (tres capas) que tiene la misma calidad a 128 bits/s que el formato MP2 a 192 bits/s.

1994 — Segunda generación de MPEG-2, utilizado para la compresión de imagen y sonido y su transmisión para la televisión digital terrestre. Se coloca en Internet la primera versión beta de MP3.

La comida de Tom

■ Karlheinz Brandenburg usó la canción "Tom's Diner" de Suzanne Vega para comprobar el algoritmo de compresión del formato mp3. "Tom's Diner" es la primera canción del álbum *Solitude Standing* de 1987. Brandenburg eligió este tema cantado a cappella (sin música) por su simplicidad y la suavidad tonal de la voz, que permitía detectar las imperfecciones de la grabación. La canción narra la historia de un hombre que se ha metido en un restaurante sin nombre a tomar una taza de café. Suzanne (en la foto superior) tuvo la idea mientras estaba sentada en este restaurante, famoso porque se ha usado para la popular serie de televisión americana *Seinfeld* (entre 1989 y 1998).

1996

P2P

Curiosidades

El 13 de mayo de 2002 aparece por primera vez **eMule** en Internet, un programa de transferencia de archivos entre usuarios de la red que permite el intercambio de archivos. Su nombre viene de *electronic mule*, la mula electrónica, se supone que por su capacidad para cargar con los archivos más pesados a través del largo camino de los cables. También por su origen en eDonkey, el burro electrónico.

P2P es una aplicación que permite unir dos ordenadores para intercambiar ficheros sin necesidad de servidor. P2P significa *peer to peer* (entre pares) en inglés. El primero en desarrollar un programa capaz de prestar este servicio fue el australiano Adam Hinkley en 1996. Se llamaba Hotline Connect y fue creado para su uso en universidades, pero no tardó en verse su utilidad entre ordenadores privados para el intercambio de música mp3 y software de todo tipo.

Puesto que no necesitaba servidor no se podía censurar, pero en cuanto el ordenador que contenía los archivos se cerraba, cesaba la descarga. Esta aplicación que sólo servía para ordenadores Mac no tardó mucho en desaparecer, y el tema se olvidó hasta la aparición de Napster en 1999. Napster fue creada por un estudiante de la Universidad de Boston. El truco estaba en utilizar servidores más grandes como almacenes de música mp3, donde cualquiera podía entrar en cualquier momento y llevarse la música que deseara. La gente olvidó enseguida las aplicaciones FTP, IRC o Usenet, engorrosas y lentas al lado de P2P. Napster tuvo que cerrar en 2001 debido a las denuncias de pirateo, pues nadie pagaba por bajarse las canciones, y las pocas aplicaciones en esa línea, con servidores centralizados, tuvieron que cerrar, pues eran fáciles de localizar y liquidar. En 2002 aparecen las redes descentralizadas del tipo Kazaa, Grokster o Morpheus, y más tarde eDonkey, que dio lugar al eMule, BitTorrent, que no tiene un programa de búsqueda de archivos, y depende de los ofrecidos en las páginas web, y Limewire, que funciona sobre el protocolo de red Gnutella.

1996 — Aparece Hotline Connect, la primera aplicación P2P, desarrollada por el programador australiano Adam Hinkley. La información se almacenaba en un ordenador que hacía de servidor y tú tenías que conectarte a él para bajártela, pero si el propietario de ese ordenador lo apagaba, te quedabas sin los datos y no podías seguir usando otro servidor.

1999 — El 1 de junio se pone en marcha Napster, creado por Shawn Fanning (alias Napster) y su amigo Sean Parker.

2000 — Justin Frankel y Tom Peeper desarrollan Gnutella, segunda generación de P2P, la primera red descentralizada, en las que ningún servidor hace de puente, de manera que cerrando aquel pueda acabarse con el sistema. Gnutella dará lugar al servidor Limewire.

2001 — Napster alcanza la cota de los 13 millones y medio de usuarios y un juez decide cerrarlo porque considera ilegal el uso que se hace de la música, sin pagar ningún tipo de derechos por su uso. Sus clientes se pasan a las numerosas redes descentralizadas que se desarrollan a partir de este momento. • Nace BitTorrent, protocolo de comunicaciones para el intercambio de archivos, creado por el programador Bram Cohen.

2002 — Nace eMule, que pertenece a a segunda generación de servidores de la red eDonkey.

2007 — En la actualidad, los programas más populares de descarga de archivos son Ares, Limewire, BitTorrent y eMule, aunque aparecen nuevos sistemas de pago más eficientes y seguros que permiten mantenerse dentro de la legalidad, como Rapidshire, Sendspace, Megaupload o Filefactory.

2001

Ipod

Curiosidades

El ingeniero **Tony Fadell**, creador del iPod, nacido en 1969 y actual vicepresidente de Apple, propuso a Philips, donde trabajó en los años noventa, desarrollar un disco duro para almacenar música, pero su idea fue rechazada. A continuación, trabajó seis semanas con el proyecto en RealNetworks, pero no tuvo éxito hasta que no empezó a trabajar con Apple en 2001.

El primer iPod salió a la venta el 23 de octubre de 2001, sólo para los ordenadores Mac de Apple. En 2002 aparece la segunda generación con dos versiones, una para usuarios de Mac, con el iTunes, y otra para usuarios de Windows con el Music Match Jukebox. En 2003 aparece la tercera generación, que funciona con ambos sistemas.

El primero en tener una idea de lo que había de ser el iPod fue Tony Fadell, actual vicepresidente de la división iPod de Apple. Fadell trabajaba por su cuenta en un proyecto de disco duro pequeño capaz de almacenar y reproducir música. En el año 2000 intentó vender la idea a Real Network, pero no tuvo el éxito esperado y en 2001 ofreció la idea a Apple. Jon Rubinstein, responsable del desarrollo de hardware, no tuvo ninguna duda de la utilidad del invento y creó un equipo de ingenieros para su desarrollo, encabezado por Tony Fadell, el ingeniero de hardware Michael Dhuey, el ingeniero de diseño Jonathan Ive y el responsable de marketing Stan Ng. En menos de un año tenían el producto con una capacidad de 5 GB de memoria para más de mil canciones.

El nombre de iPod fue sugerido por Vinnie Chieco, publicista autónomo contratado por Apple para la ocasión. iPod no es el primer disco duro capaz de almacenar música, pero es el más atractivo.

En septiembre de 2007 salen a la venta el iPod Classic de 80 y de 160 Gb, el iPod nano de 4 y 8 Gb, más pequeño y delgado y el iPod touch, con una pantalla táctil más grande, que es la versión música y vídeo únicamente del iPhone, que además es móvil.

2001 — El 1 de octubre sale el primer modelo de iPod con carcasa blanca y rueda mecánica. Capacidad de memoria hasta 10 GB.

2002 — El 17 de julio sale la segunda generación con rueda sensible al toque y capacidad de hasta 20 GB.

2003 — El 28 de abril sale la tercera generación, con rueda sensible a la presión y hasta 40 GB

2004 — El 19 de julio sale la cuarta generación, por fin con la rueda sensible al tacto que conocemos y con una pantalla a color para ver fotografías; tiene una memoria de hasta 60 GB.
• Aparece el iPod mini de cinco colores con rueda click y hasta 4 GB.

2005 — El 12 de octubre sale la quinta generación, con pantalla a color capaz de visualizar vídeo. Tiene hasta 80 GB de memoria y el sistema de enlace con el ordenador pasa de FireWire, que sólo se usa para cargar la batería, a USB. • Segunda generación del iPod mini, que aumenta la duración de la batería. • Nace el iPod nano, aún más pequeño. • El 11 de enero, primera generación del iPod shuffle.

2006 — Segunda generación del iPod nano el 12 de septiembre con carcasa de aluminio anodizado en seis colores.
• Segunda generación del iPod shuffle, más pequeño y sin pantalla. • La quinta generación del iPod normal mejora en septiembre, con un display mejorado y una batería de mayor duración.

1998

Grandes de la red

Curiosidades

Los vídeos **virales** son vídeos manipulados que se difunden por la red a través de You Tube o MySpace y pueden llegar a verse millones de veces. En la imagen, el vídeo viral más visto: **"Star Wars Kid"**, protagonizado por Ghyslain Raza, estudiante canadiense de 15 años que nunca hubiera imaginado que de su grabación con un palo de recoger pelotas de golf se hubieran hecho tantas versiones y mucho menos visionado tantos millones de veces.

Derecha, el 19 de agosto de 2004 Google entraba en el *Nasdaq*, el mercado financiero de nuevas tecnologías de Nueva York.

Google, 1998

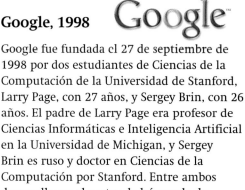

Google fue fundada cl 27 de septiembre de 1998 por dos estudiantes de Ciencias de la Computación de la Universidad de Stanford, Larry Page, con 27 años, y Sergey Brin, con 26 años. El padre de Larry Page era profesor de Ciencias Informáticas e Inteligencia Artificial en la Universidad de Michigan, y Sergey Brin es ruso y doctor en Ciencias de la Computación por Stanford. Entre ambos desarrollaron el motor de búsqueda de Google, que indexa archivos almacenados en servidores web y busca mediante *spiders* (arañas), un método que recopila información sobre los contenidos de las páginas y las clasifica según varios criterios: por su relevancia, que incluye el número de veces que se ha consultado esa página, y si se ha pagado una cantidad determinada para que aparezca en las primeras páginas de búsqueda.

Sergey y Larry se conocieron en Stanford en 1995 y desarrollaron un buscador llamado BackRub, que analizaba los *back links*, hiperenlaces que llevaban de una página a otra. En 1997 cambiaron el nombre a Google, por su parecido con *googol*, en inglés «diez elevado a cien», haciendo alusión a la cantidad infinita de páginas que pretendían indexar y clasificar. En 1998 se instalan en casa de Larry Page. Éste coloca los ordenadores junto a su cama, y Sergey, en la habitación de al lado, se ocupa de las finanzas. El buscador de Google indexa las páginas webs y las clasifica por el número de enlaces que se dirigen a ellas. Andy Bechtosheim, cofundador de Sun Microsystems, les dona cien mil dólares para empezar, y no será el último... En febrero de 1999 la oficina recibe medio millón de consultas al día y se traslada a Palo Alto, donde instala en su servidores el sistema Linux y sigue creciendo... Actualmente, Google busca en más de ocho mil millones de páginas, tiene 2.500 trabajadores en todo el mundo y funciona en más de cien idiomas.

Wikipedia, 2001

Wikipedia es la primera enciclopedia libre escrita en todos los idiomas. Su virtud es que funciona según el sistema wiki. Este sistema, cuyo nombre procede del hawaiano *wiki wiki*, «rápido», permite que cualquier usuario pueda editar los artículos desde su propio ordenador personal. Es decir, escribir, borrar o modificar lo escrito por otros de forma interactiva, fácil y rápida, con el objetivo de construir una gran enciclopedia en el menor tiempo posible por medio de lo que se denomina escritura colaborativa.

Wikipedia dio sus primeros pasos el 15 de enero de 2001 en inglés, fundada por Jimbo Wales, nacido en 1966 en Alabama, y Larry Sanger, nacido en 1968 en Washington y criado en Alaska, ambos filósofos. Dos meses después, ya se escribía en alemán.

El 20 de septiembre de 2004, con un total de 105 idiomas en su haber, se publicó el artículo un millón, escrito en hebreo.

La Wiki en español nació en mayo de 2001 y en 2007 sobrepasó los doscientos mil artículos, aún lejos del millón y medio del idioma inglés.

La idea nació como alternativa a la Nupedia, proyecto de enciclopedia libre también creada por Jimbo Wales en marzo de 2000, pero que requería que cada uno de los artículos fuera validado por un especialista en el tema. No era el único proyecto en este sentido, y no tardó en unirse a GNUPedia o GNE, otra enciclopedia igual que empezó a funcionar en enero de 2001 fundada por Richard Stallman, cuyo problema era también el complicado sistema de comprobación y validación de los artículos. La unión de ambas dio lugar a la Wikipedia, en que se confiaba en el buen criterio y la honradez de sus colaboradores, lo que a la larga provocó algunos problemas de criterio en artículos comprometidos, y algún intento de manipulación.

You Tube, 2005

You Tube es un sitio web que permite a cualquiera que tenga una conexión a internet subir, ver y compartir clips de vídeo, pues se pueden copiar o crear enlaces desde weblogs como MySpace para verlos desde las páginas personales. Al empezar, You Tube tenía la norma de sólo admitir vídeos caseros, pero enseguida empezaron a aparecer vídeos con copyright pirateados, o vídeos comerciales e incluso vídeos musicales que las empresas o los grupos colocaban para conocer su impacto antes de lanzarlos al mercado.

You Tube fue fundado el 15 de febrero de 2005 por tres antiguos empleados de PayPal, un negocio de internet que permite la transferencia de dinero entre usuarios de correo electrónico. Chad Hurley, nacido en California en 1977, Steve Chen, nacido en Taiwan en 1978, y Jawed Karim, nacido en Alemania Oriental en 1979, y cuyos padres son de Bandgladesh, coincidieron en la sede de PayPal en Estados Unidos. Como otros negocios de este tipo, empezaron en un pequeño garaje y desarrollaron el programa hasta su lanzamiento en mayo de 2005. En octubre de 2006, Google compra YouTube por 1.650 millones de dólares. En ese momento tenía 67 trabajadores y sus tres copoprietarios se hicieron multimillonarios.

1996 — Aparece la primera aplicación P2P (*peer to peer*, entre pares) para el intercambio de archivos entre dos ordenadores conectados a internet. Se llamaba Hotline Connect, únicamente para los ordenadores Mac.

1997 — Aparece por primera vez la expresión Google para definir al buscador ideado por dos estudiantes de Stanford, Larry Page y Sergey Brin, pero de momento sólo funciona dentro de la Universidad de Stanford.

1998 — El 27 de septiembre se pone a disposición de todo el mundo Google.

1999 — Aparece Napster, el primer P2P de intercambio de archivos entre dos PCs. El 13 de mayo aparece eMule.

2000 — Nace Nupedia, la primera enciclopedia de contenido libre que necesita que todos sus artículos sean contrastados, a la manera de la revista *Nature*, y esto hace que su crecimiento sea lento.

2001 — Nace GNUPedia, otra enciclopedia libre cuyos contenidos deben ser contrastados.

2001 — Wikipedia da sus primeros pasos en inglés el 15 de enero. En mayo aparecen la wiki en español.

2002 — Nace la Enciclopedia Libre Universal en español, creada en Sevilla con especialistas de todo el mundo hispano y cuyos recursos quedarán integrados en la Wikipedia.

2004 — Wikipedia alcanza el artículo un millón, escrito en hebreo, sobre los emblemas nacionales de Kazajstán. Ya hay artículos en 105 idiomas. Nace la empresa BitTorrent Inc.

2005 — El 15 de febrero, tres antiguos empleados de PayPal, crean YouTube.

2006 — Google compra YouTube por 1.600 millones de dólares.

Música

De la flauta al rock and roll

Prehistoria

Flauta

La primera flauta se fabricó en la prehistoria; en la cueva de Geibenklösterle, en el sur de Alemania, se han encontrado flautas hechas de colmillo de elefante y de hueso de cisne de unos 35.000 años de antigüedad, pero la primera y más antigua de las flautas conocidas es la encontrada en una cueva de Divje Babe, en Eslovenia, hecha de fémur de oso joven y datada en unos 43.000 años.

En China se han encontrado flautas hechas con huesos de alas de grulla de ocho mil años de antigüedad. En el imperio inca de los Andes se usaba una flauta muy sencilla llamada quena, hecha de madera o de arcilla con cinco o seis agujeros encima y uno debajo para el pulgar.

La flauta travesera que se usa en Europa procede de una que se empezó a usar en China en el año 900 a.C., desde donde pudo haber pasado a Europa en torno al siglo XII. En el siglo XVI se usa como instrumento militar en los países de habla alemana, y no tarda en triunfar en toda Europa y EE UU, país donde anima al ejército nordista. En el siglo XVII, la famosa familia francesa de constructores Hotteterre modifica la flauta, y durante el barroco, adquiere el nombre italiano de traverso.

En el siglo XVIII ya se usan cuatro llaves para tapar los agujeros en las flautas de orquesta, y finalmente, el músico e inventor Theobald Böhm, flautista de la corte de Baviera, mejora y modifica la flauta en 1832 (la patentará en 1847), empleando materiales diversos, como maderas tropicales, plata, oro, niquel y cobre, y da paso a la fabricación de flautas de metal, que son las más usuales en la actualidad, con treinta o más llaves.

Edouard Manet: *Joven Flautista*, 1866

PREHISTORIA — Las flautas de hueso halladas en la cueva alemana de Geobenklösterle tienen entre 30.000 y 37.000 años de antigüedad. En una cueva de Eslovenia se ha encontrado un hueso de oso joven con cuatro agujeros con una antigüedad de más de 43.000 años.

8000 a.C. — Esta es la antigüedad de las flautas encontradas en la tumba de Jiahu, en la provincia china de Henan.

1500-1000 a.C. — Las flautas se usan en los imperios andinos. Los incas las llaman quenas, pero se han encontrado instrumentos muy parecidos en Nazca.

900 a.C. — Primeras flautas traveseras usadas en China.

SIGLO XII — Aparecen las primeras flautas en Europa.

SIGLO XVI — En este siglo se usa como instrumento musical para conducir las marchas de los soldados, por la facilidad de su uso y la cadencia de sus ritmos.

SIGLOS XVII-XVIII — Jacques Martin Hotteterre diseña una de tres piezas con embocadura, forma cónica al final y una llave en el extremo. En 1707, publica el primer libro conocido sobre el tema titulado *Les principes de la flûte traversière*.

SIGLO XIX — A principios de este siglo, la flauta ya posee de cinco a ocho llaves según el país.

1832 — El flautista alemán Theobald Böhm (1794-1881), de Munich, mejora de tal manera las flautas, que las anteriores a él se llaman simples.

1847 — Böhm patenta su invento, y por fin, en 1860, el Conservatorio de París adopta este sistema y las flautas simples son reemplazadas en su totalidad.

1700

Clarinete

La invención del clarinete se atribuye al alemán Johann Christoph Denner de Nüremberg, que le agregó al *chalumeau* un tubo cilíndrico con una lengüeta simple y siete agujeros, dos llaves y un pabellón que lo hacía más sonoro.

Chalumeau era como se denominaba en Francia a una serie de instrumentos de viento que constaban de un tubo recto o cónico y una lengüeta simple. Durante un tiempo coexistieron los dos instrumentos, hasta que se impuso en las orquestas el clarinete. A Mozart le encantaba, y escribió varias piezas para de él. En la época de Beethoven era normal encontrarlo en las orquestas, pero aún habría de modificarse bastante. En la actualidad hay dos tipos de clarinetes diferentes, los que funcionan según el sistema Oehler, que poseen 19 o 27 llaves y usan los instrumentistas alemanes y austriacos, y el sistema Böhm o Boehm, de 17 llaves, que usan el resto de clarinetistas, mucho más complejo, ya que el instrumento puede tener más de cien piezas mecánicas, y los orificios, inaccesibles a los dedos, se obturan mediante mecanismos.

Los tipos de clarinete

En la actualidad existen numerosos tipos de clarinetes, según la tonalidad, desde el pequeño clarinete sopranino que se utilizaba en las bandas militares y es muy agudo, hasta el clarinete contrabajo, muy grave, que se utiliza únicamente en los conjuntos de clarinetes.

El clarinete bajo se usa en música contemporánea y en jazz, el alto y el soprano se usan en música de cámara. Hay un clarinete turco, que usan los músicos de este país y los griegos, un *basset* que se usa únicamente en el concierto para clarinete de Mozart, otro llamado *corno di bassetto*, más grave y que se usa desde 1760, otro pequeño que se usa sólo en los conciertos de Johann Melchior Molter y por fin, el clarinete más común, en si bemol de tres octavas y media, aunque la nota fundamental de este instrumento es el do.

1690-1700 — El alemán Johann Christoph Denner de Nuremberg (1655-1707) inventa el clarinete al agregarle al *chalumeau* un tubo cilíndrico con una lengüeta simple y siete agujeros.

1720 — Primera mención del clarinete en una partitura de una misa de J. A. J. Faber, organista de Amberes.

1748 — Obertura para dos clarinetes y trompa de Georg Friedrich Händel.

1780 — El clarinete se incorpora a la orquesta.

1791 — Concierto para clarinete en la mayor, K.622, de Wolfgang Amadeus Mozart.

1810 — Heinrich Bärmann (1784-1847) propone añadir de nuevo la boquilla que coloca la lengüeta sobre el labio inferior del músico.

1812 — Ywan Muller añade trece llaves suplementarias que ofrecen por fin la gama cromática completa del instrumento y permite abandonar la serie de instrumentos que se utilizan con este fin en la orquesta.

1840 — El francés Louis Auguste Buffet y el clarinetista Jacinto Klosé adaptan el principio de los anillos móviles del aleman Theobald Böhm para dar lugar a uno de los dos sistemas de llaves que han llegado a nuestros días; en este caso, el complejo sistema Böhm.

1860 — El belga Eugène Albert desarrolla el sistema de llaves conocido como Oehler, que tiene los orificios más estrechos.

2000 a.C.

Trompeta

Curiosidades

El logo de **Correos** con una trompeta sobre la que hay una corona se debe a que, en tiempos, los carteros que llegaban a los pueblos convocaban a la gente tocando una trompeta para que acudieran a recoger las cartas.

Arriba, arquero escita tocando una trompeta, en una pintura griega de 520-500 a.C.

A la derecha, Louis Armstrong, (Nueva Orleans, 4 de agosto de 1901–6 de julio de 1971) el mejor trompetista de jazz de la historia.

La trompeta más antigua conocida se ha encontrado en Egipto y tiene un antigüedad cercana a los cuatro mil años; era de bronce, pero también se han encontrado trompetas de plata de la época de Tutankamón (1358-1353 a.C.). Es posible que las trompetas se tocaran mucho antes, hechas de cuernos, como trompas de caza, en la prehistoria, y también es mucho más antiguo el *didgeridoo* australiano, especie de trompeta que tocan los aborígenes y cuya antigüedad es desconocida. Luego están las pertenecientes a la cultura de Oxus, de la edad del bronce de Asia Central, en la cuenca del río Amu Daria, que pueden datarse en 2200 a.C. Estas trompetas sonaban siempre en las batallas para enardecer a las tropas y apenas eran más que instrumentos amplificadores del sonido, como los cuernos, que carecían de armonía, aunque no del todo, pues en los Juegos Olímpicos de Grecia competían trompeteros, aunque era más bien una prueba de resistencia y los instrumentos eran cuernos animales, como el *cornu* romano.

En la Edad de Bronce del norte de Europa, entre los siglos VI y X a.C. se usaba una trompeta cónica llamada *lur*, mencionada en las sagas escandinavas como un instrumento de guerra, que derivó en el *daudyte* lituano y en el *carnyx* celta. Los judíos construían trompetas con cuernos de carnero o de cualquier otro animal kosher, denominadas *shofar*, que se mencionan en la Biblia y se usan aún hoy día en ciertas ceremonias. También la siringa de la India, antepasada de la flauta, se hacía de cuerno de búfalo o de vaca.

Otros antepasados de la trompeta hechos de cuernos de animales son los *stierhorn* germanos, los *rwa-dun* tibetanos, los *eng'ombe* ugandeses (actualmente arupepes) e incluso y muy anteriores, los *si-in* sumerios de buey. Y no hay que despreciar las pseudo trompetas hechas con caracolas, muy corrientes en Oceanía y que también se usan en ceremonias religiosas del hinduismo y del budismo (el budismo tántrico usa fémures humanos y de tigre para hacer trompetas y flautas), las *faluo*

chinas (que derivarán en las *hao t'ung*), las *dun-dkar* del Tibet (que derivarán en el *dung* moderno corto o largo, como el *dung-chen*, de cinco metros) o las *horagai* japonesas (más tarde, *dokaku*).

No hablemos ya de las trompetas hechas de marfil medievales, de origen africano, que usan los árabes en sus invasiones europeas y que se conocen como olifante (a más de uno le sonara a instrumento tolkiano). Otro tipo de pseudo trompetas se hacen de calabaza o de yeso en América Latina, Europa Occidental y África, pero estos son precedentes también de

la flauta. La trompeta se convierte en un instrumento musical a finales de la Edad Media y comienzos del Renacimiento, empieza a curvarse en el siglo XV (en esa época Monteverdi escribe una tocata para cinco trompetas diferentes), adquiere forma de S y el tubo acaba de enrollarse a finales del siglo XVI. A Purcell y Händel les encantaba la trompeta. En 1818, aparece en Alemania la trompeta de pistones, inventada por Heinrich Stölzel y Friedrich Blühmel,

y sus posibilidades cromáticas aumentan. Sólo faltaba la invención del pistón de cilindro en 1832 por el vienés Joseph Riedl y el pistón Périnet para obtener la trompeta moderna. Entonces se incluían al menos dos trompetas en las orquestas, aunque las de pistones encontraron cierta oposición para introducirse en los conciertos. En torno a 1830 reaparece la corneta, más corta que la trompeta y más cónica, relegada a la música antigua a principios del siglo XX.

2.200 a.C. — Primeras trompetas de la edad del Bronce, pertenecientes a la cultura de Oxus, en Asia Central. Las trompetas debieron ser inventadas con el uso del bronce en algún lugar de Asia, de donde se llevaron a todas las culturas de la región.
• Hay que recordar que, según la Biblia, las murallas de Jericó fueron derribadas por las trompetas de los ángeles.

2000 a.C. — Primeras trompetas de bronce encontradas en Egipto. Las trompetas de esa época se usaban para ensordecer a las tropas enemigas, pues sólo emitían un sonido estridente, pero no se hacía música con ellas. También se usaban en ceremonias para ensalzar la aparición de las personalidades.

396 a.C. — Las trompetas se introducen en las olimpiadas griegas para comprobar quién aguantaba más tiempo soplando y quién daba la nota más alta. Las trompetas de esa época apenas tenían de dos a cinco notas. Destacaron como ganadores Achias, que ganó tres veces y el gigante Herodoro de Megas. La trompeta también introducía a los atletas.

SIGLOS IV a.C. — Los etruscos, que eran expertos metalúrgicos, usan trompetas para conducir a sus ejércitos que son introducidas más tarde en la legión romana, donde había más de cuarenta toques diferentes. Los romanos introducen la tuba, que tenía más de un metro de largo, el *cornu*, con hasta tres metros, la *buccina* y el *lituus* para los rituales. Los tubicines, los cornicines y los *buccinatores* acompañaban a la legión en sus campañas. Con la caída del Imperio Romano, la trompeta desaparece de Europa durante medio siglo, pero las tubas y las *buccinas* continúan haciéndose en el Próximo Oriente y volverán de la mano de los sarracenos.

SIGLO XV — La trompeta empieza a usarse como instrumento musical y el tubo se enrosca para darle una mayor sonoridad.

SIGLO XVII — Aparecen los primeros manuales para aprender a tocar la trompeta.

1818 — Aparece en Alemania la trompeta de pistones, inventada por Heinrich Stölzel y Friedrich Blühmel.

1832 — Joseph Riedl inventa el pistón de cilindro y la trompeta adquiere la forma moderna.

1529

Violín

Curiosidades

El violín está formado por hasta 84 piezas. Para construirlo se usan maderas de pino, arce, ébano y palisandro, además de la madera de Pernambuco para el arco. Las antiguas cuerdas de tripa han sido sustituidas por otras de materiales sintéticos, pero las que tensan el arco siguen estando formadas por más de un centenar de crines de caballo entrelazadas, como cuando lo tocaba Leonardo da Vinci.

El violín nace en la Italia del siglo XVI. La mención más antigua del violín pertenece a un documento del 17 de diciembre de 1523 encontrado en la Tesorería General de Savoya, donde consta un pago por "las trompetas y los violines (*viollons*, en francés) de Verceil". Se cree que el más antiguo conocido, de cuatro cuerdas, como los actuales, fue fabricado por el cremonés Andrea Amati.

Otros instrumentos parecidos, pero de tres cuerdas, fueron fabricados en ese siglo, pues Amati no era el único luthier de Italia. Algunos autores atribuyen la invención del violín moderno a Gaspar de Bertolotti, apodado Gasparo da Salò, e incluso al alemán Gasparo Duiffopruggar. Lo cierto es que el rey Carlos IX de Francia le encargó enseguida a Amati la construcción de 24 violines, y Claudio Monteverdi lo utilizó en su ópera *Morfeo* para reforzar las voces del coro, dándole el impulso definitivo.

Muy pronto aparecen los grandes fabricantes; después de la familia Amati, aparecen los Guarneri y los Stradivarius, todos de Cremona, Italia. El violín más antiguo que nos ha llegado es uno de aquellos que encargó Carlos IX con su nombre. Fue fabricado en Cremona en torno a 1560.

Los precedentes del violín se encuentran en una serie de instrumentos de cuerda frotada como la viola da gamba, más grande y que se apoya sobre las rodillas del violinista, la fídula o rebec y la *lira da braccio*, que proceden a su vez de otros instrumentos que no sólo dan lugar al violín, como el laúd, aunque está más cercano el rabel o *rebab* árabe, que da lugar en Italia a la viola da gamba y a la *lira da braccio*, ya muy parecida al violín. Este instrumento no fue muy apreciado, ante el alud de instrumentos.

Las grandes familias

■ La familia Amati se inicia con Andrea, que nace en 1500, y dura hasta 1740.
■ La familia Guarneri se inicia con Andrea, que nace en1626, y dura hasta 1744.

■ La familia Stradivarius se inicia con Antonio, que nace en 1644 y se instala por su cuenta en la plaza San Domenico de Cremona, y dura hasta 1737.

parecidos, como el laúd, la vihuela, la guitarra o la mandolina, hasta que Monteverdi no le da cabida en su obra *Orfeo* en 1607.

Los luthiers, que fabricaban laúdes, empiezan a fabricar también violines y empiezan a ser conocidos Gasparo Bertolotti, Giovanni Maggini o Jacob Steiner, aunque los mejores aparecen en Cremona, donde vivían y trabajaban Andrea Amati, Giuseppe Guarneri y Antonio Stradivari, el gran Stradivarius en su forma latinizada, que inician la edad de oro del violín. Éste entra en Francia muy pronto, de la mano del virtuoso Baltasar de Beaujoyeux en 1555, pero brillará en Italia, con los compositores Monteverdi, Antonio Vivaldi, Pietro Locatelli y Giuseppe Tartini en el siglo XVII. En 1581, el primer ballet de la historia, el Ballet cómico de la Reina, de Francia, contiene una parte escrita en violín, y en 1585 se escribe la primera partitura pensada para violín, *Circe*.

En Alemania hay que esperar al siglo XVIII para encontrar a los primeros virtuosos, pero es en Italia de nuevo donde aparece la figura genial, Niccolo Paganini, autor de sus *24 Caprichos para violín*, aunque este genial violinista representa el final de la escuela italiana. El relevo lo toma la escuela francesa y ya en el siglo XX entra de lleno en el folclore, en Quebec y sobre todo en Irlanda, pero también en el jazz y en el rock.

SIGLO X — El rebec se usa desde este siglo, procedente del *rebab* árabe, probablemente el antecedente más claro del violín.

SIGLO XVI — Se fabrican diversos instrumentos similares al violín. Los más antiguos se atribuyen a Andrea Amati, Gaspar de Bertolotti y Gasparo Duiffopruggar.

1523 — Mención más antigua del violín en la Tesorería General de Savoya.

1556 — Se publica uno de los primeros libros sobre el violín, el *Epitome musical* de Jambe de Fer, en Lyon.

1560 — De esta fecha es el violín más antiguo que nos ha llegado, fabricado por Andrea Amati para el rey Carlos IX. Ya tenía cuatro cuerdas, como los actuales.

1581 — Un instrumento parecido al violín se usa para *el Ballet comique de la Royne*.

1630 — El francés Pierre Trichet escribe en su *Tratado de los instrumentos de música* que los violines "se dedican sobre todo a danzas, bailes, mascaradas, fiestas y todo tipo de pasa-tiempos, para lo cual son más apropiados que cualquier otro tipo de instrumento".

1716 — Antonio Stradivarius fabrica un violín que nunca ha sido tocado, denominado el *Mesías*, que se conserva en el Ashmolean Museum de Oxford.

1990 — Aparecen los violines de fibra de carbono, cuya ventaja es la economía de los precios.

2002 — La firma Yamaha, que fabrica violines desde finales del siglo XIX, presenta el violín silencioso, sin caja de resonan-cia, que amplifica por medio de un sistema electrónico. • El último invento es el violín virtuoso de la firma americana QRS, que marca la altura de las notas mediante un sistema electromagnético.

1710

Piano

Curiosidades

Juan Sebastian Bach tocó por primera vez un piano en 1750. Estaba fabricado por Gottfried Silbermann. Bach le pidió una serie de cambios y al aceptarlos el constructor, Bach le ayudó a venderlos. Discípulos de Silbermann introdujeron el piano en Inglaterra e Irlanda, donde Henry Walsh, organista de la catedral de San Patricio, ofreció el primer concierto para piano en 1762.

El piano es una invención del italiano Bartolomeo Cristofori de Padua, que en 1698 diseña un clavecín de martillos pequeños y en 1710 concluye el primer pianoforte de la historia. En el Metropolitan Museum de Nueva York se encuentra un ejemplar de 1720, uno de los tres que quedan de la veintena que fabricó Cristofori, quien los llamaba *gravicembalo col piano e il forte*, pues era capaz de producir notas con diferente intensidad según cómo se golpearan las teclas. Cristofori era cliente de los Medici, entre cuyos inventarios consta ya la existencia de un modelo de piano fabricado en torno a 1701.

El piano es el resultado de la evolución del clavicémbalo o clavecín, un instrumento con teclas y cuerdas pulsadas, y el clavicordio, cuyas cuerdas con martilleadas, como en el piano, con la diferencia de que en aquel el sonido es muy tenue, y en cambio el piano permite sonidos muy fuertes. Pero los primeros pianos estaban hechos con cuerdas más finas y el sonido era más débil que en el clavicordio. Se tardaron dos siglos en conseguir la sonoridad actual. La gracia estaba en que los martillos deben golpear las cuerdas y dejar de estar en contacto con ellas inmediatamente, para no apagar el sonido, y volver a su posición enseguida para poder repetir la nota sin rebotar. El escritor italiano, Scipione Maffei, dio a conocer el instrumento y animó con su difusión a los constructores a poner en marcha este invento.

Uno de los primeros fue el alemán Gottfried Silbermann, que inventa el pedal. A principios de la década de 1730, muestra uno de sus pianos a Bach, que encuentra el sonido demasiado débil. Lo mejora y, en 1747, recibe la aprobación del músico. El auge del piano forte se da a finales de este siglo con la escuela vienesa, en la que destacan Andreas Stein y su hija Nannette

Stein, que lo fabrican sin bastidor y con los martillos recubiertos de cuero que pertenecen a la época de Mozart. Durante el próximo siglo, la evolución es constante. En 1760, varios fabricantes alemanes se instalan en Londres y la firma inglesa Broadwood, famosa por la potencia de sus clavecines, empieza a fabricar pianos con pedal, que enviará a músicos como Haydn y Beethoven. Sus pianos alcanzan una tesitura de 7 octavas en 1820, año en que las firmas Erard (1777) y Pleyel

A la izquierda, Piano con el que John Lennon compuso *Imagine*.

Abajo, interior de un *Grand* piano.

1710 — El italiano Bartolomeo Cristofori de Padua, Italia, inventa el pianoforte a partir del clavecín y el clavicordio.

1725 — El organero alemán Gottfried Silberman adopta el sistema de Cristofori y construye un pianoforte que muestra a Johann Sebastian Bach, quien le pide mejoras.

1747 — Por fin, Bach aprueba el piano de Silbermann y el invento recibe un fuerte empujón en Alemania.

1760 — Fabricantes alemanes de pianos se instalan en Londres y fundan la escuela inglesa que, encabezada por John Broadwood, construye pianos más sólidos.

1790 — Sebastien Erard crea la escuela francesa de fabricantes de pianos.

1820 — Los pianos alcanzan una tesitura de 7 octavas (número de notas comprendidas en un intervalo).

1821-1823 — Sebastian Erard desarrolla el sistema de doble acción que permite repetir una nota antes de que el martillo vuelva a su posición inicial.

1825 — Alpheau Babcock, de Boston, inventa el cuadro metálico que en Francia estaban ensayando Ignace Pleyel y su hijo, y que permitirá una mayor tensión de las cuerdas, de acero y más gruesas.

1840 — Henri Herz mejora el sistema de doble acción que llegará hasta nuestros días.

1844 — Jean Louis Biosselot inventa el pedal tonal, que será mejorado por Steinway en 1874. Los pianos modernos llevan hasta cuatro pedales.

1853 — Nace una de las firmas más importantes en la fabricación de pianos, Steinway & Sons.

1840-1880 — Es la época del piano romántico, después del *hemmerfluegel* de Beethoven, el pianoforte se refuerza con barras de metal para aumentar la tensión y la sonoridad. Es la época de Chopin y Liszt.

1865-1945 — El piano moderno incorpora un cuadro de una pieza, el doble escape y otras características que aumentan su sonoridad.

1950 — Los pianos adquieren la forma actual y se producen de manera industrial.

(1807) de París consiguen un nivel semejante. Durante unos años, estas firmas francesas encabezan los avances y sus pianos son usados por músicos como Chopin y Liszt. Ignace Pleyel y su hijo introducen el cuadro metálico de una pieza que permitirá una mayor potencia y cuerdas más largas, y en 1821 Sebastian Erard inventa el sistema doble que permite repetir una nota cuando el martillo

aún no ha retornado a su posición. Esta idea, mejorada por Henri Herz, llegará hasta nuestros días. Pero las mejoras se suceden: se usarán tres cuerdas en lugar de dos para todas las notas, se perfeccionará el cuadro metálico (Boston, 1825) que llegará a soportar una tensión de 20 toneladas, se cruzan las cuerdas, los martillos se cubren de fieltro y se inventa el pedal tonal, que perfeccionará Steinway en 1874.

1821

Armónica

Curiosidades

El barón Jean-Baptiste Frédéric Isidor "Toots" Thielemans (Bruselas, 29 de abril de 1922) es un músico belga de jazz especializado en la armónica, aunque a veces es intérprete de guitarra y compositor. En 1962 tuvo un gran éxito con una obra titulada "Bluesette", en la que por primera vez se combinaban un silbato y una guitarra. Su armónica aparece en películas como *Desayuno con diamantes, Cowboy de medianoche* y *Bagdad café.*

La armónica la inventa en 1821 el alemán Friedrich L. Buschmann buscando un aparato que le permitiera ajustar los pianos con más facilidad, y durante un tiempo se puso de moda en Viena. Una leyenda cuenta que la emperatriz china Nyn-Kwa poseía un instrumento parecido, hace más de cuatro mil años, llamado *sheng* ("voz sublime"), que todavía existe y es una especie de pequeño órgano con los tubos verticales.

Otro instrumento chino de esa época, el *m'buat,* se toca soplando y aspirando, como la armónica moderna. Instrumentos similares se tocaban en Vietnam (*keyn*), Corea (*sian*) y Japón (*shô*), pero ninguno como la armónica que diseña el relojero Buschmann al unir una serie de lengüetas de tubo de las que se usaban para afinar pianos. Buschmann le añadió en 1822 un fuelle vertical que le permitiera tener las manos libres. En 1827, un inventor de Bohemia llamado Richter le da la forma más conocida, con 10 agujeros, 20 lengüetas y alternancia de soplido y respiración. En 1833, se considera un artículo de joyería. Un relojero vienés llamado Matthias Hohner, que vive en Trossingen, monta un negocio y empieza a fabricarlas de manera industrial en 1855. Apenas vende nada, pero su mujer, Ana, tiene una idea genial: enviarle una armónica a su primo Hans, que vive en EE UU. El primer año vendió algo más de 600, pero en 1887 se estaban vendiendo un millón de armónicas en todo el mundo bajo la denominación de Matth Hohner AG. Trossinger se convirtió en el centro mundial de producción de armónicas. En EE UU se hizo popular en los campos de algodón y también en los de batalla durante la guerra de Secesión por su facilidad de uso y de transporte. El primer blues de armónica de la historia se graba en 1904, se llama "My doggone lazy man" y lo toca Pete Hampton.

2000-2500 a.C. — Se dice que en China inventan un órgano de boca con los tubos verticales y lengüeta que podría considerarse el antepasado de la armónica.

1821 — El alemán Friedrich L. Buschmann inventa la armónica.

1824 — La armónica es presentada en una exhibición en Braunschweig, donde es copiada por varios fabricantes de Alemania y de Checoslovaquia.

1827 — Un inventor de Bohemia llamado Richter le da a la armónica su forma más conocida, con 10 agujeros y 20 lengüetas.

1833 — Christian Messner, de Trossingen, hace una réplica de la armónica que le ha traído su vecino y empieza a fabricarlas de manera artesanal. Se unen a él su hermano y otros parientes. En 1840 se unirá a la empresa su sobrino Christian Weiss y crearán una empresa.

1857 — El relojero vienés Matthias Hohner, de Trossinger, empieza a fabricar armónicas de manera industrial. Es el primero en hacer el centro de madera. Vende más de 600 el primer año.

1868 — Matthias Hohner recibe el primer pedido de armónicas de Estados Unidos y se convierte en la primera persona en fabricarlas masivamente.

1904 — Se graba el primer blues de armónica de la historia, "My doggone lazy man" y lo toca Pete Hampton.

1924 — Matthias Hohner fabrica la primera armónica cromática.

1829

Acordeón

Los orígenes del acordeón están ligados a los de la armónica. Tienen en común, por ejemplo, el *sheng*, una especie de órgano que se toca con la boca y que tiene una antigüedad de más de tres mil años en la China. Independientemente, en Europa, el relojero y ajustador de pianos Friedrich L. Buschmann inventa la armónica uniendo una serie de lengüetas como las usadas para afinar pianos en 1821, y un año después inventa una especie de fuelle que le permite tener las manos libres.

Esta idea fue adoptada por el vienés Cyrill Demian (1722-1847), de origen armenio, para construir y patentar el 6 de mayo de 1829 el primer acordeón, junto con sus hijos Carl y Guido. Los primeros acordeones tenían sólo diez botones melódicos y dos para los graves. Este aparato se parecía poco a los acordeones actuales; sólo tenía un teclado para la mano izquierda y con la derecha se empujaba el fuelle. En 1844, el inglés Charles Wheatstone (1802-1875) patenta la concertina, un aparato que pertenece a la familia de los acordeones modernos y que había inventado en 1829. Wheaststone era un notable inventor, que entre otras cosas desarrolló también uno de los primeros micrófonos y el estereoscopio de dos espejos, e intentó transmitir un mensaje a través de la electricidad e instaló, al norte de Londres, el primer hilo telegráfico de dos kilómetros con agujas imantadas.

En 1863, el italiano Paolo Soprani crea la primera empresa para fabricar acordeones en Castelfidardo, la cuna del acordeón, donde se celebra un concurso internacional cada año. Desde entonces, el acordeón equivale a una orquesta, pues con un solo aparato se pueden concertar armonía, melodía y ritmo. De todos modos, el acordeón no encontrará su momento hasta bastantes años después, cuando la música tradicional y folclórica empiece a utilizarlo para expresarse y cuando aparezcan los grandes acordeonistas, como los franceses Marc Perrone, Richard Galliano, Pascal Contet y Claude Parle.

Curiosidades

A mediados de siglo XIX, el alemán **Heinrich Band de Krefeld inventa el bandoneón**, una especie de acordeón más grande, que será adaptado por los tanguistas y que en lugar de teclas tiene botones, 38 para el registro agudo y medio y 33 para el grave.

2700 a.C. — Aparece el *sheng* en China, una especie de órgano de boca, ancestro del acordeón y primer instrumento de lengüeta.

1822 — La forma básica del acordeón es inventado en Berlín por el alemán Friedrich Buschmann al idear la armónica. No era el único invento que usaba fuelles para soplar sobre lengüetas; estaban, por ejemplo, el aeolino o *handëoline* y la fisarmónica de Eschenbach y Haeckl, también alemanes, la flutina del francés Jeune y la concertina, de dos tipos, una del alemán Uhlig y otra del inglés Wheatstone.

1829 — Cyrill Demian patenta un instrumento llamado *accordion* en Viena a partir de la idea de Buschmann, con sus hijos Carl y Guido.

1833 — El alemán Adolph Müller describe una gran variedad de instrumentos en su obra *Schule für accordion*.

1844 — El inglés Charles Wheatstone patenta la concertina, un aparato que pertenece a la familia de los acordeones modernos.

1863 — El italiano Paolo Soprani crea la primera empresa para fabricar acordeones en Castelfidardo, la cuna del acordeón.

1874

Guitarra

La guitarra desciende de la lira que se usaba en la Antigüedad clásica, probablemente inventada por los hititas en torno a 1500 a.C. y utilizada por todos los poetas griegos para acompañar sus versos. A veces se usaba una púa para tocarla, como en las guitarras. En la India se usaba un instrumento similar llamado sitar o sitara ('acorde musical' en sánscrito), cuya invención se desconoce, aunque podría tener más de cuatro milenios de antigüedad, con una caja de resonancia hecha con media calabaza. De la India pasó a Persia y de ahí a Grecia con el nombre de *khitara*, del que derivó la cítara española, que no tiene nada que ver con la guitarra, pues no tiene mástil todavía. Fueron los árabes quienes le añadieron el mástil y le llamaron *al'ud*, 'la madera' que los españoles convirtieron en laúd. No tardó mucho tiempo en enderezarse el mástil quebrado del laúd para dar lugar a la vihuela, que se tocaba en todo el imperio español, en tabernas, capillas y ambientes cortesanos.

De alguna manera, se recuperó el nombre de la cítara para renombrar guitarra a la vihuela, y en 1675 ya tenemos una *Instrucción de música sobre la guitarra española y métodos de sus primeros rudimentos hasta tañer con destreza*.

La guitarra se desarrolla entonces en toda Europa, pero sólo en España se convierte en un instrumento popular que toca 'todo el mundo' como si fuera un cencerro. En 1874, el fabricante español (*luthier*, nombre de quienes construyen y reparan instrumentos de cuerda) Antonio Torres Jurado le da la forma actual. Según Paco de Lucía, el inventor de la guitarra fue un árabe nacido en Bagdad que se llamaba Zyryab, que viajó a Córdoba en el siglo VIII, le añadió una quinta cuerda al

laúd, el *al'ud* árabe y fundó una escuela de música cuya influencia fue determinante en su evolución.

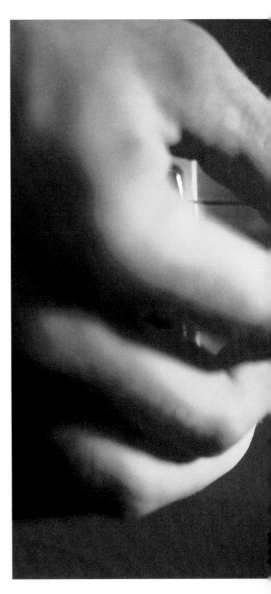

Abajo, *La visita del matador* (1873), de Francisco Peralta. Obsérvese la presencia de la guitarra en la pared, asociada a la España de los toros.

Guitarra eléctrica, 1935

En los años 1920, el estadounidense Lloyd Loar inventa el primer micrófono adaptado a la guitarra, y en 1935, el fabricante americano Rickenbacher fabrica la primera guitarra eléctrica en comercializarse, la *Electro Vibrola Spanish Guitar*, con un cuerpo de bakelita.

La primera grabación hecha con una guitarra eléctrica la llevó a cabo el guitarrista de jazz George Barnes, que grabó dos canciones en marzo de 1938, "Sweethearth land" y "It's a low-down dirty shame". Quince días después, Eddie Durham grabó su *Kansas city five*, que muchos consideran erróneamente anterior. Eddie introdujo a la primera figura mundial de la guitarra eléctrica, el tejano de color Charlie Christian.

En 1947, Paul Bigsby añade el vibrato y construye la primera guitarra eléctrica moderna a petición del músico Merle Travis. A partir de esta guitarra, el luthier Leo Fender fabrica la Broadcaster y en 1950, la Telecaster, la primera de su clase en ser comercializada de forma masiva.

3000 a.C. — En la India empieza a usarse el sitar, un instrumento hecho con media calabaza parecido a la guitarra, que habrá de viajar a través de Persia hasta Grecia para dar lugar a la lira. Los griegos la llamaron kizara y de ahí al latín y al castellano antiguo con la forma de cítara, que no tiene mástil.

1500 a.C. — Los hititas inventan la lira que los poetas griegos usarán para acompañar sus versos.

SIGLO VIII — Una teoría defiende que la guitarra la introduce en España el músico árabe Zyryab, que le añadió la quinta cuerda al laúd.

EDAD MEDIA — En esta época, en España se desarrollan varios instrumentos similares, el laúd árabe, que es la cítara con el mástil añadido mirando hacia atrás, y la vihuela, igual que el laúd pero con el mástil enderezado. • También aparece la bandurria, muy parecida a la guitarra, pero de una familia diferente, con el mango más corto y el fondo plano. Empezó con tres cuerdas pero ahora tiene doce y con ella se pueden interpretar numerosos estilos musicales. La bandurria es un instrumento típico de la tuna universitaria.

1675 — Se publica el primer libro sobre guitarra, llamado *Instrucción de música sobre la guitarra española*, cuyo autor es Gaspar Sanz.

1874 — La guitarra adquiere la forma actual a manos del luthier español Antonio Torres Jurado.

1920 — El estadounidense Lloyd Loar inventa el primer micrófono adaptado especialmente a la guitarra.

1935 — El fabricante americano Rickenbacher fabrica la primera guitarra eléctrica en comercializarse.

1947 — Paul Bigsby añade el vibrato y construye la primera guitarra eléctrica moderna a petición del músico Merle Travis.

1912

Blues

ANTIGÜEDAD — Los precedentes del blues se encuentran en los países del entorno del Sahel y en los del golfo de Guinea, desde donde los esclavos lo llevan a Estados Unidos.

FINALES SIGLO XIX — Formas primitivas del blues en Estados Unidos: los cantos "espirituales" de los campos de algodón del delta del Mississippi.

1900 — Los primeros cantantes de blues se acompañan de una guitarra o una armónica; destacan solistas como Blind Lemon Jefferson y Huddie Ledbetter, alias *Leadbelly*, quien, con su guitarra de doce cuerdas, influyó en el jazz y en la música popular y acabó en prisión por asesinato.

1912 — Se publican tres partituras que aceleran el desarrollo del blues, entre ellas la popular y definitiva "Memphis Blues", de W.C. Handy.

1920-1930 — El blues urbano evoluciona de la mano de Ma Rainey y Bessie Smith, la emperatriz del blues, que grabó con los mejores músicos de jazz, como Louis Armstrong.

1940 — En esta década, los cantantes de blues más conocidos, como T-Bone Walker y Louis Jordan, actúan con las grandes orquestas del momento. A la guitarra, el contrabajo, la batería y el saxo se une en ocasiones el órgano eléctrico.

1960 — Es la década de B. B. King (1925-) y Ray Charles (1930-2004), que se convertirán en los maestros del blues hasta nuestros días.

El blues nace en África en un periodo indeterminado de tiempo. Diversos investigadores han seguido los pasos de este estilo musical de doce compases que algunos dicen que se inició con la llegada de los primeros esclavos a Estados Unidos en 1650. Naturalmente, vino con ellos desde su continente. Una música semejante al blues se escuchaba hace ya muchos años a lo largo de la cuenca del Níger, en el Sahel y al otro lado del desierto, en Libia, en los patios de las casas y en torno a las hogueras, donde se tocaba el kora, un instrumento muy parecido al laúd y claro predecesor del banjo. Cada año se celebra un festival en Essakane, cerca de Tombuctú, en Mali, África, donde cualquiera puede reencontrarse con los orígenes del blues. A quienes tocan el kora se les considera de una casta especial y su procedencia es anterior a la llegada del islam a esas regiones.

Cuando llegan a Estados Unidos, aquellos nuevos americanos mezclan sus raíces africanas con las canciones de los recolectores y los espirituales religiosos y surge una nueva clase de cantantes que expresan su condición mientras hablan con su guitarra. La adición de diversos instrumentos musicales: tambores como el djembe de África central, el piano y la armónica, al blues, se produce a partir de 1910, y su forma definitiva se logra con la canción de W. C. Handy, "Memphis Blues", en 1912. En esta época se ha popularizado un género llamado *ragtime*, también procedente de los esclavos negros de los campos de algodón, que es ligeramente anterior al blues y que es más alegre y sincopado y se apoya con más fuerza en el piano.

El *ragtime*, que dio nacimiento a numerosas bandas, también provocó el crecimiento de la industria de las partituras, que vino muy bien cuando empezó a desarrollarse el blues, especialmente con "Baby Seals Blues", "Dallas Blues" y sobre todo con la pionera en el éxito "Memphis Blues".

William Christopher Handy (1873-1958) está considerado el padre del blues, aunque hay leyendas, como la de Robert Johnson, de quien se decía que había hecho un pacto con el diablo (*blue devils*, el demonio del blues, el diablo azul), que lo convertía en un virtuoso. Los primeros blues consistían en repetir un mismo verso dos o tres veces y luego introducir otra línea.

Arriba, B.B. King (1925) guitarrista de blues y compositor, siempre llamaba a sus guitarras *Lucille*.

1954

Rock and Roll

Curiosidades

Este sello de Elvis Presley es el sello más vendido de Estados Unidos desde 1993, con 124 millones de unidades. Elvis sigue siendo el rey.

El 'rock and roll' nace a mediados de los años cincuenta. La expresión fue utilizada por primera vez por el disc jockey de Cleveland Alan Freed en su programa de la WJW "Moondog Show" con la canción de 1922 "My Baby rock me with one steady roll", de Trixie Smith.

El uso de las palabras *rock* y *roll* eran corrientes en el blues como una velada referencia al sexo. Freed decía *rak'n roll* el mes de julio de ese año, pero las guitarras eléctricas y los ritmos cada vez más fuertes no dieron nacimiento al verdadero 'rock and roll' hasta 1954, a pesar de que algunos historiadores consideren que el disco *Rocket 88*, grabado en 1951 por Ike Turner fuera la primera grabación rockandrollera. Lo que no está tan claro es quien fue el primero, si Elvis Presley, que tenía entonces 19 años y conducía una camioneta, al componer aquella canción llamada "That's all right", que revolucionó la música, o Bill Halley y su grupo Bill Halley and the Halley Comets con la canción "Crazy man crazy". También tuvo algo que ver Little Richard con su "Tutti Fruti" y su frenética aparición en películas en 1956; él mismo se consideraba el arquitecto del rock and roll. Sea como sea, el rock (movimiento de los barcos hacia delante y hacia atrás) and roll (movimientos laterales de los barcos desde el siglo XVII) había arrancado con la fuerza de una lancha motora.

A la derecha, Elvis Presley, el "rey del rock", el 14 de enero de 1973 en una actuación en el International Convention Center de Honolulu, en Hawai.

1951 — El disc jockey blanco de Cleveland Alan Freed inicia en la radio su programa "Moondog Rock'n Roll Party" con música negra para una audiencia blanca. • Primera grabación de una pieza de rock and roll, "Rocket 88" de Ike Turner.

1952 — Bill Haley forma la primera banda de rock and roll, The Comets. • Alan Freed organiza el primer concierto de rock and roll patrocinado por la emisora WJW, el Moondog Coronation Ball.

1953 — Bill Haley consigue el primer éxito de una canción de rock and roll con "Crazy man crazy". • Elvis Presley graba su primer disco en el estudio Sun de Memphis con Sam Philips.

1954 — La versión de Bill Halley de "Rock around the clock" es la primera canción de rock que aparece en la banda sonora de una película.

1955 — Chuck Berry graba su primer disco de rock and roll, el primero con la guitarra como instrumento principal. • Ray Charles inventa el soul con "I got a woman", adaptación de un viejo gospel.

1956 — El rock and roll de los rockeros blancos recibe el nombre de rockabilly (rock más *hillbilly*, por Billy Halley), cuya reina es Wanda Jackson. • Se produce un boom en la industria discográfica gracias al rock and roll y florecen las pequeñas productoras.

1961 — The Shadows: la popularidad del rock instrumental.

1964 — The Beatles y The Rolling Stones: música pop rock global por vez primera.

1967 — The Doors integran el rock and roll, el blues, el raga indio, la poesía y el drama. • *Absolutely Free*, de Zappa, primera ópera rock. • Debutan Jimi Hendrix, que convierte la guitarra eléctrica en una orquesta, y Pink Floyd, con un rock psicodélico-espacial.

Medicina

Del microscopio a la morfina

Siglo VII a.C.

Cesárea

Curiosidades

James Miranda Stuart Barry, fue la primera mujer en practicar una cesárea. La realizó en 1820 en un hospital de África del Sur disfrazada de hombre.

Julio César

La primera mención de una operación de cesárea se da en una ley de Numa Pompilio, segundo rey de Roma, que vivió entre 715 y 672 a.C. Según esta ley (*Lex Regia*): "ninguna mujer muerta durante el parto podrá ser enterrada hasta que no se le haya extraído el niño mediante incisión abdominal". El primer registro de un niño nacido mediante cesárea tuvo lugar en Sicilia, en 508 a.C. A pesar de que la madre siempre moría, la expresión viene de Julio César, ya que se dice que nació de esta forma en el siglo I a.C., y su madre vivió aún muchos años. El santo catalán Raimundo Nonato se llamó así por haber nacido mediante cesárea en 1204. En torno a 1500 se da el primer caso de un niño nacido vivo sin que muera la madre ; el veterinario, si es que puede llamarse así a este castrador de cerdos que se llamaba Jacob Nufer, empleó una navaja de afeitar y el niño nació vivo. En 1543, el anatomista flamenco Andrea Vesalio, el padre de la anatomía moderna, publica *De Humani Corporis Fabrica*, donde se da una descripción concienzuda del aparato reproductor femenino. En torno a 1600 se introduce el uso del fórceps para extraer vivo el feto del canal del parto. La primera cesárea conocida y documentada que se realiza a una mujer viva la practica en 1610 el cirujano alemán Trautmann de Wittemberg, aunque la mujer murió por infección a los 25 días.

En el año 2000, por primera vez, una mujer indígena mexicana de la etnia zapoteca, Inés Ramírez, se practicó ella misma una cesárea. Bebió una cierta cantidad de alcohol para fricciones y se abrió el vientre con un cuchillo de cocina. Perdió la conciencia poco después de haber extraído el niño. Su hijo Benito de seis años fue a buscar ayuda y el médico no tuvo más que coserle el vientre y llevarla al hospital. Sólo se conoce un caso parecido, el de la doctora americana Jerri Nielsen, que, estando sola en la base antártica Amundsen-Scott en el año 1999, tuvo que practicarse una biopsia en el pecho, después de consultar mediante correo electrónico con sus colegas, y empezar un tratamiento que le permitiera resistir hasta la llegada del verano antártico. Nadie podía acceder a esa base durante el invierno y Nielsen escribiría un bestseller sobre su aventura titulado *Ice Bound*, traducido en español como *La prisión de hielo*. La actriz Susan Sarandón protagonizó una película para televisión en 2003 sobre esta historia.

SIGLO VII a.C. — Primera mención de una cesárea en tiempos de Numa Pompilio en Roma.

508 a.C. — Primer registro de un niño nacido por cesárea.

SIGLO I a.C. — Se cree que Julio César nació mediante cesárea, de ahí el nombre de esta práctica.

SIGLO I a.C. — Según explica el médico andalusí Maimónides mil años más tarde, los romanos conocían un método para practicar la cesárea en forma de C que permitía sobrevivir a la madre. Aurelia, la madre de César, murió 45 años más tarde.

1500 — Primera referencia a una cesárea practicada en una mujer viva por el castrador de cerdos alemán Jacob Nufer.

SIGLO XVI — Primera y única mujer médico en la historia de Corea, Dae Jang Deum, "la mujer doctora", mencionada siete veces en los *Anales* de la dinastía Joseon. Al parecer, el rey Jungjong quiso que esta mujer estudiara medicina para que tratara a las mujeres de su familia después de que su segunda esposa muriera tras el parto en 1515. Se cree que Jang Deum practicó la primera cesárea en una campesina.

1600 — Se introduce el uso del fórceps para extraer al niño vivo del canal del parto.

1610 — El cirujano alemán Trautmann de Wittemberg practica la primera cesárea a una mujer viva que sobrevive, aunque morirá por infección 25 días después.

Siglo XV

Microscopio

Curiosidades

El primer **microscopio de fuerza atómica** fue inventado en 1986 por los alemanes Gerd Binning, Christoph Gerber y el americano Calvin Quate, y es capaz de medir y manipular materia a nanoescalas.

El óptico holandés Hans Jansen, ayudado por su hijo Zacarías, inventa el microscopio a finales del siglo XVI. Otra versión considera que fue Galileo quien lo inventó en 1629 y fue el primero en utilizar esta palabra. Volviendo a Holanda, sin embargo, Antonie Van Leeuwenhoek (1632-1723), que se construía las lentes él mismo y se considera el fundador de la bacteriología, fue el primero en observar protozoos, espermatozoides, estrías musculares y bacterias bucales.

Al mismo tiempo, en Italia, el anatomista y biólogo Marcello Malpighi es el primero en observar la circulación sanguínea en 1660. Más o menos por la misma época, el inglés Robert Hooke observa una especie de compartimentos vacíos en un trozo de corcho y decide denominarlos células. Los microscopios de entonces apenas sobrepasaban los 200 aumentos, y hasta 1877, gracias al físico alemán Ernst Abbe, que trabajaba para Carl Zeiss y que sustituye el agua vehicular por aceite de cedro, no se consiguen 2.000 aumentos, que es el máximo alcanzado en un microscopio óptico.

El primer microscopio electrónico lo diseñan los alemanes Ernst Ruska y Max Knoll entre 1925 y 1930, basándose en los estudios de De Broglie de las propiedades ondulatorias de los electrones, y son capaces de alcanzar hasta 500.000 aumentos. El primer microscopio de efecto túnel lo inventan en 1981 los alemanes Gerd Binning y Heinrich Rohrer. La técnica consiste en una punta afiladísima, que puede ser de wolframio, que recorre la muestra midiendo la distancia a cada uno de los puntos por los que pasa por medio de una débil corriente eléctrica; de esta manera se obtiene una idea de la forma del objeto. Recibieron el premio Nobel por este invento en 1986.

1590 — Se cree que en Holanda, los fabricantes Hans Janssen y su hijo Zacharias inventan un microscopio, pero esta información no se ha podido comprobar.

1609 — Galileo Galilei inventa un microscopio compuesto de una lente cóncava y una lente convexa.

1612 — Galileo presenta su invento al rey de Polonia.

1619 — Cornelius Drebbel, que había trabajado como alquimista jefe en la corte de Praga de Rodolfo II y ahora trabajaba para la British Royal Navy, presenta en Londres un microscopio formado por dos lentes convexas.

1624 — Galileo presenta su invento en la Academia de los Linces de Roma, la academia de las ciencias del gobierno italiano, ante su fundador, el príncipe Federico Cesi.

1625 — La palabra microscopio es acuñada por Giovanni Faber de Bamberg, miembro de la Academia de los Linces, por analogía con telescopio.

1674 — Anton van Leeuwenhoek inventa el microscopio simple, que sólo utiliza una lente para observar el objeto.

1933 — Ernst Ruska y Max Knoll inventan el microscopio electrónico, que utiliza electrones en lugar de luz visible (fotones) para obtener imágenes de objetos pequeñísimos. Es capaz de lograr hasta 500.000 aumentos, cuando en uno formado por lentes no se va más allá de los mil aumentos.

1981 — Primer microscopio de efecto túnel inventado por los alemanes Gerd Binning y Heinrich Rohrer.

Siglo X

Sutura

El francés **Alexis Carrel** (1873-1944) fue pionero en la sutura de los bordes vasculares. Hasta ese momento, en las lesiones en que quedaban cortadas arterias se usaban cánulas de hueso, oro o plata. A Carrel se le ocurrió cortar los bordes de los vasos, darles la vuelta, como un calcetín, y coser los rebordes externos. Publicó sus descubrimientos en 1910 y recibió el premio Nobel de Medicina en 1912.

El cirujano hispano-árabe Albucassis (Abu'l Qasim Khalaf ibn Abbas) fue el primero en utilizar hilo de sutura para cerrar las heridas abdominales en torno al año 900. Se le considera el padre de la cirugía moderna; su obra en treinta volúmenes se llama en árabe *Al-Tasrif li man ajaz an-il-talif*, algo así como "Una ayuda para aquellos que no sean capaces de leer libros grandes", pues están llenos de dibujos y diagramas. De éstos, tres volúmenes están dedicados a la cirugía y el último está lleno de dibujos con más de doscientos instrumentos quirúrgicos, muchos de ellos inventados por él, y consejos sobre todo tipo de operaciones, incluida la sutura con hilos.

En el imperio árabe se denominaba a estos hilos *kitgut* (de *kit*, cuerdas hechas a partir de intestino de vaca para los instrumentos musicales). Por deformación fonética seguramente, este término se transformó en *catgut*, nombre dado a los hilos de sutura reabsorbibles hechos a partir de intestinos de oveja en general. Los egipcios usaban materiales adhesivos para mantener unidas las heridas y las untaban con grasa, miel y carne fresca para aliviar el dolor. En la India se llegaron a usar grandes hormigas, a las que se hacía morder los bordes de la herida unidos para luego cortarles la cabeza. En el año 600, el médico hindú Susruta escribió un texto en sánscrito llamado *Sushruta Samhita* en el que describía diversos tipos de hilos de sutura, de cuero, algodón, crin de caballo y tendones.

En la Edad Media, a pesar de que la medicina está muy limitada en el ámbito cristiano por la imposibilidad de trabajar con cadáveres para estudiar anatomía, las suturas, en la superficie, se realizan con hilo de seda. Un ejemplo destacable de esta época es la Escuela de Salerno, uno de cuyos miembros más destacable, Rogerio de Salerno, escribió un tratado de medicina, *Practica Chirurgica*, de 1180, en que explicaba cómo debían coserse las heridas: "Si la herida está en la cara, en los labios o en otra parte noble del cuerpo, para ser cosida habremos de acercar primero las

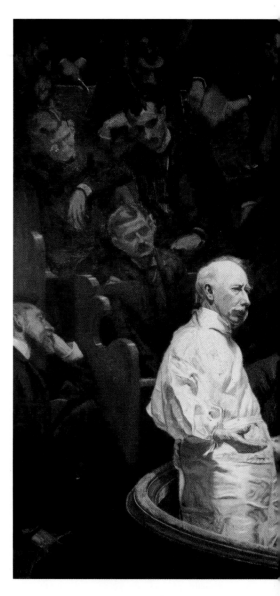

dos partes con sumo cuidado y coser, lo más cerca de la superficie que se pueda sin que se rompa la piel, con una aguja delgada e hilo de seda; cada punto con una sutura separada".

En el siglo XIV, la cirugía experimenta un gran avance gracias a los médicos valencianos (sobre todo al médico musulmán Al-Safra, nacido en Crevillente y uno de los mejores cirujanos de su tiempo), de Salerno y de Montpellier. En 1820, el cirujano francés

Derecha, *La clase de anatomía,* de Rembrandt.

Abajo, *The Agnew Clinic*, de 1878, por Thomas Eakins.

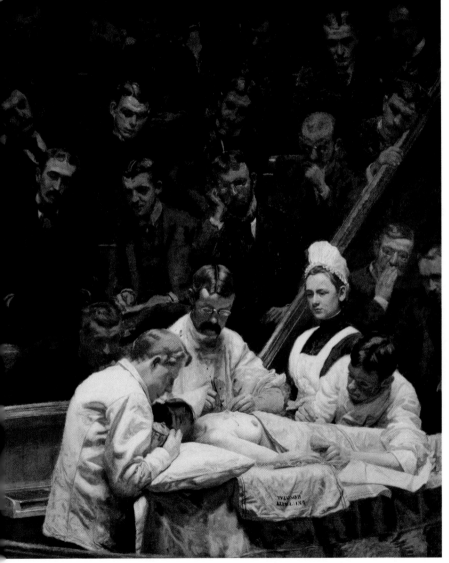

1500 a.C. — Los médicos egipcios usaban materiales adhesivos para unir las heridas, que podían ser resinas o vendas.

600 — El médico hindú Susruta escribe un texto en sánscrito llamada *Sushruta Samhita* en el que describe diversos tipos de hilos de sutura, de cuero, algodón, crin de caballo y tendones.

SIGLO X — El médico hispano árabe Albucassis o Al-Zahrawi (936-1013), nacido en Córdoba, y cuya obra en treinta volúmenes fue traducida al latín por Gerard de Cremona en Toledo en el siglo XII, propone por primera vez el uso de hilo de sutura para cerrar las heridas abdominales. Su obra, *Al-Tasrif*, no tardó en ser traducida a diversos idiomas, el famoso ciruja-no francés Guy de Chauliac (1300-1368) lo cita al menos doscientas veces en su propia obra y fue libro de referencia durante más de cinco siglos en diversas universidades europeas, entre ellas Salerno y Montpellier, que ya eran destacables en medicina en el siglo XIV.

SIGLO XII — Empiezan a practicarse disecciones anatómicas y a publicarse obras importantes en la Escuela de Salerno, como la *Practica Chirurgica* de Rogerio de Salerno, donde se dan consejos para unir las heridas y suturarlas con hilo de seda.

1820 — El cirujano francés Pierre-François Percy inventa los hilos de sutura metálicos.

1909 — El cirujano húngaro Humer Hütl es el primero en usar grapas para unir heridas con una máquina pesada. Hasta los años setenta no se desarrollarán máquinas ligeras y manuales como las grapadoras de papel.

1964 — La empresa americana 3M lanza el *steristrip*, que permite pegar las heridas sin sutura.

2000 — Empiezan a usarse los adhesivos tisulares, entre los que se encuentran los llamados pegamentos para las heridas y los adhesivos biotisulares, que mantienen cerradas las heridas, reducen el dolor y aceleran la cicatrización.

Pierre-François Percy inventa los hilos de sutura metálicos. En 1950 se inventan los hilos de tergal. Actualmente se usan hilos de muchos materiales, que pueden ser naturales o sintéticos y absorbibles o no absorbibles.

En 1964, la empresa americana 3M lanza el *steristrip,* que permite pegar las heridas sin sutura. El primero en usar grapas metálicas fue el cirujano húngaro Humer Hütl en 1909 con una máquina complicada y pesada. Esta tecnología se desarrolla sobre todo en Rusia y hasta los años setenta no se fabricarán industrialmente máquinas más modernas y ligeras en Estados Unidos.

Siglo X

Gafas

Cuenta la leyenda que el físico florentino Salvino degli Armati (1245-1317) diseña las primeras gafas de la historia, uniendo dos vidrios a los que da cierto grosor y curvatura y que son capaces de aumentar los objetos, útiles para la vista cansada. Es probable, sin embargo, que las primeras gafas las construyera algún cristalero desconocido, dado el origen popular de la palabra lente, que procede del italiano *lentil*, lenteja, usado como 'lenteja de cristal'.

El romano Séneca ya había constatado en el siglo I que mirando los objetos a través de un recipiente redondo de vidrio lleno de agua se veían más grandes. Nerón usaba una esmeralda para mirar a su través a los gladiadores, en lo que se conoce como el registro más antiguo del uso de un vidrio para aumentar la visión. En el siglo XII, los chinos usaban cristales de cuarzo ahumado para protegerse la vista del sol. Marco Polo dijo haber visto muchas gafas en China hacia 1275 y es probable que éstas ya existieran desde el siglo X. Otra leyenda achaca la invención al franciscano Roger Bacon (1214-1294), el *doctor mirabilis*, pero éste sólo habla de

Curiosidades

El pionero de la cirugía ocular fue el español **José Barraquer**, ya que realizó el primer microqueratoma, corrección de la vista cortando un trozo de la córnea, en 1960. El doctor Barraquer lo hizo con medios manuales, pues el láser aún no se había inventado.

Derecha, detalle del cuadro de Jan van Eyck *La Virgen de Canon van der Paele*, de 1436, en el que se aprecian unos quevedos.

cristales maravillosos, no de gafas. Las primeras gafas eran de cristales convexos, adecuadas para la presbicia o vista cansada, y tuvieron que pasar dos siglos para que el alemán Nicolás de Cusa (1401-1464), matemático y astrónomo, describiera las virtudes de los cristales cóncavos en su obra *De Berylli*. Leonardo da Vinci afirmó que la imagen se formaba en la retina, hecho que demostró el anatomista suizo Platter en 1583.

En 1604, Kepler demostró que la imagen se refractaba en el cristalino y en la cornea para dar lugar a un imagen invertida y que es el cerebro quien la interpreta. En 1609, Galileo mejoró las gafas existentes, y en 1610, Kepler teorizó sobre las gafas y sentó las bases para las primeras gafas para miopes. Las patillas se inventan en 1746. Benjamin Franklin construye las primeras lentes bifocales en 1784, y en 1827, el astrónomo británico George Airy corrige el astigmatismo.

Siglos X-XII — Los chinos son los primeros en usar gafas ahumadas para el sol pero también de aumento. El momento de su invención se desconoce, pues la prueba de su existencia es muy posterior, cuando Marco Polo visita China en el siglo XIII.

1249 — El filósofo inglés Roger Bacon propone el uso de las gafas para mejorar la visión, aunque no fabricó ninguna.

1285 — El físico florentino Salvino degli Armati (1245-1317) diseña las primeras gafas de la historia, uniendo dos vidrios a los que da cierto grosor y curvatura y que son capaces de aumentar los objetos, útiles para la vista cansada.

1451 — El alemán Nicolás de Cusa propone el empleo de lentes cóncavas para que los miopes puedan ver de lejos.

1604 — Johannes Kepler, astrónomo y matemático alemán, que padecía problemas de visión desde que tuvo viruela siendo niño y llevaba gafas, descubre que la imagen se forma en el ojo de forma invertida. En su obra *Ad Vitellionem Paralipomena* introduce el término enfocar y explica las causas de la miopía.

1609 — Galileo perfecciona la manera de fabricar cristales para hacer gafas o fabricar telescopios.

1784 — Benjamín Franklin construye las primeras gafas bifocales.

1827 — El astrónomo británico George Airy diseña las primeras gafas para corregir el astigmatismo.

1851 — Herman von Helmholtz inventa el oftalmoscopio, que permite describir el estado de la retina.

ANT.—1638

Quinina

Curiosidades

Las primeras plantaciones de árbol de la quina las hicieron los holandeses en Java en 1852 o 1865. Los holandeses pagaron una pequeña cantidad por sacar de contrabando una libra de semillas de cinchona de Bolivia. En pocos años consiguieron grandes plantaciones y permitieron que los europeos pudieran colonizar el trópico.

Derecha, Alexander von Humboldt, pionero de la exploración y la Geografía, conoció a Celestino Mutis.

Los franceses Pierre Joseph Pelletier y Joseph Bienaimé Caventou extraen por primera vez la quinina del árbol de la quina. La quinina es el más fuerte de los cuatro alcaloides que se encuentran en los árboles del género *Cinchona*, de la familia de las Rubiáceas. La corteza de la quina se venía usando en Europa desde principios del siglo XVII para curar la malaria.

Los indios americanos llevaban siglos utilizando la corteza sagrada del árbol, a la que llamaban quinquina, "la corteza de las cortezas". Habían confiado el secreto a un corregidor de la provincia ecuatoriana de Loja en 1638, y éste se marcó un tanto importante cuando la condesa de Chinchón enfermó de paludismo. La esposa del virrey del Perú curó milagrosamente y su marido se encargó de elogiar el descubrimiento. Ella misma llevó una provisión a la corte de Madrid a su vuelta a España. Años después, los jesuitas la introdujeron en Roma, desde donde se extendió por toda Italia. Los "polvos de la condesa" pasaron a llamarse los "polvos de los jesuitas". El aprendiz de boticario Robert Talbot tuvo la idea de mezclar los polvos de quina

(conocidos en Francia como polvos de Talbot) con vino, y vendió la poción al Rey Sol, Luis XIV de Francia. Poco después, se la vendió también al rey Carlos II de Inglaterra, que lo nombró médico de la corte en 1678.

El estudio del árbol de la quina fue bastante laborioso. El primero en identificar y describir la planta fue el francés Charles M. de la Condamine en 1738. Linneo clasificó la especie como *Chinchona* (o *Cinchona*) *officinalis* en honor a la condesa. En 1764, el español José Celestino Mutis, que se había instalado en Bogotá y organizado varias expediciones botánicas envió un ejemplar de árbol de la quina a Linneo, quien llamó a esta variedad *Chinchona mutissi*. A principios del siglo XIX, el gobierno peruano prohibió la exportación de corteza de quina, pues la deforestación estaba devastando los bosques andinos.

ANTIGÜEDAD — La malaria se origina en África y viaja con el hombre al Mediterráneo, de manera que en tiempos de Roma, la enfermedad era común en el sur de Italia, y lo será en algunas zonas hasta la época de Mussolini, que ordenó desecar las últimas ciénagas. El nombre de malaria significa "mal-aire", del italiano *mal-aria*.

1638 — Los indios peruanos confiesan al corregidor español que utilizaban la corteza de un árbol desde hacía siglos. Con ella curan a la condesa de Chinchón, Francisca Henríquez de Ribera. Esta historia es una leyenda, pues no hay pruebas de la existencia de esta condesa de los polvos, que los llevó a Madrid. Otra leyenda cuenta que los indios descubrieron la quina cuando un indio enfermo bebió agua de un charco donde había un árbol de la quina caído, y que curó de su enfermedad.

1738 — El francés Charles M. de la Condamine describe e identifica la planta.

1764 — El español José Celestino Mutis envió un ejemplar de árbol de la quina a Linneo.

SIGLO XVIII — El rey de Francia Luis XIV le compró el secreto de la quina al inglés Robert Talbot, que la mezclaba con vino y convirtió esta bebida en el licor de postre de la corte.

1820 — Los franceses Pierre Joseph Pelletier y Joseph Bienaimé Caventou aislan por primera vez el alcaloide activo de la quina y le dan el nombre de quinina. La Academia de las Ciencias de París les recompensó con diez mil francos.

1948 — Se descubre el papel que juega el mosquito Anófeles en la transmisión de la malaria. Por esta época se empieza a usar la cloroquina para luchar contra la malaria.

1796

Vacuna

Curiosidades

El biólogo estadounidense **Jonas Edward Salk** (1914-1995) fue el descubridor de la primera vacuna antigripal, contratado por el ejército de EE UU durante la Segunda Guerra Mundial con este fin, y de la primera contra la polio. La vacuna Salk inactiva se basa en el principio del virus muerto.

La primera epidemia de viruela conocida tuvo lugar en 1350 a.C. durante la guerra entre egipcios e hititas. Entre los siglos VII y VIII recorrió Europa, y en el siglo XVIII batió el continente y Estados Unidos de nuevo con una mortalidad de entre el dos y el tres por ciento.

Una vacuna es un preparado que contiene una dosis de la misma enfermedad que se quiere combatir. Se dice que los chinos hicieron algo parecido en torno a 200 a.C. con la viruela, aspirando las pústulas que producía esta enfermedad reducidas a polvo.

En 1718, la escritora inglesa Lady Mary Wortley Montagu, esposa del embajador británico en Constantinopla, que sufrió los acosos de la viruela y había perdido a su hermano por esta causa, descubrió que los turcos se la inoculaban para combatirla, e hizo lo mismo con su hijo, pero encontró numerosos prejuicios contra esta práctica en su país y abandonó la idea. En Europa no quisieron hacerle caso por considerar esta práctica una barbaridad.

Sin embargo, ochenta años después, el médico inglés Edward Jenner realiza la primera inoculación de una vacuna contra la viruela. Jenner, que llevaba trabajando en los gérmenes de la viruela desde 1771, descubrió que quienes habían sufrido una variante de la enfermedad conocida como viruela vacuna, especialmente las ordeñadoras de vacas, que estaban en contacto con ellas, no sufrían la enfermedad. El 14 de mayo de 1796 extrajo pus de una pústula de la ordeñadora Sarah Nelmes y se la inoculó a James Phipps, de 8 años. El niño sufrió una leve acometida de la enfermedad que se curó sin problemas, y cuando se le inoculó la viruela el 1 de julio, ya no le afectó. Este descubrimiento se extendió rápidamente por toda Europa con tanto éxito que Napoleón hizo vacunar a su ejército en 1805.

Sesenta años más tarde, el biólogo Luis Pasteur, que había demostrado ya que los gérmenes no se desarrollan espontáneamente, empezó a desarrollar vacunas en animales, y en 1881 descubrió la vacuna contra la rabia. Pasteur conservó el nombre de vacuna en honor de Jenner. En 1884, el médico español Jaime Ferrán Clúa desarrolla la primera vacuna con gérmenes vivos contra el cólera, una vez decidido que las vacunas con gérmenes muertos resultan poco eficaces. La utiliza por primera vez durante la epidemia de cólera de Valencia en 1885.

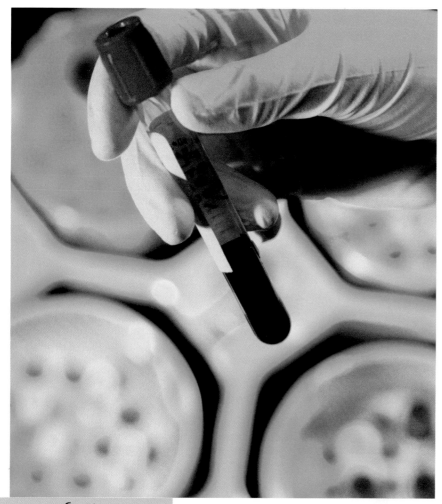

Derecha, laboratorio donde Pasteur ensayaba la vacuna contra la rabia, hacia 1890.

200 a.C. — Se cree que los chinos utilizaron por primera vez las vacunas reduciendo a polvo las pústulas de la viruela.

1718 — La escritora inglesa Lady Mary Wortley Montagu inoculó la vacuna en su hijo, pero su idea no alcanzó la resonancia esperada y se abandonó.

1796 — El médico inglés Edward Jenner inventa la vacuna realizando la primera inoculación de la misma contra la viruela.

1805 — Napoleón vacuna a todo su ejército contra la viruela.

1882 — El médico alemán Robert Koch descubre el bacilo de la tuberculosis. Los trabajos de Koch sobre el ántrax acabaron de convencer de que los gérmenes no nacen espontáneamente.

1884 — Primera vacuna viva contra el cólera, desarrollada por el médico catalán Ferrán y Clúa, que la aplicará en Valencia por primera vez al año siguiente.

1885 — Louis Pasteur descubre la vacuna contra la rabia y contra el ántrax en vacunos.

1891 — El médico alemán Emil Adolf von Behring descubre la vacuna contra la difteria y el tétanos.

1894 — El médico japonés Shibasaburo Kitasato, que estudió con Koch, y el francés nacido en Suiza Alexandre Yersin, que estudió con Pasteur, descubren el bacilo que causa la peste bubónica.

1899 — Se crea el Instituto de Vacunación, Seroterapia y Bacteriología de Alfonso XIII, primer instituto español especializado en el estudio de las vacunas.

1940 — A mediados de esta década se combinan las vacunas contra la difteria, el tétanos y la tos ferina, llamada DTP, para vacunar a todos los niños.

1826

Endoscopio

1806 — El médico alemán Philipp Bozzini introduce el uso de la iluminación de las cavidades internas de un cuerpo por medio de una vela.

1822 — El cirujano militar William Beaumont de Michigan introduce por primera vez un instrumento en un ser humano utilizando una luz eléctrica, pero la luz estaba fuera.

1826 — El médico francés, Pierre Salomon Ségalas idea un espejo que se introduce en el cuerpo para diagnosticar alteraciones en la vejiga; aunque la iluminación es mala, podría considerarse el primer endoscopio.

1881 — El médico polaco Johann Von Mikulicz-Radecki inventa el gastroscopio y los métodos actuales de exploración de esófago y estómago.

1908 — El francés Charles David utiliza por primera vez un bulbo de luz lo bastante pequeño como para introducirse en el cuerpo humano.

1910 — El sueco Hans Christian Jacobaeus realiza en 1910 las primeras toracoscopias para inspeccionar la cavidad pleural.

1912 — Hans Christian Jacobaeus realiza la primera laparoscopia, explorando la cavidad abdominal mediante una pequeña incisión.

1944 — El estadounidense Raoul Palmer introduce la postura Trendelenburg.

1956 — Introducción de la fibra óptica en las endoscopias por los médicos Basil Hirschowitz, C. Wilbur Peters y Lawrence E. Curtiss, de la Universidad de Michigan.

El endoscopio es una técnica que permite visualizar los órganos del interior del cuerpo. En 1806, el médico alemán Philipp Bozzini publica un artículo titulado "Descripción de un instrumento simple y su utilidad para la iluminación de las cavidades internas e intersticios del cuerpo animal vivo". No obstante, usaba una vela y no consta como inventor del aparato. Pocos años después, en 1882, el cirujano militar William Beaumont, de Michigan, se convierte en el primer hombre en introducir un endoscopio en un ser humano utilizando una luz eléctrica, pero la luz estaba fuera y sólo podían verse las cavidades abiertas. En 1826, el médico francés, Pierre Salomon Ségalas idea un espejo para diagnosticar alteraciones en la vejiga; no obstante, la iluminación sigue siendo mala.

En 1830, Jean Pierre Bonnafont mejora la luz del espejo, y en 1850, Antonin Jean Desormeaux realiza la primera endoscopia rectal. En 1865 el invento empieza a usarse con regularidad y de la endoscopia por las vías inferiores se pasa a la gastroscopia, que pasa a través del esófago hasta el estómago, pero las pruebas que se hacen en Francia e Inglaterra con tragadores de sables no acaba de funcionar, hasta que en 1881, el médico polaco Johann Von Mikulicz-Radecki no introduce una serie de modificaciones que lo convierten en el inventor del gastroscopio y los métodos actuales de exploración de esófago y estómago.

El primer bulbo de luz pequeño capaz de introducirse en el cuerpo humano lo utiliza el

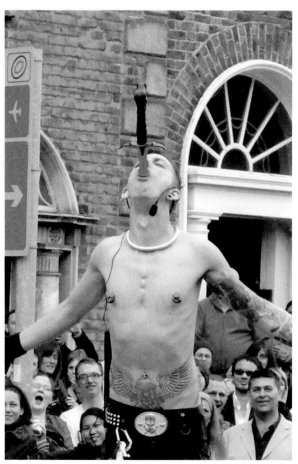

francés Charles David en una histeroscopia (exploración de la cavidad uterina) realizada en 1908. El internista sueco Hans Christian Jacobaeus realiza en 1910 las primeras toracoscopias (inspección de la cavidad pleural), con un citoscopio, que se usaba para explorar las vías urinarias, aunque luego desarrollaría un endoscopio especializado, y, en 1912, realiza las primeras laparoscopias (en el abdomen, a través de una pequeña incisión).

En 1944, Raoul Palmer utiliza por primera vez la posición Trendelenburg para exploraciones ginecológicas, en las que el paciente, echado en una camilla tiene la cabeza más baja que el cuerpo. El primer endoscopio de fibra óptica fue patentado por Basil Hirschowitz, C. Wilbur Peters y Lawrence E. Curtiss, investigadores de la Universidad de Michigan, en 1956, para realizar una gastroscopia. Hasta los años setenta, la fibra óptica no se empezará a utilizar en sistemas de comunicaciones.

Izquierda, los pioneros de la laringoscopia utilizaron a tragadores de sable para sus experimentos.

1847

Asepsia

Curiosidades

El químico francés **Louis Pasteur** (1822-1895) demostró que los gérmenes no crecen por generación espontánea, como se creía hasta entonces, sino que se reproducen a partir de gérmenes ya existentes.

La higiene médico quirúrgica se debe al médico húngaro Ignaz Philipp Semmelweis, apodado 'el salvador de madres', que introduce el lavado de manos en las clínicas de obstetricia. Semmelweis descubrió, a mediados del siglo XIX, que la fiebre puerperal, que afectaba a las madres que acababan de dar a luz o de abortar y que mataba entre un 10 y un 35 por ciento de las afectadas, podía evitarse con normas de higiene elementales, e introdujo en la clínica de obstetricia del Hospital General de Viena donde trabajaba el lavado de las manos con una solución de cal clorada. La mortalidad por esta enfermedad se redujo a menos del uno por ciento, pero las teorías de Semmerweis no fueron plenamente aceptadas hasta el descubrimiento de los gérmenes por Louis Pasteur. En 1878, el microbiólogo francés Charles Chamberland (inventor del filtro de su nombre, de porcelana sin esmaltar), que trabajaba con Pasteur, desarrolla el autoclave, un recipiente cerrado donde los instrumentos se calientan con vapor y presión para esterilizarlos. Ese año, los médicos franceses Félix Terrier y Octave Terrillon normalizan la asepsia, creando salas con aire filtrado, limpieza a fondo, instrumentos lavados y esterilizados con calor, etc. En 1880, todos los instrumentos de madera son sustituidos por instrumentos metálicos, más fáciles de limpiar. En 1889, el cirujano americano William Stewart Halsted, jefe del departamento de cirugía del hospital John Hopkins de Baltimore, introduce los guantes de caucho. Se dice que los encargó a la empresa Good Year para la protección de la piel de su novia, Carolina Hampton, que tenía dermatitis y era su ayudante de quirófano. Halsted no fue consciente de lo que acababa de inventar hasta muchos años después.

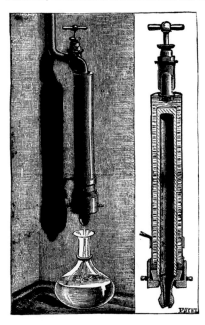

Filtro Chamberland de porcelana, inventado en 1878 por el microbiólogo francés Charles Chamberland, inventor del autoclave.

SIGLO IV a.C. — El padre de la medicina, el griego Hipócrates, menciona por primera vez la asepsia. Sus tratados quirúrgicos insisten en la necesidad de limpiar escrupulosamente las heridas antes de cubrirlas con hierbas curativas y cerrarlas con un vendaje limpio.

1847 — El médico austro húngaro Ignaz Semmelweis, el 'salvador de madres', descubre que la fiebre puerperal puede evitarse simplemente lavándose las manos.

1860 — El químico francés Louis Pasteur demuestra que los gérmenes no crecen por generación espontánea, sino que todo organismo procede de otro organismo y que si se multiplican es porque ya se encontraban en el lugar de antemano. Basta con hervir un caldo de cultivo aislado del exterior y matar a todos los organismos vivos que contiene para que los gérmenes no aparezcan. A esto se le llamó pasteurización. Por tanto, las teorías de Semmelweis eran ciertas.

1878 — El microbiólogo francés Charles Chamberland, colaborador de Louis Pasteur, investigando la manera de desinfectar y esterilizar, concibe el autoclave. Los médicos franceses Félix Terrier y Octave Terrillon normalizan la asepsia creando salas con aire filtrado, limpieza a fondo, instrumentos lavados y esterilizados con calor, etc.

1880 — Todos los instrumentos de madera son sustituidos por instrumentos metálicos, más fáciles de limpiar.

1889 — El cirujano americano William Stewart Halsted introduce el uso de los guantes de caucho para proteger a su novia durante las operaciones, que tenía un problema en la piel.

Otros

Libro de autoayuda
Siglo XIV

No hay duda de que los libros religiosos de cualquier tipo están concebidos para ayudarnos a comprender y darle un sentido a nuestra vida, pero el primer libro concebido como los libros de autoayuda moderno podría ser el *Tacuinum sanitatis*, códice medieval del cual se hicieron distintas versiones en los siglos XIV y XV. El *Tacuinum* está basado en el *Taqwin al-sihha*, las *Tablas de la Salud*, del médico Ibn Butlán, nacido en Bagdad en el siglo XI y que viajó a Constantinopla y El Cairo, donde murió en 1066. Fue traducido por primera vez en la corte del rey Manfredo de Sicilia en el siglo XIV y a partir de aquí se hicieron numerosas versiones. Su virtud para considerarlo libro de autoayuda es que explica todo lo necesario para mantenerse sano, con una amplia lista de alimentos y lo que se debe aprovechar de ellos, con consejos sobre la respiración, el descanso e incluso la salud mental. Entre otras cosas contiene la primera ilustración conocida de una zanahoria, planta que había hecho un largo viaje desde Afganistán hasta Europa.

Preservativo Siglo XVI

La invención del preservativo se atribuye al italiano Gabrille Fallopia (1532-1562), profesor de anatomía de la universidad de Padua, que describió unas fundas de tela que sólo cubrían el glande y se anudaban con un lazo, con el fin de prevenir las enfermedades venéreas, especialmente la sífilis. En los años ochenta se encontraron en el castillo de Dudley, en Inglaterra, una serie de preservativos de los siglos XVI, XVII y XVIII, fabricados a mano con intestinos de animales. Consta, sin embargo, que los egipcios usaban fundas de tela, y los griegos más antiguos usaban vejigas de cabra para retener el semen. El látex lo empiezan a usar los ingleses a finales el siglo XIX.

Homeopatía
1796

Este sistema de medicina alternativa fue desarrollado por el médico alemán Samuel Hahnemann (1755-1843), quien publicó su teoría este año. Hahnemann consideraba que los remedios actúan no en función de su cantidad sino de la dilución realizada, es decir, que son más eficaces diluidos en cantidades infinitesimales. Las mismas sustancias tóxicas que provocan enfermedades en las personas sanas pueden curar a las personas enfermas diluidas muchas veces.

Presión arterial
1881

Es la presión que ejerce la sangre contra la pared de las arterias al circular por los vasos sanguíneos. Cuando varía, es un síntoma de que el cuerpo está enfermo. El primero en intentar medirla fue el francés Jean-Louis Poiseuille, que diseñó en 1827 un hemodinamómetro para medir el pulso a sus pacientes. El austro-checo Samuel Siegfried Karl von Basch inventó el esfigmomanómetro (del griego *sphugmos*, pulso) en 1881, mejorado por el austriaco Ritter von Basch ese mismo año y por el francés Pierre Potain en 1888. Las mediciones no fueron homogéneas hasta la invención del esfigmomanómetro de mercurio por el italiano Scipione Riva-Rocci en 1896. El ruso Nikolai Korotkov descubrió el 1905 el ruido de Korotkov, que permite auscultar la presión sanguínea, en lugar de palparla mediante presión y pasó a medirse en el brazo con un manguito y un fonendoscopio. Los tensiómetros actuales son electrónicos y digitales.

La primera operación quirúrgica
4500 a.C.

La primera operación quirúrgica conocida tiene lugar en los montes Zagros, en Irak, donde se han encontrado los restos de un hombre de Neandertal al que se le amputó el brazo derecho, y se sabe que no fue debido a un accidente. Las primeras operaciones documentadas se remontan a Mesopotamia, en torno al año 3000 a.C. En Egipto, los papiros de Edwin Smith, Eberts y Heart, de 1600-1500 a.C. describen minuciosamente diversas operaciones, que van desde circuncisiones a hernias y reducción de fracturas.

Termómetro clínico
1626

El primer termómetro clínico fue creado en 1626 por el médico italiano Santorre Santorio (1561-1636), pero aunque tenía un bulbo para introducirlo en la boca, era un termómetro de agua. Se inspiró en el termoscopio ideado por Galileo en 1592, que consistía en una bola de vidrio que se calentaba con las manos y hacía subir el agua por un tubo soldado a ésta. Santorio fue un pionero en las ciencias biológicas al introducir la experimentación cuantitativa, es decir, la medición de los fenómenos, e inventó una serie de aparatos que podían servir a tal efecto, por ejemplo, el *pulsilogium* para medir la frecuencia cardíaca, un higrómetro y el termómetro ya mencionado. El pulsilogium consistía en un péndulo que podía subirse y bajarse para variar el ritmo del compás. Cuando el péndulo se igualaba con el pulso de la persona, se medía la longitud y se obtenía una estimación objetiva. Santorio tuvo la suerte de vivir en una época, el barroco, en que las ideas empezaban a cambiar. En el siglo XVI se crearon las Academias más importantes de las Ciencias, por ejemplo, la Royal Society de Londres, la Académie des Sciences de París y la Academia dei Lincei de Roma, todas organismos de estado, pero todas abiertas a las nuevas ciencias. El termómetro actual de tubo de vidrio graduado con un depósito de mercurio fue inventado por el médico inglés Thomas Clifford Allbutt en 1867. En 1998 se prohíben en Francia los termómetros de mercurio, sustituidos por los termómetros electrónicos. Los más recientes funcionan a base de rayos infrarrojos y miden la temperatura en el oído. Fueron diseñados para medir la temperatura de los astronautas en segundos.

Morfina
1804

La morfina fue identificada por primera vez por el farmacéutico alemán de Hanóver Friedrich Wilhelm Adam Setürner. Setürner descubrió que lo que se aislaba era por primera vez un alcaloide, y así lo hizo constar en sus publicaciones de 1806, quedando para la historia como el primero en descubrirla, pero los cristales de morfina habían sido aislados anteriormente por los franceses Charles Derosne en 1803 y Armand Séguin en 1804. Este último la llamó *morphium* en honor de Morfeo, dios griego del sueño. Bernard Courtois describió sus propiedades soporíferas y calmantes cinco años después. Hasta 1995, sin embargo, no será aceptada por primera vez en Francia como remedio contra el dolor producido por el cáncer, el sida u otras enfermedades.

Alimentos

Del azúcar a la magdalena

Azúcar

BIBLIOTECA DEL NIÑO MEXICANO
FRAY BARTOLOME ⁂ CASAS
O LA PROTECCION DE LOS INDIOS
MAUCCI H.ᵒˢ MÉXICO

Curiosidades

Bartolomé de las Casas fue el primero en denunciar la esclavitud en las colonias españolas. Los españoles llevaron esclavos negros a América para trabajar en las ricas plantaciones de caña de azúcar, ya que los indígenas no soportaban las duras condiciones a que los sometían los colonizadores.

Derecha, ingenio azucarero de la Sugar Company en Oahu, Honolulu, Hawai, en 1905.

Las porcelanas chinas indican que el azúcar de caña era conocido hace casi tres mil años, pero las primeras noticias llegan a Occidente durante el viaje del rey de Persia Darío al valle del Indo en torno a 500 a.C. En aquellas tierras calurosas del sur de la China y el nordeste húmedo de la India, la caña crece de forma natural.

Se cree que los chinos empezaron a cultivarla en torno al 200 a.C. La caña se chupa y ya es dulce y agradable, de modo que no debió costar demasiado descubrir el proceso para extraer la dulce miel de su interior. En realidad, basta mezclar el jugo obtenido de machacar la caña con cal y hervirlo para que los elementos no deseados formen una masa sólida fácil de separar de la melaza o azúcar en bruto. Los persas, sin embargo, mantuvieron su cultivo en secreto en las fértiles vegas de Mesopotamia hasta la conquista de Alejandro Magno, que la dio a conocer en Europa.

No obstante, en Europa no se podía cultivar, debido al frío. Al parecer, los egipcios ya conocían la caña de azúcar, aunque su uso no estaba generalizado, e incluso las propiedades endulzantes de la remolacha, que se cultivaba en el jardín real. El cilicio Dioscórides, en el siglo I, menciona que el azúcar se cultiva en la India y Arabia y tiene propiedades medicinales. Griegos y romanos la consumían como artículo de lujo de importación desde la India. El refinado del azúcar se desarrolla a lo largo de todos estos años en el sudeste asiático, Medio Oriente y la China.

Los árabes la llevan desde la India a todos los rincones de su imperio donde es posible cultivarla, incluida Andalucía, donde hay una pequeña región de Málaga en que es posible cultivarla. La Europa cristiana la conoció gracias a los cruzados, que llevaron al continente pequeñas partidas, y se cree que en Sicilia ya se cultivaba en el siglo XII, pero no será ampliamente consumida hasta el descubrimiento de América.

La primera planta de azúcar sale para las Indias el 30 de mayo de 1498 desde Sanlúcar de Barrameda, en el tercer viaje de Colón, con destino a Santo Domingo. El primero en plantarla en su hacienda fue Pedro de Atienza, y el primero en obtener el azúcar, el catalán Miguel de Ballester. El término azúcar procede el sánscrito *sharkara*, que los persas transformaron en *shakar* y los árabes en *al-*

Derecha, los hombres de Alejandro Magno fueron los primeros occidentales en descubrir la caña de azúcar durante su incursión en la India en el siglo IV a.C, En la imagen, representación de la batalla de Issos contra Darío III de Persia.

500 a.C. — Primeras noticias de la existencia de la caña de azúcar en Occidente tras un viaje del rey persa Darío a la India. La caña crece de forma natural en el valle del Indo y basta con masticarla para obtener el zumo dulzón de las fibras.

330 a.C. — Alejandro Magno descubre el azúcar en su viaje de conquista a la India.

200 a.C. — La caña de azúcar empieza a cultivarse en China.

SIGLO VIII — Los árabes la distribuyen por todo su imperio y empiezan a cultivarla donde el clima lo permite, pues la caña de azúcar no tolera las heladas.

SIGLO XII — Los cruzados la dan a conocer en Europa y se cree que ya se cultivaba en Sicilia.

1498 — En su tercer viaje, Cristóbal Colón llega a las Islas Canarias, se detiene en la isla de Gomera, se enamora de Beatriz de Bobedilla y permanece un mes anclado. Cuando parte, ella le regala plantas de caña para que las lleve al Nuevo Mundo.

1540 — Los portugueses introducen el cultivo de caña de azúcar en Brasil y en las Guayanas.

1625 — Los alemanes llevan el cultivo de la caña desde América del Sur a las islas del Caribe. • El precio del azúcar durante el siglo que viene será equivalente al del oro, induciendo el trafico de esclavos para poder plantar en grandes cantidades en todas las colonias americanas, desde Brasil y Cuba al sur de Norteamérica.

1747 — El químico alemán Andreas Marggraf descubre la sacarosa en la raíz de la remolacha, planta derivada de la acelga común.

1750 — La colonia francesa de Santo Domingo (antes de dividirse en Haití y República Dominicana) se convierte en el primer productor mundial de caña de azúcar. Poco después, lo será Jamaica y tras la revolución de Haití la producción de Santo Domingo pasa a Cuba. • A lo largo del siglo XVIII, los ingleses llevan a sus colonias caribeñas para producir azúcar a más de un millón de esclavos.

SIGLO XIX — Se inicia el cultivo masivo de la remolacha azucarera a partir de la especie *Beta marítima*, una variedad de la acelga silvestre que se ha conseguido por selección natural, priorizando el tamaño de la raíz, gruesa y carnosa, de la que se obtiene el azúcar.

sukkar, de donde derivaron azúcar, *sucre*, *sugar*, *açúcar* o *zucchero* en los diferentes idiomas de Europa. El bloqueo de la Armada británica a los barcos franceses que traían el azúcar del Caribe induce a la producción masiva de remolacha azucarera en Europa, algo que ya venían haciendo los alemanes ante la falta de colonias.

En 1813, se empieza a hervir la caña de azúcar en un recipiente cerrado para acelerar el proceso de refino, y en 1852 se añade al proceso la centrifugación.

En 1977, un grupo de científicos alemanes demuestra el peligro para la salud del azúcar blanco refinado y desaconseja su uso.

4000-3000 a.C.

Pan

Curiosidades

De este cuadro, *La cesta del pan*, de 1945, **Dalí** dijo: "Pinté este cuadro durante dos meses seguidos, cuatro horas cada día. Durante este período tuvieron lugar los episodios más sorprendentes y sensacionales de la historia contemporánea. Esta obra fue acabada un día antes del final de la guerra. El pan ha sido siempre uno de los temas fetichistas y obsesivos más antiguos de mi obra, aquel al que he sido más fiel."

Probablemente, los primeros en conocer el arte de la panificación vivieron en Mesopotamia y eran sumerios, donde se ha encontrado un horno que podría servir para fabricar pan del año 4000 a.C. Se cree que el pan es el alimento elaborado más antiguo del mundo y que podría haberse empezado a preparar durante el Neolítico.

No obstante, los datos más seguros proceden de Egipto, concretamente de la IV dinastía, en 2700 a.C. Entonces, el pan se consumía sin fermentar. El llamado pan ácimo consiste en amasar la harina de trigo con agua y un poco de sal y calentarla sobre una piedra o una chapa. El resultado es una torta plana y maleable que se puede usar como cuchara y se conserva perfectamente. Es probable que los egipcios descubrieran la adición de levadura, o que mejoraran el proceso procedente de la región mesopotámica, haciendo que la masa de harina se levantara y adquiriera cuerpo. En Babilonia se consumía pan de cebada con levadura en el año 2000 a.C, como consta en el *Código de Hammurabi*. Pero son los egipcios quienes se recrean con el invento, y durante el Imperio Nuevo (a partir del año 1600 a.C.), el gran faraón Ramsés II llegó a conocer hasta cuarenta tipos de pan, y se instauró la costumbre de colocar una pieza de pan de trigo en el lugar de cada comensal.

Los griegos conocían más de setenta tipos de pan, con todo tipo de harinas y aditivos, y fueron ellos quienes llevaron el pan a Roma y abrieron las primeras panaderías en la capital de Imperio. Los romanos mejoraron la fabricación y producción con los hornos romanos y desarrollaron también varios tipos básicos de pan, como el *panis militaris* para los soldados y el pan moreno para los pobres. En España, los celtíberos conocían el arte de la fabricación del pan antes de la llegada de los romanos, no obstante, éstos extendieron sus métodos y el cultivo del trigo con este fin por todo el imperio. Durante los últimos años del dominio romano, un cambio de clima hizo

que disminuyeran las cosechas de trigo y por tanto de pan, provocando en parte la caída del imperio y una serie de hambrunas por toda Europa que se alargan por una u otra causa hasta bien entrada la Edad Media. En el siglo X, el consumo de pan de centeno en Francia asociado al cornezuelo provoca una epidemia de iluminados y enfermos. Ese mismo hongo, el cornezuelo, crecía en el pan que consumían los atenienses que alcanzaban la iluminación durante las festividades de los mitos de

Ala derecha, horno de pan en un calendario de la Edad Media.

Eleusis, en que conocían a todos los dioses de su panteón. Y se dice que este mismo cornezuelo y una especie de laurel estaban detrás de las visiones de las pitonisas, como la del oráculo de Delfos.

Los graneros del imperio romano se localizaban en el norte de África y en Andalucía, aunque varios siglos después la mayor productividad se encontrará más al norte, a medida que el clima se hacía más cálido y seco. El Gremio o Cofradía de Panaderos de Barcelona nace el 15 de agosto de 1368, con el beneplácito del rey Pere II.

En 1493, poco después del viaje de Colón, se ordenó que los panaderos vendieran el pan en los mercados públicos además de en sus casas, para beneficio de la población.

4000 a.C. — Primeros rastros de un horno que podría haber servido para fabricar pan.

2700 a.C. — Primeras evidencias seguras del consumo de pan ácimo en la dinastía IV de Egipto.

2000 a.C. — Evidencias de consumo de pan de cebada sin levadura en Mesopotamia.

1600 a.C. — Durante el Imperio Nuevo en Egipto se consumían hasta cuarenta tipos de pan, aunque el pan básico era de trigo. Los egipcios también descubren la fermentación y el uso de la levadura.

SIGLO VI a.C. — En Grecia se consumen hasta setenta tipos de pan, naturalmente a lo largo de todo el país y en los distintos momentos de su historia. • El cornezuelo del centeno que crece en la espiga del trigo produce alucinaciones que podrían tener algo que ver con los misterios de Eleusis, ritos de iniciación en honor de Deméter que se practican anualmente cerca de Atenas.

SIGLO I — Los romanos mejoran los hornos panificadores y normalizan los tipos de pan, creando algunas clases como el *panis militaris* para los soldados y el pan moreno para los pobres.

EDAD MEDIA — Tras la caída del Imperio Romano, la fabricación de panes se diversifica. Hay dos tipos básicos de pan, uno blanco, de trigo, para los ricos, y uno moreno para los pobres.

1368 — Nace el Gremio o Cofradía de Panaderos de Barcelona, la primera de España.

1912 — Otto Frederick Rohwedder inventa una máquina que corta el pan a rebanadas, pero las panaderías no la aceptan hasta que inventa otra que también envuelve el pan cortado en 1928.

ANTIGÜEDAD

Té

Curiosidades

En 1200, durante el dominio mongol de China, el té se mantiene como bebida de las clases populares, pero pierde importancia entre la nobleza, pues los emperadores mongoles no son bebedores de té. **Kublai Khan** (en la imagen) se apodera de todo el país en 1279 y la ceremonia del té desaparece como costumbre de la aristocracia.

El té es un producto de origen chino cuyo descubrimiento pertenece a la leyenda. El emperador She Nung había obligado a su pueblo a hervir el agua siempre antes de beberla, una medida higiénica que se sigue enseñando en muchos lugares del tercer mundo donde el agua es insalubre. Mientras el propio emperador estaba haciendo lo que proclamaba, el viento hizo que unas hojas del arbolito del té cayeran en su agua. Al tomarlo, se sintió eufórico y descubrió el uso del té.

Sin duda, no fue precisamente el emperador el descubridor de estas virtudes, sino que es más creíble una historia parecida a la del café, en que unos pastores descubrían sus virtudes. Sea como fuere, el té se convirtió en costumbre y en parte de la cultura de China, que incluyó la bebida en su sofisticada sociedad y desarrolló la ceremonia del té hasta convertirla en un símbolo de la vida.

Cuando el budismo llega a Japón, el té lo acompaña, y los monjes japoneses que aprenden en China se llevan semillas y arbolitos y los plantan en los jardines de los monasterios. Son los japoneses quienes elevan la ceremonia, el cha-no-yu, a un arte, a través de tres sacerdotes zen: Ikkyu, príncipe reconvertido en monje, su discípulo Murata Shuko, y Sen-no Rikkyu, el monje que estableció en el siglo XVI las rígidas normas que aún persisten. A finales de ese siglo, los

japoneses empiezan a comerciar con los chinos, y son los primeros. En una de las primeras expediciones viaja el jesuita Jasper de la Cruz, que prueba el té y escribe la primera referencia conocida de un occidental sobre esta bebida. La Compañía Holandesa de las Indias Orientales no tardará en seguir los pasos de los portugueses.

Entre 1652 y 1654 llegan a Inglaterra las primeras muestras de té, y éstos no tardarán en apropiarse del comercio del té mediante su poderosa flota y a través de la Compañía de las Indias Orientales británica.

Entre tanto, el té se convierte en una costumbre entre la nobleza rusa, después de que el embajador chino le regalara al zar unas cajas con la hierba. Puesto que los chinos se empeñan en conservar el secreto del té, hacen que el viaje a Rusia sea sumamente largo y laborioso a través de montañas y llanuras y en caravanas de hasta doscientos camellos en territorio chino; en la frontera rusa era intercambiado por pieles y llevado en caballos a Moscú. Durante doscientos años, el café llegará a la nobleza rusa después de un largo viaje de casi seis meses, embolsado en sacas de tela que se habrán aromatizado con el humo de las hogueras que noche tras noche encienden los viajeros. El té ruso de aroma tan característico tocará a su fin en 1880 con la inauguración del transiberiano.

2737 a.C. — Cuenta la leyenda que estando el segundo emperador de China, Shen Nung, bajo un arbolito del té, le cayeron unas hojas en el agua que estaba hirviendo.

SIGLO III a.C. — El té aparece mencionado por primera vez en un escrito en que un anciano se lo pide a su sobrino para que se lo envíe con el fin de ayudarle a aumentar su capacidad de concentración. Y en un diccionario como *Erh Ya*.

SIGLO III a.C.- IV d.C. — El té se usa como planta medicinal y las infusiones se hacen de las hojas del árbol silvestre.

400 — El té aparece mencionado en un diccionario chino como *Kuang Ya*, donde se detalla el proceso de su preparación.

479 — Primera mención de mercaderes turcos negociando con el té en la frontera de Mongolia. El té viajaba en fajos prensados y se usaba como trueque.

600 — El budismo llega a Japón desde China. Los monjes japoneses que estudian en el país vecino introducen las semillas del té y la ceremonia en la isla.

618-907 — La dinastía Tang populariza el té por sus propiedades. • Edad de oro del té.

648-749 — Cuenta la leyenda que el monje japonés Gyoki plantó durante este período los primeros arbustos del té en Japón, en 49 templos budistas.

725 — El té adquiere en China el nombre que lo caracteriza en medio mundo: *ch'a*.

729 — El té prensado y seco se convierte en polvo y así se sirve el emperador del Japón a los sacerdotes budistas que lo visitan.

780 — Se impone la primera tasa del té en China. El poeta Lu Yu escribe el primer libro del té de la historia, el *Ch'a Ching*, según las enseñanzas taoístas, donde se enseña el cultivo y la preparación.

Abajo, plantación de té en Extremo Oriente. El arbusto crece bien en clímas frescos y húmedos de media montaña, aunque no soporta las heladas.

960-1280 — Durante el gobierno de la dinastía Song, la ceremonia del té se convierte en un elaborado ritual. Las hojas secas y prensadas se pulverizan y se diluyen en agua, y el polvo restante de los posos se vuelve a utilizar hasta siete veces.

1368-1644 — La dinastía Ming que gobierna durante estos años intenta recuperar el antiguo esplendor de la cultura china y vuelve a implantarse la ceremonia del té.

1422 — La ceremonia del té alcanza su máximo esplendor de la mano del monje zen Murata Shuko, quien instaura el cha-no-oyu por primera vez.

1484 — El shogun Yoshimasa le da aún más relevancia a la ceremonia del té, que pasa a formar parte de pinturas y teatro.

1560 — El padre jesuita portugués Jasper de Cruz es el primer europeo en probar el té y en escribir sobre él.

1589 — El té se descubre en Europa cuando el veneciano Giambattista Ramussio escribe un libro sobre esta bebida mencionando sus virtudes curativas.

1595 — El navegante holandés Jan Hugo van LinSchooten describe en sus relatos de viajes la ceremonia del té, y hace crecer la demanda de este producto en Europa. El maestro japonés Sen-no Rikyu abre la primera tetería.

1610 — A consecuencia de lo anterior, la Compañía Holandesa de las Indias Orientales abre una base en la isla de Java y empiezan a importar grandes cantidades de té. Se crea la Compañía Británica de las Indias Orientales.

1618 — El embajador de China se presenta ante el zar de Rusia con un cargamento de té y pocos años después los rusos lo adoptarán con fruición.

Té

En el siglo XVIII, los ingleses, que monopolizaban el comercio del té en el mundo a excepción de Rusia, tuvieron un primer encontronazo por su causa. Como en todas sus colonias, habían conseguido que el té fuera una de las bebidas predilectas del país, pero estaba cargado de fuertes tasas que servían para financiar las tropas de la metrópoli. Los americanos encontraron una curiosa manera de protestar.

Un grupo de ellos se disfrazó de indios y hundió un cargamento de té, irritando al Parlamento británico y obligándoles a tomar unas represalias que conducirían a la Revolución americana.

Otro encontronazo importante lo tuvieron los ingleses en China a causa del té. Los ingleses compraban todo el té que consumían en ese país y no conseguían venderles a los chinos suficientes mercancías como para compensar el dinero que se gastaban en China. Para inclinar la balanza a su favor, empezaron a introducir opio de la India en China y consiguieron que millones de chinos se hicieran dependientes. El gobierno chino, al comprobar la decadencia de su pueblo,

prohibió el consumo del opio, pero los ingleses continuaron introduciéndolo en el país a escondidas, convencidos de que el beneficio estaba por encima del mal causado a todo un pueblo. Cuando los chinos tiraron al mar el contenido de un barco inglés, hartos de que estos los minusvaloraran continuamente, los ingleses les declararon la guerra. Los británicos ganaron las cuatro guerras del Opio y humillaron a los chinos. La historia acabó con el cultivo del té en la India y Ceilán. China perdía en todos los campos, pero no por ello dejaba de admirar al inglés.

Otras formas de consumir té

Las bolsitas de té son un invento del americano Thomas Sullivan, que los vendía en su tienda en pequeñas bolsitas de seda. Sólo se consume de esta forma en Occidente, pues en Oriente prefieren la hoja.

El té frío es un invento del inglés Richard Blechynden, quien lo introduce en la Feria de San Luis de 1904. Con el tiempo, se convierte en una de las bebidas favoritas de los americanos.

El té pude consumirse de muchas formas, y de hecho se ha comercializado como chicle, yogur, crema de manos, pasta de dientes, suavizante y limpiasuelos por sus cualidades desinfectantes.

1618 — El té invade Europa, pero mientras en Londres, Irlanda y Rusia, tiene éxito, en otros países, como Alemania, España, Francia, Portugal e Italia, tiene más éxito el café. En Alemania, donde se prefiere la cerveza, incluso un famoso médico alerta de los peligros del té.

1650 — Llega el primer cargamento de té a los colonos de Nueva Amsterdam, futuro New York.

1657 — Abre el café Garraway en Londres, primero en Europa donde se servía té. La Compañía Británica de las Indias Orientales empieza a importar grandes cantidades de té y monopolizará todas las importaciones.

1670 — El té llega a las colonias americanas.

1680 — El té con leche se menciona en las cartas de Madame de Sevigné. La duquesa de York introduce el té en Escocia.

1735 — Las importaciones de té entre China y Rusia requieren de larguísimas caravanas que debe recorrer 17 mil kilómetros durante 16 meses. Los rusos beben el té con limón mientras se ponen el azúcar entre los dientes.

1773 — El gravamen impuesto por lo ingleses al té que se exporta a Estados Unidos, y que sirve para mantener las guarniciones de la colonia, hace que aquellos se rebelen y organicen el Boston Tea Party (véase en Café).

1774 — El rey Jorge III de Inglaterra y el parlamento inglés cierran el puerto de Boston hasta que no les sea reembolsado el importe del té hundido.

1775 — A causa de estos acontecimiento, empieza la Revolución americana.

1800 — En China, el emperador prohíbe el comercio del opio que los ingleses habían introducido a cambio del té chino.

1823 — Se inicia la primera de las cuatro guerras del opio, debido a que los ingleses seguían vendiendo opio a través del puerto de Cantón. Los ingleses se plantean el cultivo de té en la India para asegurarse el suministro, que hasta entonces era casi exclusivo de la China. Fue el mayor inglés Robert Bruce quien descubrió que el té crecía de forma silvestre en Assam, en el norte de la India. No obstante, el gobierno tardaría bastante en reconocer que el comercio del té de Assam era rentable.

1838 — Un pequeño cargamento de té de Assam llega a Londres, donde se considera de muy buena calidad. Se inicia la producción del té en la India.

1840 — Las primeras plantas de té se introducen en Ceilán. Esa década, Ana, duquesa de Bedford, introduce la hora vespertina del té en Inglaterra como un ritual.

1856 — Se planta el primer arbolito del té en Darjeeling, en la India.

1869 — Una epidemia acaba con los cultivos de café de Ceilán y la isla se vuelca en el cultivo del té. Abre el canal de Suez y se acorta el viaje del té hacia Europa.

1870 — Se empiezan a realizar mezclas de tés diferentes para obtener la calidad deseada.

1876 — Thomas Johnstone Lipton abre su primera tienda en Glasgow según los métodos de distribución aprendidos en unos grandes almacenes de Nueva York.

1890 — Thomas Lipton compra el té directamente en Ceilán, para abastecer a sus trescientas tiendas.

1904 — El inglés Richard Blechynden inventa el té helado durante un verano caliente en la Feria de San Luis.

1908 — El importador Thomas Sullivan, de Nueva York, inventa inadvertidamente las bolsitas de té al vender a los clientes el té en pequeñas bolsas de seda.

5000 a.C.

Vino y cerveza

Curiosidades

Buscando un lugar donde hacer su propio vino, **Jean Leon** eligió el Penedés, se trajo unas cuantas cepas de las variedades chardonnay y caubernet sauvignon de Francia y fue el primero en plantarlas en nuestro país. Fue el vino elegido por Ronald Reagan para los banquetes presidenciales. En 2006, Agustí Vila hizo un documental sobre su vida.

Vino

Se han encontrado restos antiquísimos de residuos de vino en Shulaveri, Georgia, en los montes Zagreb, en Irán, y en Uruk. Los primeros tienen diez mil años y pertenecen al Neolítico, como los segundos, de hace siete mil años. Los terceros son de una ciudad sumeria y sólo tienen cinco mil años.

El vino, no como el que se produce ahora, es pues, la bebida más antigua conocida, con la salvedad de los líquidos naturales como el agua y los obtenidos directamente de las plantas. Pero los restos, con ser tan antiguos, son pocos, pues la uva era escasa en la antigüedad, y la uva salvaje crecía sólo en el área que envuelve los lugares mencionados. En el año 3000 a.C., el cultivo de la viña se introduce en Egipto y se sabe que el comercio de vino se dio entre Egipto y Canaán al menos desde el año 2600 a.C., en el Imperio Antiguo. Es probable que el vino se usará en las ceremonias como un símbolo de la sangre más que como una bebida que los reyes no llegaban a probar. Quienes sí bebían eran los griegos desde los tiempos minoicos, hasta el punto de tener un dios dedicado únicamente al vino, Dioniso, convertido en Baco en Roma. Los griegos exportaban el vino por todo el Mediterráneo en ánforas. Los romanos desarrollan la viticultura y lo cultivan en todas sus provincias con calidades diferentes, entre las que destaca el de Lusitania. Tras la caída de Roma, el cultivo y la fabricación del vino se guardan en las instituciones de la Iglesia, encabezadas por los monjes benedictinos y los cistercienses. Los españoles introducen el cultivo de las viñas en América apenas llegar, necesarias para producir el vino de la Sagrada Eucaristía. De América procederá en 1860 la filoxera, que acaba con gran parte de las viñas de todo el sur de Europa. A España llegó más tarde que a Francia, y durante algunos años los viñedos españoles abastecieron a los franceses, hasta que la filoxera entró también en la Península. El problema acabó con el injerto de raíces.

Cerveza

La primera vez que se menciona algo parecido a la cerveza es en una tabla sumeria de 4000 a.C., concretamente, en un poema dedicado a la diosa Ninkasi, en el que aparece la receta a partir de la cebada. Era el resultado de una fermentación simple del pan y al parecer fue muy popular, pues se reservaba una buena parte de la cosecha para su fabricación. Los científicos aseguran haber encontrado restos de cerveza en Irán mil años más antiguos.

También aparece en el poema épico *Gilgamesh*, en el cual el protagonista Enkidu es aficionado a beber cerveza. Los egipcios creían que la había inventado Osiris y la preparaban haciendo dos mezclas: una de pan y agua y otra de agua y cebada. La cebada se mojaba y se dejaba fermentar para después mezclarse con la mezcla anterior. La cerveza resultante era turbia y muy diferente según quien la hiciera, pues tenían costumbre de añadir otros componentes para darle sabor, como miel o comino. En China e India ya preparaban cerveza en el año 3200 a.C. En todos los casos, era una bebida tan fuerte como el vino, que en Egipto era sólo para las clases nobles. Los griegos aprenden su preparación de Oriente Próximo y se la enseñan a los romanos, pero éstos prefieren el vino aguado que se bebía entonces, que quitaba la sed y alegraba el corazón. En el año 822 se introduce en el imperio Carolingio el uso del lúpulo, pero las dificultades para encontrar la proporción correcta hacen que se implante poco a poco. Puesto que la cerveza de esa época, sin gas, contiene poco alcohol, hay que consumirla in situ. La única forma de aumentar su duración es el alcohol, y en esto los alemanes ya son unos maestros en el siglo XIII. De aquí pasa a Inglaterra a través los Países Bajos. En 1516, el duque Guillermo IV de Baviera adopta la ley de pureza Reinheitsgebot, probablemente la ley de regulación alimentaria más antigua de la historia, que limita los componentes de la cerveza a agua, cebada y lúpulo.

6000 a.C. — Primeros residuos de vino encontrados en vasijas de cerámica encontradas en el yacimiento neolítico de Shulaveri, en la actual Georgia.

5000 a.C. — Residuos de vino en una vasija encontrada el las montañas Zagros de Irán.

4000 a.C. — Primera mención de la cerveza en una tabla sumeria. No tardarán en fabricarla los egipcios.

3500 a.C. — Residuos de vino encontrados en vasijas en Uruk, Sumeria, en Mesopotamia.

3200 a.C. — Primeros indicios de la fabricación de la cerveza en China e India a partir de arroz.

SIGLO III — Papiro de Zósimo de Panópolis egipcio con la receta más antigua conocida de fabricación de cerveza a partir de cebada fermentada.

822 — Se introduce el uso del lúpulo para la fabricación de cerveza en el imperio carolingio, constatado por la abadesa Hildegard de Bingen en 1067, que recomienda su uso si se quiere hacer cerveza con avena.

SIGLO XIII — En Alemania, se perfecciona la fabricación de la cerveza con lúpulo, que pasa de hacerse en casa a hacerse en lugares especializados.

SIGLO XIV — Los métodos alemanes llegan a Holanda, de donde pasarán a Inglaterra en el siglo siguiente.

1516 — Primera ley en la que se establecen los ingredientes de la cerveza redactada por Guillermo IV de Baviera a partir de agua, malta y lúpulo. En esta época y durante el gobierno de Carlos I de España y V de Alemania, cerveceros alemanes introducen en España los métodos centroeuropeos de fabricación de cerveza.

1855 — Primera fábrica de cerveza en Asia, Dryers Breweries, en Kasauli, India, actualmente Mohan Meakin.

1864 — Abre la primera fábrica de cerveza de gran tamaño en España, fundada por Louis Moritz en Barcelona.

1996 — La empresa inglesa Courage comercializa una réplica de la cerveza encontrada en la tumba de Tutankamón.

La historia de Jean Leon

La historia del vino está llena de anécdotas, un ejemplo de ello es la introducción de la variedad cabernet sauvignon en España. El primero en plantarlas en nuestro país fue el santanderino Jean Leon, de verdadero nombre Ceferino Carrión. Trabajó en un restaurante de Hollywood como camarero, propiedad de Joe DiMaggio y Frank Sinatra, con quienes hizo amistad. La fortuna empezó para él cuando testificó asegurando que ambas estrellas habían pasado la noche en el restaurante en lugar de estar dándole una paliza al supuesto amante de Marilyn Monroe. Su amistad con las estrellas le llevó a conocer a James Dean y a fundar su primer restaurante, La Scala, en 1957, donde servía pasta y paellas a las estrellas.

600 a.C

Chocolate

Curiosidades

Cuando el rey azteca Moctezuma recibe a **Hernán Cortés** le ofrece chocolate, bebida de los nobles en el imperio. De ese brebaje, que no llevaba azúcar, dice Cortés: "Cuando uno lo bebe, puede viajar toda una jornada sin cansarse y sin necesidad de alimentarse. En 1530, le escribe a Carlos V: "Es un fruto como de almendras que venden molido y lo tienen en tanto que se trata por moneda... y con ella se compran todas las cosas..."

No se sabe a ciencia cierta cuándo se empieza a consumir el chocolate, pero se han encontrado residuos en cerámicas olmecas mesoamericanas de 600 a.C.

Cualquiera que pasee por un bosque donde haya árboles de cacao, muy húmedo y sombrío, entenderá que el consumo de este producto vaya unido prácticamente al desarrollo de la civilización, pues su olor es muy atrayente, y del fruto, grande como un coco, es fácil obtener las semillas.

La única salvedad es que el cacao sin azúcar es relativamente amargo, y el azúcar, que entra en España procedente de la India de la mano de los árabes, tendrá que esperar a la conquista de los españoles para unirse al cacao.

Lo cierto es que cuando llegan los españoles, el chocolate es un producto muy valioso en Mesoamérica, cuyos granos se utilizan como monedas de cambio, por ejemplo, un conejo vale diez granos de cacao y un esclavo, cien, y que se toma en las ceremonias más importantes, asociado a los dioses de la fertilidad maya, como aparece en el libro sagrado de los mayas, el *Popolh Vuh*, y azteca.

Los aztecas lo toman en una bebida llamada xocoatl, amarga y con pimienta, pero es un producto escaso que se ha de importar de territorio maya y sólo lo toman los guerreros y los sacerdotes. Hernán Cortés descubre el chocolate durante la conquista de México, en 1519, y en 1528 lleva las primeras muestras a España.

Muy apreciado por la nobleza y los clérigos, no tardará en llevarse a todas las colonias españolas, y puesto que los españoles introducen el azúcar en América serán también los primeros en quitarle el amargor al cacao. En 1606, el italiano Francesco Carletti acaba con el monopolio de los españoles después de un viaje a América Central en el que aprende todo el proceso de fabricación. Los franceses descubren el chocolate en 1615, durante la boda de Luis

XIII y la infanta española Ana de Austria, hija de Felipe II, y Luis XIV y su esposa María Teresa de Austria lo convierten en una bebida habitual, parecida al café, en Versalles, pero el pueblo no tiene acceso a él. En 1660 el chocolate se consume en España sin especias, con mucha azúcar y agua y removido con un molinillo de madera para obtener espuma.

En 1684, los franceses ponen en marcha sus propias plantaciones de cacao en el Caribe americano. Lo mismo sucede con Curaçao cuando es tomada por la Compañía Holandesa de las Indias Orientales. A mediados del siglo XVII, los alemanes descubren el chocolate a través de Italia, aunque hasta el siglo XIX lo consumirán omo una medicina.

En 1711, la corte española de Carlos VI se traslada a Viena y la afición por el chocolate se traslada a ese país. En 1815, el holandés Coenraad van Houten abre una fábrica en Amsterdam y su hijo inventa en 1828 la manera de separar el cacao en polvo de la grasa. En 1819 abre la primera fábrica en Suiza.

En 1824 abren las fábricas de Cadbury y Suchard. Lindt abre en 1845. En 1847, la marca inglesa J. S. Fry & Sons produce la primera tableta de chocolate de la historia.

A mediados de este siglo el precio del chocolate se abarata y empiezan a consumirlo las clases populares. En 1857, el chocolatero suizo Daniel Peter inventa la manera de hacer chocolate con leche, pero tiene un problema con la mezcla que resolverá después de siete años de trabajo en colaboración con Henri Nestlé, con quien abrirá la empresa Nestlé en 1879.

En la actualidad, Costa de Marfil es el principal proveedor de cacao (el 40 por ciento del total mundial). Suiza, Noruega, Austria, Bélgica y Gran Bretaña encabezan la lista de consumidores.

Derecha, tarta Sacher, la más famosa de Viena, creada por el pastelero Franz Sacher en 1832.

600 a.C. — Primeros indicios de consumo de cacao en vasijas de barro de origen olmeca.

1528 — Primera muestras de cacao llevadas a Europa por los españoles después de la conquista.

1606 — El italiano Francesco Carlettia acaba con el monopolio de los españoles e introduce el cacao en Italia.

1615 — Los franceses descubren el cacao en la boda de la hija de Felipe II con el rey francés Luis XIII.

1684 — Francia empieza a producir cacao en sus propias islas del Caribe.

1711 — La corte española de Carlos IV se traslada a Viena, donde introduce el gusto por el cacao.

1824 — Abren las fábricas de chocolate de Cadbury y Suchard.

1828 — El holandés Coenraad von Houten descubre la manera de separar el cacao en polvo de la grasa.

1845 — Abre la fabrica de chocolates Lindt.

1847 — La marca inglesa J. S. Fry & Sons produce la primera tableta de chocolate de la historia.

1857 — El chocolatero suizo Daniel Peter inventa la manera de hacer chocolate con leche.

1879 — Abre la fábrica de chocolate Nestlé.

500 a.C.

Galletas

Curiosidades

La casa de Savoya populariza las *savoiardi*, o **galletas de Savoya**, *ladyfingers* (dedos de dama) en inglés o lenguas en español. Son galletas secas, ligeras y esponjosas en forma de dedo, ideales para mojar en chocolate. En el siglo XVIII, **Catalina de Rusia** y su marido **Pedro el Grande** se enamoran de estas galletas y las llevan a la corte rusa. En 1901 empieza a fabricarlas a gran escala la empresa Speciality Bakers de Pensilvania, EE UU.

La historia de las galletas está relacionada con la del azúcar, imprescindible para darle esta denominación a la pasta horneada que se hace de harina, mantequilla y azúcar, o de harina, huevo y azúcar. Una vez horneadas, las galletas poseen una gran duración y son un recurso muy alimenticio durante los viajes.

Las primeras menciones proceden del Imperio Persa. Los soldados de Darío descubren el azúcar a orillas del río Indo, durante una de sus expediciones de conquista, de una planta "que produce miel sin la ayuda de las abejas", hacia el año 500 a.C.

Los persas aprendieron a evaporar el jugo de la caña de azúcar en la India. Los chinos harían los mismo más tarde, en el siglo II a.C. En las cortes de China y Persia se consumían pasteles y galletas de celebrada calidad.

Los griegos, que no conocían el azúcar, tampoco conocían las galletas, y en los viajes llevaban pan ácimo, que es una simple masa cocida de harina de cereal y agua que era habitual en los morrales de la Antigüedad y en la Edad Media.

Alejandro Magno extendió el conocimiento del azúcar por todo el Mediterráneo a partir del siglo IV a.C., pero no su cultivo, que llegaría con los árabes después de la conquista de la Península Ibérica en el siglo VIII, así como la fabricación de pasteles y galletas dulces.

En el siglo XI, la fabricación de galletas se restringía a algunas cortes europeas, por ejemplo la francesa de Savoya, donde se consumían las *savoiardi* o "galletas de Savoya", a veces llamadas "lenguas", duras, esponjosas y con forma de dedo.

Hay tres tipos básicos de galletas: las que usan una masa dura o semidura, con la que se fabrican las variedades tradicionales, las que usan una masa blanda para fabricar bizcochos y pastas, y las que usan una masa líquida para fabricar los barquillos.

Durante los siglos XVII y XVIII, todo el azúcar que se consumía en Europa procedía de las plantaciones americanas de caña. Era un bien escaso, y aunque durante las festividades señaladas se fabricaban galletas en casa y se vendían en las panaderías más reputadas, siguió siendo un capricho reservado a las clases adineradas hasta el siglo XIX, en que se empieza a producir el azúcar de remolacha en Francia.

En 1792 la panadería Pearson & Sons Bakery de Chicago empieza a fabricar un tipo de galletas de larga duración para marineros. Ese año se empiezan a fabricar en un monasterio italiano los almendrados, una especie de

Derecha, elaboración artesana de las «galletas de la fortuna *(ver pág. 199).*

PREHISTORIA — En cuanto se empiezan a comer cereales, la imaginación popular mezcla semillas hervidas con vegetales y hierbas. A veces, se muelen los cereales y la mezcla se seca al sol sobre una piedra. Esta especie de 'galletas' con harina y agua y duras como el acero servirán de alimento a los ejércitos de todo el mundo durante mucho tiempo. Durante la Guerra de Secesión americana se llamaban *hardtack*, duras como el hierro, pero también galletas de barco (*ship biscuit*).

SIGLO VII A.C. — Aparecen en Persia las primeras pastas que podrían llamarse galletas al añadir azúcar a una masa de harina y manteca. Los persas habían descubierto el azúcar en la India.

SIGLO IV A.C. — Alejandro Magno invade Persia y extiende el conocimiento del azúcar por el Mediterráneo, pero al no cultivarse la caña de azúcar, que exige un clima cálido, seguimos sin galletas en Occidente.

SIGLO VIII — Los musulmanes invaden España e introducen en el sur de Europa la fabricación de pasteles y galletas que eran de uso común en Persia.

SIGLO X — Primeras alusiones en Francia a las galletas (*panis biscotus*, en latín). La expresión procede de los escritos del monje benedictino Abbon de Fleury (945-1004), uno de los sabios más grandes de su tiempo. En Italia adquirirán el nombre de *biscotti*, dos veces cocido.

SIGLO XI — La casa de Savoya populariza las *savoiardi*, o galletas de Savoya, *ladyfingers* (dedos de dama) en inglés o lenguas en español.

SIGLO XII — Se fabrican galletas de diferentes clases, con todo tipo de ingredientes y formas.

SIGLO XVI — En 1596, bajo el reinado de Elizabeth R en Inglaterra, se publica uno de los primeros libros que contiene recetas de galletas, *The good housewife jewel*, de Thomas Dawson. En una de las recetas se propone hacer una mezcla de harina fina, agua de calidad, huevos y azúcar, más otros ingredientes, como el clavo, que le añadirán sabores especiales.

SIGLO XVII — La profesión de panadero está en manos de gremios y asociaciones que obligan a un aprendizaje a fondo del arte de hacer pan y pasteles. En 1615, el inglés Gervase Markham publica *The english housewife*, «La mujer inglesa», con nuevas recetas de galletas en las que se introduce un poco de leche. En 1671, sir Kenelme Digbie muestra la manera de hacer excelentes *small cakes* con harina, azúcar, grosellas, mantequilla, un toque de crema de leche y huevos.

SIGLO XVIII — Los alemanes introducen en Estados Unidos la expresión *koekje*, pastel pequeño, que se transforma en *cookie*, nombre de la galleta en América del Norte. Las recetas se multiplican. La construcción del tren permite que las naranjas y los cocos del sur lleguen al norte y se añadan a las galletas.

1801 — Josiah Bent inventa las crackers, galletas hechas de harina y agua que pueden aguantar largos viajes por mar.

1853 — Se empiezan a fabricar las galletas Quelis en Mallorca, en el horno de Can Guixe de la familia Doménech, para abastecer a las navieras con galletas de barcos, a imitación de las galletas británicas hechas con este fin, también conocidas como galletas de Inca, biscuit de mar o pan de mar.

Galletas

galleta de forma redondeada e irregular con el interior blando fabricada con almendras molidas y muchas veces con coco y aromatizada con chocolate, especias y aromas diversos. Los carmelitas franceses, que deben permanecer encerrados en los monasterios durante la Revolución, empiezan a fabricar estas galletas para abastecerse de alimentos que se puedan conservar. En inglés se llaman *macaroon*, y en italiano *amaretti*, pues las confeccionan con almendras amargas.

En 1801, Josiah Bent inventa las crackers, galletas hechas de harina y agua que pueden aguantar largos viajes por mar. Se llaman así por el sonido que hacen al morderlas. Son las primeras galletas saladas, que tendrán numerosas variaciones, incluidas las *animal crackers*, galletas para perros. Las crackers se emplearán durante la Guerra Civil Americana. Son lo mas parecido al pan ácimo que llevaban en el morral los legionarios romanos.

En Alemania, durante el siglo XIX, se instauró la costumbre de regalarse galletas los domingos de diciembre, durante el período de Adviento. Los alemanes recogieron esta costumbre de la antigua Roma, donde se regalaban bollos y panes, primero durante las Saturnales y después, en la Roma cristiana, durante la Navidad. En cuanto se dieron cuenta de que antes de hornear las galletas

podían estamparse en ellas imágenes de animales, casitas o escenas de la Biblia, se crearon las delicias de Navidad, en alemán *springerle*, galletas de anís, galletas de mantequilla o de canela con almendras. El siglo XIX es el siglo de las galletas. En Francia, Louis-Lefèvre Utile idea una manera de competir con las galletas británicas, que están de moda en Europa, mezcla harina, mantequilla, azúcar y leche, y a la galleta resultante le da una forma rectangular, con los bordes en forma de sierra y las cuatro esquinas más gruesas, *les petit beurres* LU, la galleta francesa por excelencia, que en 1986 se unirá a Danone y lo convertirá en el segundo fabricante de galletas del mundo.

Las galletas de todo tipo tienen una gran demanda, sobre todo para los viajes en barco, donde se requieren alimentos nutritivos que no se echen a perder.

Los escoceses fabrican galletas con harina de avena, las *oat cookies*, que llegan a Australia con los emigrantes para convertirse en la base de las *Anzac biscuit*, galletas del ejército de Australia y Nueva Zelanda.

La fabricación industrial de galletas empieza en este siglo, en primer lugar por la demanda de las empresas navieras, que necesitan un producto alimenticio de larga duración. A principios del siglo XX aparecen los grandes fabricantes, United Biscuit, Krafts

1867 — El farmacéutico alemán Henri Nestlé funda en Suiza la empresa Nestlé ('pequeño nido' en dialecto local) que en un principio fabrica comida para niños lactantes. El Nescafé no se inventará hasta 1938.

1897 — Se publica la primera receta conocida de los brownies, galletas en forma de barrita de chocolate de color oscuro, en el catálogo de Roebuck.

1898 — En EE UU se unen 114 panaderías para formar la National Biscuit Company, que en 1971 pasará a llamarse Nabisco.

1902 — Nabisco inventa las *Barnum's Animal cookies*, galletas con formas de animales, también llamadas *Circus cookies*, pues se venden dentro de una pequeña jaula con una cuerda para colgarlas del árbol de Navidad.

1903 — James Lewis Krafts (1874-1953), nacido en Ontario de padres menonitas, inventor del queso en lonchas. funda la empresa J.L. Kraft & Bros. Company, que más tarde se convertirá en Krafts Foods Inc., la segunda mayor empresa de alimentación del mundo después de Nestlé, y ambos grandes fabricantes de galletas. Hasta 1916, en que la empresa se amplía con otras alimentarias, basa su producción en las lonchas de queso.

y Nestlé, y las pequeñas empresas que en cada país popularizan su propio surtido, como Fontaneda o Birba en España. En 1930, se introduce la mantequilla de cacahuete en la fabricación de las galletas en Estados Unidos. En 1937, Ruth Graves Wakefield, de Massachussets, inventa la primera galleta con chips de chocolate. Ruth hace famoso el invento a través de su programa de radio «Comidas famosas de lugares famosos por su comida». Llama a su invento toll house y le vende la idea a Nestlé en los años cuarenta.

Galletas de la fortuna

Dice la leyenda que fueron inventadas en los siglos XII o XIII por los chinos que defendían el imperio contra el ataque de los mongoles. La soldadesca china se enviaba mensajes en papel de arroz introducido dentro de pasteles de luna, que tienen el tamaño de un polvorón y están rellenos. Puesto que a los mongoles estos pastelillos no les gustaban, no les hicieron caso. Salvando la leyenda, las galletas de la fortuna las fabrica por primera vez en Estados Unidos el paisajista japonés Makota Hagiwara en torno a 1900 en Los Angeles. En 1920 empieza a fabricarlas en su panadería de los Angeles el inmigrante chino David Jung. Y en 1960, Edward Louis, de San Francisco, inventa una máquina que introduce el papelito durante el proceso de fabricación.

1907 — La familia de comerciantes bilbaínos Artiach funda la fábrica de galletas de su nombre, que será conocida por las galletas Chiquilín. Más adelante será absorbida por Nabisco y después por Kraft.

1910 — Se funda la fábrica de galletas Birba, en Camprodón, con una receta clásica: harina de trigo, huevos, mantequilla, azúcar, chocolate, avellanas, almendras, aceites vegetales, coco, levadura, sal y aromas naturales.

1912 — Nabisco inventa una galleta formada por dos discos de chocolate unidos con crema que se llamará desde ese momento Oreo.

1913 — Rafael Fontaneda, que había vendido garbanzos de pueblo en pueblo con su burro hasta obtener dinero para montar una pequeña fábrica de chocolate en su casa de Aguilar del Campo, en Palencia, empieza a fabricar las galletas María Fontaneda.

1916 — Empieza su producción la Fabrica Nacional de Galletas y Confites, que luego se llamará Galletas Noel.

1930 — En esta década, se introduce la mantequilla de cacahuete en la fabricación de galletas.

1935 — Los hermanos Juan y Florencio Gómez Cuétara fundan en México la fábrica de galletas Cuétara, que en el año 1951 traslada su actividad a España. Cuétara se unirá al grupo de empresas de alimentación SOS en el año 2000.

1937 — En 1937, Ruth Graves Wakefield, de Massachussets, inventa la primera galleta con chips de chocolate.

Siglos X-XII

Café

Curiosidades

En 1714 los holandeses le regalan a **Luis XIV** una planta de café, uno de cuyos vástagos será transportado a la isla de Martinica por el oficial de la marina francesa Gabriel Mathieu do Clieu en 1723, después de un accidentado viaje con piratas, tormentas y falta de agua dulce, pero éste convierte el traslado de esta planta en una cuestión personal.

Se conocen varias leyendas sobre el descubrimiento de las virtudes del café. La más antigua habla de un pastor de Yemen llamado Kaldi que vivió en el año 300 después de Cristo. Kaldi advirtió que sus cabras apenas podían dormir después de comer las bayas rojas de un arbusto. Al comer él mismo las bayas, sintió el mismo efecto, después de los cual se lo comunicó a los monjes de un monasterio cercano, y éstos empezaron a consumir las mismas bayas para mantenerse despiertos durante las oraciones.

Muchos años después, el explorador inglés Richard Burton, referirá como, a principios del siglo XIX, los árabes de esa región consumían las hojas del café en infusión, y no la infusión de las bayas tostadas. Pero también se cuenta que los nativos de Yemen mezclaban las bayas de café molido con grasa y hacían unas bolas pequeñas que les permitían aguantar en los asedios previos a las batallas.

En otra leyenda, se dice que fue un médico árabe llamado Rhazes, o tal vez el médico, filósofo y científico persa Avicena, quien descubrió el café entre los siglos X y XI. También se hace mención de unos pastores abisinios, que lo habrían descubierto en 1140. Lo más seguro es que fueran los monjes (probablemente capuchinos) quienes descubrieron el tueste natural.

En todo caso, Burton no tenía razón, pues el café se consumía con seguridad en Aden, Yemen, en 1420. Desde aquí, se extiende por el mundo árabe. En 1453, los turcos otomanos lo introducen en Constantinopla, y en 1457 abre en esa ciudad la primera tienda del mundo de café, llamada *Kiva Han*.

A pesar de que estaba prohibido sacar granos o plantas del café de la península Arábiga, no se pudo impedir que los peregrinos a la Meca lo hicieran, y su cultivo se extendió por todo el mundo árabe.

Como era de esperar, al ser la meca del comercio entre Oriente y Occidente, el café acabó por introducirse en Europa a través de Venecia, donde se tomaba en 1615. Pero

Derecha, El café es una semilla que viene dentro de un fruto que contiene dos granos. Una vez seco, el grano se tuesta solo para obtener un café de tueste natural, o con azúcar, para obtener un café torrefacto. El que suele consumirse es una mezcla de ambos.

ANTES DEL AÑO 1000 — La tribu galla, de Etiopía, emplea las bayas de una cierta planta para obtener energía.

1000 — Comerciantes árabes sacan el café (*kawa*) por primera vez de la península arábiga y empieza su cultivo en plantaciones.

1453 — Los turcos otomanos introducen el café en Constantinopla.

1457 — Abre la primera tienda de cafés del mundo, *Kiva Han*, en Constantinopla.

1511 — El gobernador de la Meca, Khair Beg, prohíbe el café por miedo a que pueda favorecer la rebelión contra su gobierno. Irritado, el sultán ordena su ejecución.

1583 — El médico alemán Leonard Rauwolf describe el café por primera vez en Occidente: una bebida negra como la tinta que se toma en Oriente Medio todas las mañanas y que está formada por agua y la semilla de un árbol.

1600 — El café se introduce en Occidente por medio de los comerciantes venecianos. Los consejeros del papa Clemente VII le sugieren su prohibición, al venir de sus enemigos más encarnizados, pero el papa lo considera una bebida aceptable para el cristianismo.

1607 — El capitán John Smith, de Virginia, introduce el café en América del Norte.

1616 — La Compañía de las Indias Orientales holandesa roba plantas de café en el puerto de Mocha, en Yemen, y las exporta a Ceilán.

1645 — Se abre la primera cafetería en Italia, debido al comercio entre los otomanos con Venecia.

1652 — Un judío venido de Turquía llamado Jacob abre la primera cafetería de Inglaterra en Oxford, Queen's Lane Coffee House. Poco después, un armenio llamado Rosée hace lo propio en Londres, donde se populariza el café como centro de reunión de los puritanos. La primera urna electoral de Inglaterra se coloca en el café de Miles.

1654 — La Roque abre la primera cafetería en Marsella, puerta francesa para los productos orientales, aunque no se popularizará en París hasta finales de siglo gracias al embajador otomano Mustafá Agá, que lo introduce en la corte de Luis XIV.

1668 — El café se convierte en Nueva York en la bebida favorita para acompañar los desayunos. Abre en Inglaterra la cafetería Edward Lloyd's, frecuentada por agentes de comercio marítimo y comerciantes. En esta cafetería se gestará la importante compañía de seguros Lloyd's.

1672 — El armenio Hartoundian, llamado Pascal, abre una cafetería en la feria de Saint-Germain, en París.

1683 — El polaco Franz Georg Kolschitzky, que había vivido en Turquía, inaugura la primera cafetería de Europa Central e introduce la costumbre de filtrar el café. Al abandonar el campo de batalla en desbandada, los turcos dejaron atrás quinientas sacas de café que la ciudad de Viena entregó a Kolschitzky como recompensa, y le autorizó a abrir el primer café.

Café

Curiosidades

En 1773, el **Boston Tea Party** o rebelión del Tea Party convierte el café en una bebida patriótica, después de que un barco cargado de té procedente de Inglaterra fuera hundido como protesta contra la dependencia británica. Se dice que la Revolución Americana nació en la cafetería **Green Dragon** de Boston, y la francesa en el café **Foy de París**, en la plaza Stanislas.

debido a las enemistades políticas entre estados, aún tardaría cincuenta años en introducirse en la corte francesa de Luis XIV por medio del embajador de Turquía.

En el siglo XIX se descubren dos nuevas variedades de café que se añaden al arábica, originario de Abisinia y de mejor calidad. La variedad "robusta", descubierta en el Congo, y la variedad "libérica", de menor importancia.

Negro como la kaaba

Una de las leyendas relacionadas con el origen del café cuenta que fue Alá quien le reveló el secreto a Mahoma en el siglo VII.

Un día en que dios le vio profundamente apenado por la especie humana, después de haber unificado a todas las tribus, le envió al arcangel Gabriel con un regalo, que había de ser negro como la piedra negra de la Kaaba. Mahoma lo llamó kawa, nombre que sintetiza todas sus virtudes y lo convirtió en bebida de uso común en Arabia.

Esta historia se mezcla con la de que cuenta que era un sencillo musulmán que fue condenado a vagar por el desierto, y que en su delirio, oyó la voz de Alá que le sugería que comiera la fruta de aquel árbol. Como no pudo masticarlo, lo mezcló con agua y se lo bebió. Fue tal el beneficio que sintió que volvió a la civilización y se dedicó a predicar el islam.

1686 — El siciliano Francisco Procopio, que se había formado con el anterior Pascal, abre su propia cafetería en París, el cafe *Procope*, que tiene tanto éxito que acaba abriendo una cafetería en cada barrio y extendiendo la moda hasta el punto de que en 1721 ya había 380 cafés en París, que en 50 años serán dos mil.

1706 — Se siembran las primeras plantas de café en Europa, concretamente en los jardines botánicos de Amsterdam.

1715 — Los jesuitas empiezan a plantar café por primera vez en Haití.

1721 — Se abre la primera cafetería de Berlín.

1726 — Primera cosecha de café americano.

1727 — El sargento brasileño Francisco de Mello Palheta viaja a la Guayana francesa, donde entabla amistad con madame de Orvilliers, esposa del gobernador de Cayena, capital de la colonia, y consigue robar varias plántulas de café y llevarlas a Belén, en Brasil.

1775 — Federico el Grande de Prusia intenta impedir la importación de café con la excusa de que está perjudicando la salud de su pueblo, pero las protestas populares lo impiden.

1900 — Los hermanos Hills son los primeros en empaquetar el café molido en paquetes al vacío.

1901 — Luigi Bezzera patenta una máquina con un hervidor y cuatro salidas de café.

1903 — El importador alemán Ludwig Roselius entrega a un grupo de investigadores una partida de café defectuoso para salvarla, y éstos encuentran la manera de extraer la cafeína.

Derecha, *La sultana recibe una taza de café,* cuadro de Van Loo de 1747.

Abajo, Café en un establecimiento vienés. La primera gran difusión de esta bebida fue protagonizada por clubes y sociedades. El primer café de EE UU se abrió en Boston, en 1851, por una asociación cristiana, la YMCA; las mujeres no fueron admitidas hasta acabar la II Guerra Mundial.

La cantata del café

■ En 1732, Johan Sebastian Bach escribe la "Cantata del café", una de sus pocas obras en poder ser representada. En esta composición musical a tres voces, una muchacha obsesionada por el café es recriminada por su padre, quien la amenaza con no permitirle el matrimonio si no deja esa costumbre, pero ella finalmente se sale con la suya no permitiendo entrar en su casa a ningún pretendiente que no le prometa que ella se preparará el café cuando le apetezca. "¡Ah, que dulce es el sabor del café. Mucho mejor que un millar de besos, mucho más dulce que el más dulce de los vinos. Necesito el café!".

El café en español

■ Las primeras cafeterías se abren en España a mediados del siglo XVIII y muy pronto se convierten en lugares de reunión. Los cafés como círculos literarios nacen en España a mediados del siglo XIX. México abre un primer café en la plaza del Zócalo en 1785.

1905 — Desiderio Pavoni compra la patente de Bezzera y empieza a fabricar máquinas expreso.

1909 — Sale al mercado, por primera vez el café instantáneo, que había desarrollado George Constant Washington, un químico inglés residente en Guatemala que había observado en la cafetera un fino polvillo que se formaba tras el paso del vapor.

1920 — Entra en vigor la prohibición del alcohol en Estados Unidos y se disparan las ventas del café.

1927 — Se instala la primera máquina expreso en Estados Unidos en el *Regio's* de Nueva York. La máquina, llamada Pavoni produce cierto olor a quemado en el café a causa del agua hirviendo que se eliminará diez años más tarde con el pistón de Cremonesi, que usa agua caliente sin hervir.

1938 — Buscando la manera de conservar los excedentes del café en Brasil la compañía Nestlé desarrolla el café liofilizado e inventa el popular Nescafé que se empieza a vender en Suiza. Ese mismo año, Cremonesi desarrolla un pistón que fuerza al agua caliente a pasar a través del café.

1942 — Durante la Segunda Guerra Mundial, los soldados americanos llevan en sus petates raciones de café instantáneo de la casa Maxwell.

1946 — El italiano Achilles Gagia perfecciona la máquina expreso y consigue que sus cafés tengan un aspecto cremoso. Nace el capuccino, cuyo nombre deriva de su color, parecido al de la túnica de los monjes capuchinos.

1961 — Faema inventa una nueva máquina de café que tiene un pistón manual para hacer que el agua pase a través del café.

1971 — Abre la primera tienda Starbucks en Seattle.

1153

Restaurantes

Curiosidades

El restaurante **Sobrino de Botín** está considerado el más antiguo del mundo en activo. Fue fundado en 1725 como Casa Botín por Juan Botín y su esposa, en la calle de Cuchilleros 17. El restaurante lo heredó un sobrino que le puso el nombre actual. Se dice que aquí trabajó Francisco de Goya de camarero mientras esperaba ser admitido en la Real Academia de las Artes. Sus especialidades son el cochinillo asado (mencionado por **Hemingway** en su novela *Fiesta*) y la sopa de ajo.

Derecha, restaurante del hotel North British Railway de Edimburgo, en 1930.

Los primeros restaurantes considerados como tales se desarrollan en la provincia de Hangzhou, en la antigua China, durante la dinastía Song. El primero reconocido es el establecimiento de Ma Yu Ching, en Kaifeng, que servía comidas, especialmente pollo, en el año 1153.

Con un millón de personas en la región y numerosos desplazamientos por asuntos de negocios, era el lugar ideal para la aparición de los restaurantes; pero, no nos confundamos, en Occidente existían tabernas, fondas y posadas hacia mucho tiempo, aunque locales que se dedicaran sólo a servir comidas y bajo petición expresa del cliente sólo aparecen a partir del siglo XVIII. Por ejemplo, el restaurante más viejo conocido es la casa Sobrino de Botín, en Madrid, abierto en 1725 y aún en funcionamiento.

La palabra restaurante aparece en el siglo XVI, derivada del francés *restaurer*, que significa "restaurar", y se refiere a una sopa aromatizada que devuelve el ánimo a quien la toma, por muy desfallecido que se encuentre. En 1765 se abre el primer local conocido dedicado a este servicio, el 'Boulanger', en París, que sirve la sopa restauradora y tiene el menú a la entrada.

En 1782, Antoine Beauvilliers sigue su ejemplo y abre la Grand Taverne de Londres en la calle Richelieu, 26 de París; es el primero en ofrecer raciones individuales en mesas para dos personas o para una, y en poner un menú durante unas horas determinadas.

Durante la Revolución Francesa, París se llena de restaurantes que deben servir comidas a los provincianos que vienen a sumarse a las manifestaciones.

En 1794 se abre el primer restaurante de Estados Unidos, el Julien's Restarator, en Boston, dedicado exclusivamente al servicio de comidas y fundado por un emigrante francés, que en Francia trabajaba sirviendo comidas a clérigos y nobles contratado por el arzobispado de Burdeos, y que marchó de su país a causa de la Revolución. En aquella

época no faltaban tabernas (más de doscientas en Filadelfia) ni pensiones en América.

En 1810, el príncipe ruso Kurakin introduce en Francia la manera moderna de servir un plato ya preparado, que pasa a conocerse como el *Service á la russe*.

Servicio a la rusa o a la francesa

Desde el siglo XVII, las comidas oficiales se sirven a la francesa, es decir, que todos los platos disponibles se colocan al mismo tiempo en una mesa delante del comensal, que elegirá por dónde empezar. Entremeses, sopas y potajes, pescados, asados, estofados y postres se colocan a la vez, y la persona se sirve ella misma. Además, los platos se colocan antes de que lleguen los invitados. Este estilo de comida se convertirá en el futuro en el buffet. En 1810, el príncipe ruso Alexander Hurakin, embajador en París entre 1808 y 1812, introduce el servicio a la rusa, que consiste en servir los platos secuencialmente. La manera correcta de hacerlo es la siguiente: se colocan en la mesa todos los platos a utilizar, salvo los de postre; se ponen todos los cubiertos, a la derecha los cuchillos y a la izquierda los tenedores; la servilleta enrollada en lo alto del plato, junto con la tarjeta del nombre; detrás, el salero, la nuez moscada y un menú escrito a mano, con las copas de agua, vino y champán. El comensal se sienta en su sitio y se coloca la servilleta en las rodillas, antes de que el plato de las ostras se coloque encima de los demás. Y empieza la función: un entrante con caviar, pescado, dulces, pastel vegetal, un asado con verduras, una bebida de zumo de limón y naranja, brandy, champán, caza con ensalada, más dulces, quesos, granizados, café y licores.

1153 — El primer restaurante conocido se abre en China durante la dinastía Song (960-1279): el local de Ma Yu Ching, en Kaifeng, provincia de Hangzhou, donde se servían comidas; todavía funciona actualmente. Las tabernas y posadas anteriores, muy comunes en Europa, no eran únicamente locales de restauración, es decir, de comidas.

SIGLO XVI — La palabra restaurante, acuñada este siglo, procede del francés *restaurer*, nombre de una sopa destinada a restaurar los ánimos de quien la toma.

1725 — Primer restaurante occidental abierto en Madrid, la casa Sobrino de Botín.

1765 — Se inaugura el primer restaurante de París, en el que se sirve sopa, el Champ d'Oiseau, por un tal Boulanger, que ofrece comida a todas horas.

1782 — Primer gran restaurante de París, el Grand Taverne de Londres, en la calle Richelieu, primero en ofrecer raciones individuales, en mesas para dos o para una persona, de un menú y durante un horario determinado.

1794 — Primer restaurante de Estados Unidos, el Julien's Restarator, en Boston, fundado por un emigrante francés que servía comidas en Burdeos para el arzobispado y escapó de la Revolución Francesa.

1810 — El príncipe ruso Kurakin introduce la manera moderna de servir un plato ya preparado secuencialmente, conocida como el *Service á la russe*.

1920 — Por primera vez aparecen los restaurantes mejor considerados en la *Guía Michelín*, que sólo mostraba neumáticos desde 1900. La estrella para designar la calidad de los restaurantes empieza a mostrarse en 1926, y las tres estrellas se muestran desde 1931. Desde 1950 ofrece los Bib Gourmand, restaurantes con la mejor relación calidad precio de menos de 40 euros.

1948 — McDonalds abre su primer restaurante en San Bernardino, California; los pedidos se hacían sin tener que bajarse del coche.

1494

Whisky

Curiosidades

Glenfiddich, fundada en 1886, es el tipo de destilería escocesa que tiene su propio malteado; además, **vende el whisky más caro del mundo**. En 1780 había en Escocia 400 destilerías legales y 8 ilegales. La más antigua que aún funciona, fundada en 1779, es la Bowmore, en la isla de Islay. Es propiedad de la destilería japonesa Suntory, fundada en 1899 en Osaka.

Un fraile de nombre John Cor fue el primero en destilar un aguardiente a base de malta (cebada germinada y secada en hornos de turba) en las altas tierras de Escocia, donde abundan los riachuelos de aguas transparentes y poco mineralizadas.

El documento donde se cita el acontecimiento pertenece al Registro del Tesoro Público, está fechado el 1 de junio de 1494, y en él aparece mencionada el *aqua vitae*, así llamada porque se fabricaba en los monasterios con fines medicinales. En gaélico, agua de vida se dice *uisge beatha*, de donde procede whiskey o whisky. Es probable que estos licores medicinales se llevaran produciendo desde hacía siglos, como dice la leyenda, tal vez desde los tiempos de san Patricio, en el siglo IV. Según algunos estudiosos, el arte de la destilación se conocía ya entre los siglos VIII y IX a.C. en el Oriente Próximo y fue llevado a Gran Bretaña por monjes cristianos que traían consigo los alambiques que usaban para hacer perfumes.

Lo cierto es que pasaron muchos siglos hasta que, en 1505, el Gremio de Barberos Cirujanos consiguió los derechos de su fabricación en Edimburgo. Una vez seca, la malta se prensa para obtener el *grist*, una especie de harina que se deja fermentar con agua caliente para obtener el mosto una vez que el almidón se ha transformado en azúcar.

Luego se le añade la levadura para obtener el mosto fermentado, que se hierve en un alambique para extraer un primer destilado o flema, que se vuelve a destilar. En Irlanda, la destilación solía hacerse tres veces. El líquido resultante es claro como el agua y no puede llamarse whisky hasta que no ha envejecido al menos tres años en una barrica de roble y adquirido el color caramelo que lo caracteriza.

Irlandeses o escoceses

La primera destilería legal de Gran Bretaña se encontraba en Irlanda del Norte. Bushmills, en la costa norte de Irlanda, fabrica whisky desde 1608 con licencia del rey Jaime I de Inglaterra e Irlanda y VI de Escocia, y sigue haciéndolo, así que es la destilería más vieja del mundo. Hay una referencia de 1174 al *aqua vitae* durante una visita de Enrique II a Irlanda, de manera que el whisky se fabricaba en esta zona desde el siglo XII por lo menos. En 1276 el propietario del pueblo de Bushmills da de beber whisky a sus tropas para infundirles ánimo, y en 1490 vuelve a mencionarse el alcohol de Bushmills en el *Libro de Leinster*. El whisky entra en Escocia hacia el siglo XV.

A la derecha instalaciones de la destilería del whisky Glennfidish en Escocia.

3000 a.C. — No es que se produjera whisky en estas fechas, pero el arte de la destilación de los perfumes, que ya se conocía en Egipto, fue un primer paso.

SIGLO V — Primera referencia escrita del agua de vida destilada de cereales en un manuscrito irlandés. Según la leyenda, el propio san Patricio llevó el secreto a ese país.

SIGLO XII — La destilación del agua de vida se extiende por toda Europa desde Irlanda, donde es descubierta por los invasores ingleses, aunque en Escocia, donde los monjes hacen servir por primera vez un alambique, tenían sus propios métodos.

1494 — El fraile inglés John Cor destila aguardiente a base de malta por primera vez en las altas tierras de Escocia. Se puede decir, después de todo, que se destila whisky por primera vez, ya que lo anterior eran aguardientes de lo más corriente.

1505 — El Gremio de Barberos Cirujanos escocés consigue los derechos de su fabricación en Edimburgo.

SIGLO XVI — Se descubre la manera de condensar los destilados refrigerando los tubos por medio de agua; de esta manera se acelera el proceso y mejora la calidad. Los monjes escoceses, expulsados de sus monasterios en este siglo por los ingleses, difunden sus conocimientos, que escapan de las manos de barberos y cirujanos y entran en todas las casas donde uno pueda construirse un alambique.

1608 — La destilería Bushmills empieza a producir whisky con licencia del rey Jaime I de Inglaterra e Irlanda y VI de Escocia.

1802 — Thomas Jefferson elimina las tasas sobre el whisky y éste empieza a producirse en masa en EE UU. El padre baptista Elijah Craig es el primero en utilizar toneles de roble para su transporte.

1825 — El americano Alfred Eaton es el primero en filtrar el whisky a través de un lecho de carbón, el mismo que hará servir más tarde Jack Daniel's.

1826 — Se descubre el método de destilación continua en Irlanda, que tiene un gran éxito en Escocia.

1853 — La destilería Glenlivet crea el primer blend (mezcla) en Escocia, mezclando diferentes whiskies de malta y de grano, y revolucionan el mundo del whisky, abaratando su producción y adaptándose al gusto del consumidor. Los irlandeses rechazan el blending y tienen que cerrar las dos terceras partes de sus destilerías.

1900-1933 — En 1900 se establece la Ley seca en EE UU, que deja de producir whisky abiertamente, propiciando el auge de los grupos mafiosos que trafican a escondidas; la ley fue derogada en 1933, pero el mercado del bourbon no se recuperará hasta los años ochenta. Sustituye a la bebida alcohólica el café, que empieza a servirse sin límite en los restaurantes.

1695

Champán

Curiosidades

En la desgraciada expedición al Everest de 1922 liderada por el general Charles Bruce, en la que participaba George Mallory, y en cuyo último intento de coronar la cima murieron siete sherpas, se incluían como parte del equipo cuatro docenas de botellas de champán de la marca **Montebello 1915**, además de huevos de codorniz, brandy y un criado para cada europeo.

En la Edad Media, el vino de calidad es un monopolio de la Iglesia, que obtiene el precioso elemento para ser consagrado en las misas. La evolución del vino en la región de Champagne está relacionado con los reyes de Francia. El primero de ellos en convertirse al catolicismo fue Clodoveo I, consagrado por el obispo de Reims la Navidad del año 496 en la capital de la región de Champagne.

Desde aquel día, sus vinos fueron dedicados a la realeza. Entre 898 y 1825, todos los reyes fueron consagrados en Reims y las festividades celebradas en su honor bañadas con los mejores vinos de la provincia. Esto hizo que trataran de mejorarse continuamente. Los vinos de Champagne se hacen efervescentes a finales del siglo XVII. El proceso es muy sencillo. Si los vinos se guardan en barricas, el gas producido durante la fermentación se escapa, pero si se guarda en botellas, queda retenido en el líquido y le da su carácter especial. La fermentación es doble. Una primera se realiza en cubas de madera (más tarde de acero inoxidable) y la segunda en las botellas, donde permanecen un mínimo de dos años. Se considera que el monje dom Pierre Pérignon, aunque no inventó el champán, sí que mejoró el método champenoise en 1670 con la mezcla adecuada de uvas, el tapón de corcho sujeto con un cordel de cáñamo en una primera botella con forma de manzana y el vidrio más grueso para soportar la presión de la fermentación que retendrá el gas.

Al parecer, Madame de Pompadour consumía unas doscientas botellas al año en sus fiestas y la copa baja de champán es un molde de sus pechos que realizó un vidriero de la corte.

También se dice que fueron los ingleses quienes idearon un vidrio más grueso para las botellas, tal vez a causa de aquel vino espumoso del Languedoc que las hacía reventar, y que el método de la gasificación fue descubierto por los rusos, a los que les encantaban los vinos muy dulces.

Derecha, botellas de champán de 1809 en un museo. Para su conservación, el champán debe mantenerse inclinado, y desde luego no se puede guardar tantos años en buen estado.

496 — El rey de Francia Clodoveo I se convierte al catolicismo en Reims, en la región de Champagne. La ceremonia se celebra con vino, y desde aquel momento, los vinos de la región son dedicados a la realeza.

898-1825 — Todos los reyes de Francia son consagrados en Reims y a ellos se les ofrecen los mejores vinos de la región, que siempre tratan de mejorarse.

1535 — Primer vino espumoso producido en el sur de Francia, en Limoux, región de Languedoc. Es probable que la adición de azúcar al vino que se exportaba a Inglaterra, primer país consumidor en aquellos tiempos, hacía que algunas botellas fermentasen, ya que nadie sabe por qué aparecía el vino gasificado.

1695 — Dom Pierre Pérignon mejora el método champenoise e impone el uso del tapón de corcho en sus botellas con forma de manzana. El champán es, desde ahora, un líquido espumoso.

1735 — El cuadro *Le déjeuner d'huîtres* (*El desayuno de ostras*), de Jean François de Troy, es la primera obra de arte en que aparece representado el champán.

1846 — El productor francés Perrier-Jouët rebaja la cantidad de azúcar que se le añade al champán para hacer que no sea tan extraordinariamente dulce.

1866 — La estrella musical del momento, George Leybourne firma un acuerdo con Moët para promocionar el champán, accediendo a cantar canciones que ensalcen sus virtudes y a no beber otra cosa en público.

1872 — Se inicia la producción de champán en España de la mano de Joan Raventós i Fatjó.

1883 — España firma un tratado con Francia por el que sólo pueden denominarse champán los vinos producidos en ese país.

1876 — Los ingleses crean la designación de champán brut.

1891 — El Tratado de Madrid prohíbe el uso de la palabra champagne o champán a cualquier producto de fuera de la región francesa de ese nombre.

1994 — Se prohíbe el uso de la expresión "método champenoise" en las botellas fuera de la región de Champagne. En virtud de esto, España lo llama cava, Italia lo llama *spumante* y Sudáfrica lo llama *Cap Classique*. En Alemania el vino espumoso se llama *sekt*. Incluso en Francia, las regiones que producen vino espumoso como Alsacia lo denominan *cremant*.

1885

Hamburguesa

Curiosidades

En la actualidad, las hamburguesas pueden hacerse con cualquier tipo de carne, incluso vegetarianas. En África es fácil imaginárselas de cocodrilo o de avestruz, pero es que **en Japón se venden hasta de carne de ballena**, y en esto son pioneros; por supuesto, aprovechan la carne del animal después de capturarlo con fines científicos para estudiar sus hábitos alimentarios.

Los mongoles fueron los primeros en triturar la carne y mezclarla con especias para hacerla comestible. Los guerreros de Gengis Khan estaban siempre en movimiento y necesitaban un alimento rico en proteínas que pudiera transportarse durante muchos días sin estropearse bajo la silla de montar. Esa es la razón por la que mezclaban la carne con sal y especias, que muchas veces comían cruda, sin apenas bajarse de los caballos. Cuando los tártaros llegan a Moscú, bajo el mando de Kublai Khank, nieto de Gengis, los rusos adoptan rápidamente este menú, y lo llaman "bistec a la tártara". En los próximos años, lo irán mejorando con la adición de cebolla picada y huevo crudo; naturalmente, se preparaba y comía el mismo día.

En el siglo XV está receta ha conquistado Europa, aunque cada región añade las especias a su gusto. En el siglo XVII, los alemanes le dan el actual nombre de bistec tártaro, pero puesto que el lugar donde se consumía de forma más abundante era el puerto de Hamburgo, desde donde se iba y venía de Rusia, pronto los marineros lo popularizan en todo el mundo con el nombre de "bistec al estilo de Hamburgo". Por ejemplo, en Inglaterra aparece en el 1758 un libro de cocina titulado *El arte de cocinar con sencillez* (*The art of cookery made plain and easy*) que incluye una receta llamada "Hamburg Sausage", que consiste en carne picada de buey, sebo y especias.

En el siglo XIX se inventan las primeras máquinas de picar carne, pero no se patentan hasta el siglo siguiente: en 1829, las que funcionan con cilindros y, en 1845, las que usan un alimentador en espiral y cuchillas giratorias. La mayoría de historiadores consideran que las primeras hamburguesas servidas como parte de un menú, con el nombre de *hamburger steak*, lo hicieron en el restaurante de Delmonico en Nueva York, en 1834, por diez centavos. En 1844 y 1894 aparecen sendos libros de cocina que incluyen entre sus recetas la hamburguesa, pero la

SIGLO XIII — Los mongoles son los primeros en triturar la carne de poca calidad o algo pasada y mezclarla con especias para hacerla más gustosa. Al llevarlas debajo de la silla de montar, las bolas de carne picada quedan aplastadas.

1238 — Kublai Khan, nieto de Gengis Khan, invade Moscú y los rusos adoptan la comida de los mongoles inmediatamente con el nombre de bistec a la tártara.

1500 — El bistec tártaro se extiende por toda Europa de la mano de los viajeros.

1600 — Los alemanes, que viajan desde el puerto de Hamburgo a Rusia, importan la carne picada y especiada, que se hace muy popular en las calles de ese ciudad alemana, donde se conoce como bistec tártaro.

1758 — Por primera vez, aparece en un libro de cocina una receta titulada *Hamburgh Sausage*, salchicha de Hamburgo.

1800 — Marineros de todo el mundo visitan Hamburgo, y desde esta ciudad exportan la idea de la carne picada y especiada a la tártara, que se populariza, sin embargo, con el nombre de bistec al estilo de Hamburgo. En 1802, el Oxford English Dictionary califica el bistec de Hamburgo como buey salado, ligeramente ahumado, mezclado con cebolla y pan rallado, cuya característica principal era su duración.

1829 — Se patenta la primera máquina de triturar carne mediante rodillos que suben y bajan. El restaurante de Delmonico, en Nueva York, es el primero en utilizar un menú escrito.

1834 — Se sirve el primer menú que incluye una hamburguesa en el restaurante de Delmonico de Nueva York.

1844 — En el libro *Boston Cooking School Cook Book* aparece una receta llamada "Hamburg Steak".

1845 — Se patenta la primera máquina de triturar carne mediante una espiral metálica y unas cuchillas giratorias.

1850 — Los emigrantes europeos se llevan a América uno de sus alimentos favoritos, el bistec de Hamburgo. Existe la creencia de que en los barcos que iban a América fue donde empezó a servirse la hamburguesa con dos lonchas de pan.

1885 — Charlie Nagreen, de Seymour, Wisconsin, con 15 años, vende bistecs entre dos lonchas de pan en la feria del condado de Outagamie mientras canta con su guitarra: "*...hamburgers hot; onions in the middle, pickle on top...*" ("*...hamburguesas calientes, con cebolla en el interior y especias por encima...*").
• Frank y Charles Menches, de Ahron, Ohio, vendedores de comida de una feria ambulante, se atribuyen la invención de la hamburguesa, puesto que empiezan a vender la carne metida entre dos trozos de pan en la localidad de Hamburg, New York, y le dan a su producto el nombre del pueblo.

1891 — Oscar Weber Bilby, de Tulsa, Oklahoma, es el primero en preparar una hamburguesa entre dos bollos.

Hamburguesa

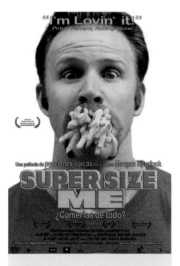

Curiosidades

En el año 2004, el cineasta Morgan Spurlock realizó un documental titulado *Super Size Me* para demostrar que alimentarse únicamente de comida rápida es una barbaridad. Durante 30 días vivió de la comida de McDonald's, ganó 11 kilos, una elevada tasa de colesterol y un estado de fatiga permanente que perjudicó su vida sexual, pero, curiosamente, sirvió de propaganda a la empresa *fast food* americana.

verdadera hamburguesa americana debe incluirse entre dos trozos de pan, y se pone en duda que se le pueda dar este nombre si no se incluye entre dos bollos.

La leyenda cuenta que fue un muchacho de 15 años llamado Charlie Nagreen, de Seymour, Wisconsin, en 1885, el primero en embutir el bistec entre dos trozos de pan y llamarlo hamburguesa de ese modo, para mejorar las ventas de un negocio que no iba muy bien. Y le fue tan bien, que estuvo vendiendo hamburguesas hasta su muerte. El pueblo de Seymour es considerado en Estados Unidos el hogar de la hamburguesa y tiene su propio Salón de la Fama dedicado a Charlie.

Otra familia se achaca el invento ese mismo año. Frank y Charles Menches, de Akron, Ohio, que viajaban con un grupo de feriantes, ofrecieron durante una estancia en la feria del condado de Erie en Hamburg, New York, un sandwich de carne entre dos piezas de pan al que dieron el nombre de *hamburger* por el pueblo, nombre que mantuvieron en los siguientes pueblos. En el pueblo de Akron, Ohio, se celebra cada año el Annual National Hamburger Festival para conmemorar la invención de la hamburguesa, y en el año 2005 se celebró el 120 aniversario.

Pero hay más, la invención de la hamburguesa servida dentro de un bollo también se atribuye a Oscar Weber Bilby, como reclama su familia, que asegura que el abuelo la sirvió por primera vez en 1891 en su granja de Tulsa, Oklahoma, con el mejor bollo del mundo, hecho con una fórmula secreta familiar. En 1933, Oscar y su hijo Leo abrieron la primera hamburguesería en Tulsa, con la misma parrilla que se usó la primera vez, pero utilizando gas en lugar de leña. El 13 de abril de 1995, el gobernador de Oklahoma declaró que la primera hamburguesa dentro de un bollo fue consumida en Tulsa en 1891, e hizo una proclama oficial.

Y la cosa no acaba aquí, porque Louis Lassen, de New Haven, Connecticut, también está registrada como la primera en servir una

hamburguesa en el año 1900 en su parada ambulante, donde servía desayunos a base de sandwiches de carne entre pan tostado. Los desayunos de Louis (*Louis's Lunch*) quedaron registrados en una placa en New Haven como las primeras hamburguesas jamás vendidas.

Las hamburguesas saltan a la fama cuando un periodista visita la feria mundial de San Luis, Missouri, en 1904, y revela en el New York Tribune la existencia de un nuevo tipo de sandwich llamado hamburguesa. El vendedor de esta hamburguesa podría haber sido el tejano Fletch Davis, el viejo Dave, que tenía su propio negocio en Athens, Texas,

donde servía la carne entre dos trozos de pan y añadía unos aros de cebolla frita al conjunto. En 1916, Walter Anderson, de Wichita, Texas, decide adaptar la forma del pan a la de la hamburguesa.

Este Anderson fue el fundador en 1921, junto a Edgar Waldo, de la primera cadena de hamburgueserías del mundo, la White Castle Hamburger. En 1934, se añade a los cómics de Popeye la figura del gordo Wimpy, que se hizo famoso por su consumo compulsivo de hamburguesas, y cuya popularidad dio lugar en los años cincuenta a una cadena de hamburgueserías con su nombre.

En 1941, la corte de California determinó que los impuestos que debían pagar los vendedores de perritos calientes y hamburguesas fuesen diferentes a los de un restaurante, pues éstas eran comidas para ingerir mientras se camina.

Izquierda, desde los años 70 del siglo pasado, crece en muchos el placer de degustar deliciosas hamburguesas vegetales. Se pueden comprar hechas o elaborar en casa con mijo, hortalizas, tempeh... y sobre todo tofu, un derivado de la soja de gran valor nutritivo y sin los inconvenientes de la carne. La comida típica americana al alcance de todos.

1900 — Louis Lassen, de New Haven, Connecticut, sirve el primer burger en su carromato a los trabajadores locales. Se considera que es la primera en vender un sandwich de hamburguesa, cantidad pequeña que se puede consumir sobre la marcha.

1904 — Fletch Davis, de Athens, Texas, vende en la feria de San Luis, Missouri, las hamburguesas que ha inventado en su pueblo y consigue que se interese la prensa de Nueva York.

1916 — Walter Anderson, de Wichita, Kansas, desarrolla los primeros bollos adaptados al bistec.

1921 — El mismo Walter Anderson funda la primera cadena de hamburgueserías, la White Castle Hamburger: 18 libras de carne de buey cocinadas con cebolla picada por un níquel.

1933 — Oscar y su hijo Leo abren la primera hamburguesería en Tulsa, donde venden las hamburguesas dentro de dos bollos que el abuelo Oscar inventó cuarenta años antes.

1934 — Se introduce en el cómic Popeye la figura de Wimpy, un comedor compulsivo de hamburguesas que dará lugar a la apertura de una cadena de hamburgueserías con su nombre.

1940 — Dic y Mac McDonald abren su primer restaurante de comida rápida en San Bernardino, California. En 2006, la empresa tendrá 447.000 empleados. Son los inventores de los principios modernos de la comida rápida, el *fast food*, establecidos en 1948.

1954 — James McLamore y David Egerton abren el primer restaurante de la cadena Burger King en un suburbio de Miami, Florida. En el año 2006 tendrán 340.000 empleados.

1916

Supermercado

Curiosidades

La cadena de supermercados más grande del mundo, **Wal-Mart**, fue fundada en 1945 por un granjero de Oklahoma, Sam Walton, nacido en 1918. De niño trabajó de lechero y de repartidor de periódicos, estudió Economía y estuvo en la II Guerra Mundial. A su vuelta, abrió el primer supermercado en Arkansas. Fue pionero de las compras masivas para obtener precios económicos y de las cajas registradoras.

Aunque parezca mentira, la idea de un supermercado también tuvo su patente, pues se trataba de una innovación que el cliente no tuviera que pedir los productos a un empleado situado detrás de un mostrador, y que éste los eligiera de unas estanterías situadas detrás de él. El estadounidense Clarence Saunders (1881-1953), nacido en Virginia, dejó la escuela con 14 años para trabajar en un colmado.

Con 19 años trabajaba como representante para un mayorista y la experiencia le demostró que muchos comercios pequeños quebraban debido a las deudas acumuladas por la venta a crédito, así que cuando abrió su propio comercio, Saunders-Blackbum Co., en 1915, toda la venta se hacía a cambio de dinero en metálico. En 1916, Saunder dio un paso más en busca de beneficios; el cliente se serviría por sí mismo y el vendedor lo único que tenía que hacer era cobrar a la salida.

Hay quien dice que la intención de Saunders era ayudar a los vendedores; el caso es que su idea del self-service, "sírvase usted mismo", revolucionó la venta en América. El primer supermercado de la historia, Piggly Wiggly (cerdito ondulado), se hallaba en el número 79 de Jefferson Street, en Memphis, Tennessee. El cliente entra por la izquierda, después de cruzar dos medias puertas

que sólo se abren hacia dentro, recorre los cuatro pasillos y sale por la derecha, ante la caja registradora. Saunders patentó el invento poco después y añadió innovaciones que aún perduran, por ejemplo, fue el primero en

Derecha, en este colmado de hace dos siglos el pescado está expuesto en la calle, como aún se hace en muchos lugares.

Abajo, interior de un gran supermercado. Desde un punto de vista ecológico, estas grandes superficies de venta tienen ante sí el reto de dar solución a cuestiones como el sobreempaquetado de los productos y el exceso de consumo energético en general. Pero la comodidad para los usuarios es innegable.

1912 — Es posible que los primeros supermercados de la historia no fueran los de Saunders, si consideramos que este tipo de establecimiento se caracteriza por tener una amplia gama de productos, pasillos donde servirse uno mismo y cajas registradoras además de mostradores. Pero este tipo de negocios ya existía en el Oeste americano, y la cadena Humpty Dumpty con sus self services no nos quitará el primer puesto.

1916 — El estadounidense Clarence Saunders patenta el concepto de supermercado sin mostradores y abre la cadena Piggly Wiggly.

1930 — Abre el primer supermercado que puede llamarse así por sus medidas, más de mil metros cuadrados, el King Kullen de Michael Cullen, en Long Island.

1933 — Abre la primera cadena que incluye en el nombre la palabra supermercado, Albert Super Markets Inc. En Estados Unidos.

1937 — Sylver Goldman, encargado de la cadena Humpty Dumpty introduce los primeros carritos de supermercado, que se llaman *cartwheel*.

1948 — Abre el primer supermercado en Londres, el Co-Op (Co-operative Society)

1950 — El colombiano Bernardo Trujillo es el primero en formalizar las bases teóricas y prácticas de la distribución moderna

1951 — Abre el primer supermercado en Basilea, Suiza.

1957 — Abre el primer supermercado en Francia, la Grande épicerie Bardou, en París.

1960 — Abre el primer supermercado Carrefour en Annecy, Francia.

1963 — Carrefour abre en Francia el primer hipermercado en Sainte-Geneviève-des-Bois, que se diferencia del supermercado en el tamaño, mucho más grande, y en la venta de todo tipo de productos, además de los de alimentación. En Europa, el concepto americano de autoservicio implantado por el estadounidense de origen colombiano Bernardo Trujillo en los años cincuenta, no se había implantado todavía. No olvidéis que todo debe estar bajo el mismo techo, que hay que distraer al cliente, que a los ricos les encantan los precios bajos y los pobres tienen necesidad de ellos y que los negocios están donde hay tráfico.

poner el precio en todos los productos. La cadena Piggly Wiggly aún tiene más de quinientos supermercados en el sur de Estados Unidos, pero Saunders quebró por un problema con la Bolsa de Nueva York y tuvo que abandonar su mansión de Memphis, que ahora es la Pink Palace Mansion, donde hay una réplica de su primer supermercado.

2500 a.C.

Foie gras

Gansos destinados a la producción de foie-gras.

En una tumba de la V dinastía de Egipto de 2.500 a.C. aparece representado por primera vez algo parecido al engorde de las ocas. Las ocas siempre aparecen en las pinturas donde se muestran los alimentos que el faraón se lleva al otro mundo, pero también representan el alma del faraón y actúan de intermediario entre nuestro mundo y el otro.

Sin embargo, será en Grecia donde se mencione por primera vez el hígado de pato como delicia en la mesa. En el siglo I a.C., Plinio el Viejo cuenta que los romanos engordaban a las ocas con higos y preparaban el foie cortándolo a lonchas y añadiéndole una salsa especial, el *garum*, pimienta y laurel. Esta receta se conserva muy similar a lo largo de la Edad Media. En el siglo XV, la aparición del maíz supone un cambio en la alimentación de las ocas. Los judíos, quienes probablemente se llevaron las primeras recetas del foie de Egipto, son en aquellos tiempos los maestros en su preparación, con al menos una docena de especias. Puesto que los judíos no podían utilizar manteca ni mantequilla por sus leyes kosher y en el norte de Europa no podían conseguir aceite de oliva, obtenían la grasa de las aves, por lo que se especializaron en el engorde de las ocas. En el siglo XVIII, en el Perigord se comercializan por primera vez las tarrinas de foie gras (*les terrines de Nérac*) En 1780, el mariscal de Contades, le pide a su cocinero, Jean-Pierre Clause, una receta especial para una cena, y éste sirve, por primera vez, un paté de foie gras amasado con un relleno de tocino y ternera, que será como se prepare a partir de entonces, con tanto éxito, que dejó el trabajo y abrió su propia tienda en Estrasburgo consagrada a este fin. Después de la Revolución, Nicolas François Doyen propondrá la adición de trufa al foie gras.

2500 a.C. — Primera representación de una oca siendo alimentada a la fuerza para provocar el engorde de su hígado.

SIGLO V a.C. — Primera mención en Grecia de los cebadores de gansos por el poeta Cratino.

SIGLO IV a.C. El rey Agesilao II de Esparta es agasajado durante su expedición a Egipto contra los persas con gansos cebados.

SIGLO I a.C. — Plinio el Viejo menciona por primera vez en Roma el hígado de pato como una delicia en la mesa. Según Plinio, fue el gastrónomo Marco Gabio Apicio, autor del único libro de cocina romana que ha llegado a nuestros días, quien ideó alimentar a los gansos con higos desecados, aunque probablemente esta idea tenga su origen en Alejandría.

SIGLO XVI — En 1570 y en 1581 se publican sendos libro de cocina en Italia y Alemania en los que se comenta el enorme tamaño del hígado de los gansos criados por los judíos.

1780 — Jean Pierre Clause, cocinero del mariscal de Contades prepara por primera vez una receta con hígado de pato amasado con tocino y ternera; tiene tanto éxito que le induce a iniciar su propio negocio y comercializa las tarrinas de foie-gras.

1889

Pizza

La pizza es el producto de una evolución durante la cual se han ido incorporando los elementos que la componen. El pan ácimo se conoce desde Egipto y Babilonia. Los persas cocían la torta sobre sus escudos y fueron los primeros en añadir queso en el siglo VI a.C. Los romanos no tardaron en añadir toda clase de elementos: aceite, hierbas, miel, frutos silvestres, queso, etc. No faltan estudiosos que han encontrado locales en las ruinas de Pompeya que recuerdan a las pizzerías actuales. Los árabes siguen comiendo pan ácimo al que añaden ingredientes, pero esa simple adición no dará lugar todavía a una pizza. La palabra pizza podría derivar de la expresión *picea* usada por los romanos para aludir al ennegrecimiento del pan calentado. Fueron los napolitanos quienes popularizaron por primera vez hace más de mil años las *foccacia*, tortas recubiertas de hierbas aromáticas y especias. Faltaban algunos ingredientes básicos, y el primero en llegar durante el siglo XVI desde la recién descubierta América fue el tomate. Cuando los napolitanos descubrieron que no era venenoso, lo añadieron a las *foccacia*. Se cree que ya se obtenía queso de las búfalas, introducidas en la Campania italiana para trabajar en las zonas pantanosas, en el siglo XII, pero no se obtuvieron cantidades suficientes hasta la segunda mitad del siglo XVIII. En esa época, Nápoles se convierte en la ciudad de las pizzas, que se ofrecen y preparan en la calle, como las crepes, pero con su torta de pan, el queso y los ingredientes que uno quiera añadirle.

La primera pizzeria reconocida del mundo es la Antica Pizzeria Port'Alba, que todavía existe en el número 18 de la via Port'Alba en Nápoles, con su horno de ladrillo, su mostrador de mármol y sus estanterías con los ingredientes para que el cliente pudiera elegir. La primera pizza moderna la prepara en 1889 Raffaele Esposito, de la Pizzeria di Pietro e Basta Cossi (actual Pizzeria Brandi) para honrar la visita de los reyes Humberto I y Margarita de Saboya. La servida a la reina tenía los colores de la bandera italiana: el rojo del tomate, el verde de la albahaca y el blanco de la mozzarella. De ahí el nombre de pizza Margarita, que pasó a convertirse en algo más que el plato de los pobres.

SIGLO VI a.C. — Los persas son los primeros en añadir queso por encima de las tortas de pan que cocían encima de sus escudos.

SIGLO I a.C. — Los romanos añaden a la torta de pan toda clase productos: aceite, queso, hierbas aromáticas, miel, frutos silvestres, etc.

SIGLO XVIII — Abre la primera pizzería de Nápoles y del mundo, la Antica Pizzería Port'Alba, aunque en el sur de Italia ya hacía años que se preparaban pizzas con mozarella de los búfalas introducidos en Italia para trabajar en los pantanos desde el siglo XII.

1889 — Primera pizza moderna preparada en la Pizzeria di Pietro e Basta Cossi (actual Pizzeria Brandi) para honrar la visita de los reyes Humberto I y Margarita de Saboya por Raffalele Esposito.

1905 — Primera pizzería abierta en EE UU por Genaro Lombardi en Nueva York.

1943 — Ike Sewell abre una pizzeria en la esquina de Ohio Street y Wabash Avenue de Chicago e inventa la Deep Dish Pizza al estilo Chicago, fuertemente guarnecida con carne, queso, vegetales y especias.

1957 — Los hermanos Celentano comercializan las primeras pizzas congeladas.

1985 — Los hermanos Franck y Dan Carney abren la primera tienda de Pizza Hut en Wichita, Kansas. Llegarán a tener más de doce mil tiendas en todo el mundo.

1988 — Abre Telepizza, la primera cadena de pizzerías a domicilio en España.

1741

Bebidas gaseosas

El inventor del primer agua gasificada de la historia es el inglés William Brownrigg en 1741, pero su producción fue muy pequeña, así como la del también británico Thomas Henry. Se considera que el padre de la industria del agua gasificada es el joyero suizo alemán Jacob Schweppe a partir de 1783. El primero en añadir saborizantes al agua con gas para aromatizarla fue el americano Townsend Sepakman. En 1807 se prepara por primera vez agua no gasificada con aire, sino con gas carbónico.

Se dice que su inventor fue el padre de la cirugía americana, el doctor Philip Syng Physick, que la preparaba para sus pacientes con bicarbonato de sodio y el ácido cítrico de los limones. Desde este momento, una serie de farmacéuticos y oportunistas se lanzan a aromatizar sus bebidas carbonatadas con toda clase de aromas y esencias. El 8 de mayo de 1886, el americano John Styth Pemberton pone en venta un invento que hará época, la Coca Cola. Styth, veterano de la guerra de Secesión americana, conocía una bebida muy popular en Europa como tónico reconfortante hecha a base de vino y hojas de coca que aliviaba el dolor. Puesto que en Estados Unidos el alcohol estaba prohibido en aquella época, hizo su propia versión con extractos de nuez de cola, azúcar, cafeína y hojas de coca y la puso en venta en la Farmacia de Jacob, donde se tomaba directamente servida de una fuente de soda en el propio local. El jarabe de su invención tenía que diluirse en agua gasificada para obtener algo parecido a la Coca Cola actual. En 1891, William Painter inventa el tapón de corona que había de tapar las botellas inspiradas en las curvas femeninas que serán el símbolo de la marca, aunque la botella de vidrio más famosa no aparecerá hasta 1916.

1741 — William Brownrigg inventa el agua gasificada de forma artificial, aunque no se comercializa apenas.

1783 — El suizo alemán Jacob Schweppe produce de manera industrial agua gasificada en Bristol, Inglaterra, aunque todavía no se podía embotellar.

1800 — Se comercializa por primera vez agua embotellada de un manantial de Albany, Nueva York.

1807 — El doctor Philip Syng Physick prepara por primera vez agua carbonatada para sus pacientes. El estadounidense Townsend Speakman fabrica agua carbonatada y aromatizada. El problema es que se deben consumir al instante.

1813 — El inglés Charles Plinth inventa el sifón.

1820 — Se embotella y vende por primera vez agua embotellada: Saratoga Springs.

1832 — John Mathews inventa un aparato para gasificar el agua con dióxido de carbono.

1861 — Se embotella en Estados Unidos ginger ale.

1885 — W. B. Morrison desarrolla una bebida aromatizada que llama Dr. Pepper en su tienda de Waco, Texas. Será la bebida más antigua que se vendió de forma constante en Estados Unidos. No se venderá en botella hasta 1888.

1886 — John S. Pemberton, después de probar trescientas combinaciones distintas, crea en su farmacia de Atlanta la Coca Cola. Se vende en un dispensador de bebidas carbonatadas como tónico para la salud.

1887 — Asa Griggs Candler compra la fórmula de la Coca Cola a su inventor, John Pemberton. Hace una agresiva campaña de promoción y gana una fortuna con el invento.

Otros

Roquefort, 1411

La leyenda cuenta que Carlomagno descubrió este queso durante uno de sus viajes en el siglo VIII y pidió que le enviaran una partida cada año a Aquisgrán, donde estaba la sede de su gobierno. También cuenta la leyenda que un pastorcillo olvido su queso en una de las cuevas del lugar y al volver a recogerlo se lo encontró cubierto de moho. Los hechos son, sin embargo, que el queso entra en la historia cuando Carlos VI el Bien Amado concede a la localidad de Roquefort-sur-Soulzon, en el departamento de Aveyron, el monopolio de su fabricación en 1411, primer precedente de la denominación de origen. Para producir este queso se ha de mezclar la leche de cuatro razas de ovejas, se le ha de añadir el hongo, conocido como *Penicilium Roqueforti*, y ha de madurar en las cuevas del Causse de Calambou, donde el aire siempre está en circulación. Se han encontrado restos de la fabricación de queso en la región de hace más de cinco mil años, aunque todavía no era Roquefort. No es extraño que lo adoraran Diderot y Casanova, que lo consideraba un gran afrodisíaco. En 1666, el Parlamento de Toulouse considera que sólo puede llamarse Roquefort el queso fabricado en este pueblo. En 1919 se aprueba en Francia la Ley para la Protección del Lugar de Origen y en 1926 se le concede la primera denominación de origen de la historia al queso de Roquefort.

Códigos de barras, 1948

El código de barras fue desarrollado en 1948 por tres estudiantes del Instituto de Tecnología Drexel, Jordin Johanson, Norman Joseph Woodland y Brenard Silver. Su objetivo: reconocer de inmediato un artículo mediante un conjunto de líneas verticales paralelas de distinto grosor. El dueño de un supermercado pidió un sistema para organizar y gestionar todos sus productos y los muchachos idearon una máquina que le daba un código redondo al producto. El 26 de junio de 1974 a las 8 de la mañana se pudieron a inventariar todos los objetos de la tienda y el primero al que se le dio el código de barras fue un pack de diez chicles Juicy Fruit.

La idea original del código de barras era identificar vagones de tren. También se uso algo parecido en un puente de Nueva Jersey para identificar a los vehículos con pase mensual. En 1977 se vende el primer producto con un código de barras en España, en un supermercado de Valencia de la cadena Mercadona: un estropajo de la marca 3M, aunque hasta 1981 no se universaliza el uso del código.

Magdalena
1755

La magdalena se inventó una noche de 1755 en que el ex-rey de Polonia y señor de la Lorena, Stanislas Leszczynski invitó a su castillo a una serie de celebridades a que degustaran los célebres *plaisirs royaux* de Commercy en su castillo y se quedó sin postres, algo impensable en una mesa francesa.

El problema había sido una discusión en la cocina que había destruido todos los dulces. Para salir del paso, una de las criadas, llamada María Magdalena, fabricó en poco tiempo unos pastelitos pequeños y redondeados, con sabor a mantequilla. A Stanislas le gustaron tanto que les dio el nombre de su creadora: magdalenas. La hija del rey, María Leszczynski, que sería reina de Francia en 1725 como esposa de Luis XV, se llevó la receta a Versalles, donde se popularizaron. Años después, Proust escribiría aquel célebre fragmento de *En busca del tiempo perdido* en que asocia el sabor de la magdalena con su niñez: "Me llevé a los labios una cucharada de té en el que había echado un trozo de magdalena. Pero en el mismo instante en que aquel trago, con las migas del bollo, tocó mi paladar, me estremecí... Un placer delicioso me invadió, me aisló, sin noción de lo que lo causaba..."

Vida cotidiana
Del fuego a la cafetera exprés

1.500.000 a.C.

Fuego

Curiosidades

Turner fue testigo del incendio que destruyó el Palacio de Westminster en 1834 y lo retrató con su particular estilo. Este fuego nos recuerda los grandes incendios urbanos, Roma en el año 64, Londres en 1666 y San Francisco en 1906 después del terremoto.

Los restos más antiguos de hogueras encendidas por el hombre se encuentran en los yacimientos keniatas de Koobi Fora y Chesowanja, y en los etíopes de Bodo y Gaded. No eran propiamente seres humanos como nosotros, sino nuestros antepasados, los australopitecos, que tenían aún un cerebro muy pequeño y andaban semierguidos como algunos simios, quienes descubrieron el fuego, a tenor de los restos de troncos carbonizados que tienen entre 1.500.000 y 1.400.000 años de antigüedad.

Esta datación ha sido posible gracias a los avances de la antracología, ciencia que estudia los restos de madera carbonizada. Cuando los primeros seres humanos abandonan África, llevan el fuego consigo. Sin embargo, el fuego que usaban los australopitecos fue conseguido probablemente de algún incendio y será un pariente suyo, el *Homos erectus*, cuyos primeros fósiles fueron hallados en Java con una antigüedad similar, quienes se adjudiquen la domesticación del fuego, que en aquellos tiempos podía conseguirse de dos maneras, por frotamiento entre dos objetos, haciendo que el calor obtenido produzca la ignición, y por percusión, golpeando, por ejemplo, dos piedras de pedernal de las que saltan chispas. La imagen obtenida de la película *En busca del fuego*, de Jean Jacques Annaud, de 1981, muy realista por cierto en cuanto al uso del fuego, se da hoy día en algunos pueblos.

El brasileño Sidney Possuelo, que trabajó muchos años con el gobierno brasileño a la busca de tribus perdidas en la Amazonia, explica que algunos indios todavía conservan fuegos encendidos por sus antepasados (los abuelos, por ejemplo) en el interior de troncos con los que se desplazan a todas partes. Una vez controlado el fuego, el hombre lo utiliza para calentarse y cocinar, pero en cuanto se inicia el Neolítico y se desarrolla la agricultura, el ser humano empieza a usarlo para quemar los bosques y abrir territorios a los cultivos y, especialmente, a la ganadería. Muchas culturas lo han introducido en su mitología, y entre todas, persas, griegos y romanos han mantenido templos en los que la llama del fuego sagrado no debía extinguirse nunca.

1.500.000 a.C. — Primeros restos de uso del fuego por parte del ser humano en los yacimientos keniatas de Koobi Fora y Chesowanja, y en los etíopes de Bodo y Gaded.

Siglo VI — En China se fabrican cohetes y explosivos desde esa época, aunque la fabricación de pólvora tendrá que esperar a la dinastía Sung, entre los siglos X y XII.

Siglo VII — Calínico, un arquitecto egipcio que se refugió en Constantinopla ante la invasión musulmana, inventa el fuego griego, una sustancia que se inflamaba fácilmente y cuya fórmula ha permanecido siempre en secreto por el Imperio Bizantino. La usaron contra los árabes hasta el año de la caída de Constantinopla, en 1453.

Siglo XIII — Los mongoles introducen el uso de la pólvora y los cohetes chinos en Europa.

Siglo XIV — Se inventan las armas de fuego en Europa.

3000 a.C.

Balanza

Curiosidades

Esta *Mujer sosteniendo una balanza* de **Vermeer de Delft**, pintado en 1666, muestra a la esposa del autor, Catarina, pesando perlas. La escena del fondo, un cuadro del Juicio Final, ha hecho que el uso de la balanza se relacione con el peso de las almas y con la futilidad de los actos de la vida material.

La balanza más antigua del mundo se ha encontrado en una tumba de Nagada, en el Alto Egipto. Es muy pequeña, pues tiene menos de 10 cm. Es posible que su utilidad fuera ritual y simbólica. Las primeras balanzas aparecen en Sumeria y Egipto, y consisten en un simple madero atado o apoyado sobre un palo por el centro exacto. Cuando se coloca un peso determinado en uno de los extremos, hay que colocar un peso igual en el otro extremo para que el madero se mantenga horizontal. En 1500 a.C., los egipcios dibujan balanzas más perfeccionadas que consisten en un astil o palo horizontal atado con una cuerda a una columna. A ambos extremos del astil se cuelgan sendos platillos en los que se colocará el objeto a pesar. Son muy conocidos los dibujos del *Libro de los Muertos* egipcio, donde se pesa el alma de los difuntos contra una pluma, para ver si está libre de pecado. En el 200 a.C., los romanos inventan la *statera*, que nosotros llamamos balanza romana o simplemente "romana", en la cual el astil no está sujeto por el centro, y hay un peso que se desliza por el extremo más largo, en cuya punta se cuelgan las cargas. Este sistema sería la base de las futuras básculas.

Los romanos establecen un sistema de pesas y medidas desde Ocativo Augusto. En aquella época había otros tipos de balanzas, como las *trutina*, usadas para pesos grandes o las *moneta*, para pesos muy pequeños, pues el Imperio lo habían reglamentado todo. La unidad de medida romana era la libra o peso de una moneda, el as, que equivale a 327 gramos, divididos en doce onzas de 27,29 gramos. A finales del siglo XII, Felipe II Augusto de Francia, uno de los monarcas más poderosos de su tiempo, que redujo el poder de los señores feudales y situó la capital en París, sustituye la libra romana por el marco, una unidad de peso nueva, que implica un cambio en todos los países del viejo imperio romano, ya que a partir de ahora cada uno adopta su propio sistema de medida. Las balanzas evolucionarán poco desde ese momento, mejoradas en su mecanismo y finura por los franceses Roberval, Melanger, Lavoisier y otros hasta la llegada de las balanzas electrónicas en el siglo XX.

3000 a.C. — A esta época pertenece la balanza más antigua encontrada en Egipto, en una tumba de Nagada. Las balanzas egipcias consisten en una barra sostenida en el centro por un punto de apoyo y con dos platillos a cada extremo.

1500 a.C. — La balanza egipcia evoluciona y a ambos lados de la barra se cuelgan sendos platillos, como aparece dibujado en el *Libro de los Muertos* del Imperio Nuevo.

200 a.C. — Los romanos inventan la balanza de su nombre, con un gancho en un extremo y dos brazos de distinta longitud.

Siglo XII — Felipe II Augusto de Francia sustituye la libra usada por los romanos como unidad de peso por el marco, que se introduce en toda Europa, pero en cada país se utiliza de forma diferente.

Siglo XVI — Empiezan a comercializarse pequeñas balanzas desmontables con sus propios pesos monetarios o pesas ajustadas para pesar oro y plata.

Siglo XVII — El francés Roberval introduce el uso de los platillos por debajo del astil de la balanza, como ya hacían los egipcios.

Siglo XVIII — El francés Lavoisier perfecciona la balanza, la introduce en una caja de vidrio para evitar que el aire perturbe la pesada, y ésta pasa a usarse en todos los laboratorios con una precisión de un miligramo.

Siglo XIX — El sistema métrico, que había empezado a usarse con la Revolución Francesa en 1795, se impone en todo el país desde el 1 de enero de 1840. Este sistema se extiende por toda Europa.

20.000 a.C.

Afeitado

Fundas de papel encerado que se usaban en los años cincuenta para envolver las hojas de afeitar.

Derecha, maquinilla de afeitar eléctrica, cuya primera versión de 1910 funcionaba mediante una manivela.

Los primeros hombres afeitados aparecen en pinturas rupestres de hace más de veinte mil años. Las primeras navajas probablemente fueron conchas y pedernales afilados, los mismos que se empleaban para raspar las pieles de los animales.

En cuanto se descubren el bronce y el hierro es fácil imaginar cómo se llega a la estatuaria griega y romana. En Grecia, los hombres se afeitaban cada día, y aunque a los bravos romanos les parecía menos viril esa costumbre, se recortaban las barbas para que no pudieran asirles por ellas en combate. En 1762, el barbero francés Jean-Jacques Perret inventa la primera navaja de seguridad, con una guarda que evita que la hoja pueda incrustarse en la piel, pero el invento no trasciende de su barbería, aunque publica un libro titulado *El arte de afeitarse uno mismo o pogonotomía*, donde explica los diferentes métodos y sugiere las herramientas necesarias para no cortarse. Una mañana de 1895, King Camp Gillette tuvo una inspiración mientras se afeitaba con una hoja que había perdido el filo: "si pudiera colocar una hoja pequeña afilada dentro de un soporte de acero... y que pudiera desecharse una vez usada..." Tardó seis años en encontrar un ingeniero que pudiera hacerlo, William Emery Nickerson, y entonces ambos se asociaron para fundar la American Safety Razor Company, que más tarde se renombró Gillette.

En 1904 se firmó la patente para una hoja de dos filos y empezó la producción de las maquinillas de afeitar Gillette. Cuando Estados Unidos entra en la Primera Guerra Mundial, el gobierno hace un pedido de tres millones y medio de maquinillas y 36 millones de hojas para mantener a la tropa afilada. Gillete se hizo multimillonario a tiempo de que la invención de la maquinilla eléctrica apareciera en el mercado. En 1931, Jacob Schick, que mientras estaba en el Ejército americano había recibido su maquinilla Gillette, patenta la primera afeitadora al elevado precio de 25 dólares.

Schick estaba en una base de Alaska, tenía un tobillo roto y salía a romper el hielo cada mañana para poderse afeitar. No estaba contento. Hipotecó su casa y se empeñó en el diseño de un motor eléctrico lo bastante pequeño para que cupiera en la mano. Utilizó los escasos beneficios obtenidos el primer año para hacer publicidad de su invento, y en 1937 ya había vendido dos millones de afeitadoras. No tardó en tener seguidores. En 1940, Remington Rand, más conocido como diseñador de computadores, presentó la máquina de afeitar de dos cabezales y anunció la maquinilla eléctrica sólo para mujeres.

Los barberos

Los primeros barberos existieron en Egipto, en 3500 a.C., donde se han encontrado útiles para el afeitado de aquellos tiempos. En la Biblia, Ezequiel menciona una hoja de barbero para afeitarse la cabeza y la barba. En Grecia, era normal que los hombres fueran afeitados, y puesto que era una sociedad esclavista, es fácil imaginar quiénes eran los barberos. Desde Sicilia, un emprendedor hombre de negocios griego, se llevó a unos cuantos barberos a Roma, donde los hombres libres iban afeitados, y los esclavos llevaban barba por obligación. Lo normal era visitar al tonsor antes de ir a los baños, y la tonsura, o primer afeitado a los 21 años, era todo un acontecimiento. Los barberos de aquellos tiempos eran a la vez cirujanos y dentistas, y cuando se organizaron por primera vez en 1094 se hicieron llamar barberos cirujanos. En 1416 se prohíbe en Londres a los barberos intervenir en cirujía mayor o en personas a punto de morir. El primer gremio de barberos lo aprobó el Parlamento bajo el gobierno de Eduardo IV en Inglaterra en 1462. Los cirujanos se unieron en gremio en 1492 y las dos Compañías, pues así se llamaban entonces, se unieron en 1540 con el nombre de Compañía Unida de Barberos Cirujanos.

PREHISTORIA — El hombre se empieza a afeitar en la Edad de Piedra, con raspadores.

1500-1200 a.C. — Se encuentran en Dinamarca cuchillas de afeitar con escenas mitológicas grabadas en la hoja.

500 a.C. — Se populariza en Grecia llevar el pelo muy corto y la cara bien afeitada.

400 a.C. — En la India, los hombres llevan el pelo y la barba bien recortados, se afeitan el pecho y el pubis, y las mujeres se depilan las piernas.

50 a.C. — Julio César pone de moda en Roma las caras depiladas.

60 — Popea, la esposa de Nerón, pondrá de moda la depilación corporal con cremas tan exóticas y pintorescas como para contener grasa de burro, vesícula de cabra sangre de murciélago y serpiente pulverizada.

100 — El emperador Adriano pone de moda las barbas en todo el imperio.

500-1000 — Las mujeres cristianas, completamente tapadas, tienen la obligación de afeitarse todo el cuerpo a diario con el fin de estar preparadas para el momento de la muerte.

1000 — Durante este periodo de la Edad Media, los hombres no se afeitaban, y llevaban las barbas sin límite de crecimiento. No cambiarán las cosas hasta las Cruzadas, en que los viajeros que vuelven de Oriente aportan las delicadezas de aquellos lugares.

1500 — Cuando los españoles llegan a América, descubren que los indios de mesoamérica se afeitan con navajas hechas de obsidiana de los volcanes.

1770 — El barbero francés Jean-Jacques Perret escribe *El arte de afeitarse bien uno mismo*, y propone el uso de una afeitadora de seguridad que protege la afilada hoja con unas guardas de madera que evitan que el corte sea demasiado profundo en caso de producirse.

1800 — George Bryan Beau Brummell pone de moda en Inglaterra el gentleman de la moda que se afeita varias veces al día y se depila los cabellos sobrantes con pinzas.

1830 — En Estados Unidos, los hombres deben salir a la calle afeitados y con la cabeza cubierta.

1880 — En Estados Unidos, los hermanos Kampfe patentan la primera afeitadora de seguridad, con una protección de piel en uno de los lados de la hoja.

1895 — El estadounidense King Camp Gillette idea la maquinilla de afeitar que protege la hoja con dos piezas metálicas que impiden que ésta se desplace hacia los lados y pueda cortar la cara.

1910 — Willis G. Shockey patenta la predecesora de la afeitadora eléctrica, una máquina cuyas cuchillas se accionan mediante una rueda accionada a mano que dura un cierto tiempo.

1921 — El coronel Jacob Schick el Ejército americano, inventa la maquinilla repetidora, que almacena varias hojas y permite cambiarlas sin tenerlas que tocar.

Prehistoria

Los cubiertos: cuchara

Curiosidades

Egipcios, griegos y romanos solían tener un cuenco con agua aromatizada a su lado para limpiarse los dedos en los banquetes, ya que se comía con las manos. Las **servilletas** eran una especie de lienzos que parecían toallas. En el siglo VI a.C., se usaban como bolsas para llevarse los excedentes de la cena. En el siglo XVII se doblaban de 26 maneras. En el siglo XVIII, se usaban para limpiar también los cubiertos. La aparición del tenedor hizo que las servilletas fueran más pequeñas.

En la antigüedad, la comida se llevaba a la boca con los dedos, y aún hoy ciertas culturas mantienen esta costumbre, salvo en el caso de la sopa, que era el resultado de hervir cualquier cosa comestible y no tan comestible con agua: huesos, raíces, vegetales y restos animales que no se podían comer crudos ni asados. Una vez descubierto el fuego y los recipientes de barro, empezarían llevándose éstos directamente a la boca con el caldo hirviendo, y poco a poco descubrirían el uso de otros utensilios, como las conchas para beber, ciertos huesos o trozos de madera que tuvieran huecos, de los que obtuvieron la idea de las primeras cucharas, restos de las cuales se han encontrado en yacimientos del Neolítico. La cuchara, por tanto, se inventó en la prehistoria, probablemente tallada en hueso, cuerno o madera, si no consideramos las conchas, que no tienen mango, y no tenía por qué tener una forma redondeada o alargada, sino que al ser una herramienta artesanal, podía tener cualquier aspecto con tal de contener el líquido del plato a la boca sin que se perdiese demasiado. Con la invención de la agricultura y el pan ázimo en forma de tortas maleables, se usarían éstas como cucharas, como aún se utilizan hoy en día en ciertos países, entre los de cultura musulmana y entre las culturas mesoamericanas que comen la sopa y el resto de alimentos con las tortillas de maíz convenientemente dobladas.

La cuchara más antigua encontrada en hispanoamérica corresponde a la cultura olmeca. Se trata de un objeto largo acanalado del siglo IX a.C. que pudo haber dado origen a las primeras cucharas prehispánicas. Sin embargo, en Babilonia y Egipto ya se usaban cucharas en el año 3000 a.C. De éstas, se han encontrado restos en los templos, relacionadas con las divinidades, y su uso en la vida estaba limitado a las clases altas. La cuchara entra en la cultura helénica en el siglo III a.C., primero entre la nobleza y poco a poco, entre las clases populares. En Roma se usa una pequeña, a la que se asigna el nombre de su medida de capacidad, *cochleare*, un centilitro, estrecha y puntiaguda, de donde derivará la palabra cuchara. Por su forma, era usada para romper y vaciar huevos y para vaciar mariscos y caracoles. Con el tiempo, aparece en numerosas formas y con muchos nombres: la *trulla*, de un decilitro, era casi un cazo; la *ligula*, mediana, se usaba para sopas y purés, y así en numerosas formas y desempeños, que entre los pobres se hacían de tierra cocida, madera, cuerno o pan, y a medida que se ascendía en el escalafón podían ser de bronce, estaño, plata y oro con formas caprichosas y joyas incrustadas. En la Edad Media gustan de añadir formas de animales en el mango, como solían hacer en la antigua Persia, con cabezas y garras de leones y dragones, o también en forma de pezuñas de ciervo o macho cabrío.

En la península Ibérica, la cuchara es de uso común durante la dominación musulmana. En el siglo X se emplea el término *culiare*, del latín cochleare, que evolucionará a *cugare*, *cuchare* y por fin cuchara en el siglo XV. En el siglo XII aparecen los primeros manuales de buenas costumbres, la cortesía o *courtoise*, en francés, que aconseja lavarse las manos antes de coger los alimentos con los dedos. Hasta el siglo XIII no se aconseja el uso de la cuchara, en vez de beber directamente de la escudilla. Claro está que es más noble el uso de una cuchara de oro o de plata que el chorretón en la barbilla. En Alemania se fabricaban de porcelana, en Rusia de esmaltes traslúcidos de diferentes colores o de cristal, y los chinos las hacían de marfil.

La cuchara se introduce en la liturgia bizantina en el siglo XIV para administrar el vino sagrado. En el siglo XV se hacen populares unas cucharas llamadas puritanas, con la figura de apóstoles en el mango. Las inventaron los ingleses en la época de los Tudor y se regalaban en los bautizos. Por cierto, que la primera mención a la cuchara no se hace en Inglaterra hasta el año 1259, pero en la corte de Eduardo I en 1300 ya se usan de oro y plata. Durante el siglo XVI y a partir de la corte francesa de los Valois, se extiende el término *civilité*, que marca las normas sociales de toda Europa, y a las que contribuyó Erasmo de Rotterdam con su obra *De civilitate morum puerilium*, en la que aconseja el uso del cucharón para servirse en las escudillas o platos propios. Ese mismo siglo se introduce el uso de cubertería propia, y en el siglo XVIII se considerara normal que cada uno tuviera sus propios platos, vasos y cubiertos. A partir de aquí, el refinamiento introduce distintos tipos de cubiertos y copas diferentes.

PREHISTORIA — Invención de la cuchara, que pudo ser una concha, un hueso o una madera tallada, para consumir los líquidos calientes. El cuchillo como instrumento cortante es incluso anterior.

4000 a.C. — Se descubre el bronce, mezclando estaño y cobre, y los cuchillos adquieren una dureza desconocida hasta entonces.

3000 a.C. — Los restos más antiguos de cucharas encontrados en Egipto y Babilonia.

SIGLO IX a.C. — La cuchara más antigua encontrada en Hispanoamérica de la cultura olmeca.

SIGLO VII a.C. — La cultura celta de Hallstat, en Austria, extiende el uso del hierro por toda Europa.

SIGLO III a.C. — La cuchara entra en la cultura helénica, y se hará muy popular en Roma, donde se usa en diferentes formas y tamaños según su uso.

SIGLO XI — Se introduce por primera vez el tenedor en Europa de la mano de Teodora, hija del emperador de Bizancio, Constantino Ducas, en su boda con el futuro dux de Venecia, en 1005, pero la corte europea no lo acepta.

SIGLO XII — Aparecen los primeros manuales de buenas costumbres, las normas de cortesía o *courtoise*.

SIGLO XIV — Se introduce la cuchara en la liturgia bizantina para administrar el vino sagrado.

1423 — En España se menciona por primera vez el uso del tenedor en el libro *Ars Cisoria* de Enrique de Villena.

1483 — En la desbaratada mesa del cuadro *Bodas del caballero Nastagli degli Onesti*, de Sandro Boticelli, inspirado en un relato de Boticelli, aparece por primera vez un tenedor retratado.

SIGLO XVI — Aparece la expresión *civilité* para designar las buenas costumbres y se aconseja el uso de la cuchara en lugar de beber directamente de la escudilla. La italiana Caterina de Médici introduce el uso del tenedor en Francia tras su boda con Enrique II.

1608 — Después de un viaje a Italia, el británico Thomas Coryat introduce el uso del tenedor en Inglaterra.

1633 — Carlos I de Inglaterra declara que el tenedor es de uso decente en las comidas.

1700 — El italiano Gennaro Spadaccini añade una cuarta punta al tenedor y las redondea todas para adecuarlo a la comida de los espaguetis.

1722 — El Consejo de Castilla prohíbe la fabricación de armas blancas y ordena la destrucción de las ya existentes ante la proliferación de crímenes por esta causa.

SIGLO XVIII — Luis XIV pone cubiertos para todos en sus ágapes. El tenedor curvado se desarrolla en Alemania, tal como lo conocemos actualmente. Se introduce el uso de manteles, que al principio fueron una especie de servilletas redondas que se ponían encima de la mesa para proteger los alimentos.

Cubiertos

Cuchillo

Curiosidades

De entre todos los tipos de cuchillos existentes en España, el más popular era la **navaja**, que permitía cerrar la hoja sobre el mango y así guardarse en el bolsillo. Ésta fue inventada por los moriscos de Castilla La Mancha, y en el siglo XVI ya se fabricaban en Albacete las mejores de España. Pero en los dos siglos siguientes, la pérdida de calidad del acero, la competencia extranjera y las prohibiciones hicieron que la industria perdiera importancia.

El cuchillo está íntimamente unido a la civilización. Sin una herramienta cortante, el hombre no hubiera pasado de ser un cazador mediocre, que ni siquiera podía desollar las piezas que mataba. Afortunadamente, en la naturaleza hay instrumentos cortantes por todas partes: piedras afiladas, huesos, maderas duras astilladas, que se pueden clavar y que son capaces de desgarrar.

Los primeros cuchillos probablemente fueron de piedra, cuerno o hueso, aunque cualquiera de ellos podía resultar inútil contra una piel curtida y endurecida y, aunque pudieran clavarse, no cortaban con la facilidad de los cuchillos de metal.

Los primeros utensilios de metal eran de cobre y de su aleación con el estaño, el bronce. El cobre se encuentra con facilidad en la naturaleza, funde a una temperatura relativamente baja que se puede conseguir sobre una hoguera y sus impurezas flotan por encima de la fundición y se pueden quitar con facilidad. Se han encontrado objetos de cobre de más de diez mil años de antigüedad. En el IV milenio a.C., se descubrió que añadiéndole estaño, otro metal fácil de encontrar y de fundir, su dureza se elevaba notablemente; nació así el bronce, que se utilizó ampliamente en las culturas egipcia, babilónica y griega. Con él se construían espadas, escudos, cuchillos o vasijas y se podían hacer estatuas.

Los hititas de Asia Menor fueron los primeros en utilizar el hierro. Éste empezó extrayéndose de los meteoritos (los egipcios usaron instrumentos de hierro con este origen en 3000 a.C.), donde se encontraba en estado puro, hace seis mil años, pero era costosísimo de trabajar, y no empezó a usarse con

normalidad hasta que los hititas, expertos en el trabajo con los metales, descubren los hornos cerrados capaces de fundir el metal. La técnica consiste en extraer las impurezas del hierro golpeando con un martillo el metal mientras aún está al rojo vivo.

Los hititas, que empezaron usando el hierro para adornos, extendieron su uso por todo el Oriente Medio, probablemente debido a la escasez de estaño, que obligó a la sustitución del bronce. En Europa no se dio este problema, y el uso del hierro no se extendió hasta el desarrollo de la cultura celta de Hallstatt, en Austria, donde había minas ricas en hierro, entre los años 700 y 450 a.C., más o menos en la misma época en que empieza a utilizarse en China.

Desde este momento, podemos hablar de verdaderos cuchillos, aunque la calidad del hierro variaba muchísimo según el fabricante y la región. Se da la circunstancia de que los íberos españoles, antes de la llegada de los romanos, ya fabricaban cuchillos y espadas de una calidad extraordinaria, reflejados en la *falcata*, una espada larga como el brazo y con una forma ligeramente curvada que podía doblarse colocándola sobre la cabeza de manera que tocara ambos hombros, y sin embargo, era el hierro más duro del Mediterráneo, de tal forma que los romanos adoptaron su fabricación después de la conquista de Iberia.

El uso del cuchillo como arma defensiva y ataque se generalizó en la Edad Media de tal modo que Felipe V tuvo que prohibir en 1721 el uso de cuchillos y puñales, y el Consejo de Castilla prohibió en 1722 la fabricación de armas blancas y ordenó la destrucción de las ya existentes.

Cubiertos

Tenedor

Curiosidades

En esta fotografía de Giorgio Sommer, anterior a 1886, se aprecia un grupo de personas comiendo espaguetis sin el uso de cubiertos en Nápoles. A pesar de la bronca imagen, en Europa, el tenedor empezó a usarse en Italia precisamente por la dificultad de comer los espaguetis, la comida nacional, con las manos.

El tenedor es de invención muy posterior a la cuchara, pues la comida sólida siempre se ha podido llevar a la boca con las manos. Y hubo que esperar a la Edad Media para que se instauraran normas, pues anteriormente, entre la nobleza era corriente el comer tumbados o de pie sirviéndose directamente de fuentes a las que todos los invitados podían acceder. Rodeados de músicos y mezclando en las fiestas el sexo con la comida, los romanos siempre tenían una recipiente con agua en el que limpiarse las manos, y esclavos a su alrededor para cualquier servicio que hubieran de menester. Una curiosa teoría indica que la postura tumbada de los romanos durante las comidas pudiera deberse a que facilitaba las relaciones sexuales. Pero los tiempos fueron cambiando y las costumbres se adaptaron a los nuevos refinamientos aportados por el cristianismo.

Se cree que fue la corte de Bizancio la que inventó el tenedor y que fue Teodora, la hija del emperador Constantino Ducas, quien llevó este hábito a Venecia al casarse con el Dux Doménico Selvo. Pero la pobre mujer fue condenada por la iglesia, y su herramienta, que no era más que un pincho que sustituía al clásico cuchillo, fue tachada de instrumento del diablo por san Pedro de Damián, pues nadie podía sujetar los espaguetis con ese utensilio que, por otra parte, podía convertirse en una peligrosa arma contra uno mismo. La *fourchette* fue relegada al olvido histórico hasta el siglo XVI.

Después de que Erasmo aconsejara el uso del cucharón en 1530, Joanne Sulpitio publica en 1545 su *Libellus de moribus in mesa servandis*, que aconseja coger la comida con tres dedos y no hacerlo en pedazos demasiado grandes, ni retenerla mucho tiempo en las manos.

El tenedor iba de un fracaso a otro en Francia. Primero lo intentó Carlos V en el siglo XIV, pero sus aires amanerados hicieron que el país entero se riera de su idea. Caterina de Médicis lo introdujo en la corte al casarse con Enrique II de Francia, pero obligaba a sus invitados a traer sus propios cubiertos, y al desaparecer la princesa la costumbre se abandonó de nuevo a pesar de los esfuerzos de su hijo Enrique III, que acabó aconsejando cómo comer con las manos de la manera más noble, sin usar pedazos demasiado grandes y sin retener a carne con los tres dedos que eran menester para sujetarla.

En Italia, en cambio, tuvo más éxito, tal vez porque es más complicado comer espaguetis con la mano que con la ayuda de una *fourchette*. El viajero inglés Thomas Cory constata este hecho a principios del siglo XVII e introduce el uso del tenedor en Inglaterra.

El uso generalizado el tenedor en Europa, sin embargo, no tiene lugar hasta finales del siglo XVIII. Luis XIV de Francia, empezó a poner él mismo los cubiertos en la mesa, e introdujo la redondez en la punta de los cuchillos.

En España, aunque se menciona un instrumento parecido en el libro *Arte Cisoria*, de 1423, donde Enrique de Villena lo describe como un instrumento con tres puntas que sirve para sujetar la carne, y que se menciona su uso en las cortes de Carlos V y Felipe III, no se generaliza hasta el siglo XIX.

2800 a.C.

Jabón

Curiosidades

El jabón transparente Pears, el primero de estas características, basado en la glicerina, empieza a producirse en Inglaterra a partir de 1789. Para hacer jabón transparente tienes que partir de jabón acabado, rallarlo, volverlo a calentar hasta que se funda y añadir alcohol mientras remueves; luego lo dejas enfriar y ya está.

Derecha, jabón artesano sobre ramas de canela que le han dado el aroma deseado.

Los primeros rastros de un jabón fabricado con grasas y ceniza se encuentran en Mesopotamia, donde se menciona en tabletas de la época sumeria. En aquellos tiempos, el uso del jabón se reservaba para rituales religiosos. Se dice que, en torno al siglo X a.C., los sirios de Alepo empezaron a fabricar jabón con aceite de oliva y cenizas, a las que añadieron por primera vez una planta aromática, el laurel, para mejorar sus propiedades, ya que desinfecta y al mismo tiempo cuida la piel.

Los fenicios usaban jabón de ceniza para limpiar los tejidos, costumbre que se ha practicado hasta el siglo XIX. Los griegos de la calle usaban aceite de oliva para limpiarse los cabellos, aunque algunos historiadores consideran que ya se fabricaba el jabón con grasa de animales y ceniza, básicamente para limpiar la ropa, pues el lavado corporal no era muy frecuente. La leyenda cuenta que el jabón moderno lo descubren los romanos en los entornos del río Sapo, donde se mezclaban la ceniza y el aceite de los rituales. En el siglo I ya se fabricaban diversos tipos de jabones en Europa, como cuenta el romano Plinio el Viejo.

Los galos fabrican un jabón duro con grasa de animal y cenizas al que añaden sal gorda para darle consistencia, mientras que en Alemania no se añade la sal y el jabón es blando. El jabón de Castilla, hecho con aceite de oliva y cenizas, fue el primero en exportarse a partir del siglo IX, pero hasta el siglo XIII no se consigue una mezcla sólida. En el sur de Italia, los habitantes de una pequeña población de la península de Salento, Gallipoli, producen gran cantidad de aceite de oliva que se exporta para el encalado de las casas y las fábricas textiles. Buscando la manera de darle otros usos al excedente y a los restos del aceite, se mezcla con ceniza y se obtiene un jabón blanco de gran calidad. En Marsella descubren el uso del aceite de oliva en el siglo XIII, y en el siglo XV empiezan a exportarlo a Inglaterra,

donde es muy bien acogido y se le abre un gran mercado. No todas las plantas producen ceniza de la misma calidad para la fabricación de jabones y se prefiere la familia de las Salicornias, plantas de poca altura y tallo grueso, como la uña de gato, que crecen en zonas pantanosas y salobres, por lo que sus cenizas contienen gran cantidad de sales sódicas, que son las que reaccionan con la grasa para producir el jabón sólido y

Pompas de jabón, de Jean Baptiste Siméon Chardin.

glicerina, que lo hace más líquido pero también más suave para la piel. En 1783, el químico sueco Scheele descubre la glicerina. En 1786, el francés Nicolas Leblanc descubre el proceso de la separación de la sosa o carbonato de sosa de la sal común, e inmediatamente se aplica en la fabricación de jabones. Poco después, en 1823, otro francés, Chevreul,

descubre que al formarse el jabón, la grasa reacciona con la sosa para formar ácidos grasos, que son los que limpian, y glicerina, y al empezar a fabricar el jabón de forma industrial en Francia ésta se extrae para otros usos, dejando un jabón más duro y eficiente con la ropa, y menos cuidadoso con la piel.

700 a.C.

Dinero

Curiosidades

Pedro I "El Cruel" (1350-1369), Rey de Castilla y León, introdujo el Real de plata, una moneda de plata de 3,40 gr. con un diámetro de 27 mm. En el anverso una P coronada y alrededor una leyenda circular en dos líneas que dice DOMINVS MICHI ADIVTOR ET EGO DIS PICIAM INIMICOS MEOS.

Antes de la existencia del dinero, las mercancías se intercambiaban. No se sabe en qué momento se utilizaron conchas u otros elementos que representaban el valor de un objeto y que podían utilizarse como moneda de intercambio. Los sacerdotes sumerios utilizaban tabletas de arcilla en las que se escribía el valor de la mercancía.

Las primeras monedas fabricadas con intención se acuñaron en Lidia, en la actual Turquía, de una aleación de oro y plata llamada electro. El último rey de Lidia, el rey Creso, fue el mayor banquero de su tiempo. Durante muchos años, todos los reyes y las ciudades estado griegas acuñaron sus propias monedas, hasta la llegada de los romanos, quienes, con su afán normalizador, acuñaron una única moneda para todo el imperio, aunque, como en la actualidad, el rostro que figuraba en las mismas cambiaba con el emperador. En China pasó lo mismo, y mientras duró el Imperio, las monedas fueron homogéneas en todos sus dominios. Con la caída de Roma, todo vuelve a ser como antes, y cada señor feudal acuña sus propias monedas, creando una gran confusión, pues, en general, sólo tenían valor en el territorio en que habían sido emitidas. Carlomagno acabó con este caos en el siglo VIII y desde entonces sólo el poder central puede emitir monedas. Las monedas más antiguas emitidas en España son unas pequeñas piezas de plata acuñadas en Ampurias del siglo V a.C. Con la caída de Roma, también en España cada señor feudal acuña sus propias monedas. Sin embargo, hay dos monedas cuya validez es universal, las de oro y las de plata, que tienen un gran valor y sirven para hacer transacciones internacionales.

Las monedas que se usan a nivel local suelen ser de cobre, y en España, la aleación de plata y cobre recibe el nombre de vellón. En esta época aparecen las letras de cambio, que es un documento por el que se concede un préstamo a otra persona sin el intercambio de dinero; ese papel garantiza que uno pueda comprar con él, pero tiene que devolver el dinero en un tiempo limitado. Las primeras monedas españolas, en los siglos VIII y IX, se acuñan en Cataluña, según el sistema carolingio basado en la plata. Alfonso VI, el rey cristiano que conquistará Toledo en 1085, será el primero en acuñar moneda propia en Toledo y en León. Las primeras monedas serán los denarios, monedas de vellón formadas por una aleación de la plata de los tributos musulmanes y cobre, además de imitar los dirhemes de plata musulmanes. Con la llegada de los almorávides en el siglo XII se introduce el dinar de oro y la acuñación de la primera moneda de oro castellana, el maravedí, por el rey Alfonso VIII a partir de 1172.

ANTIGÜEDAD — Se usan como objeto de intercambio conchas, piedras preciosas u otros objetos especialmente trabajados o raros que sirven de moneda en algunos lugares del mundo.

700 a.C. — Primeras monedas conocidas en Lidia.

SIGLO VI a.C. — Cada ciudad estado y cada reino acuña su propia moneda. En Atenas se emite el dracma de plata, estable durante varios siglos.

SIGLO V a.C. — Primeras monedas emitidas en España, acuñadas en Ampurias.

SIGLOS I-V a.C.
Roma acuña una moneda única para todo el imperio.

SIGLO IV — En China se acuña el *qian*, una moneda de cobre que se utilizará durante dos mil años en el Imperio.

SIGLO VI — En la Baja Edad Media cada señor feudal acuña su propia moneda. Existen las monedas de oro y de plata, que son universales y el llamado 'vellón' en España, que es una aleación de cobre y plata.

SIGLO VIII — Carlo Magno acaba con el caos medieval e impone una moneda única para todo su imperio. Se acuñan en Cataluña las primeras monedas después de la caída de Roma, según el sistema carolingio.

SIGLO X — Los chinos utilizan papel como moneda de intercambio por primera vez.

1031 — Cae el califato de Córdoba en España y se divide en reinos de taifas a los que el rey cristiano Alfonso VI exigirá un tributo que aquellos pagan en monedas, el *dirheme* de plata, copiado por los cristianos, que además emitirán una moneda de vellón, el denario.

Billetes, 1658

Los chinos utilizan papel impreso como moneda de intercambio por primera vez en torno al año 900, durante la dinastía Tang.

Los primeros certificados en papel que representaban una cantidad determinada de monedas fueron emitidos por el conquistador mongol Kublai Khan en el siglo XIII, pero no eran billetes propiamente dichos, como tampoco lo eran los certificados emitidos en Venecia en 1587. Los primeros billetes de banco con el significado actual los emite en 1658 el Riksbank de Estocolmo, seguido del Banco de Inglaterra en 1694.

Los primeros billetes emitidos en España son los vales reales emitidos por el Banco Nacional de San Carlos en 1798. La razón fue la guerra con los británicos desarrollada entre 1779-1783. Los costes fueron tan altos, que Francisco Cabarrús, consejero de Hacienda de Carlos III, propuso la emisión de papel moneda para fomentar el comercio interior del reino y sufragar los gastos. Los vales se tenían que renovar cada año y finalmente fueron eliminados a cambio de su valor en monedas. El Banco de España, primero en emitir billetes oficiales, nace en 1856, pero hasta 1874 el gobierno republicano no centralizó la emisión de billetes como un monopolio del estado.

1172 — Alfonso VIII de Castilla y León acuña la primera moneda de oro castellana, el maravedí, inspirado en el dinar de oro de los almorávides.

SIGLO XIII — Fernando III el Santo acuña la dobla o castellano de oro, inspirado en el dinar almohade. Pedro I el Cruel, en el siglo XIV, quiso que la moneda patrón estuviera basada en la plata y acuñó el real, de manera que al llegar a los Reyes Católicos, en la calle teníamos la dobla, el real y todas las monedas de vellón.

SIGLO XIII — Kublai Khan, emperador mongol, emite por primera vez certificados de papel que equivalen a dinero.

1504 — Con la unificación del reino, los Reyes Católicos acuñan el ducado de oro.

1535 — Los Reyes Católicos introducen el escudo o corona, de un valor similar al resto de monedas de oro europeas, menos valioso que el ducado, y limitan el número de monedas de vellón.

1658 — El Riksbank de Estocolmo emite los primeros billetes de banco.

1798 — El Banco Nacional de San Carlos emite los primeros billetes españoles para cubrir los gastos de la guerra contra los ingleses.

1848 — Se introduce por primera vez la peseta, que convive con el doblón, el duro y el real.

1854 — Se elimina definitivamente el uso del maravedí como medida de la relación entre las demás monedas y se impone el real.

1856 — Se crea el Banco de España y éste emite los primeros billetes oficiales.

1874 — Se centraliza la emisión de billetes como un monopolio del Estado en España.

500 a.C.

Pasta de dientes

Curiosidades

Cheeres & Hopley ya fabricaba pasta de dientes con sabor a cereza a finales del siglo XIX, poco antes de que Colgate pusiera a la venta el primer tubo dentífrico de la historia, en un formato parecido al que usaban los pintores de óleos.

La primera referencia a la pasta de dientes procede de un manuscrito egipcio del siglo IV a.C. en que se prescribe una mezcla de sal, pimienta, hojas de menta y flores de iris. Una mezcla deliciosa comparada con las romanas y griegas basadas en la orina, el mejor remedio contra la caries y las manos cortadas hasta hace poco más de un siglo.

Se podría decir que la primera pasta de dientes verdadera la crea el galeno romano Escribonius Largus, una barbaridad hecha a base de miel, vinagre, sal y cristal muy molido. Después de inventarse el cepillo, éste se usará sólo con agua, pero pronto aparecen las pastas o polvos que ayudan al cepillado. El más común tenía entre sus componentes yeso, ladrillo pulverizado y sal.

También se recomendaba el carbón vegetal. En el siglo XIX empiezan a comercializarse mezclas preparadas, y la más común estaba formada por bicarbonato de sosa y agua oxigenada. En 1896, Colgate presenta el primer tubo de pasta dentífrica, como los que usaban los pintores, en Nueva York, en competencia con los populares polvos dentífricos a base de bicarbonato. En 1914 se añade flúor a la pasta de dientes, al descubrir que los napolitanos, que consumen un agua muy rica en este elemento, tienen los dientes amarillentos pero no se les carian.

No obstante, el uso de flúor en las pastas de dientes dará mucho que hablar por sus efectos secundarios. El hilo dental lo inventará el dentista de Nueva Orleans Levo Spear Parmly al proponer en 1815 el uso de un hilo de seda para limpiarse los dientes.

Cepillo de dientes, Siglo XV

La primera vez que aparece un cepillo de dientes moderno representado en una pintura es a principios del siglo XV en China. Hasta entonces, se habían usado palitos o hierbas del campo, y se siguieron y se siguen usando en muchos lugares del mundo. Los babilonios masticaban una especie de raíces para mantener la boca limpia en 3500 a.C.

Los egipcios se limpiaban los dientes tras cada comida, y los negros sudaneses lo hacían con la ceniza del excremento de una vaca. Griegos y romanos le daban una importancia relativa al cuidado de la boca. Los dentistas griegos eran los más reconocidos, capaces incluso de hacer dentaduras postizas para casos perdidos. Alejandro Magno se limpiaba con un paño de lino algo áspero cada mañana, siguiendo los consejos de su preceptor Aristóteles.

El romano Plinio el Joven utilizaba una púa de puerco espín para limpiarse los dientes, y sus contemporáneos lo hacían con plumas de buitre, pero dejaban mal olor. Los árabes utilizan el miswak, un palillo de color canela recomendado por Mahoma para el cuidado de los dientes, pero que se utiliza desde mucho antes, y sus palillos preferidos procedían de una palmera llamada areca (*Salvadora persica*), que mezclada con hojas de betel y cal molida da lugar a una pasta que masticada mantiene los dientes blancos. Los chinos unen cerdas de pelo a un hueso a finales del siglo XV, primer indicio de un cepillo de dientes, y no de un palillo. Pero serán los ingleses quienes pasen a la historia como los inventores del cepillo de dientes moderno, en torno a 1780, en la figura de un tal William Addis de Clerkenald, cuya familia venderá cepillos de alta calidad hechos de pelos de cerdo siberiano incrustados en huesos de vaca finamente tallados.

En 1800, el cepillo de dientes ya es de uso común en toda Europa. En 1844, el doctor Meyer L. Rhein comercializa el primer cepillo con tres hileras de cerdas cortadas a la misma altura, y en 1885 se asocia con la Florence Manufacturing Company of Massachusetts para vender cepillos a gran escala en Estados Unidos. En 1938, la empresa DuPont sustituye las cerdas naturales por cerdas de nailon, más baratas. El cepillo de dientes eléctrico se inventa en 1939, pero no lo comercializará en Estados Unidos hasta 1960 la empresa Squibb.

3500 a.C. — Los babilonios mascaban una especie de raíces para mantener los dientes limpios, pero por lo que se sabe y por costumbres observadas en tribus primitivas, este hábito podría proceder de la prehistoria.

500 a.C. — Primera referencia a la pasta de dientes en Egipto, una mezcla de sal, pimienta, hojas de menta y flores de iris, encontrada en un viejo papiro guardado en un museo de Viena procedente de la ciudad de Crocodilopolis.

Siglo XV — Primera vez que aparece un cepillo de dientes en una pintura china formado por cerdas de pelo animal unidas a un hueso.

1780 — El inglés William Addis de Clerkenald vende cepillos de dientes hechos de cerdas de puerco siberiano incrustadas en huesos de vaca finamente tallados.

1815 — El dentista de Nueva Orleáns Levi Spear Parmly inventa el hilo dental de seda, pero éste no será usado hasta que la empresa Codman y Shurtleft no empieza a producir hilo dental encerado en 1882.

1844 — Meyer L. Rhein comercializa el primer cepillo con tres hileras de cerdas cortadas a la misma altura.

1885 — Meyer Rhein se asocia con una empresa de Massachussets para vender cepillos de dientes a gran escala en EE UU.

1896 — Colgate presenta el primer tubo de pasta dentífrica en Nueva York.

1898 — La Corporación Johnson & Johnson obtiene la primera patente de hilo dental, pero éste no se popularizará hasta la invención del nylon, que hace el hilo más resistente y elástico que la seda.

1914 — Se añade flúor a la pasta de dientes al descubrir que los napolitanos padecen menos caries al beber un agua rica en este elemento.

1938 — La empresa química estadounidense DuPont sustituye las cerdas naturales por cerdas de nailon.

1960 — Se empieza a comercializar el cepillo de dientes eléctrico, inventado en 1939.

Tiempos remotos

Reloj

Curiosidades

Cuando llega la hora de fabricar un reloj que soporte cero gravedad, la NASA elige el Omega Speedmaster, pero el primero en viajar al espacio lo hace en una nave rusa, es el **Sturmanskie** (*Navegador*) de Poljot que llevará **Yuri Gagarin**, el primer hombre en el espacio.

El reloj más antiguo conocido es el reloj de sol utilizado por los egipcios mil quinientos años a.C. Los egipcios dividieron el día y la noche en 24 intervalos de doce horas cada uno. Las doce horas de la noche estaban representadas por doce divinidades, que guardaban cada una de las partes en que estaba dividido el mundo subterráneo que había de cruzar cada día la barca solar de Ra.

Debido a esta convención, la duración de las horas variaba con las estaciones, ya que las doce horas nocturnas son más largas en invierno que en verano. La invención del reloj de agua por los mismos egipcios hace que todas las horas sean iguales, y ya tenemos dos maneras de medir el tiempo, una religiosa, que se aplicaba a todas las medidas, incluidos los años, y que marcaba las fiestas religiosas, y otra más racional, que se usaba en la calle para los demás efectos. Platón introduce el reloj de agua en Grecia en 157 a.C.

El reloj de arena era muy popular en Europa en el siglo XIV, pero los relojes propiamente dichos, compuestos de una caja, un mostrador con agujas y un mecanismo propio que le proporcione el movimiento, no se inventan hasta la aparición de los relojes con pesas. Éstos empiezan a usarse en iglesias y castillos en el siglo XIII. En 1410 se construye el primer modelo portátil que sustituye el peso por un resorte enrollado en forma de espiral que proporciona el empuje necesario.

Por fin, Galileo descubre las leyes del péndulo y en 1583 proyecta un reloj de péndulo basculante que no acabó nunca y que tuvo que terminar Christian Huygens en 1657 al darse cuenta de que el peso debe describir un arco y no una espiral. Más tarde, en 1675, él mismo diseñó un reloj con un balancín espiral. El escape, que hace el tic tac mediante una rueda dentada que hace oscilar una varilla en forma de ancora o de cruz, se desarrolla en el siglo XVIII. Poco después, aparecen las grandes marcas y se suceden los avances. El primer reloj de bolsillo lo fabrica Peter Henlein en 1524, pero sólo tenía la manecilla de las horas. En 1850, Aaron Lukfin Dennison empieza a producir industrialmente relojes de bolsillo con piezas intercambiables.

El reloj digital

La batalla de los relojes digitales se inicia en 1970, cuando la empresa Hamilton Watch Company desarrolla el primer prototipo Pulsar. Su presidente, John Bergey asegura que se inspiró en la película *2001, una odisea del espacio*, de Stanley Kubrick, donde el tiempo aparece medido de esta forma.

Pero cuando el Pulsar sale a la venta, dos años después, vale dos mil dólares; tiene una pequeña luz roja LED de diodo para ver la hora en la oscuridad y hay que apretar un botoncito para que se encienda. Muy pronto, aparece el Synchronar Mark 1 de Roger Riehl que riza el rizo del futurismo con una batería alimentada por energía solar. Los LEDs para relojes pierden importancia cuando Texas Instruments empieza a fabricarlos en masa en 1975. En 1982, Seiko fabrica el primer reloj con una pequeña pantalla de televisión y Casio incluye un termómetro y un diccionario japonés-inglés.

SIGLO X — Se le atribuye la invención del reloj de pesas a Gerbert d'Aurillac, el papa Silvestre.

1410 — Se atribuye a Brunelleschi la invención del primer reloj que sustituye las pesas por un resorte y por lo tanto es transportable.

1524 — Peter Henlein crea el primer reloj de bolsillo, aunque al principio sólo tenían una manecilla, la de las horas.

1657 — Christian Huyguens fabrica el primer reloj de péndulo.

1675 — Christian Huyguens fabrica el primer reloj con un resorte oscilante que sustituye al péndulo.

1838 — La marca suiza Patek Philippe fabrica relojes de bolsillo.

1868 — La marca suiza Patek Philippe fabrica el primer reloj de pulsera.

1888 — Cartier fabrica relojes de pulsera para damas con diamantes y la correa de oro.

1914 — Eterna fabrica en 1914 el primer reloj de pulsera con alarma.

1923 — John Hardwood inventa el primer reloj automático de pulsera, al que no hay que dar cuerda.

1925 — Patek Philippe inventa el primer reloj de pulsera con calendario perpetuo.

1927 — Rolex Oyster produce el primer reloj sumergible.

1930 — Tssot fabrica el primer reloj antimagnético.

1933 — Ingersoll fabrica para Disney el primer reloj hecho exclusivamente para niños.

1957 — Hamilton produce el primer reloj eléctrico.

1961 — Primer reloj en el espacio, un Poljot Shturmanskie en la muñeca del ruso Yuri Gagarin.

1962 — Primer reloj digital con un dial de 24 horas para evitar confusiones entre AM y PM, el Breitling Navitimer Cosmonaute, que llevará por primera vez el astronauta americano Scott Carpenter.

1966 — Girard-Perregaux fabrica los primeros relojes de cuarzo de alta frecuencia.

1969 — Neil Amstrong aluniza con un Omega Speedmaster en la muñeca. Ese año, Longines produce el primer reloj de pulsera de cuarzo.

1972 — Longines lanza el primer reloj de pulsera con pantalla digital LCD de cuatro dígitos. El primero con seis dígitos será el Seiko 06LC.

1987 — Tissot lanza el primer reloj con pantalla analógica y digital.

1994-1995 — Valeri Poliakov, el hombre que ha permanecido más tiempo en el espacio, un total de 438 días, lleva un reloj Poljot 3133.

1500 a.C.

Cama

La primera cama es el suelo con un lecho de hierbas. Egipcios y babilonios son los primeros en usar camas elevadas y, desde el principio, quienes tienen medios usan baldaquinos para cubrir las camas y poderlas encerrar entre cortinas que mantengan el calor si el clima es frío. Los egipcios tenían dioses protectores, como el genio enano Bes, cuyos amuletos se colgaban de la cabecera de la cama para proteger los sueños de los niños.

Los griegos fabricaban camas con tiras de cuero atravesadas como somier. Los romanos tenían varios tipos de camas. Uno se usaba para dormir (*lectus cubicularis*), con cobertores de lino si su propietario es rico, o de lana o fieltro si es del pueblo. Otro tipo de lecho se usaba para comer (*lectus discubitorius*), pues hasta la caída del Imperio Romano era costumbre comer echado. También tenían una cama especial para el estudio (*lectus lucubratorius*) y una para los muertos (*lectus funebris*), sobre el cual eran llevados a la pira funeraria. En la Edad Media, se coloca un lecho de paja sobre un somier hecho de cuerdas trenzadas. En el siglo XIII se pone de moda decorar las camas con todo tipo de incrustaciones. Los más afortunados duermen en un colchón de lino relleno de plumas de oca o de pato y en un lecho con baldaquino. La burguesía duerme en un colchón de fieltro relleno de lana, de crin o de pluma de oca o pato. Hay que tener en cuenta que todavía no existe el dormitorio. Los pobres duermen en lechos de heno o en colchones rellenos de paja, virutas de madera u hojas de helecho, en una habitación que hace todas las funciones de la casa. En el siglo XVIII aparece el dormitorio por primera vez y dormir se convierte en una cuestión privada, aunque eso no es todo, pues aparece también el somier, que puede ser de madera, cuero o hierro. A veces, los colchones, casi siempre de algodón, se rellenan de miraguano. Desde la Revolución Industrial, las camas se hacen con los materiales más diversos y aparecen las camas plegables, los sofás camas, las camas turcas, las literas, etcétera.

PREHISTORIA — La primera cama es un lecho de hierbas, no el puro suelo, sino un amontonamiento de hierbas o de hojas secas para hacer más blando el suelo.

1500 a.C. — Los asirios y los egipcios ya dormían en camas especialmente preparadas. Las egipcias de los nobles tenían pies con forma de patas de animal, especialmente leones, y cabeceras adornadas con las figuras de los dioses protectores.

600 a.C. — Los griegos inventaron el somier, hecho con tiras de cuero atravesadas, sobre los que se colocaba la hierba.

SIGLO I — Los romanos, siempre tan especializados, tenían varios tipos de cama: para dormir, para comer, para leer y para los difuntos.

SIGLO V — Con la caída del Imperio Romano y el empobrecimiento de la población, las camas se resuelven con cuerdas trenzadas como somier o el suelo y un lecho de paja.

SIGLO XIII — La aparición de clases aburguesadas permite una mejora de las camas y se pone de moda hacerlas decoradas, aun en la única habitación de la casa. Los colchones se rellenan en el mejor de los casos de plumas de oca o de ganso.

SIGLO XVIII — Aparece la necesidad de hacerse un dormitorio, una habitación únicamente para dormir y guardar las cosas personales. Las camas se hacen con somieres de hierro y empiezan a diversificarse los materiales y las formas.

Siglo XVIII

Agua de colonia

Curiosidades

Los antiguos egipcios eran muy amigos del perfume, pero en lugar de destilarlos, se valían de aceites y grasas perfumadas al mezclarlas con las plantas aromáticas; no es raro encontrar pinturas con **conos de grasa perfumada** sobre la cabeza de sacerdotisas o bailarinas.

Es imposible saber cuándo los seres humanos empezaron a quemar sustancias aromáticas para disfrutar del olor producido en la ignición. Probablemente, los primeros perfumes se elaboraron para compensar la falta de higiene personal, como hacían los egipcios, que elaboraban perfumes con esencias mezcladas con barro o manteca para llevar en pequeños recipientes o colocarse sobre la cabeza en forma de conos, como se ve hacer a las sacerdotisas en numerosas pinturas de la época. En la tumba de Tutankamón había miles de frascos con perfumes diferentes que tres mil años después aún conservaban una parte de su aroma original.

Griegos y romanos usaban las plantas aromáticas, como el tomillo o la mejorana, sumergidas en aceite de oliva, para perfumarse el cuerpo. Pero el gran salto adelante lo produce el descubrimiento del alcohol en el siglo VIII, que permite diluir las esencias y extraer de ellas sus mayores cualidades aromáticas. Sin embargo, los perfumes alcohólicos tienden a desaparecer con más facilidad y no se ha conservado ninguno de los creados en aquellos siglos de anonimato. Se habla del perfume favorito de la reina Isabel de Hungría, que adquirió su nombre, elaborado en el siglo XIII. En 1709 ya podemos hablar del primer perfume de la historia que se comercializa, el Agua de la Reina, elaborada por un monje y puesta en circulación por el italiano Giovanni María Farina en la ciudad prusiana de Colonia.

Este químico fue el inventor del Agua de Colonia, que consiste en una solución de aceites aromáticos diluidos en alcohol en torno a un 4 o un 5 por ciento, una mezcla mucho más ligera y fresca que el típico perfume concentrado. La creación de Farina se llamaba Eau de Cologne, en francés, por ser el idioma usado en ambientes cultos, y en honor de la ciudad en que trabajaba. Colonia se convirtió en la Ciudad de las Fragancias y en 1995 construyó una estatua en honor del inventor italiano.

NEOLÍTICO — No se conoce el origen del perfume, pero el gusto por los buenos olores debió de hacer que los seres humanos hicieran combinaciones de ellos en los albores de la civilización.

1500 a.C. — En la tumba de Tutankamón, en Egipto, se encuentran miles e frascos con perfumes diferentes.

SIGLO VIII — El descubrimiento del alcohol permite diluir las esencias, pero al mismo tiempo hace muy volátiles los perfumes que desaparecen de la historia sin haber llegado a nosotros.

1709 — Primer perfume de la historia en comercializarse, el Agua de la Reina, elaborada por un monje alemán y vendida por el italiano Giovanni María Farina, inventor del agua de colonia, a la que llamó Eau de Cologne.

1921 — Ernest Beau crea el perfume Chanel nº 5 para Coco Chanel, la mujer que sólo deseaba ser amada cuando era niña y que luego creó la empresa de moda más influyente del mundo.

1564

Lápiz

Curiosidades

Los lápices empezaron a exportarse desde Inglaterra a Estados Unidos muy pronto. **Benjamín Franklin** anunciaba la venta de lápices en su diario *Pennsylvania Gazette* en 1729, y George Washington escribía con un lápiz de tres pulgadas mientras viajaba por Ohio en 1762. Pero hasta 1812, **William Munroe** no fabrica los primeros lápices americanos. **Ebenezer Wood**, de Massachussetts automatizó el proceso mediante una sierra circular y fabricó los primeros lápices hexagonales y octogonales que producirá más adelante la empresa **Eberhardt Faber**.

La invención del lápiz está relacionada con el descubrimiento del grafito, hecha en la localidad de Seathwaite Fell, cerca de Borrowdale, en Cumbria, noroeste de Inglaterra, en 1564. La leyenda cuenta que una fuerte tempestad derribó un árbol y de sus raíces emergió una masa negra y mineral que se denominó plombagina, es decir 'plomo negro', aunque no tiene nada que ver con este elemento, sino que es una de las cristalizaciones del carbono.

La piedra, del grafito más puro nunca encontrado, tenía la virtud de tiznar cuanto tocaba, y los pastores cercanos empezaron a marcar sus ovejas con ella. Otros decidieron cortar las piedras en forma de varillas para escribir, pero se rompían y ensuciaban cuanto tocaban, hasta que otros ataron cordeles a sus alrededor, para darle resistencia. Aquel yacimiento de Cumbria resultó ser el más puro del mundo en forma sólida, y nunca se ha encontrado otro igual. En el siglo XVIII, el grafito pasó a ser propiedad de la Corona inglesa, que prohibió su exportación y registró todas las minas, no con la finalidad de usarlo para escribir, sino para la fabricación de cañones. La escasez de grafito de buena calidad en el resto de Europa aguzó el ingenio de los inventores. En 1750, el artesano alemán Kaspar Faber mezcló el grafito con polvo de azufre, antimonio y resinas para darle mayor resistencia, pero el efecto deseado no se consiguió hasta que el francés Nicolás Conté no le añadió arcilla a la mezcla anterior en 1795. Una vez prensadas y horneadas, las varillas de grafito y arcilla eran recubiertas de madera de cedro con una técnica que ideó el americano William Monroe en 1812. En 1856, el alemán Lothar Faber, bisnieto de Kaspar Faber, compró una mina de grafito en Siberia, que transportaba a lomos de renos y en barco hasta su fábrica de Stein. El primer portaminas se patentó en 1877.

ROMA — El primer lápiz pudo ser el *stylus* romano, una especie de aguja de plomo hueca que se mojaba en la tinta y se usaba para escribir en los papiros.

1564 — Descubrimiento de una mina de grafito al aire libre en Borrowdale, Cumbria, al noroeste de Inglaterra, por unos pastores que marcaban a sus ovejas con aquellas piedras. Puesto que era una forma de plomo se le llamó plumbagina o *plumbago* (mineral de plomo) en latín.

1750 — El alemán Kaspar Faber mezcla el grafito con polvo de azufre, antimonio y resinas intentando encontrar una mezcla tan buena como el grafito inglés propiedad de la corona británica.

1795 — El francés Nicolás Conté le añade arcilla a la mezcla de Faber y consigue la consistencia necesaria una vez prensada y horneada la mezcla. • El austriaco Joseph Hardmuth descubre que variando la mezcla de arcilla y grafito varía la dureza de la mina.

1812 — El americano William Monroe descubre la manera de recubrir de madera de cedro las minas. Esto facilita su utilización y Conté y Faber lo aplicarán en Europa.

1856 — Kaspar Faber, bisnieto de Lothar, compra una mina de grafito en Siberia y patenta la invención del lápiz en Alemania.

1870 — Tras su muerte, la empresa Joseph Dixon Crucible Company se convierte en la mayor consumidora de grafito del mundo, convertida más tarde en la Dixon Ticonderoga.

1877 — Se inventa el portaminas de una sola mina.

1976 — Patentado el portaminas que puede llevar varias minas en su interior.

1743

Ascensor

El primer ascensor se construye en 1743 en Versalles para el rey Luis. Construido en el exterior del edificio y accionado por contrapesos, sirve para que el monarca acceda desde sus habitaciones, en el primer piso, a las de su amante, mademoiselle de Chateauroux, en el segundo. A principios del siglo XIX funcionaban algunos ascensores hidráulicos, que ascendían al llenarse de agua un émbolo debajo de la cabina y bajaban cuando se vaciaba. En 1829, se construye el primer ascensor mecánico, con poleas y contrapesos, en Londres, en el Coliseo de Regent's Park, con una capacidad de diez personas.

El primer ascensor público se inaugura el 23 de marzo de 1857 en Nueva York para un edificio de cinco plantas propiedad de E.V. Haughtwout & Co. En 1853, el americano Elisha Otis inventó los primeros frenos, que garantizaban la seguridad de los ascensores. En Francia, Léon Edoux construye en 1889 el ascensor hidráulico de la Torre Eiffel, con 160 metros de recorrido, que no será sustituido hasta 1984 por un sistema más moderno que no usa contrapeso. Poco antes, Werner von Siemens, en 1880, había introducido el uso del motor eléctrico para hacer funcionar los ascensores. En 1887, se inventa el ascensor eléctrico, que funciona con un motor eléctrico que acciona un tambor al que se enrolla un cable. Este modelo será el que se use en los rascacielos. La torre Sears de Chicago, por ejemplo, tiene 110 ascensores. En los años veinte ya se construyen en Estados Unidos aparcamientos elevadores con montacargas que elevan los autos a diferentes alturas.

Al lado, aparcamiento elevador de los años veinte en Estados Unidos.

1743 — Se instala el primer ascensor en el Palacio de Versalles, Francia, para uso personal de Luis XV.

1829 — William George Horner, de Inglaterra, instala el primer ascensor público del mundo en el Regent's Park Colliseum.

1852 — El estadounidense Elisha Graves Otis inventa los primeros frenos de ascensor.

1857 — El 23 de marzo se instala el primer ascensor público en unos grandes almacenes en Haughwout & Co. De Broadway, Nueva York.

1859 — El 23 de agosto se inaugura el primer ascensor en un hotel en la Quinta Avenida de Nueva York.

1867 — El francés Léon Edoux construye el primer ascensor hidráulico para la Exposición de París.

1880 — El alemán Werner Siemens diseña el primer el ascensor accionado por un motor eléctrico, que se instala en la torre del observatorio de la Exhibición Industrial de Manheim, en Alemania.

1898 — Se instala en los almacenes Harrod's de Londres el primer ascensor inclinado de Europa, después del instalado en Coney Island, en Estados Unidos, en 1896, ambos antecesores de las escaleras mecánicas.

1899 — Las primeras escaleras mecánicas del mundo se instalan en la fábrica de ascensores Otis Elevator Co. de Nueva York.

1900 — Primeras escaleras mecánicas del mundo en un lugar público en la Feria Mundial de París. De ahí a los Grandes Almacenes Gimbel's de Filadelfia.

1950 — Primer ascensor del mundo con puertas automáticas en el edificio de las refinerías Atlantic, en Dallas, EE UU.

1760

Rompecabezas

Los rompecabezas o *puzzles* fueron inventados por el londinense John Spilsbury, grabador y cartógrafo que empezó a comercializarlos en torno a 1760.

Spilsbury tuvo la idea de separar los países de los mapas para que los niños aprendieran geografía uniéndolos. Los primeros puzzles se hacían pegando los mapas sobre una tablilla de madera que después se cortaba con la ayuda de una sierra de vaivén, la *jigsaw* inglesa que dio nombre a los *jigsaw puzzles*. En 1762, en Francia, un tal Dumas vendía los mismos mapas troceados y al parecer inventados por él mismo, pero el desarrollo de los puzzles en sus primeros años estuvo centrado en Inglaterra. Spilsbury pegó un mapa de Inglaterra sobre una tablilla de caoba y la cortó siguiendo las fronteras de los condados, que luego vendía por separado, pero el pobre murió con sólo 29 años sin haber visto triunfar su invento. Costó veinte años superar los mapas, y en 1785, John Wallis, que probablemente no había oído hablar nunca de Spilsbury, vendió una ilustración basada en "La divertida historia de John Gilpin", de William Cowper. Dos años después, William Darton comercializó un puzzle con los retratos recortados de todos los reyes de Inglaterra, desde Guillermo el Conquistador hasta Jorge III, que requería conocerse de memoria toda la línea de sucesión. En 1790, Wallis, ya con la etiqueta de inventor, puso en venta "El nuevo juego de la vida humana", con ochenta y cuatro escenas grabadas en madera sobre la vida de los hombres.

Izquierda, la llegada de los puzzles anglosajones casi acabó con el rompecabezas cúbico tradicional en España dirigido a niños. El célebre cubo de Rubik es una ingeniosa variante actual del rompecabezas para todos los públicos.

1760 — John Spilsbury empieza a comercializar los rompecabezas separando los países de los mapas para facilitar el aprendizaje de los niños.

1762 — En Francia, un tal Dumas, con la misma idea, empieza a vender mapas troceados.

1785 — John Wallis es el primero en vender como puzzle una historia troceada, *La divertida historia de John Gilpin*, de William Cowper.

1787 — William Darton comercializa un puzzle con los retratos recortados de todos los reyes de Inglaterra, desde Guillermo el Conquistador hasta Jorge III.

1790 — John Wallis se cuelga la etiqueta de inventor de los rompecabezas y saca al mercado «El nuevo juego de la vida humana», con ochenta y cuatro escenas grabadas en madera sobre la vida de los hombres.

1978 — "...importa poco en realidad, contrariamente a una idea fuertemente arraigada en el espíritu del público, que la imagen de partida sea rematadamente fácil (una escena de género a la manera de Vermeer, por ejemplo, o una fotografía en colores de un castillo austriaco) o difícil (un Jackson Pollock, un Pissaro o –paradoja miserable–un puzzle blanco): no es el tema del cuadro ni la técnica de la pintura lo que hace la dificultad del puzzle, sino la sutilidad del recorte de las piezas, y un recorte aleatorio producirá necesariamente una dificultad aleatoria, oscilando entre una facilidad extrema por los bordes, los detalles, las manchas de luz, los objetos bien definidos, los trazos, las transiciones, y una dificultad fastidiosa para el resto: el cielo sin nubes, la arena, el prado, los cultivos, las zonas de sombra, etc."

George Perec, *La vie, mode d'emploi.*

1812

Bañador

La historia del traje de baño tiene dos etapas. En la Antigüedad, el desnudo humano no era ofensivo para nadie: náyades y ninfas mostraban sus desnudeces y los hombres se bañaban desnudos en las termas. Más raro era ver a las mujeres reales desnudas.

Con la llegada del cristianismo, la desnudez se vuelve ofensiva, y aunque en la Edad Media la gente se baña desnuda, la higiene deja mucho que desear. A finales del siglo XVIII se ponen de moda los baños de mar en el centro de Europa. Probablemente, la primera persona en llevar un traje de baño propiamente dicho fuera Hortensia de Beauharnais, reina de Holanda, que, en 1812, se bañó en la localidad francesa de Dieppe con un conjunto de punto de color marrón formado por una camisa de manga larga y un pantalón a la turca ceñido a los tobillos. En el siglo XIX era indecente cualquier vestido que dejara adivinar las formas del cuerpo.

Hombres y mujeres deben bañarse separados en las playas, cubiertos de las rodillas a los codos. Las damas deben llevar un pantalón bajo las faldas, un gorro y un albornoz cuando están fuera del agua. A finales del siglo XIX el vestido se sustituye por un dos piezas de túnica y pantalón hasta las rodillas. En 1906, la australiana Annette Kellerman se presentó a un campeonato de natación en EE UU vestida con un maillot ajustado al cuerpo; fue detenida, pero su foto se dio a conocer en el mundo entero y se puso de moda el bañador de una pieza de cuerpo entero que dejaba los brazos al descubierto. Kellerman tiene otros récords. Fue la primera mujer en intentar cruzar a nado el Canal de la Mancha y la primera actriz de fama en aparecer desnuda en una película, *La hija de los dioses* (*A daughter of the gods*, 1916). Su cuerpo fue considerado igual al de la Venus de Milo. En 1946 se celebra el primer desfile de modelos en bañador en París y aprovechando que Estados Unidos había realizado pruebas atómicas en el atolón de Bikini, la casa Reard francesa lanza el bikini de dos piezas. El monobikini, de una pieza, aparece en 1964.

1812 — La reina de Holanda, Hortensia de Beauharnais, hermana de Josefina y esposa de Luis I Bonaparte, hermano de Napoleón, usa un bañador que le cubre todo el cuerpo para bañarse en la playa francesa de Dieppe. Probablemente, el primer traje diseñado especialmente para el baño.

1890 — El primer bañador consistía en una camisa pantalón y calcetines para ambos sexos.

1906 — La australiana Annette Kellerman se presenta a un campeonato de natación en EE UU vestida con un bañador ajustado al cuerpo y provoca un escándalo.

1915 — Los hombres empiezan a bañarse en pantalones cortos.

1920 — La modista francesa Coco Chanel lanza la moda del bronceado, y anima a las mujeres a lucir brazos, piernas y espalda.

1930 — Los bañadores femeninos son de lana, con un pequeño escote y pantalones hasta las rodillas.

1946 — Primer desfile de modelos en bañador en París y lanzamiento del bikini, inventado por el modisto francés Louis Réard., aunque no se pondrá de moda hasta los años sesenta.

1960 — Se inventa la licra, que permite la fabricación de bañadores elásticos.

1964 — Aparición del monobikini de una sola pieza, ideado por el californiano Rudi Gernreich, que empezó siendo una especie de bañador con tirantes que dejaba al descubierto los pechos.

1974 — El genovés Carlo Ficcardi inventa el tanga en Brasil.

1800

Cafetera

Curiosidades

Aunque en el apartado del café ya hemos hablado de las primeras cafeterías de la historia, vale la pena recordar las deliciosas *Kaffeehaus* vienesas, entre las que destaca el **Café Central**, en el Palacio Ferstel, fundado en 1860. En nuestro país, destacan el **Café del Círculo de Bellas Artes** de Madrid, fundado en 1880; en Venecia, el **Florian**, fundado en 1720; en París, el **Procope**, fundado en 1686, y en Roma, el **Greco**, fundado en 1760 por un emigrante griego.

Al lado, cafetera actual del tipo capsulas (*'Nespresso'*)

Debajo, el vidrio Pyrex representó un considerable avance en el mundo de las cafeteras.

El francés Jean Baptiste de Belloy, arzobispo de París, inventa la primera cafetera. Consiste en dos recipientes puestos uno sobre otro, separados por un recipiente en el que se coloca el café. Se añade agua caliente en la parte superior y ésta se cuela poco a poco a través del café molido hasta el recipiente inferior. Esta cafetera se llamaba *dubelloire*.

Hasta entonces, la manera más sencilla de preparar el café era vertiendo agua hirviendo sobre un recipiente que contuviese el café molido (el molinillo se usaba desde el siglo XIV para las especias), a la manera turca. Después de agitar hay que esperar a que el café se pose en el fondo del vaso y tener cuidado de no moverlo antes de beber. La otra manera era colocar un filtro de papel o de metal encima del recipiente con el café molido y dejar que el agua hirviendo se cuele a través de él.

En 1825 un inglés desconocido inventa una cafetera llamada Cona que se dará a conocer unos años más tarde. Se trata de dos globos de vidrio unidos por el centro. En el inferior se encuentra el agua, y en el superior el café molido. El inferior se calienta hasta que el agua en ebullición pasa al superior por el tubo que los une, que tiene un filtro, y se mezcla con el café. Luego se apaga el fuego y se deja que el agua vuelva por gravedad al inferior.

En 1844, Louis Gabet inventa una complicada cafetera en la cual los recipientes están uno al lado del otro; el agua se hierve con el café y el líquido resultante pasa a través de un sifón al segundo recipiente. El inglés James Napier inventa algo parecido.

En 1866, el norteamericano William Edson vuelve a los dos depósitos uno encima del otro unidos por un tubo. La presión hace que el agua suba y se mezcle con el café. Luego, al apagar el fuego, desciende. En 1868, el alemán Julius Petsch y el ruso Stephen Buynitzky

añaden un sistema pivotante en el recipiente superior que hace que silbe cuando el agua hierve. En 1873 se registra la primera patente en Estados Unidos de una cafetera de émbolo: un cilindro con un filtro que contiene el café molido y que se empuja haciendo presión, pero el ajuste no era muy bueno.

En 1895 aparecen las primeras cafeteras italianas de presión de vapor. La única diferencia es que debido a los nuevos materiales, el agua alcanza mayor temperatura, pero igualmente después de ascender al depósito superior, donde se mezcla con el café, ha de descender por gravedad a través de un filtro para que sea bebible.

En 1906, el farmacéutico francés Antoine Descroisilles patenta la *caféolette*.

En 1908 se inventa la cafetera de filtro que funciona con un papel, a partir de la idea del año anterior del ama de casa alemana Melitta Benz, que utilizaba un paño de cocina entre los dos recipientes, que había que lavar con cada uso. Este invento marca un nuevo hito en la preparación del café.

En 1933, el italiano Caliman inventa la cafetera de émbolo verdadera. El café se mezcla con el agua hirviendo, y luego se baja el pistón, que ajusta a las paredes y lleva un filtro para separar los posos del café.

En 1940, el alemán Peter Schlunbohm, emigrado a Estados Unidos, mejora la cafetera de filtro utilizando vidrio pyrex para el recipiente inferior y el embudo que se coloca en la parte superior. Estados Unidos estaba en plena guerra y no se permitían inventos que no ayudaran al país, pero fue el propio presidente Franklin Delano Roosevelt quien dio permiso para fabricar esta cafetera que habría de animar a sus hombres. La llamaron cafetera Chemex.

En 1948, el italiano Achille Gaggia perfecciona la cafetera expreso en la cual el agua hirviendo atraviesa el café con gran rapidez.

Tipos de cafetera

Cafetera de filtro: es como la Melitta, pero el agua se hierve en un recipiente adyacente y luego gotea sobre el café y pasa lentamente a su través, para caer atravesando el filtro en un recipiente de vidrio.

Cafetera italiana o percolador: es la más casera, consta de dos cuerpos metálicos que se enroscan con un filtro entre ambos en el que se encuentra el café. El agua se coloca en la parte inferior.

Cafetera exprés: el agua se hace pasar a una presión de ocho a diez atmósfera por un filtro con café molido durante veinte a treinta segundos. La inventa Luigi Bezzera a principios del siglo XX. Hay diversos tipos en el mercado.

1800 — El francés Jean Baptiste de Belloy, arzobispo de París, inventa la primera cafetera. Se añade agua caliente en la parte superior y ésta se cuela poco a poco a través del café molido hasta el recipiente inferior. Este sistema se llama de percolación.

1825 — Un alemán llamado Loeff inventa una cafetera formada por dos globos de vidrio unidos, con el café en el superior y el agua en el inferior. Cuando el agua hierve sube a través de un filtro al recipiente superior y se mezcla con el café. Al apagar el fuego, vuelve a bajar. Esta cafetera se llama Cona.

1844 — Louis Gabet inventa una cafetera en que los recipientes se hallan uno al lado del otro. Se denomina *siphon balancier*. Un escocés llamado Napier inventa un sistema parecido pero más simple que se hará servir en Gran Bretaña.

1866 — El norteamericano William Edson reinventa la cafetera Cona. Dos años después, el alemán Julius Petcsh y el ruso Stephen Buynitzky mejoran el invento dándole una forma asimétrica al recipiente superior, de manera que una vez lleno del agua con café, bascula para dejar caer el líquido de nuevo en el inferior y apaga el fuego. Una vez vacío, vuelve a bascular y golpea un timbre avisando de que el café está hecho.

1873 — Primera patente en EE UU de una cafetera de émbolo.

1895 — Primeras cafeteras italianas de presión de vapor. El agua atraviesa el café en forma de vapor, luego condensa y desciende.

1908 — Invención de la cafetera de filtro de papel a partir de una idea del ama de casa alemana Melitta Benz, que dio nombre a este sistema.

1933 — El italiano Caliman pone a punto la verdadera cafetera de émbolo, con un ajuste que impide que los posos se mezclen con el café.

1940 — El alemán Peter Schlunbohm, emigrado a Estados Unidos, perfecciona la Melitta con vidrio Pyrex.

1948 — El italiano Achille Gaggia perfecciona la cafetera expreso inventada a principios de siglo por Luigi Bezzera. El agua hirviendo atraviesa a presión un recipiente con el café molido por percolación.

1972 — Primera cafetera automática de filtro. Funciona según el principio de percolación y a la vez de infusión con vapor calentando el agua mediante resistencias eléctricas.

1901

Aspiradora

Imagen de un catálogo de aspiradoras de 1911 de la empresa Vacuum Cleaner Company de Londres.

La invención de la aspiradora está ligada a la limpieza de las alfombras que cubrían todos los hogares que se preciaran en la Europa del siglo XIX. El primero en lograr algo fue el inglés sir Joseph Withworth en 1859. Diseñó una limpiadora con un ventilador que empujaba el polvo dentro de una caja, pero no tuvo éxito.

En 1869, el americano Ives W. McGaffey ideó otro aparato para limpiar alfombras que funcionaba mediante una manivela; consiguió una patente y fabricó unas decenas que se vendieron a 25 dólares de la época. Una reliquia que se perdió en el gran incendio de Chicago de 1871 y de la que han sobrevivido dos ejemplares. En 1876, Melvill Reuben Bissell inventó la primera que tuvo éxito, la Grand Rapids. En Inglaterra, la limpiadora mecánica de alfombras Ewbank llegó incluso a los suelos del palacio de Buckingham. Consistía en un recipiente que tenía un cilindro con un cepillo giratorio que barría el suelo y guardaba el polvo en un pequeño contenedor. La persona la empujaba mediante un palo unido al recipiente. Ninguna tenía succión, de manera que no aspiraban la suciedad escondida entre los hilos de la alfombra. Un día, el ingeniero inglés Hubert Cecil Booth contemplaba una exhibición de aspiradoras en el Empire Music Hall de Londres; observó cómo pasaban aire a presión a través de la alfombra, produciendo una gran cantidad de polvo que volvía a caer sobre la alfombra. Estaba claro que la solución pasaba por la aspiración; Booth lo vio claro. Cenando en un restaurante con unos amigos, les hizo una demostración reveladora. Aspiró con la boca a través de un pañuelo colocado sobre uno de los brazos del sillón en el que se hallaba sentado y les mostró la cantidad de polvo acumulada al otro lado de la tela. El 30 de agosto de 1901, Both patentó la primera aspiradora. El motor y la bomba eran tan grandes que debían colocarse sobre un artefacto con ruedas y no podían entrar en la casa, que se limpiaba con una manguera muy larga. Tuvo un gran éxito cuando tuvo que limpiar la abadía de Westminster con motivo de la coronación de Eduardo VII en 1902. El rey quedó tan contento que compró dos aspiradoras, una para el palacio de Buckingham y otra para el de Windsor.

1859 — El inglés sir Joseph Whitworth patenta la primera limpiadora de alfombras con un ventilador que empuja el polvo dentro de un recipiente, pero no tiene éxito.

1869 — El americano Ives W. McGaffey idea un aparato para limpiar alfombras que funciona mediante una manivela y consigue vender unos cuantos en Chicago, pero la mayoría se perderán en el incendio de 1871.

1876 — El americano Melvin Bissell fabrica la primera limpiadora de alfombras que tiene éxito, la Grand Rapid.

1899 — John Thurman, de Sant Louis, fabrica la primera aspiradora con un motor de gasolina

1901 — El británico Hubert Cecil Booth patenta la primera aspiradora de la historia y el año siguiente funda la Vacuum Cleaner Company.

1905 — Los americanos Champan & Skinner fabrican la primera aspiradora para el hogar.

1907 — Un conserje asmático, James Murray Spangler, que trabajaba en unos grandes almacenes de Ohio, fabrica la primera aspiradora portátil uniendo un pequeño motor, un cepillo giratorio, una funda de almohada y un mango de escoba.

1908 — El esposo de una de las primas de Spangler, William Hoover, le compra los derechos de la patente y empieza a fabricar la Electric Suction Sweeper.

1913 — La empresa sueca Lux (luego Electrolux) fabrica la primera aspiradora con un cilindro que pesaba 14 kilos y costaba 350 coronas.

1907

Lavadora eléctrica

Lavadora actual; poco ha cambiado el sistema, salvo con la introducción de sofisticaciones informáticas. En Japón siguen las pruebas del lavado sin agua, por ultrasonidos, pero sólo en los lavavajillas.

La lavadora es un invento moderno. Aún en muchos lugares del mundo, una parte considerable de la sociedad tiene asignada la función de lavar, cocinar y acondicionar el hogar para que la otra parte pueda dedicarse a otras funciones, hasta que en una sociedad más avanzada y con mucho tiempo libre, las mujeres deciden encontrar la manera de mejorar sus condiciones. Curiosamente, el lavavajillas es un invento anterior a la lavadora de ropa.

En los últimos quince años del siglo XIX se presentaron en Estados Unidos unas treinta patentes de lavavajillas, todas por mujeres, entre las que destacó la de Josephine Cochran de 1885, que llegó incluso a comercializarse. Los había de dos tipos; los caseros funcionaban con una bomba de agua manual, mientras que los industriales, vendidos a hoteles y restaurantes, escaldaban, enjuagaban y secaban hasta una docena de platos en dos minutos.

En cuanto a la ropa, se había lavado en el río o en lavaderos públicos toda la vida, hasta que aparecen aquellas máquinas que tenían dos cilindros por los que se hacía pasar la ropa una y otra vez. En 1907 aparece la primera lavadora eléctrica, patentada por el estadounidense Alva J. Fisher y fabricada por la Hurley Machine Corporation, el mismo año en que la Henkel pone a la venta en Alemania el primer detergente para ropa con el nombre de Persil, cuyos ingredientes activos son perborato y silicato. La idea de la lavadora era que el cilindro donde se hallaba la ropa, que se movía mediante una serie de correas unidas a un motor eléctrico, debía dar una serie de vueltas en un sentido y luego en el contrario, para evitar que la ropa se enredase. La máquina se llamaba Thor, como el dios del trueno de la mitología nórdica. La venta de lavadoras eléctricas dependía de la electrificación de los hogares.

1851 — El británico James King idea una lavadora de tambor manual que gira en un sentido.

1858 — Hamilton Smith idea un tambor que gira en ambos sentidos, aunque sigue siendo de uso manual.

1880 — Hacia esta fecha se añade a las lavadoras agua calentada con carbón.

1885 — La estadounidense Josephine Cochran inventa el primer lavavajillas en comercializarse con cierto éxito.

1907 — El inventor estadounidense Alva J. Fisher pone a punto la primera lavadora de ropa con un motor eléctrico y la Hurley Machine Corporation empieza a comercializarla.
• Henkel fabrica el primer detergente con el nombre de Persil.

1911 — La empresa estadounidense Whirlpool empieza a producir lavadoras baratas para el mercado americano.

1924 — La empresa americana Savage Arms Corporation pone a la venta la primera secadora de la historia.

1934 — Se abre la primera lavandería con lavadoras eléctricas de la historia en Fort Worth, Texas.

1949 — Primera lavadora automatizada en EE UU con tarjetas de Schultness Group.

1978 — Primera lavadora automática con microchip.

1982 — La empresa Procter & Gamble comercializa el primer detergente líquido para lavadoras con el nombre de Vizir.

1904

Aire acondicionado

Curiosidades

Para soportar el calor de los automóviles en verano, una vez que las cabinas se cerraron, hubo que inventar la manera de refrigerarlos. En 1884, **William Whiteley** colocó trozos de hielo bajo la cabina e hizo pasar aire a su interior mediante un ventilador. Le siguió un sistema de enfriamiento que hacía pasar el aire a través de agua inventado por la firma Nash. El primer vehículo en enfriar aire mediante un evaporador fue el Packard 1939, seguido en 1941 por Cadillac, los primeros en instalar mandos dentro del coche para controlarlo.

El ser humano ha ideado desde hace muchos años diversas estrategias para refrescar el ambiente de las casas. El truco está en hacer que el aire que recorre a vivienda entre por el lugar más fresco posible. En los desiertos de Asia Menor, las casas grandes construían túneles bajo tierra, donde la temperatura era menor que en el exterior, y un sistema para hacer circular el aire mediante una alta torre encima de la vivienda que obligaba al aire caliente a ascender, debido a su menor densidad, y a ser sustituido por el aire más fresco que ascendía mediante pozos.

Algunos hogares privilegiados construían túneles muy largos que atravesaban incluso manantiales subterráneos que refrescaban el aire considerablemente. Esta construcción, propia de lugares desérticos, no es practicable en lugares húmedos, donde la tierra está empapada y en muchas ocasiones los túneles no son viables. Tampoco lo son en zonas densamente pobladas. En Europa se usaban los pozos de hielo para que éste llegara intacto hasta el verano, aunque el recurso universal está en remojarse para que la evaporación refresque la piel. La invención del ventilador aporta cierto alivio, pero habrá que esperar a una tecnología más avanzada para el siguiente paso. Puesto que ésta se desarrolla en lugares no excesivamente calurosos, la causa del invento tiene otras razones. En Nueva York suele hacer mucho calor en verano, pero todo el mundo asume que es cuestión de unas pocas semanas de insomnio. Sin embargo, hay cosas que no pueden esperar y, en 1904, un impresor de Nueva York llamado Sackett-Williams le explica al ingeniero Willis Carrier, que trabajaba para la Buffalo Forge Works, que tiene un problema con los colores, el papel y los cambios de temperatura. Para solucionarlo, Carrier construye el primer aparato de aire acondicionado de la historia. Pesa treinta toneladas y sólo es viable para industrias. Dos años después, Stuart Crawer añade un filtro de algodón para evitar que pase el polvo y acuña el nombre de 'aire acondicionado' o 'acondicionamiento de aire', que empieza a aplicarse en naves industriales donde el calor de las máquinas es excesivo o donde es necesaria cierta sequedad. Los primeros aparatos funcionaban humedeciendo el aire primero mediante un aspersor y luego haciendo que se secara al pasar sobre unas láminas metálicas. La empresa de Carrier cerró en 1914 por falta de fe en el producto, y entonces, Willis se buscó varios socios y decidió montar una empresa por su cuenta, la Carrier Engineering Corporation, que durante los años siguientes y antes de la muerte del inventor en 1965 había patentado más de 80 maneras diferentes de enfriar el aire.

Mucho antes de que Carrier pusiera en marcha su aparato de aire acondicionado, el médico de Florida John Gorrie ya había utilizado amoníaco para fabricar hielo con el que enfriar el aire, concretamente en 1842, e incluso se le había ocurrido que podía enfriarse una ciudad entera con un sistema tan fácil como era licuar amoníaco a cuarenta grados bajo cero, una operación relativamente fácil. Pero las cosas fueron mal, pues su patrocinador murió antes de poner en marcha el proyecto, y el mismo morirá en 1855 sin haberlo conseguido. Y todo se olvidó hasta el asunto de la imprenta en Nueva York. Los primeros aparatos se construyeron con amoníaco y cloruro de metilo, eficaces pero peligrosos, lo que provocó diversos accidentes hasta la invención en 1928 del freón, nombre comercial dado por Dupont al primer gas clorofluorocarbonado, del tipo CFC o HFC, que tanto daría que hablar en el futuro por su efecto negativo sobre la capa de ozono.

Derecha, el aire acondicionado se ha convertido en un elemento imprescindible de la vida moderna.

SIGLO XIX — El inglés Michael Faraday descubre que si comprime y licúa el amoníaco (el que se vende es hidróxido de amonio, pues es un gas) y después lo libera dejando que se evapore, el aire a su alrededor se enfría.

1842 — El físico John Gorrie utiliza esta idea para fabricar hielo, pues el amoníaco licuado se mantiene a unos cuarenta grados bajo cero y si se hace pasar a través de un tubo en torno a un depósito de agua, ésta se congela.

1904 — Willis Carrier construye el primer aparato de aire acondicionado de la historia.

1906 — Stuart Crawer añade un filtro de algodón para que no pase el polvo e inventa la expresión 'aire acondicionado'.

1914 — Carrier funda su propia empresa de aire acondicionado, la Carrier Engineering Corporation.

1928 — La empresa química norteamericana Dupont empieza a comercializar el freón, gas clorofluorocarbonado o CFC, que estará presente en todos los aparatos de aire acondicionado y en los refrigeradores, y como propelente de aerosoles hasta el descubrimiento en la década de 1970 de su efecto negativo sobre la capa de ozono que protege a la tierra de los rayos ultravioletas.

1947

Horno microondas

Curiosidades

Las ondas que produce un microondas tienen una frecuencia de unos **2.500 megaherzios**. Afectan al agua, a las grasas y a los azúcares, pero no al plástico, el vidrio o la cerámica. Los metales reflejan estas ondas y no deben usarse. Si se mete una pastilla de jabón en un microondas, las grasas empiezan a hervir y la pastilla se convierte en un amasijo de espuma.

El médico estadounidense Percy Spencer fue el descubridor del horno microondas, al advertir que la radiación electromagnética calentaba los alimentos que atravesaba sin calentar los objetos inertes, que no contenían agua, pues el campo electromagnético generado en el interior del aparato hace girar las moléculas de agua, ya que éstas, al tener un extremo positivo y el otro negativo, actúan como lo harían frente a un imán: el lado positivo busca al negativo y viceversa.

Cambiando constantemente la orientación del campo electromagnético podemos hacer girar las moléculas de agua a toda velocidad y, simplemente por la fricción que se genera entre unas y otras, se calientan hasta la evaporación. Por tanto, para que algo se caliente en un microondas, debe contener agua, y para evitar accidentes, no debe estar en un recipiente sellado. Algo tan simple como un huevo con su cáscara, puede llegar a explotar al no poderse expandir las moléculas. Los recipientes con comida preparada deben agujerearse antes de meterse en el interior de un microondas. Los envoltorios metálicos rechazan las ondas y pueden producir daños en el aparato, razón por la que no es conveniente introducir papel de aluminio en un microondas, que impedirá además, el paso de las ondas y el cocinado del alimento.

Percy Le Baron Spencer trabajaba en la Raytheon Corporation, desarrollando un magnetrón, una válvula de vacío que se emplea para generar microondas haciendo que los electrones describan órbitas circulares al ser sometidos a un campo eléctrico y magnético. Su función es transformar la energía eléctrica en energía electromagnética en forma de microondas, con el fin de producir una fuente radioeléctrica potente para un radar, que aún hoy es la otra función de los magnetrones, además de

alimentar los hornos microondas. Se dice que Percy llevaba una barrita de chocolate en el bolsillo, y cuando fue a echar mano de ella, estaba derretida; de ahí que se achaque a veces a su pasión por el chocolate la invención del microondas. Luego empezó a probar con palomitas y por último se lo comunicó a la empresa, haciéndoles una demostración con un huevo que acabó explotando.

La empresa no perdió el tiempo y fabricó el primer horno de microondas en 1947, el Radarange, tan grande, con sus casi dos metros de altura y sus 340 kilos, que no tenía utilidad doméstica, y sólo se puso uno en un restaurante de Boston. En 1952, Raytheon vendió los derechos a Tappan, y éstos comercializaron en 1954 un microondas de 1.600 watios y 2.450 MHz que costaba entre 2.000 y 3.000 dólares.

En 1962, Raytheon compra Amana Refrigeration y diseña el primer microondas destinado al hogar, que se comercializa en 1967 con un precio de 495 dólares.

En 1975, la venta de hornos microondas supera por primera vez a la de hornos de gas, y en la actualidad se calcula que el 95 por ciento de los hogares americanos tienen un horno microondas. La mayor fabricante del mundo es la empresa china Galanz, que ocupa el 40 por ciento del mercado mundial con quince millones de microondas al año.

Una leyenda explica que los ingleses descubrieron el horno microondas al observar que los pájaros caían muertos cuando pasaban cerca de un radar. Los ecologistas afirman que las radiaciones microondas de los radares, pero sobre todo las emitidas por las antenas de telefonía móvil son responsables de la desaparición de millones de pájaros, especialmente paseriformes, y entre éstos, los gorriones son los más afectados.

En cualquier caso, la Organización Mundial de la Salud considera que, en un horno en buen estado, las ondas no deben salir del interior del aparato, y que sí hay que vigilar los que puedan estar dañados.

200 a.C. — Los chinos desarrollan el primer horno de hierro.

1812 — Se prueba el uso del gas en la cocina, pero se encuentra poco práctico.

1824 — Los ingleses desarrollan en Liverpool una parrilla que funciona con gas, y que se hace popular en la cocinas de los hoteles.

1826 — James Sharp instala el primer horno de gas en su domicilio en Northampton, Inglaterra.

1889. — Se instala el primer horno eléctrico del mundo en el hotel Bernina, Suiza, que funciona con su propia energía hidroeléctrica.

1891 — La empresa Carpeting Electric Heating Manufacturing Co, de Minnesota, Estados Unidos, comercializa el primer horno eléctrico.

1945 — El estadounidense Percy Spencer descubre el horno microondas mientras investiga la manera de producir microondas de mayor intensidad para los radares.

1946 — La empresa Raytheon comercializa el primer horno microondas, que se instala en un restaurante de Boston.

1947 — Se comercializa el primer horno microondas casero, desarrollado a partir de los descubrimientos de Percy Spencer. La demostración se realiza en el hotel Waldorf Astoria.

1959 — El hotel Kew Gardens de Londres es el primero en instalar un horno microondas fuera de Estados Unidos.

1959

Barbie

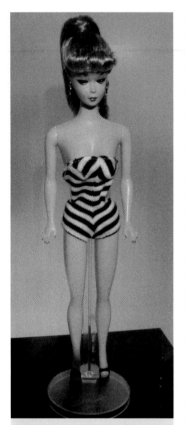

Curiosidades

Barbie tiene dos modas principales, una clásica, de princesa, con zapatos rosa y un lazo, y otra fashion, que le permite vestir tejanos o minifalda. También tiene varias hermanas: **Kelly, Skipper, Tuttie y Stacey**. Y muchos líos amorosos: con su novio **Ken**, al que dejó en 2004 por el surfista australiano **Blaine**, aunque ahora se plantea volver con él.

La muñeca Barbie es creada por los estadounidenses Ruth y Eliott Handler, confundadores junto a Harold Matson de la empresa de juguetes Mattel. Durante su presentación en el Salón del Juguete de Nueva York encontró cierta oposición puritana entre quienes veían en la muñeca un cruce de Marilyn Monroe y de Brigitte Bardot, pero encantó a las niñas.

Se dice que Ruth Handler descubrió que a su hija pequeña le gustaban las muñecas con aspecto de adultas y se lo propuso a su marido, pero éste rechazo la idea; sin embargo, en una visita que hizo a Alemania, Elliot Handler descubrió que se vendía muy bien una muñeca diseñada en principio para adultos pero que había tenido éxito entre la infancia. Handler compró los derechos de Lilli, le dieron un aspecto nuevo y la llamaron Barbie en honor del Bárbara, la hija del matrimonio.

La historia de las muñecas es tan antigua como la humanidad; raro sería que las niñas o los niños no hubiesen tenido desde siempre algún objeto que pudiera identificarse con un ser humano, no obstante, las muñecas propiamente dichas más antiguas se encuentran en algunas tumbas egipcias del Imperio Nuevo, a partir de 1500 a.C. Estaban hechas de arcilla, madera, hueso, cera o marfil. Las muñecas con los brazos y las piernas movibles aparecen en el siglo V a.C. Son de cerámica y los griegos las extienden por todo el Mediterráneo. Los chinos ya las fabricaban en esa época de porcelana.

No hay que confundir las muñecas hechas para jugar, con forma de niña, de las estatuillas votivas, tan frecuentes en la antigüedad, utilizadas en los cultos a la diosa madre, a la tierra o de carácter funerario, así como las utilizadas por los hechiceros para sus sortilegios. En Roma, los juguetes se consagran a Baco, dios de las fiestas y el vino; en la Edad Media, los juguetes representan personas, y nos han llegado algunas del siglo XIII fabricadas en Estrasburgo que representa

a damas y caballeros. En el siglo XVI empiezan a fabricarse muñecas para la aristocracia, y aparecen fabricantes especializados, que hacen muñecas baratas, mezclando papel y yeso con tierra o muñecas de porcelana bellísimas con toda su vestimenta para la nobleza. Destacan los de Nuremberg y Hamburgo, en Alemania. En el siglo XVII se les empiezan a poner ojos de vidrio y los cabellos teñidos. En el siglo XVIII, dos fabricantes italianos emigrados a Londres, Pieroti y Montanari, fabrican muñecas de cera exquisitas para familias ricas.

En Alemania, en cambio, se impone el cartón piedra con el que se harán después las fallas de Valencia, y las muñecas se usan para difundir las nuevas modas. En la Exposición Universal de París de 1878 aparecen las muñecas que representan niños a partir de tres años, el bebé que tanto gustará a las niñas, y que se convierte en una especialidad francesa con tantos fabricantes célebres que acaba por reunirse en la primera asociación francesa de fabricación de bebés y juguetes en 1899. En los años veinte, irrumpen todo tipo de materiales, desde el celuloide hasta el papel maché, y más tarde, el caucho, y empiezan a venderse muñecas, como la francesa Bleuet, a la que se le puede hacer el vestido con los patrones entregados. En el siglo XX aparecen las muñecas de plástico, que devoran el mercado, y la muñeca maniquí, entre las que destacará Barbie.

Derecha, la moda de las muñecas Barbie es tan variada como puede permitirse la imaginación de sus creadores, pero tienen la ventaja de que cualquiera puede hacerse un modelito en casa.

1500 a.C. — Las muñecas más antiguas que se conocen se han encontrado en tumbas egipcias del Imperio Nuevo.

SIGLO V a.C. — Se fabrican las primeras muñecas con los brazos y las piernas movibles. Las muñecas griegas representan personajes de la calle, como soldados o bailarinas, pero no divinidades, para no confundirlas con las estatuas votivas.

SIGLO I — Los romanos fabrican muñecas en honor a Baco de marfil, madera dura o hueso.

SIGLO XIII — Se fabrican muñecas de barro cocido en Estrasburgo de gran calidad, hechas de una sola pieza.

SIGLO XVI — Empiezan a fabricarse muñecas para la aristocracia y eso eleva el nivel y la especialización. Aparecen las muñecas de yeso, papel y arcilla mezclados.

SIGLO XVII — Los materiales se diversifican.

SIGLO XVIII — Los alemanes imponen una serie de normas para la fabricación de las muñecas.

SIGLO XIX — Empiezan a fabricarse muñecas de forma industrial, que sustituyen a las artesanales. En 1878 aparecen, en la Exposición Universal de París, las primeras muñecas bebés.

1956-1959 — Aparece la reina de las muñecas, Barbie.

2001 — El fabricante de juguetes MGA crea una línea de cinco muñecas llamadas Braz con personalidades diferentes, que derrotan por primera vez a las Barbies.

Otros

Termo 1903

La invención del termo se debe al químico escocés James Dewar, que estaba investigando las propiedades de materiales a muy baja temperatura en la Universidad de Cambridge. En 1893, tuvo la idea de utilizar un frasco que tuviera dos paredes y de crear el vacío, un mal conductor del calor, entre ambas. Esto haría que la temperatura de los líquidos introducidos se mantuviese fría durante más tiempo. Dewar patentó en 1893 la idea de crear el vacío entre ambas botellas, pero no se le ocurrió patentar el recipiente, y en 1903, uno de los dos alemanes que trabajaban para él soplando el vidrio de las botellas, Reinhold Burger, solicitó la patente de la botella doble en Inglaterra, lo que le convierte en el inventor oficial. En 1904, Burger se unió a un compatriota suyo y formó la empresa Thermos Gmbh. El nombre lo obtuvieron de un concurso ganado por un alemán de Munich al proponer la palabra thermos, que significa calor en griego. Burger mejoró los primeros termos y en 1907 vendió la patente a una empresa americana, otra australiana y otra de la propia Gran Bretaña, generando su propia competencia y perdiendo las patentes sucesivamente en pleitos durante los próximos años, aunque la palabra termo se ha convertido en un genérico. Aquellos primeros termos fueron llevados a las grandes expediciones de Shackleton al Polo Sur, Peary al Polo Norte y los primeros vuelos de los hermanos Wright.

Paraguas
200 a.C.

Los primeros en usar el paraguas fueron los chinos, aunque no está claro el momento de su invención, pues aparece mencionado por primera vez en un libro de ceremonias llamado Zhou-Li, de hace 2.400 años, donde se describe su forma, con 28 radios, y el diámetro de su circunferencia. Sin embargo, no aparece representado en un pictograma hasta cuatrocientos años después, durante el gobierno de Cao Cao (155-220), en el periodo de los Tres Reinos. De China pasó a Japón, luego a Corea y a Persia y, por fin, en 1750, llegó a Inglaterra de la mano de un trotamundos llamado Jonas Hongway, a quien le costó veinte años que la gente lo aceptara a pesar del clima y de que se paseaba con él por las calles, pues representaba una competencia para los cocheros en tiempo de lluvia y éstos lucharon contra él con todas sus fuerzas. En 1875 aparece mencionado por primera vez en un periódico de París.

Máquina de coser 1930

El francés Barthólemy Thimonnier inventa la primera máquina de coser en 1830. Daba unas doscientas puntadas por minuto, bastantes más de las que podía dar un sastre a mano, por muy hábil que fuese. Thimonnier empezó fabricando uniformes para el gobierno. Pero su máquina era muy simple y la verdadera máquina de coser como la conocemos actualmente la inventa el bostoniano Isaac Singer en 1851. Singer era mecánico, tenía dos mujeres y ocho hijos y perseguía el dinero. Un juez decidió que había copiado el invento del también bostoniano Elías Howe y le obligó a pagarle royalties. Mientras se celebraba el juicio, fundó la Singer Company en 1853.

Impermeable 1823

Los primeros en impermeabilizar sus prendas de vestir fueron los indígenas brasileños, que usaban una resina blanca procedente de un árbol llamado hevea. La resina se coagulaba sobre las prendas, las mantenía flexibles e impedía el paso del agua. Los conquistadores españoles copiaron a los indios e impermeabilizaron sus capas y botas con esta resina. En 1748, el astrónomo e ingeniero francés, François Fresneau, que había descubierto el látex en un viaje a la Guayana francesa, le añadió trementina al caucho para hacerlo más manejable sin perder la elasticidad. En 1823, el químico escocés Charles Macintosh, descubrió que el látex se disolvía en la nafta del alquitrán, y podía obtener capas delgadas y flexibles de caucho que pegó a los vestidos para hacerlos impermeables.

Plancha
Siglo V

Planchar la ropa se convierte en una necesidad desde el momento en que las ropas dejan de ser simples pieles de animales recortadas. Los griegos vestían lana en invierno, aunque la mayor parte del tiempo usaban el lino, y éste tiende a arrugarse notablemente cuando se lava. Es muy probable que las primeras planchas fueran simples piedras planas calentadas. Los griegos calentaban una barra de hierro y la hacían rodar encima de la ropa con sumo cuidado. Los romanos delegaban este trabajo, que se convirtió en un arte, en los esclavos. ¿Alguien se imagina a un pulcro senador con la túnica arrugada? No a Julio César, desde luego, ni en el campo de batalla. Las clases altas, desde luego, se distinguían por la elegancia de los pliegues y la cualidad, por tanto, de sus planchadores.

Durante la Edad Media, las clases bajas vestían pieles casi siempre o lana, pues el lino era difícil de conseguir, y hasta que no aparecen las primeras fábricas textiles no se usa el algodón. En el siglo XV, las clases ricas usan una especie de 'caja caliente' que contiene piedras al rojo vivo o carbón, que es un simple recipiente de hierro con una tapa y un asa. Cuando se generaliza el uso del algodón, que ya se usaba en Perú y la India hacía miles de años, las planchas empiezan a usarse en todos los hogares, pero el carbón es un mal amigo de la limpieza, y las ropas siguen arrugadas hasta la aparición de la primera plancha eléctrica en 1882, de la mano del neoyorquino Henry W. Weely. En 1906 se fabrican en serie y en 1926 aparecen las planchas de vapor.

Cremallera
1914

Antiguamente, se usaban botones o broches de cualquier tipo para cerrar prendas de ropa o bolsos. La idea de un cierre continuo para unir dos prendas fue patentada por primera vez en Estados Unidos por Elias Howe en 1851, pero su invento no se deslizaba, sino que consistía más bien en una serie de ganchos. En 1893, Whitcomb L. Judson, de Chicago, patenta la idea de dos cadenas de dientes que se unen o se separan mediante una guía, pero estaba hecha para zapatos y era dura y pesada, además de que se abría cuando menos se esperaba. Por fin, en 1914, el sueco afincado en Estados Unidos Gideon Sunback decidió cambiar el sistema de los corchetes por dientes que, siendo iguales a cada lado, encajan mediante un carro que los une y los separa. La segunda versión, llamada Hookless Fastener Nº 2, consistía en tiras con dientes iguales que se separaban y se unían mediante el movimiento del carro. Se empezaron a usar durante la Primera Guerra Mundial en los trajes de los pilotos y más tarde en las botas. Hasta 1935 no se empezaron a usar las cremalleras en la ropa civil.

Deportes
De la natación al baloncesto

Prehistoria

Natación

Curiosidades

Las Olimpiadas de Munich de 1972 tuvieron un rey absoluto: el nadador estadounidense **Mark Andrew Spitz**, quien consiguió siete medallas de oro. Spitz se retiró con sólo 22 años tras Munich. Cuando tenía 41 años, un millonario americano, Bud Greenspan, le ofreció un millón de dólares si se clasificaba para las olimpiadas de Barcelona en 1992, pero a pesar de hacer un tiempo que hubiera sido oro en su juventud, 20 años después no consiguió la marca mínima requerida.

La primera representación de un nadador se encuentra en la Cueva de los nadadores, descubierta en 1933 por Laszlo Almasy en Wadi Sora, en la frontera de Libia, Egipto y Sudán. Hay referencias a la natación en todos los grandes libros, desde *Gilgamesh* a la *Odisea* y la Biblia, aunque en los juegos olímpicos de la Antigüedad no estaba incluida; sin embargo se celebraban concursos en Grecia y en Roma.

El primer libro que hace referencia a la natación, *Colymbetes*, lo escribe en Alemania Nicolas Wynman, profesor de lengua, en 1538. En 1603, un edicto imperial obliga a la enseñanza de la natación en Japón, y se organizan concursos entre escuelas. En 1696, el francés M. Thévenot escribe *El arte de la natación*, y poco después aparecen nuevos libros en Alemania e Italia. En 1708 se crea la primera asociación de socorristas en Chinkiang, China. En 1796 se funda el primer club de natación en Uppsala, Suecia, el Uppsala Simsällskap, que aún existe, y en 1837 se funda el primero de Berlín. Ese año, en Inglaterra se funda la National Swimming Association y se organizan las primeras carreras de natación. En 1844 se tiene noticia de una competición en Londres, ganada por un tal Flying Gull, que recorrió 130 pies, unos 40 metros, en 30 segundos.

El primer campeón de Inglaterra, Tim Morris, ganó una carrera en el Támesis en 1869. Ese año, se forma la primera asociación de clubes en Inglaterra. Hasta ese momento, el único estilo de natación que se practicaba era una especie de braza que imitaba a las ranas, con la cabeza siempre fuera del agua. En torno a 1873, el inglés John Arthur Trudgen, inventa el crowl. Lo aprendió de los indios en un viaje a Sudamérica y los primeros en practicarlo fueron Arthur y Dick Cavill y Alick Wickman. Aun utilizando el sistema antiguo, el capitán Matthew Webb se convierte en el primer hombre en cruzar el Canal de la Mancha en 1875 en 21 horas y 45 minutos, récord que durará 31 años. En 1889 se celebran en Viena los primeros campeonatos

amateur de natación y en 1891 se celebra en Berlín la primera competición de natación sincronizada.

La reanudación de los Juegos Olímpicos en 1896 en Atenas incluye la natación. La primera medalla de oro de los 100 m fue para el húngaro Alfred Hajos con 1'22" en el estilo antiguo. Hasta 1901 no se lograría el minuto en los cien metros con el nuevo estilo de crowl.

Tarzán y los cien mentros en menos de un minuto

Hay quien dice que el crowl nace en Inglaterra en 1840, pero lo único que tenía de la forma moderna de nadar era el movimiento de las piernas en forma de tijera, pues los brazos se llevaban adelante y atrás de forma alternativa por debajo del agua. En 1873, John Trudgen importó desde América el estilo libre, moviendo los brazos por encima de la cabeza y fuera del agua, como había visto hacer a los indios, pero con la patada de la braza. En Australia, en 1890, se combinó el movimiento de los brazos de Trudgen con el movimiento de tijera de las piernas, llamado *double over*; pero aún se podía mejorar, y en 1920, el príncipe hawaiano Duke Kahanamoku, el inventor del surfing, introdujo el ciclo de seis brazadas y batió todos los récords. El también campeón olímpico Johnny Weismuller introduce la flexión del codo y se convierte en la primera persona en bajar del minuto en los 100 metros libres, con una marca de 51 seg. que resistió 17 años. Weismuller nunca perdió una carrera hasta que se convirtió en Tarzán.

2000 a.C. — Primeras referencias a la natación en la cueva de Wadi Sora, cerca de las fronteras de Libia, Sudán y Egipto, encontradas por el viajero húngaro Laszlo Almasy.

ANTIGÜEDAD — Hay referencias a la natación en todas las culturas clásicas; incluso se celebraban pruebas, pero no hay referencias de campeonatos.

1538 — El profesor de lengua alemán Nicolas Wyman escribe el primer libro en el que, entre otros deportes, se menciona la natación, *Colymbetes*.

1603 — La natación se convierte en enseñanza obligatoria en las escuelas de Japón y se organizan las primeras competiciones entre escuelas.

1796 — Se funda el primer club de natación en Uppsala, Suecia, el Uppsala Simsällskap.

1837 — Se funda el primer club de natación en Berlín, Alemania. En Inglaterra, se funda la National Swimming Association y se organizan las primeras carreras de natación.

1844 — Nos llega la primera noticia de una competición en Londres y de su ganador, Flyin Gull, que recorrió 40 metros en 30 segundos.

1873 — El inglés John Arthur Trudgen inventa el estilo libre o crowl que aprendió de los indios sudamericanos y que pronto desplazará a la braza como el estilo más rápido.

1875 — Matthew Webb es el primer hombre en cruzar el Canal de la Mancha en 21 horas y 45 minutos.

1896 — La natación se incluye en los Juegos Olímpicos de Atenas de 1896.

1908 — Se crea la Federación Internacional de Natación Amateur.

1400 a.C.

Carreras de caballos

Curiosidades

Todos los caballos purasangre ingleses tienen tres padres de importación, capturados entre los siglos XVII y XVIII en el Próximo Oriente. Con la treintena de yeguas reales de raza árabe de Carlos II de Inglaterra dieron origen a los tres grandes: *Matchem*, *Herodes* y *Eclipse*, el triunvirato oriental del que descienden todos los purasangres.

Existen desde que se produjo la domesticación del caballo hace cinco o seis mil años. Se sabe que los hititas de la Anatolia turca se entregaban a carreras endiabladas en 1400 a.C. En Egipto, los caballos se usaban sobre todo para tirar de los carros de guerra, pues el burro era el animal de carga preferido.

Probablemente, el primer gran caballo famoso es *Pegaso*, el caballo de los dioses, seguido de *Janto*, la montura de Aquiles, *Bucéfalo*, de Alejandro Magno, *Strategos*, el

caballo de Aníbal, *Genitor*, el caballo de Julio César, *Incitatus* o *Impetuoso*, el caballo de Calígula, el de Nerón, que fue nombrado senador y *Lazlos*, el primer caballo de Mahoma.

En Roma se organizaban carreras en los circos, sobre todo tirando de los carros. Ellos nos legaron la palabra hipódromo, que ha persistido. En cualquier caso, muchos historiadores consideran que la historia de las carreras no empieza hasta el siglo XII, con el retorno de muchos de los cruzados a lomos de caballos árabes. Durante los siglos siguientes se cruzaron las razas y se hicieron selecciones destinadas a conseguir velocidad y resistencia.

La reina Ana, que gobernó en Inglaterra entre 1702 y 1714, organizó las primeras carreras profesionales. En 1750, el Jockey Club reúne a las élites de las carreras por primera vez en Newmarket, donde se celebraban carreras desde 1600 con unas normas muy curiosas, como que cada caballo debía llevar un peso uniforme de 63,5 kilos. El Jockey Club escribe las normas y desde 1814 organiza una serie de carreras consideradas como clásicas.

En España se descubrieron las carreras de caballos a través de los ingleses. Se sabe que el duque de Osuna organizó una carrera a la manera inglesa en la Alameda de Osuna en 1835.

Derecha, *Caballo de Carreras,* de John Frederick Herring Jr.

4000 a.C. — El caballo es domesticado en las estepas de Asia. Del caballo se aprovecha la carne y con la leche de las yeguas se obtiene una especie de yogur, y un alcohol que aun se bebe en Kazajastán, el *koumis*, y en Mongolia, el *airag*.

1775 a.C. — El rey de Mari, ciudad situada al norte de Siria, declara que viajar en carro de caballos es mucho más cómodo que a lomos del animal. Es la primera mención de los carros.

1400 a.C. — Se sabe que los hititas celebraban carreras de caballos entre ellos. En la batalla de Kadesh, en torno a 1300 a.C., donde se enfrentaron al temible ejército de Ramsés II, los hititas basaron todas sus fuerzas en la superioridad de sus carros sobre la infantería egipcia. Los caballos de entonces, poco más grandes que un poney, empezaron a utilizarse de forma masiva en carros después de la invención de las ruedas de radios.

1000-500 a.C. — Los romanos exterminan a los etruscos en Italia, un pueblo que se cree estaba íntimamente unido a los caballos por cultura y tradición. • En esa época se desarrollan varias culturas en torno al caballo en las estepas de Asia que darán mucho que hablar. Las carreras de caballos estaban a la orden del día de una forma espontánea u organizada.

1174 — El rey Carlos II de Inglaterra organiza las primeras carreras en Europa. Recordemos que este rey también organizó el primer combate de boxeo. Sin duda, era un amante del deporte.

1688 — El capitán Robert Byerley, de los dragones ingleses, captura el primer caballo de raza turca que viajará a Inglaterra para mejorar las razas autóctonas.

Antigüedad clásica

Atletismo

Curiosidades

"Lo más importante de los Juegos Olímpicos no es ganar sino competir, de la misma forma que en la vida lo importante no es el triunfo sino la lucha. Lo esencial no es haber ganado, sino haberlo hecho bien." **Pierre de Coubertin.**

Es muy probable que se celebraran campeonatos de atletismo, en el sentido más amplio del término, desde la noche de los tiempos, pues es fácil imaginar a dos hombres o más enfrentados para ver quién corre más deprisa o es capaz de levantar la carga más pesada en cualquier época.

Si consideramos el atletismo una competición con unas normas determinadas, hemos de buscar su inicio en el de cualquier civilización medianamente avanzada. Los primeros registros de una competición de este tipo se dan en las Olimpiadas griegas, que se celebraron en Olimpia entre los años 776 a.C. y 393 d.C., año en que fueron abolidos por el emperador Teodosio después de celebrarse 293 juegos, al imponerse el cristianismo, que los consideraba paganos.

La idea de los Juegos Olímpicos fue un acuerdo entre varios reyes de Grecia, entre ellos Licurgo de Esparta, para mantener la paz durante la celebración. La primera celebración incluía una carrera de un estadio, que equivale a 192,27 metros. El pentatlón incluía lanzamiento de disco y de jabalina, salto de longitud, carrera y lucha. También había competiciones de boxeo, lucha, carreras de carros y una mezcla de boxeo y lucha llamado pancracio. La leyenda dice que fue Heracles quien creó los Juegos Olímpicos y construyó el estadio en honor de su padre Zeus después de acabar los doce trabajos.

El atleta más conocido de aquellos tiempos fue Milo de Crotona, nacido en el sur de Italia y vencedor en seis olimpiadas. En 1859 se hizo un intento de resucitar las olimpiadas en Grecia, pero después de tres intentos, la idea fracasó, y hubo que esperar a que los franceses, mucho más influyentes, lo propusieran en 1893 de la mano del barón Pierre de Coubertin. Los primeros juegos modernos se celebraron en 1896 en Atenas.

776 — 393 a.C. — Se celebran las Olimpiadas griegas. Los atletas, sólo varones, compiten desnudos. Las diferentes disciplinas aparecen con el tiempo, ya que las olimpiadas eran una manera de mantener la paz. A las carreras iniciales se unieron la lucha, los lanzamientos y el salto.

1894 — El barón Pierre de Coubertin funda el 23 de junio el Comité Olímpico Internacional en la Universidad de la Sorbona de París.

1896 — Se celebran los primeros Juegos Olímpicos modernos en Atenas.

1912 — Por primera vez se cronometran las carreras en los Juegos Olímpicos de Estocolmo.
• Jim Thorpe gana las medallas de oro en el pentatlón y el decatlón, pero le son anuladas porque se descubre que cobraba un salario por jugar al béisbol y por tanto era profesional. Las medallas le fueron restituidas a su hijo después de su muerte en 1982.

1920 — Por primera vez ondea la bandera olímpica, ideada por Pierre de Coubertin, en los Juegos Olímpicos de Amberes.

1924 — El corredor finlandés Paavo Nurmi gana por primera vez cinco medallas de oro en las olimpiadas de París.

1936 — Por primera vez un atleta de color, Jesse Owens, gana cuatro medallas de oro en las olimpiadas de Berlín. Hitler abandonó el estadio ofendido.

1948 — El checoslovaco Emil Zatopek, la locomotora humana, baja por primera vez de los 30 minutos en los diez kilómetros.

1972 — Mark Spitz se convierte en el primer atleta en ganar 7 medallas de oro en Munich.

1976 — La atleta rumana Nadia Comaneci consigue por primera vez diez puntos, la perfección absoluta, en una prueba de gimnasia en los Juegos de Montreal.

Antigüedad

Boxeo

Curiosidades

Cassius Clay, considerado el mejor boxeador de pesos pesados de todos los tiempos, derriba a Sonny Liston en mayo de 1965, apenas empezar el combate. Clay aprendió a pelear con 12 años, cuando un policía le sugirió que aprendiera a defenderse después de que le robaran la bicicleta.

Derecha, pintura al fresco de niños boxeadores hallada en la isla de Thera, Grecia, siglo II a.C.

El boxeo se practica desde el principio de los tiempos. En Irak se ha descubierto un fresco que muestra a dos boxeadores con guantes de cuero en las manos. En el Mediterráneo, como atestiguan frescos de esa época, empieza a desarrollarse en torno a 1500 a.C.

En la antigua Grecia, se usaban guantes que dejaban los dedos libres, y las peleas eran hasta que uno de los dos caía. Fue uno de los primeros deportes en incluirse en las olimpiadas clásicas. Los romanos introdujeron el uso de clavos de hierro dentro de los guantes, que solían provocar la muerte del contrincante. En Roma, empezó siendo un deporte de esclavos que buscaban la fama para liberarse, pero su popularidad hizo que incluso los nobles se dedicaran a ello. Se llegó a tal grado de brutalidad que César Augusto lo prohibió durante un tiempo, pero volvió a popularizarse hasta que fue prohibido definitivamente por Teodorico el Grande.

En la India, Gautama Buda hace referencia el boxeo en una de sus conversaciones con Manjusri, relatada en el *Lotus Sutra*, en el siglo VI a.C. En China, las artes marciales se desarrollan durante la dinastía Zhou, a partir del año 1000 a.C. El primer campeón moderno fue el británico James Figg en 1719. Conservó el título durante once años y fundó su propia escuela de boxeo. La primera pelea documentada en Londres se dio en 1681, y las primeras reglas de boxeo, llamadas "Reglas del London Prize Ring" fueron introducidas por el campeón de peso pesado Jack Broughton en 1743 para proteger a los boxeadores. En 1867 se introducen las reglas del Marqués de Queensberry que obligan al uso de los guantes modernos y reglamentan incluso el calzado. El primer campeón según estas reglas nuevas fue el californiano Gentleman Jim Corbett, que derrotó a John L. Sullivan en 1892, en el Pellican Athletic Club de Nueva Orleans.

1500 a.C. — El boxeo es uno de los deportes más antiguos que se conocen, como la lucha.

SIGLO VI a.C. — Se hace mención del boxeo en uno de los libros sagrados de la India, el *Lotus Sutra*.

GRECIA Y ROMA — En Grecia, los guantes dejaban los dedos fuera; en Roma adquirió tanta popularidad que César Augusto tuvo que prohibirlo.

1681 — Primera mención de un combate de boxeo en tiempos modernos organizado por el duque de Albermale, entre su mayordomo y el carnicero.

1719 — Primer campeón de boxeo conocido, James Figg. En aquellos tiempos se luchaba sin guantes y se realizaban apuestas.

1743 — El campeón John Broughton redacta las primeras reglas conocidas.

1865 — Reglas del marqués de Queensberry con el uso de guantes. Las peleas clandestinas duraban hasta que un púgil se rendía o caía desvanecido.

1892 — El último campeón del mundo sin guantes, John L. Sullivan, pierde el título en su primera pelea con guantes.

1925 — Antonio Ruíz se convierte en el primer español en conseguir un campeonato de Europa, en el peso pluma.

1926 — Paulino Uzcudum se convierte en el primer campeón de Europa español de peso pesado.

1934 — Se funda la Federación Española de Boxeo.

1935 — Primer campeón del mundo español, Baltasar Berenger 'Sangchili', de los pesos gallos según la IBU. • El siguiente será José Legrá en los años 1968 y 1972 en peso pluma. • Pedro Carrasco lo fue en 1971 de peso ligero.

Antigüedad

Esquí

La primera imagen de un cazador con esquís de madera en los pies, grabada sobre una piedra de feldespato, se ha encontrado en el municipio de Rodoy, en Noruega. Es probable que los antecesores de los samis, los habitantes de Laponia, esquiaran hace más de cinco mil años, como muestran algunas pinturas rupestres. La propia palabra «esquí» procede del antiguo noruego y

Curiosidades

Paquito Fernández Ochoa fue el primer español en conseguir una medalla de oro en unos Juegos Olímpicos, en Sapporo, en 1972, en la modalidad de eslálom especial. Y, hasta ahora, ha sido el único.

A la derecha, Blanca Fernández Ochoa, primera esquiadora española en conseguir una medalla en unos Juegos Olímpicos, de bronce, en eslalom gigante, en Albertville, en 1992.

significa «tablas de madera». Los primeros esquís, ovalados, alargados u oblicuos fueron inventados en lugares alejados entre sí del hemisferio norte, entre Siberia y los países escandinavos. El noruego Sondre Norheim (1825-1897) es considerado el creador del esquí moderno. Nacido en Telemark, sur de Noruega, inventó las fijaciones de los esquís y el estilo telemark, que deja el talón libre y permite saltar y girar sin perder los esquís.

El primer descenso de esquí alpino se organiza en California, en La Porte, en 1866, por un grupo de buscadores de oro procedentes de Noruega. En 1906 se organiza el descenso del Horn, en Austria. El esquí alpino fue ideado por el inglés Arnold Lunn, que lo puso en práctica en Chamonix en 1897. Lunn consiguió que éste fuera aceptado en 1930 por la Federación Internacional de Esquí, fundada en 1924 a raíz de los primeros Juegos Olímpicos de Invierno de Chamonix. Austria organiza los primeros campeonatos nacionales en 1929, y Suiza en 1930. El primer slalom se celebra en 1922 en Mürren, Suiza.

SIGLO X — Los vikingos utilizan esquís de madera para desplazarse por los campos nevados.

SIGLO XIII — El patinaje sobre hielo se convierte en un deporte muy popular en los Países Bajos.

SIGLO XIX — El noruego Sondre Nordheim, creador del esquí moderno, inventa las fijaciones para los esquís y el estilo telemark que deja los talones libres y permite el salto.

1883 — Se funda la Asociación Noruega de Esquí, que organizará el primer torneo internacional en 1893 en Christiania, antiguo nombre de Oslo.

1893 — Se funda el primer club de esquí alpino en los Alpes.

1924 — Se funda la Federación Internacional de Esquí, FIS, el 2 de febrero en Chamonix. • Primeros Juegos Olímpicos de Invierno con el nombre de Semana Internacional de Deportes Invernales.

1941 — Se funda la Federación Española de Esquí.

1960 — Primera biatlón de invierno que combina el esquí de fondo y el tiro con rifle en Squaw Valley, en California.

1968 — Jean-Claude Killy gana tres medallas de oro por primera vez en los juegos de Grenoble, en Francia, en eslálom, eslálom gigante y descenso.

2007 — La esquiadora noruega Anja Paerson se convierte en la primera persona en ganar las cinco modalidades de esquí alpino: descenso, super gigante, eslálom y eslálom gigante y combinada.

Salvador Dalí jugando al ajedrez con su mujer, Gala, en Hampton Manor.

El primer campeón

■ Hay quien dice que el primer campeón del mundo de ajedrez fue el español Ruy López de Segura, autor del *Libro de la invención liberal y arte del juego del Axedrez* publicado en Alcalá de Henares en 1561. En 1560 había derrotado a los más reputados maestros italianos, incluido el maestro Leonardo da Cutri, mejor jugador de Italia, al que ganó dos veces en su país; sin embargo, cuando Felipe II convocó a los mejores jugadores de Italia a competir con los ajedrecistas españoles en Madrid en lo que se considera el primer torneo internacional de ajedrez, en 1575, fue Leonardo quien ganó, embolsándose los mil ducados del premio, una capa de armiño y la exención de pagar impuestos. Aquella partida es la primera documentada, y la primera en la que se juega la apertura llamada de gambito de rey.

Siglo VI

Ajedrez

Curiosidades

Serie de sellos emitida en 2001 por Liberia, que recoge varias escenas de la biografía de **Anatoli Karpov, maestro internacional con sólo 15 años.**

La leyenda habla de un rey de la India llamado Belkib que, buscando acabar con su aburrimiento, ofreció una recompensa a cambio de alguna distracción. Se dice que fue el sabio Sissa quien le propuso el ajedrez, un juego que comprendía una pequeña guerra sobre un tablero de madera.

El rey, entusiasmado, le ofreció lo que quisiera a cambio. Sissa le pidió un grano de trigo sobre el primer recuadro del tablero de ajedrez, dos sobre el segundo y así sucesivamente, doblando cada vez la cantidad. Al rey le pareció una cantidad modesta y accedió, pero cuando empezaron los cálculos se descubrió que en la última casilla habría que depositar más de nueve billones de granos de trigo. Otra leyenda dice que fueron los griegos quienes inventaron el ajedrez para distraerse durante el largo asedio de Troya más allá del año 1000 a.C.

Lo cierto es que la única referencia fiable es la de su origen en el noroeste de la India, a partir de un juego llamado *chaturanga*, mencionado en algunos escritos en el siglo V, mil años después de la primera mención de un juego parecido en el libro sagrado hindú *Mahabarata*. Algunos autores creen que se desarrolla en la China o que recibe una fuerte influencia por la cercanía de sus fronteras. En el año 600, el juego se propaga a Persia, donde se llama *chatrang*, y los árabes lo copian como

shatranj. Entre los siglos IX y X acaba de desarrollarse, salvo que algunos elementos son diferentes; por ejemplo, el alfil es un elefante, y en lugar de reina tenemos a un visir que sólo puede avanzar una casilla. El ajedrez entra en Europa de la mano de los árabes españoles.

El califa Harun al-Rashid le regala un ajedrez fabricado a finales del siglo IX a Carlomagno que aún se conserva en la Biblioteca Nacional francesa. Hacia 1475, en España, la pieza de la reina, que sustituye al consejero o visir árabe, adquiere los movimientos actuales.

El libro más antiguo conocido se llama *Repetición de amores y arte de ajedrez*, de Luis Ramírez de Lucena, primer maestro reconocido, y se publicó en Salamanca en 1497. El primer torneo moderno se celebra en 1851 en Londres y es ganado por el alemán Adolf Anderssen contra el estonio Lionel Kieseritzky en la llamada "partida Inmortal".

El primer campeón del mundo fue el maestro Wilhelm Steinitz, austriaco nacido en Praga de ascendencia judía, que derrotó al maestro alemán Johannes Zukertort en 1886. Conservó el título hasta 1894, en que fue derrotado por el matemático alemán Emanuel Lasker, que mantuvo el título 27 años, nuevo récord, hasta que en 1921 se lo arrebató el cubano Raúl Capablanca.

SIGLOS V - VI — La leyenda cuenta que el rey Belkib, de la India, le pidió a uno de sus sabios que inventara un juego para no aburrirse. Sissa le propuso el ajedrez.

600 — Un juego muy parecido al ajedrez, derivado del *chaturanga* de la India, se propaga por Persia, alcanza el mundo árabe y llega a España, desde donde se introducirá en Europa.

SIGLO XV — El ajedrez adquiere las formas y las reglas actuales, debido sobre todo a la invención de la imprenta. • El año 1497 se publica el libro de ajedrez más antiguo conocido, *Repetición de amores y arte de ajedrez*, de Luis Ramírez de Lucena.

1737 — El sirio Philip Stanma de Alepo publica *El noble juego del ajedrez* y propone la notación algebraica como forma de representar la secuencia de movimientos de una partida de ajedrez.

1813 — Aparece la primera crónica especializada en ajedrez en el periódico inglés *Liverpool Mercury*. • En París aparece la primera revista dedicada al ajedrez, *Le Palamede*, en homenaje al griego Palamedes, que durante un tiempo se consideró inventor del ajedrez durante la guerra de Troya.

1851 — Se celebra el primer torneo moderno de ajedrez en Londres, ganado por el alemán Adolf Anderssen.

1886 — Primer campeonato del mundo, ganado por el austriaco nacido en Praga Wilhelm Steinitz.

1924 — Se crea la Federación Internacional de Ajedrez (FIDE), que regirá desde entonces el mundo del ajedrez.

1927 — Primer campeonato del mundo femenino, ganado por la checoslovaca Vera Menchik, que murió en un bombardeo en la Segunda Guerra Mundial.

1383

Esgrima

1200 a.C. — Primeras pinturas en las que se ven hombres luchando con espadas en Luxor, en el antiguo Egipto.

ANTIGUA ROMA — Los legionarios romanos aprenden técnicas de lucha con espadas cortas que les permiten ganar batallas con facilidad. • Entre los gladiadores, el arte de la lucha con espadas se premia con la vida, pero no podemos hablar de esgrima, pues carecen de normas.

1383 — Primera asociación de esgrima en Alemania, donde se desarrolla este deporte como arte de competición.

1409 — Primer tratado de esgrima escrito por Fiore del Liberi, maestro italiano en este arte, con el título de *Flos Duellatorum*.

1471 — Primer tratado en español sobre esgrima, escrito por Sierge de Valera, que se ha perdido, como también *La verdadera esgrima*, escrito por el mallorquín Jaime Pons de Perpiñán en 1472 y *El manejo de las armas de combate*, publicado en 1473 por Pedro de la Torre en Sevilla.

1501 — Un español de apellido Gonzalo introduce el uso de la cazoleta para proteger la mano durante el combate,

1582 — Don Jerónimo de Carranza introduce un nuevo estilo con su libro *De la Philosophia de las armas*. Le llamó la Destreza Verdadera y se hizo muy popular gracias a uno de sus discípulos, don Luis Pacheco de Narváez.

1896 — La esgrima, en sus variedades de florete y sable, se introduce en los Juegos Olímpicos.

La esgrima es un arte de defensa y ataque que se practica con una espada, un florete, un sable o un arma similar. Las espadas empiezan a usarse con diferentes nombres en la antigüedad, desde el momento en que pueden manipularse los metales y conseguir un arma con el filo suficiente como para cortar o atravesar un cuerpo humano. Se sabe que los egipcios ya se entrenaban con espadas de puntas afiladas para el arte de la guerra, como consta en un templo cercano a Luxor que data de 1200 a.C. No hay duda de que griegos y romanos se entrenaban en este arte. Los romanos llegaron a desarrollar técnicas de combate con espadas bastante avanzadas, pero su estilo no se considera todavía esgrima. La esgrima como arte de competición, con espadas ligeras y unas normas concretas, empieza a desarrollarse en la Edad Media en Alemania, donde aparece la primera asociación de este deporte en 1383. A partir de este momento, cada país desarrolla su propia escuela de esgrima, entre las que destacan la española y la italiana. El primer tratado de esgrima conocido, *Flos Duellatorum*, fue escrito en 1409 por el maestro de este arte en Italia, Fiore del Liberi, por encargo del marqués Nicollo III d'Este, marqués de Ferrara, Modena y Regio Emilia.

El primer tratado escrito en español se achaca a Sierge de Valera en 1471, pero los primeros libros se han perdido. En 1501, un capitán español de apellido Gonzalo introduce el uso de la cazoleta para proteger la mano. En 1582, don Jerónimo de Carranza introduce un nuevo estilo al que llamó la Destreza Verdadera, muy popular gracias a uno de sus discípulos, don Luis Pacheco de Narváez. Sin embargo, en Europa se populariza el estoque y la técnica italiana, que empieza a practicarse con el brazo izquierdo envuelto en un manto. Poco a poco, las escuelas italiana y española, que se influencian mutuamente, dan lugar a la esgrima moderna. Los franceses inventan el florete en el siglo XVIII y en el siglo XIX se prohíben los duelos y se normalizan el uso de los guantes, los tiradores y los protectores de pecho y de rostro. La esgrima se limita al uso de florete, sable y espada. El barón Pierre de Coubertin era esgrimista, y este deporte, en las categorías de florete y sable es uno de los primeros en implantarse como deporte olímpico.

1457

Golf

Los orígenes el golf son inciertos, aunque suele aceptarse que el juego moderno se inicia en Escocia en el siglo XV, derivado de una práctica habitual de los pastores, que golpeaban una pelota con palos para conducirla hasta un agujero. Sin embargo, algo parecido al golf se menciona en un libro chino del siglo XI, y los propios chinos lo consideran una invención suya de hace al menos cuatro mil años. Incluso en la antigua Roma practicaban un juego parecido al que llamaban *paganica*, que se jugaba impulsando una pelota con un palo doblado en la punta hasta una marca determinada.

De todos modos, en Roma no había tantos hoyos como en las turberas escocesas, donde la afición alcanzó tal grado que el rey Jacobo II de Escocia acabó prohibiendo en 1457 la práctica del golf por la cantidad de tiempo que se perdía y la poca utilidad del juego. Es la primera vez que el golf aparece mencionado en un documento, y se considera la fecha de su origen.

El nombre parece proceder del kolf («palo» o «club») practicado por los holandeses en el siglo XIII, un juego parecido con un palo y una pelotita, pero de Holanda sólo le viene el nombre, y se acepta maliciosamente que fueron los escoceses (pastores o pescadores al regresar al terruño),

Curiosidades

El español **Severiano Ballesteros** ha sido el primer golfista europeo en ganar el Open Británico desde 1907, y al hacerlo con 22 años, fue el ganador más joven de todo el siglo XX. En 1980, con 23 años, fue el primer europeo en ganar el Masters de Augusta desde su fundación.

Bob Hope, un gran aficionado al golf, junto a sus amigos Dean Martin y Jerry Lewis, en Illinois en 1953.

quienes lo inventaron mientras corrían por los prados detrás de la pelota con una botella de whisky en la mano que debían beberse en dieciocho tragos, tantos como hoyos. Jacobo no pudo impedir que el juego se hiciera tan famoso que en Inglaterra pasó a practicarse, al revés que en Escocia, por las clases nobles, vestidos con sus mejores galas, de ahí que al llegar a Estados Unidos, se considerase deporte de élite.

1457 — El rey Jacobo II de Escocia prohíbe la práctica del golf por su inutilidad y la pérdida de tiempo que supone.

1744 — Se forma el primer club de golf, The Honourable Company of Edinburgh Golfers, y se organiza el primer torneo, la Silver Cup.

1754 — Se funda la Society of St Andrews Golfers, el club más prestigioso del mundo y la máxima autoridad del golf mundial.

1860 — Primer Open del mundo, el Open Championship o British Open, uno de los cuatro grandes torneos del mundo (junto con el Masters; el U.S. Open y el PGA Championship, de 1916) ganado por el escocés Willie Park.

1873 — Se funda el Royal Montreal de Canadá, el primer club de golf de Norteamérica.

1892 — El Open se juega a cuatro vueltas de 18 hoyos por primera vez.

1895 — Primer Open de Estados Unidos, ganado por Horace Rawlins en el Newport Club, Rhode Island.

1916 — Primer PGA Championship, ganado por el británico James M. Barnes, en el Siwanoy Country Club de Bronxville, Nueva York.

1927 — Primera Ryder Cup entre EE UU Unidos y Europa, ganada por EE UU en Worcester, Massachusetts.

1934 — Primer Masters de Estados Unidos, ganado por el estadounidense Horton Smith en el club de Augusta, en Georgia.

1946 — Primer Open femenino en EE UU, ganado por la estadounidense Patricia Berg en Spokane, Washington.

1953 — Se celebra la primera World Cup de Golf en Montreal, Canadá, ganada por Argentina.

1845

Béisbol

Curiosidades

Hay quien considera que el fundador del béisbol fue el general Abner Doubleday, famoso por ordenar el primer disparo de la Guerra de Secesión americana, en la defensa de Fort Sumter. También sería el autor del primer diamante y las normas del béisbol en 1839.

El béisbol está directamente relacionado con el modo de vida americano, y es en Estados Unidos donde se establecen las normas modernas en 1845 de la mano de Alexander Cartwright, que se inspira en el *rounders*, un juego que se venía practicando desde el siglo XVII en Inglaterra y que los primeros colonos introdujeron en Estados Unidos. El rounders tiene unas reglas muy parecidas a las del béisbol y deriva a su vez de otros deportes de pelota que se veían practicando en las Islas Británicas desde el siglo XI, como el *stoolball*, antecesor también del cricket, o el llamado 'gato y perro' ('cat and dog'), un juego en el que una pieza de madera llamada 'gato' tiene que meterse en un agujero defendido por otro jugador que tiene un palo llamado 'perro'.

Cartwright creó en 1845 un club, el Knickerbocker, que entrenaba en los Elysian Fields de Hoboken, y que se enfrentó al año siguiente al New York Nine en el primer partido de la historia del béisbol moderno. Enseguida se crearon nuevos clubes y las reglas fueron cambiando, para estandarizarse en 1857 en una convención entre los dieciséis clubes existentes en Nueva York. En 1869, el Cincinnati Red Stockings convierte en profesionales a sus jugadores, y en 1876 se juega la primera liga nacional, la primera Major League. En 1900 aparece la American League, la segunda Major League, y en 1903 los ganadores de cada liga se enfrentan en una serie de seis partidos para decidir el vencedor absoluto. En la primera final se enfrentaron los Boston Red Sox y los Pittsburgh Pirates.

A la izquierda, guante y bola de béisbol. Estos guantes son un regalo muy preciado por los niños americanos, que lo guardan toda la vida e incluso trascienden de una a otra generación.

1825 — Aparece la primera referencia al béisbol como deporte organizado en el *Delhi Gazette* de Nueva York.

1845 — El estadounidense Alexander Cartwright funda el primer club de béisbol del mundo, el Knickerbocker Base Ball Club de Nueva York, aunque el equipo venía jugando desde 1842. • Se publica el primer manual de normas.

1846 — Se juega el primer partido bajo las normas de Cartwright en Hoboken, Nueva Jersey.

1866 — Se juega el primer partido de béisbol en Cuba.

1869 — El Cincinnati Red Stockings se convierte en el primer equipo profesional de la historia.

1884 — Bobby Lowe es el primer jugador en hacer cuatro *home runs* (cuadrangulares) en un partido.

1926 — Babe Ruth, de los New York Yankees, y cuya vida llevó a la pantalla Gary Cooper, es el primer jugador en conseguir tres cuadrangulares en las series mundiales. El año siguiente será el primero en conseguir sesenta cuadrangulares en una temporada.

1938 — Se celebra la primera Copa del Mundo entre Estados Unidos y Gran Bretaña, con la victoria de estos últimos.

1953 — Los New York Yankees se convierten en el primer equipo en ganar las World Series.

2001 — Barry Bonds se convierte en el primer jugador en conseguir 73 cuadrangulares (*home runs*) en una temporada.

1863

Fútbol

El día del nacimiento oficial del fútbol es el 26 de octubre de 1863 después de una reunión de asociaciones deportivas en la taberna Freemason's, en Great Queen Street, Londres. En aquella famosa reunión había partidarios de todas las escuelas deportivas de Inglaterra. Los que venían de la ciudad de Rugby apostaban por el uso de las manos, y los que venían de Harrow querían permitir únicamente el uso de los pies y la cabeza. Finalmente, se separaron el fútbol y el rugby, se creó la English Football Asociation y se escribieron las primeras reglas. En 1871, los partidarios de usar las manos crearon la Football Rugby Union y dieron nacimiento al rugby. Los antecedentes del fútbol son muy lejanos, la propia FIFA encuentra evidencias de un deporte muy parecido en la antigua China, en los siglos II y III a.C. En Roma, un juego llamado *harpastum*, con una pelota más pequeña, se jugaba en Roma en la época del imperio, y se inspiraba en un juego griego, la *phaininda*, más parecido al rugby. En la Edad Media se jugaron diversas variantes del fútbol, pero los ingleses fueron los primeros, a finales del siglo XVII, en poner normas y reglas. En esa época, el profesor de escuela Richard Mulcaster (1531-1611) se convierte en el gran defensor de este deporte, al que llama *footeball*, de 'pie' y 'balón' en inglés, para educar a los niños. En 1841 se juega en Eton el primer partido que se recuerda con once jugadores en cada equipo. En 1848, en la Universidad de Cambridge se unifican normas y se crea el Código Cambridge, que limita el uso de las manos. En 1857, el Código Sheffield añade los saques de esquina y los saques de banda, pero, puesto que aún había disidentes, en 1863 se tuvo que convocar la reunión antes mencionada que dio lugar a la primera asociación inglesa de fútbol.

Curiosidades

En **1908**, el fútbol participa por primera vez en los Juegos Olímpicos a nivel de selecciones nacionales. El primer ganador es **Gran Bretaña**, que entre 1908 y 1972 se presentará con el nombre oficial de selección de fútbol de Gran Bretaña e Irlanda del Norte. En los torneos de la FIFA, cada uno de los países del Reino Unido se presenta por separado.

En la imagen, Diego Armando Maradona no olvidará nunca el nombre del primer jugador que intentó quitarle una pelota y no pudo: Juan Domingo Carrera, en 1976.

SIGLOS II Y III a.C. — Los chinos practican un deporte antecesor del fútbol.

SIGLOS I A V — Los romanos practican un juego llamado *harpastum* con una pelota más pequeña que la del fútbol parecida a la del rugby.

SIGLO XVI — Richard Mulcaster le da el nombre de footeball a un juego que se practica en numerosas escuelas inglesas y crea las primeras normas.

1848 — La Universidad de Cambridge intenta unificar las normas y crea el Código Cambridge.

1863 — Se crea la Asociación Inglesa de Fútbol en la taberna Freemason's de Londres, se unifican las normas y se separa el rugby del fútbol.

1871 — Se crea la FA Cup, primera copa de la Asociación de Fútbol en la que participan todos los equipos que se inscriban. En la primera temporada, 1871-1872, se

apuntan quince equipos y el vencedor es el Wanderers, de Battersea, Wandsworth, Londres. En la copa de 2006-2007 se apuntaron 687 equipos.

1872 — Se juega el primer partido de selecciones entre Escocia e Inglaterra.

1888 — Se crea la Football League, la primera liga de fútbol en Inglaterra, con doce equipos.
• El Imperio Británico extiende el fútbol por todo el mundo.

1889 — Se crean las primeras asociaciones de fútbol no británicas en los Países Bajos y Dinamarca. La primera de un país español es la Asociación Argentina, de 1893.

1904 — El 21 de mayo se crea la FIFA.

1930 — Se celebra en Uruguay el primer Campeonato del Mundo de Fútbol, ganado por el país organizador, que derrotó a Argentina en la final por 4-2.

1868

Ciclismo

Curiosidades

El primer español en ganar un Tour de Francia fue **Federico Martín Bahamontes**, el «águila de Toledo», vencedor en la edición de 1959. Eran otros tiempos; un ciclista podía detenerse en lo alto de un collado, después de llegar varios minutos antes que los demás y tomarse un helado esperando al pelotón. No había tanto en juego. En la época de Indurain (en la foto), ganador de cinco tours, entre 1991 y 1995, cada segundo cuenta.

A la derecha, abastecimiento de agua durante la etapa del Tour de Francia de 1964 entre Toulon y Montpellier.

Las primeras carreras ciclistas nacen muy pronto. Aún sin pedales, se celebran carreras con el velocípedo. Cuando se añaden los pedales a la inmensa rueda delantera, éstas se regularizan, y el 31 de mayo de 1868 se celebra la primera carrera documentada del mundo, en el parque Saint Claud de París, sobre una distancia corta de 1.200 m en un suelo de grava destinado a las carreras de caballos. La primera carrera ciclista de la historia, que consiste en dos pruebas, la gana el inglés James Moore (1849-1935), seguido de un tal Polocini.

El Touring Club de Francia ha colocado una placa en este parque donde se puede leer: "El 31 de mayo de 1868, James Moore se convierte en el ganador de la primera carrera para velocípedos en Francia". En 1869 se celebra la primera carrera clásica entre París y Rouen, ganada, cómo no, por James Moore, que invirtió algo más de diez horas. De los cien participantes, cinco eran mujeres. En 1876, un inglés llamado Dodds establece el primer récord de la hora en 25,6 kilómetros. En 1885, el inglés Renold inventa la cadena, y la tracción se traslada a la rueda trasera. Aún antes de la existencia de los neumáticos, empiezan a celebrarse pruebas de resistencia en el medio oeste de Estados Unidos; a partir de 1886, las localidades de Saint Paul y Minneapolis celebran la Six-Day Bicicle Race, y después de la adición de los neumáticos a las ruedas la convoca también el Madison Square Garden de Nueva York. La primera de estas pruebas, celebrada en 1886 en Saint Paul, la gana Albert Schock, que recorre unos 1.500 km en los seis días. En 1890, Dunlop inventa los neumáticos con cámara y en cuanto se añaden a las bicis las distancias se multiplican; el propio Schock gana en el Madison de Nueva York en 1893 recorriendo en los mismos días más de 2.500 km. En Europa, el público no aceptaría tamaña dureza y la primera prueba de seis días se disputa en Berlín en 1909, pero por parejas de relevos, después de que el ciclismo entrara en

los Juegos Olímpicos con la prueba de Fondo en Carretera en 1896. La primera carrera clásica moderna es la Burdeos-París, celebrada en 1891 y ganada por el inglés G. P. Mills. El Tour de Francia se celebra por primera vez en 1903 y lo gana el francés Maurice Garin. El Giro de Italia da comienzo en 1909 y lo gana el italiano Luigi Ganna, y la Vuelta a España, celebrada por primera vez en 1935, la gana el belga Gustaf Deloor.

Mountain-bike

Las primeras carreras de ciclo-cross, es decir, ciclismo campo a través, en el que se alternan el uso de la bicicleta y la carrera a pie con la bici a cuestas, empiezan a celebrarse con el siglo XX, y el primer campeonato internacional se celebra en 1902, organizado por Daniel Gousseau y Géo Lefèvre, que un año después organizaría el primer Tour de Francia. A mediados de los años setenta, los fabricantes de bicicletas empiezan a modificarlas para adaptarlas a las carreras campo a través. Entre los primeros diseñadores figuran Tom Ritchey, que creó una compañía llamada MountainBikes en 1978. En 1981 y siguiendo su diseño, la marca americana Specialized empieza a producir bicicletas de montaña en serie. El primer campeonato del mundo de bicicletas de montaña se celebra en Purgatory, Colorado, en 1990, y las series mundiales, que constan de nueve carreras en Europa y Estados Unidos, se empiezan a celebrar en 1991.
En 1996 se convierte en deporte olímpico en Atlanta.

1868 — Se celebra la primera carrera documentada del mundo, en el parque de St Claude, en París, ganada por el inglés James Moore.

1869 — Primera carrera larga del ciclismo, entre París y Rouen, que podría considerarse una clásica. Todavía no se había inventado el neumático y los pedales estaban en la rueda delantera. El ganador fue James Moore. El Gran Premio de Amiens lo gana el francés Savigneaux.

1874 — James Moore gana el Campeonato del Mundo de la Milla, celebrado en Inglaterra.

1876 — Se celebra el Gran Premio de Angers, ganado por el francés Ch. Terront.

1879 — Se celebra la primera Vuelta al lago de Ginebra, ganado por el suizo Metral.

1880 — La fábrica inglesa Starley lanza la primera bicicleta con la fuerza motriz en la rueda posterior.

1886 — Se celebra en Estados Unidos, en Saint Paul, Minnesota, la primera prueba de resistencia de seis días, ganada por Albert Schock, que recorre unos 1.500 kilómetros.

1887 — El veterinario de Belfast John Boyd Dunlop inventa el neumático y la válvula.

1890 — El neumático es por primera vez desmontable gracias a los esfuerzos de Robertson en Inglaterra y Michelín en Francia.

1891 — Se corre la primera clásica moderna entre Burdeos y París, de 560 km, ganada por el inglés George Pilkington Mills.

1903 — Se corre por primera vez el Tour de Francia, y lo gana el francés Maurice Garin.

1909 — Se celebra por primera vez el Giro de Italia, ganado por el italiano Luigi Ganna.

1935 — Primera Vuelta a España, ganada por el belga Gustav Deloor.

1968 — El ciclista belga Eddy Merckx gana su primer Giro de Italia. Ganará el Tour de Francia cinco veces, entre 1969 y 1974. Ganará otras cuatro veces el Giro de Italia y una vez la Vuelta a España. Los únicos ciclistas capaces de hacerle sombra fueron los españoles Luis Ocaña y Juan Manuel Fuentes.

1978 — Bernard Hinault gana su primer Tour de Francia. Ganará también los de 1979, 1981, 1982 y 1985, tres Giros de Italia y dos Vueltas a España.

1991 — Miguel Indurain gana su primer Tour de Francia, Ganará otras cuatro veces hasta 1995 y el Giro de Italia en 1992 y 1993.

1999 — Lance Amstrong gana su primer Tour de Francia. Ganará seis veces más, hasta 2005.

2006 — Se inicia una era en la que las federaciones ciclistas intentan por todos los medios acabar con el dopaje. Este año y el siguiente, los ciclistas con más posibilidades de ganar el Tour son descalificados por esta causa.

1873

Tenis

Curiosidades

La manera de puntuar las jugadas en tenis, divididas en 15, 30 y 40, viene de la época en que las mediciones se hacían con el sextante, y las unidades de medida seguían el sistema sexagesimal.

El círculo de 360 grados se dividía en seis partes de 60 grados, y éstas en cuatro de 15, 30, 45 y 60 grados. Cada juego en tenis empezó siendo dividido como un sextante, en cuatro partes, y pronto, debido a la costumbre anglosajona de abreviar, el 45, *forty five* en inglés, quedó convertido en *forty*, cuarenta.

Derecha, Gladys Roys e Ivan Unger juegan al tenis sobre las alas de un aeroplano a 1000 metros de altura.

El mayor inglés Walter Clopton Wingfield inventa el tenis sobre hierba en 1874 y le llama *sphairistikè*, que en griego significa "juego de pelota". Algunas de las reglas las obtuvo de un juego practicado en la India que se llamaba *poona*, deporte que se conocía en el Imperio Británico y que inspiró un día de lluvia a un grupo de amigos a jugar con raquetas de tenis en un lugar cerrado de una localidad inglesa llamada Badminton.

En realidad, lo que nació ese día fue un juego llamado badminton, aunque inspirara a Wingfield las normas del tenis. El tenis que ya se practicaba en Inglaterra era una derivación de un juego francés llamado *jeu de paume*, donde el lanzador de la pelota grita en francés: "*¡Tenez!*" para avisar al otro jugador.

El *jeu de paume*, que se jugaba en Francia desde hacía varios siglos, podría ser el antecesor de varios deportes modernos; por ejemplo, hasta el siglo XIII, se jugaba a mano desnuda y muchas veces en un local cerrado, como la pelota vasca; en el siglo XV se usa por primera vez una paleta de madera maciza y en 1505 se hace mención por primera vez del uso de una raqueta con un cordaje de cáñamo o de tripas. En el siglo XVII se juega de cuatro formas: con la mano desnuda, enguantada, con paleta y con raqueta, y el *jeu de paume* y los *paumiers* se profesionalizan. A principios del siglo XVII había más de doscientas salas en París y los ingleses decían que los franceses nacían con una raqueta en las manos, pero durante el reinado de Luis XIV este deporte acaba por desaparecer.

El juego lo introduce en Inglaterra el duque de Orleans, capturado en 1415 tras la batalla de Azincourt y llevado a Winfield, donde vivirá unos veinte años practicando el juego a diario. Probablemente, el primer club de tenis sobre hierba del mundo fue el creado en 1872 por Henry Gem y Augurio Pereira, en el jardín de la casa de Pereira, en Edgbaston, Birmingham. Amigos de estos dos pioneros crearon en 1874 el Edgbaston Archery Lawn Tennis Club, más tarde Leamington Club.

Fue Wingfield, sin embargo, quien popularizó el tenis.

En 1874, la estadounidense Mary Ewing Outerbridge observa a varios marinos ingleses practicando el tenis en las Bermudas, y cuando vuelve a Estados Unidos introduce este deporte, jugando por primera vez en el Staten Island Cricket & Baseball Club, del cual su hermano era secretario.

Torneos del Grand Slam

La expresión Grand Slam fue creada en 1933 por John Kieran, periodista del New York Times, para definir al ganador de los cuatro torneos más importantes del mundo: el Open de Australia, Roland Garros, Wimbledon y el Open de Estados Unidos. Acuñó la frase pensando en el jugador australiano Jack Crawford, que había ganado los tres primeros torneos y hubiera ganado el último de no ser por el asma y el calor de Long Island.

El primero en ganar los cuatro torneos, ya en 1938, fue el norteamericano Donald Budge. Sólo otro jugador ha ganado el Grand Slam, el australiano Rod Laver, que lo hizo en 1962 y 1969. La primera mujer en conseguir esta hazaña fue la estadounidense Maureen Catherine "Little Mo" Connolly en 1953, con sólo 19 años. La siguiente fue la australiana Margaret Smith Court, que a pesar de haber ganado 24 veces un torneo de Grand Slam, sólo consiguió enlazarlos el mismo año en 1970.

En 1988, la alemana Stefi Graft ganó el Grand Slam y los Juegos Olímpicos, en lo que se llama Golden Slam.

SIGLO XI — En Francia se practica el *jeu de paume*, antecesor de varios deportes jugados a mano, como la pelota vasca, o con raqueta, aunque ésta no se usará hasta el siglo XV.

1872 — El mayor Henry Gem y su amigo Augurio Pereira construyen la primera pista de tenis sobre hierba en el jardín de la casa de éste último, aunque no le llamaron tenis todavía, sino 'pelota' en español.

1873 — Walter Clopton Wingfield populariza el tenis en Inglaterra, instaura las normas, publica dos libros y le da el nombre de *sphairistikè* o juego de pelota, pero también de tenis sobre hierba. La palabra tenis viene del francés *tenez*, que se usaba durante el *jeu de paume* en Francia.

1874 — Mary Ewing Outerbridge introduce el tenis en Estados Unidos.

1875 — Las primeras reglas del tenis moderno se implantan en el Marylebone Cricket Club.

1877 — Se juega el primer torneo de Wimbledon, sólo de tenis individual masculino. No se jugará femenino y dobles hasta 1888.

1900 — Se juega por primera vez la Copa Davis de tenis, concebida el año antes por cuatro estudiantes de la Universidad de Harvard, un de los cuales se llamaba Dwight F. Davis. En el primer torneo, celebrado en Boston, sólo compiten Estados Unidos, que gana, y Gran Bretaña. Hasta 1905 no se incluyen Bélgica, Austria, Francia y Australasia (Australia y Nueva Zelanda).

1938 — El australiano Donald Bunge es el primer ganador del Grand Slam, que incluye los cuatro torneos más importantes del mundo.

1966 — Manolo Santana se convierte en el primer español en ganar el torneo de Wimbledon.

2000 — España gana por primera vez la Copa Davis frente a Australia en el Palau Sant Jordi de Barcelona.

2004 — España gana por segunda vez la Copa Davis, frente a Estados Unidos, que ha ganado 31 veces, en Sevilla.

1882

Judo

Curiosidades

El **aikido** lo inventa el japonés **Morihei Ueshina en 1925**. Su objetivo es resaltar el aspecto espiritual del combate por encima del aspecto militar. El aikidoka, si es que puede llamarse así al luchador de este arte, canaliza la agresividad del atacante para demostrarle la inutilidad de su empeño; destruye el ataque, y no al atacante.

Derecha, El japonés Hitoshi Saito es el primer judoka en ganar dos medalla de oro consecutivas en unos juegos olímpicos, en 1984 y 1988. En la foto, en los Juegos Olímpicos de Japón de 1988.

El judo es una de las artes marciales más conocidas en Occidente, o al menos la que se conoce hace más tiempo. El "camino de la flexibilidad" sentó las bases de las artes marciales modernas, cuyo objetivo es defenderse o someter mediante una serie de técnicas codificadas que incluyen el desarrollo personal, la salud y la disciplina mental entre sus objetivos, además de los métodos de combate y, en algunos casos, conocimientos de acupuntura, herboristería y traumatología.

Algunos expertos consideran que el arte marcial más antiguo es el *kalaripatayu* de la India, como un complemento de la meditación. Está asociado al budismo y al hinduismo, se basa en la flexibilidad del luchador y utiliza todo tipo de armas blancas. Se cree que lo fundó un monje llamado Bodhidharma a principios del siglo VI, que después de fundar la primera escuela en Kerala, India, marchó a la China, donde fundó una escuela de la que derivaría más tarde el kung fu practicado por los monjes shaolín. Las artes marciales chinas o *whusu* tienen orígenes legendarios y cada una de ellas sus propias leyendas.

En Japón se produce una reagrupación de las artes marciales después de la restauración Meiji entre 1866 y 1869. Aquellas pasan a llamarse *gendai budo*, nombre que designa a todas las artes marciales modernas japonesas, entre las que destacan cuatro: el judo, el kendo, el kyudo y el aikido. El judo fue fundado por Jigoro Kano en 1882.

La leyenda cuenta que una mañana, después de nevar, Kano salió al jardín y observó cómo las ramas del cerezo se rompían bajo el peso de la nieve, y cómo las del sauce se doblaban y se libraban de la nieve sin romperse. Jigoro era pequeño y frágil, estudió a fondo el jiu jitsu en Tokio y aprendió la manera de vencer al oponente empleando su propia fuerza. En 1882, con sólo 22 años, fundó su propia escuela de jiujitsu en Eisho-ji, un templo budista en Kamakura. Sólo tenía 9 alumnos. Dos años después la escuela adquirió

el nombre de Kodokan, 'lugar para encontrar el camino', y sus variaciones sobre el jiu-jitsu dieron lugar al judo, palabra que tiene la misma raíz que el ju-jutsu (en japonés), que según el contexto significa caballerosidad, flexibilidad o suavidad. La otra parte, 'do', significa 'camino', es decir, 'judo' es 'el camino de la suavidad'. En 1918, Gunji Kozumi fundó en Londres 'Budokway', la primera escuela de Europa.

La lucha, desde tiempos remotos

■ Las primeras representaciones de lucha se encuentran en los relieves y figuras de barro de las culturas sumeria y acadia. El poema Gilgamesh, escrito en 2100-2000 a.C. incluye descripciones del arte de la lucha.

■ En Egipto, hay representaciones de lucha en el mural de Beni Hassan, en el poblado del mismo nombre, de 2000 a.C.

■ En el año 776 a.C. se introduce en los Juegos Olímpicos griegos la lucha libre, y en el 708 a.C. lo hace la lucha grecorromana. La leyenda atribuye su invención y las normas a Heracles o a Atenea.

La lucha grecorromana, que prohíbe hacer presas por debajo de la cintura, recibe este nombre en el siglo XIX.

SIGLO VI — Se cree que el *kalaripatayu*, el arte marcial más antiguo, aparece en la India en el siglo VI. El monje Bodhidharma funda una escuela en Kerala y emigra a China, donde funda la primera escuela de la que derivaría el kung fu.

1866-1869 — Las artes marciales se reagrupan en el *gendai budo*, del que derivarán las cuatro grandes especialidades, el judo, el kendo, el kyudo y el aikido.

1882 — El japonés Jigoro Kano abre una escuela en Tokio, donde se enseña el nuevo arte de la lucha, el judo, el camino de la flexibilidad. Empezó con nueve alumnos en un local muy pequeño, pero ocho años después incluso la policía aprendía de manera oficial sus métodos.

1909 — El maestro Kano se convierte en el primer miembro oriental del Comité Olímpico Internacional. Su escuela, el Kodokan, es reconocida en el mundo.

1918 — Se funda en Londres la primera escuela de judo de Europa, Budokway, fundada por Gunji Kozumi.

1955 — Después de una reunión de las escuelas de artes marciales de Corea del Sur se funda el nuevo arte marcial coreano, el taekwon-do.

1964 — El judo entra en los Juegos Olímpicos de Tokio en su especialidad masculina. Hubo que esperar a Barcelona 1992 para incorporar el judo femenino.

1992 — Miriam Blasco es la primera española en conseguir una medalla de oro de judo, en peso ligero, en los Juegos Olímpicos de Barcelona. En 1991 había sido campeona del mundo y de Europa.

1887-1894

Automovilismo

Curiosidades

En 1969, en su primera carrera de las **24 horas de Lemans,** el joven piloto belga Jacky Ickx cruzó tranquilamente la pista hasta su vehículo mientras los demás corrían a salir los primeros. 24 horas después, cruzaba ganador la meta.

La primera carrera automovilística de que se tiene noticia se celebra el 28 de abril de 1887 en París, entre el puente de Neuilly y el bosque de Boulogne, convocada por el diario *Le Vélocipède.* Sólo se presenta un vehículo, un De-Dion Bouton pilotado por Georges Bouton, que acaba la carrera sin incidentes.

En 1891 se convoca una segunda carrera en la que participa otro corredor, Leon Serpollet, pero acaba ganando el mismo Bouton por abandono del rival. La primera carrera importante tras la invención de los vehículos a gasolina (entonces se llamaba *gasoline* al combustible líquido usado para los vehículos de combustión) se corre en 1894 entre París y Rouen, organizada por el diario francés *Le petit journal,* con 102 participantes.

Un año después, en 1895, se celebra la París-Boudeos, para algunos la primera carrera automovilística verdadera. Ese año se celebra la primera carrera italiana, entre Turín y Asti, y la primera carrera en Estados Unidos, en Chicago. Los ganadores, los hermanos Duryea, tardaron más de diez horas en recorrer poco más de 80 kilómetros. En 1900, el millonario norteamericano Gordon Bennet, propietario del New York Herald, organiza la primera carrera internacional entre París y Lyon, ganada por el francés Fernand Charron.

Las carreras proliferan sin ninguna normativa hasta que en la París-Madrid de 1903, Marcel Renault, uno de los fundadores de la empresa francesa se mata en un accidente cerca de Angulema. De Versalles habían partido 216 coches y 59 motocicletas y todo iba bien hasta que una mujer se cruzó en la carretera. El gobierno francés prohibió las carreras por carretera.

La carrera de 1894 entre París y Rouen sirvió de base a los futuros Grand Prix, el primero de los cuales que tuvo este nombre fue el Grand Prix de Pau, celebrado en esta localidad prepirenáica en 1901. De todos modos, la carrera de Pau no pertenece a los

Fernando Alonso, primer corredor automovilístico español en ganar un campeonato mundial de Fórmula 1 en 2005.

Grand Prix que conocemos actualmente, el primero de los cuales se celebró en 1906 en la localidad de Le Mans y fue ganado por el húngaro-francés Ferenc Szisz con un Renault. El circuito triangular tenía 105 km de longitud y se daban doce vueltas. Había 32 participantes y doce marcas diferentes. No había unas reglas estandarizadas para todas las carreras, que se celebraban en circuitos públicos cerrados al público. En 1922 se corre el Grand Prix de Monza, y en 1924 se celebran carreras con el mismo nombre en España y Bélgica. Ese año se funda la Asociación Internacional de Automóviles Reconocidos, y empiezan a ponerse normas.

En el Grand Prix de Mónaco de 1933 por primera vez la salida de los coches se organiza según los tiempos logrados en los entrenamientos, y no por sorteo. En 1946, la Federación Internacional del Automóvil decide reglamentar las carreras y organizar un campeonato del mundo de Formula 1 uniendo varios grandes premios nacionales.

En 1950 se organiza el primer Campeonato Mundial de Pilotos con las nuevas normas y uniendo los cinco mayores grandes premios europeos. La primera carrera fue el Gran Premio de Silverstone del Reino Unido y fue ganada por Giuseppe Farina, que quedó campeón del mundo con un Alfa Romeo.

En 1951, Farina se convierte en escudero del argentino Juan Manuel Fangio, el único piloto en ganar el campeonato del mundo cinco veces con cuatro marcas diferentes.

1887 — Se celebra la primera carrera automovilística de que se tiene noticia entre el puente de Neuilly y el bosque de Boulogne en París, convocada por el diario *Le Vélocipède*.

1894 — Primera carrera importante de vehículos con motor de combustión interna y con gasolina, entre París y Rouen.

1895 — Para muchos, la París-Burdeos de ese año fue la primera carrera automovilística de verdad.

1900 — Primera carrera internacional organizada por el millonario norteamericano Gordon Bennet, propietario del New York Herald, entre París y Lyon.

1901 — Se celebra la primera carrera con el nombre de Grand Prix, en Pau, cerca de los Pirineos.

1903 — Marcel Renault se mata en un accidente durante la carrera París-Madrid y el gobierno francés decide prohibir las pruebas en carretera abierta.

1906 — Primer Grand Prix en circuito cerrado en Le Mans ganado por el húngaro-francés Ferenc Szisz con un Renault.

1924 — Se funda la Asociación Internacional de Automóviles Reconocidos y empiezan a ponerse normas.

1933 — Por primera vez en un gran premio, en Mónaco, la salida de los coches se organiza según los tiempos logrados en los entrenamientos, y no por sorteo.

1950 — Primer Campeonato Mundial de Pilotos con las reglas de la Fórmula 1 que agrupa cinco grandes premios. La primera carrera se celebra en Silverstone, Reino Unido. • Los primeros años, la Fórmula 1 fue dominada por los equipos italianos Alfa Romeo, Ferrari y Maserati.

2004 — Michel Schumacher es el primer corredor en ganar siete campeonatos del mundo en Fórmula 1, cinco consecutivos con Ferrari entre 2000 y 2004.

2005 — Fernando Alonso se convierte en el primer corredor español en ganar el campeonato de automovilismo de Fórmula 1.

2006 — Fernando Alonso revalida el campeonato de automovilismo de Fórmula 1, por segundo año consecutivo batiendo todos los registros para un piloto español en esta disciplina.

1891

Baloncesto

Curiosidades

Dicen que el baloncesto se le ocurrió a James Naismith mientras pensaba en un juego para ocupar el tiempo libre de sus alumnos. A medida que tiraba los papeles observó que unos caían dentro de la papelera y otros no lo hacían, y se le encendió la bombilla.

Pocos deportes tienen un inventor tan claro como el baloncesto. En el Springfield College, de Massachusetts (entonces YMCA Training School), durante el largo invierno de 1891, la dirección encarga a uno de sus instructores, James Naismith, que invente un deporte que pueda practicarse a cubierto y que no necesite un gran espacio.

Naismith ideó un deporte en el que no hubiera contacto físico y que requiriera más habilidad que fuerza; tenía que ser un deporte de equipo, ya que la sensación de formar parte de un equipo es muy importante en la educación. Naismith clava unas canastas de melocotones en la pared del gimnasio, a 3,05 metros de altura, en las que los estudiantes tienen que meter una pelota cuyo tamaño era igual a un balón de fútbol. Las canastas no están abiertas por debajo y cada vez que se mete la pelota hay que sacarla con una percha desde abajo. El nieto de Naismith descubrirá en los diarios de su abuelo que éste se había limitado a ponerle reglas a un juego canadiense llamado *duck on a rock* ('el pato en la piedra'), que consistía en derribar una piedra colocada sobre un palo con otra piedra. El nombre de pato se le daba porque uno de los muchachos encontraba y colocaba el adoquín gritando *¡duck!* y los demás lanzaban las piedras. Sea como sea, el nombre de basketball se lo propuso uno de los alumnos y le pareció bien. El primer partido oficial se juega en el gimnasio del YMCA el 20 de enero de 1892 con nueve jugadores, en un campo que era la mitad del aceptado actualmente por la NBA. Ese mismo año, Senda Berenson modifica las normas para que el juego puedan practicarlo las mujeres en el Smith College, y en 1895 ya se ha implantado en varias escuelas femeninas. En los años cincuenta, el entrenador de la Universidad de Butler en Indianapolis, Tony Hinkle, introduce el balón naranja con las medidas actuales.

El primer equipo de baloncesto con su profesor James Naismith, en el College de Sprigfield.

1891 — El profesor James Naismith inventa el baloncesto en el Springfield College de Massachusetts, buscando un deporte que pudiera jugarse a cubierto en un espacio reducido durante los inviernos bostonianos.

1893 — Se juega el primer encuentro de baloncesto femenino, con normas adaptadas por la profesora Senda Berenson, antes Valvroyenski, nacida en Lituania, directora de educación física en el Smith College de Northampton.

1920 — Se celebra el primer campeonato nacional de baloncesto europeo en Italia.

1921 — El padre escolapio Eusebio Millán, que había vivido diez años en Cuba como misionero, introduce el baloncesto en España. En Cuba lo habían introducido los soldados americanos en 1906 durante la invasión. El padre Millán lo llevó a las Escuelas Pías de San Antón, en Barcelona.

1922 — El padre Millán crea el primer equipo de baloncesto español, el Laietá Basket o Layetano, que juega su primer partido en diciembre contra el Europa, con el exiguo resultado de 8 a 2. No tardarían en formarse otros equipos de siete jugadores. Hasta 1927 no se reduce el número de jugadores a cinco, como en el resto del mundo, gracias a una visita de la selección argentina.

1932 — Nace la FIBA.

1935 — Se celebra el primer Campeonato de Europa de Baloncesto en Suiza, ganado por Letonia, seguido por España y Checoslovaquia.

1936 — El baloncesto se convierte en olímpico en Berlín.

1949 — Se unen las dos grandes ligas americanas, la National Basketball League y la Basketball Association of America para formar la National Basketball Association o NBA.

1919

Balonmano

Curiosidades

En Uruguay se dice que el inventor del balonmano fue el profesor Antonio Valera, quien en 1914 mezcló el fútbol, el baloncesto y el rugby, y que el primer partido se realizó en **Montevideo** en 1916. De ahí lo copiaron un grupo de marineros alemanes y lo importaron a Alemania. En España empieza a jugarse en los cuarteles y la primera normativa data de 1929. El primer campeonato masculino del mundo se celebra en 1938.

Algunos juegos de la Antigüedad se parecen bastante, pero los dibujos y grabados sólo nos muestran gente jugando a la pelota con las manos. La primera noción de algo parecido al balonmano actual tuvo que esperar a 1898 en Dinamarca, donde se practicaba el *haanbold* y donde Holger Nielsen inventó unas normas muy parecidas a las actuales en 1898. Se considera, sin embargo, que el inventor del balonmano moderno fue el profesor alemán de educación física Max Heiser, quien jugaba con sus alumnas de Berlín a un juego que inventó que se llamaba *torball* (no confundir con el torball actual, para ciegos, que se juega con una pelota que

contiene campanillas). Heiser ideó el juego para ocupar los ratos libres de las trabajadoras de la empresa Siemens, pero al no tener unas normas claras se acabó olvidando.

La idea era buena, así que, en 1915, el profesor Carl Schellenz, de la Escuela Normal Alemana de Educación Física de Leipzig hizo una serie de modificaciones y relanzó el juego, que se juega en un campo de fútbol sin tocar la pelota con los pies. El 29 de octubre de 1917 se juega el primer partido en Berlín y por fin, en 1919, Schellenz da a conocer el handbol en Europa, de ahí que algunos historiadores le consideren el fundador del balonmano.

El balonmano se está convirtiendo en un deporte más popular entre estudiantes, en parte gracias a unas instalaciones para jugar que son polivalentes y no tan grandes como en otros deportes.

ANTIGÜEDAD — Hay indicios de juegos parecidos en Egipto y Atenas, pero podrían ser los antecesores de cualquier juego de pelota.

1898 — El danés Holger Nielsen (1866-1955), atleta que competía en esgrima, tiro y atletismo y que participó en los primeros juegos modernos de Atenas en 1896 inventa un juego al que llama *haandbold*, muy parecido al actual.

1917 — Se juega el primer partido de un juego que ha sido desarrollado primero por Max Heiser y luego por Carl Schellenz. El juego se practica en un campo de fútbol sin que el balón pueda tocarse con las manos.

1919 — Carl Schellenz da a conocer el juego fuera de Alemania.

1925 — Se juega el primer partido internacional en Berlín entre Alemania y Austria, ganado por los visitantes por 3 a 6.

1930 — Primer partido femenino entre Alemania y Austria, ganado de nuevo en Berlín por los austriacos por 4 a 5.

1936 — El balonmano, con un campo tan grande como el de fútbol, participa en los Juegos Olímpicos de Berlín a petición expresa de Hitler, pero después de la guerra fue retirado de las olimpiadas hasta los juegos de Munich de 1972. • El balonmano femenino no entra hasta los juegos de 1976 en Montreal.

1940 — Los daneses inventan el balonmano indoor, que se juega en una pista de baloncesto con normas muy parecidas a las de este deporte.

1946 — Se disuelve la Federación Amateur y se crea la IHF, Federación Internacional de Balonmano en Copenhague.

1947 — Primer curso internacional de arbitraje a instancias de la IHF para regularizar las normas en todo el mundo.

Índice analítico

Índice analítico

Título original: El libro de los pioneros

Edición Especial para:
BOOKSPAN
501 Franklin Avenue
Garden City, NY 11530
U.S.A.

© 2007 Teodoro Gómez

© 2007 Ediciones Credimar

Impreso en U.S.A. - Printed in U.S.A.

ISBN: 978-0-7394-9574-2